# Patterns of Regionalism and Federalism

# Patterns of Regionalism and Federalism:

## Lessons for the UK

*Edited by*

Dr. Jörg Fedtke
Institute of Global Law, University College, London

and

Professor Sir Basil S Markesinis
Institute of Global Law, University College, London

The Clifford Chance Lectures
Volume 8

•HART•
PUBLISHING

OXFORD AND PORTLAND, OREGON
2006

Published in North America (US and Canada) by
Hart Publishing
c/o International Specialized Book Services
920 NE 58th Avenue, Suite 300
Portland, OR 97213-3786
USA
Tel: +1 503 287 3093 or toll-free: (1) 800 944 6190
Fax: +1 503 280 8832
E-mail: orders@isbs.com
Web Site: www.isbs.com



Hart Publishing, Salters Boatyard, Folly Bridge, Abingdon Rd, Oxford, OX1 4LB
Telephone: +44 (0)1865 245533 Fax: +44 (0) 1865 794882
email: mail@hartpub.co.uk
WEBSITE: http//:www.hartpub.co.uk

British Library Cataloguing in Publication Data
Data Available

ISBN10: 1-84113-470-8 (hardback)
ISBN13: 978-1-84113-470-3 (hardback)

Typeset by Avocet Typeset, Chilton, Aylesbury, Bucks in Sabon 10/12pt
Printed and bound in Great Britain by
TJ International Ltd, Padstow, Cornwall

# Contents

*Preface* vii
*Table of Cases* xi
*Table of Legislation* xvii

I. VARIATIONS OF FEDERALISM

1. **The Italian Variant of Federalism** 3
Professor Dr Giovanni Grottanelli de'Santi
2. **Flexible Federalism: The Canadian Way** 17
Justice Allen M Linden
3. **Regionalism in a Political Constitution: The United Kingdom Experience** 61
Professor Dawn Oliver
4. **The European Union: Towards a New Form of Federalism?** 69
Jean-Claude Piris

II. HUMAN RIGHTS AND JUDICIAL REVIEW

5. **Human Rights in a Federal System** 91
Dr Jörg Fedtke
6. **Regionalism and the Sovereignty of Nations: Implications for the Protection of Human Rights** 109
Justice Richard Goldstone
7. **Protecting Liberty in a Federal System: The US Experience** 119
Professor Douglas Laycock
8. **Judicial Federalism and the European Court of Justice** 149
Professor Takis Tridimas

III. POLITICO-LEGAL DYNAMICS OF FEDERALISM

9. **Federalism and Redistribution: Lessons from the American Experience** 173
Professor Lynn A Baker
10. **State Liability as European *ius commune*: The Case of the European Economic Area** 191
Professor Dr Carl Baudenbacher
11. **Federalism in Germany** 201
Professor Dr Wolfgang Hoffman-Riem
12. **Is Secession the Achilles Heel of 'Strong' Federalism?** 207
Professor Sanford Levinson

13. **Europe of the Regions: Work in Progress** 229
The Rt Hon. Lord Robert Maclennan

14. **Local Autonomies, Regionalism and Federalism in the Italian Experience** 249
Professor Cesare Mirabelli

15. **What British Devolutionaries Should Know about American Federalism** 259
Professor Ernest A Young

*Index* 287

# *Preface*

Not that long ago the 'F'-word was used to avoid offending social sensibilities by coyly alluding to a private activity that all indulged in, and most enjoyed. In recent times, however, it acquired more sinister overtones since it became associated with 'Europe' – still conceived to be topographically and culturally further away than it is – and its constitutional structures, which float as a dark and menacing cloud over indigenous pastures. No matter that the UK had a 'forced' union of sorts. The fact that the various parts had been brought together – reluctantly or otherwise – a long time ago concealed our own type of federalism, which was, in later years, made to sound less menacing by the milder term 'devolution.' Likewise concealed by the mists of time was the patchy way the 'union' had been achieved, a virtue well preserved by the voluminous legislation that brought about the present devolved structures. Given that the Prime Minister who signed the Single European Act did not, apparently, read it until after she had committed her signature to the paper, who can blame those who have not read the complex legislation on devolution? The continued efficiency of a supposedly unitary constitution is taken for granted, few having considered its appropriateness to an age which is simultaneously crying out for more local accountability and, at the same time, depends upon enhanced international co-operation.

Federalism thus raises numerous issues, many of which still await a serious discussion by the indigenous English literature. Thus, there is no one model of federalism but many – the American, the Canadian, the Australian, the German, as well as other forms of halfway houses such as the Italian type of regionalism or, as stated, our own evolving form of devolution. This is a statement that goes well beyond our subject. For many English lawyers the idea of borrowing – be it on federalism, human rights, the application of constitutional rights in the private sphere, or whatever, from anywhere other than the United States (and, occasionally, the old Commonwealth) is not something that immediately springs to mind. And yet there *is* another world out there waiting to be discovered and compared with the one we claim to know so well.

It also remains to be explained why federalism is perceived in Europe as a way of controlling central power by diffusing it and in England as the institution which will open the protective gates of constitutional tradition and allow Brussels interventionism to rule in an irreversible manner. If this happens, it will not be because of any type of European constitution that might eventually be adopted but because politicians in England will not have learnt how to play the European game.

Then we have the impact that federalism, in its different forms, can have on civil liberties – a question followed by another, namely whether federalism, regionalism, or devolution can really work without the assistance of a central constitutional court arbitrating the distribution of power between the centre and the regions or states. The questions and problems do not stop there.

This book can hardly aspire to address all of these issues, let alone solve them. But by bringing together some well-known experts from many countries it has attempted to start a dialogue. In this volume we thus have contributions of Allen Linden (former Justice of the Federal Court of Canada), Giovanni Grottanelli de'Santi (Professor of Public Law at the University of Sienna), and Jean-Claude Piris (Director-General of the Legal Service of the Council of the European Union and Legal Counsel of the Intergovernmental Conference), who identify the different patterns underlying Canadian, Italian, and the emerging European variants of federalism. Dawn Oliver (Professor of Public Law at University College London) explains the particular arrangements which follow from the 'political' constitution found in the United Kingdom, a system which – reluctant to embrace a devolution of power from the outset – has yet again run into difficulties after the North-east of England rejected the introduction of a regional assembly in a referendum held in November 2004. She is accompanied in her analysis of British devolution by Lord Mclennan of Rogart (Member of the House of Lords and representative of the United Kingdom Parliament in the European Convention), who compares the 'political' influence of the Scottish Executive on UK policy in Brussels with the powers given to the German *Länder* under the Basic Law. The ongoing discussion about the reform of German federalism, a theme picked up by Wolfgang Hoffmann-Riem (Justice of the German Constitutional Court), thereby shows that the German approach – which goes a long way in protecting the interests of the *Länder* when it comes to European developments – may well be subject to future modifications in order to secure a more coherent and forceful representation of Germany in the European Union.

Another line of inquiry pursued by several authors is the protection of human rights and the structure of judicial review in federal systems. In an attempt to identify the federal-state balance of power best suited to protect individual liberty, Douglas Laycock (Alice McKean Young Regents Chair in Law at The University of Texas at Austin) thus presents a tour de force through nearly four hundred years of US history. Richard Goldstone (former Justice of the Constitutional Court of South Africa) analyses the implications of regionalism and the sovereignty of nations for the protection of human rights, placing much emphasis on the role of the United Nations in a changing international environment, while Takis Tridimas (Sir John Lubbock Professor of Banking Law at Queen Mary College London) highlights the contribution of the European Court of Justice to the emerging system of human rights protection in the European Union.

Finally, there are a number of contributions which reflect on the politico-legal dynamics of federalism. Sanford Levinson (W St John Garwood and W St John Garwood, Jr Centennial Chair in Law and Professor of Government at The University of Texas at Austin) deals with the relationship between federalism and secession, a potentially explosive issue which has recently been addressed in the

Draft European Constitution. The redistribution of wealth within a federal system – an equally difficult problem which has led to much discussion not only in the United States and Germany but also in the European Union – is tackled by Lynn Baker (Fredrick M Baron Chair in Law and Co-Director of Center on Lawyers, Civil Justice, and the Media at The University of Texas at Austin). Cesare Mirabelli (Professor of Public Law at the University of Rome) explains the delicate interplay between local autonomies, the provinces, and central authority in Italy, while Carl Baudenbacher (Chief Justice of the EFTA-Court and Professor of Private, Commercial and Economic Law at the University of St Gallen) focuses on the development of state liability in the European Economic Area. Comparing British devolution with American federalism in the final chapter of this book, Ernest Young (Judge Benjamin Harrison Powell Professor in Law at The University of Texas at Austin) then returns to one of the central themes underlying this collection of essays – the exchange of ideas and experience between systems which have all developed their particular approaches to federalism and regionalism, and which can continue to profit from each other in areas as diverse as financial equalisation, state liability, and human rights.

The conference, attended by some one hundred judges, politicians, academics and practitioners, was organised by the Institute of Global Law (University College London) and the Institute of Transnational Law (The University of Texas at Austin). Both are grateful to the keynote speakers who attended the two-day event and delivered the papers which now appear in this book. The organisers are also conscious of the fact that such a fruitful meeting would not have occurred, nor this book ensued, but for generous financial support provided by the M D Anderson Foundation of Houston, Dean William Powers Jr of The University of Texas School of Law, and the international law firms of Vinson & Elkins LLP, Jamail and Kulius, and Clifford Chance LLP. Indeed, this book is appearing as the last of a series of lectures known as the Clifford Chance Lectures as a tribute to this firm's former Chairman Keith Clark who launched it ten years ago. The English university world benefited as much as his former firm from Keith Clark's global vision, inexhaustible energy, and admirable willingness to sponsor education. Those of us associated with this project from its inception thought it appropriate not only to end it with this truly international collection of essays but also to remember with fondness and admiration the very international progenitor of the Series.

Sir Basil Markesinis
Chairman, Institute of Global Law
Chairman, Institute of Transnational Law

Jörg Fedtke
Director, Institute of Global Law

# *Table of Cases*

**Austria**


OGH Austro-Mechana, GRUR Int 1980, 185 . . . . . . . . . . . . . . . . . . . .193


**Canada**


*Anti-Inflation Reference* [1976] 2 SCR 313 . . . . . . . . . . . . . . . . . . . . . . .30
*Bertrand v Quebec* (1995) 127 DLR (4th) 408 (Que SC) . . . . . . . . . . . . . .35
*Certain Questions relating to the Secession of Quebec from Canada, In the Matter of a Reference by the Governor in Council concerning* [1998] 2 RCS 217 . . . . . . . . . . . . . . . . . . . . . . . . . . . . . . . . . . .224
*Crossman v Canada* [1984] 1 FC 681 (TD) . . . . . . . . . . . . . . . . . . . . . . . .41
*Doe v Metro Toronto Police* (1998) 39 OR (3d) 487 . . . . . . . . . . . . . . . .41
*Egan v Canada* [1995] 2 SCR 513 . . . . . . . . . . . . . . . . . . . . . . . . . . . . .42
*Eldridge v Canada* [1997] 3 SCR 624 . . . . . . . . . . . . . . . . . . . . . . . . . .40
*Fawcett v AG Ontario* [1964] SCR 625 . . . . . . . . . . . . . . . . . . . . . . . . . .52
*Hunter v Southam* [1984] 2 SCR 145 . . . . . . . . . . . . . . . . . . . . . . . . . . .41
*Jones v AG New Brunswick* [1975] 2 SCR 182 . . . . . . . . . . . . . . . . . . . .31
*Labatt Breweries v AG Canada* [1980] 1 SCR 914 . . . . . . . . . . . . . . . . . .52
*LSUC v Skapinker* [1984] 1 SCR 357 . . . . . . . . . . . . . . . . . . . . . . . . . .30
*Morgentaler v The Queen* [1988] 1 SCR 30 . . . . . . . . . . . . . . . . . . . . . . .42
*Ng v The Queen* [1991] 2 SCR 858 . . . . . . . . . . . . . . . . . . . . . . . . . . . .42
*Patriation Reference, The*. See *Resolution to Amend the Constitution (Reference re)*
*R v Askov* [1990] 2 SCR 1199 . . . . . . . . . . . . . . . . . . . . . . . . . . . . . . .43
*R v Butler* [1992] 1 SCR 452 . . . . . . . . . . . . . . . . . . . . . . . . . . . . . . . .42
*R v Hess* [1990] 2 SCR 906 . . . . . . . . . . . . . . . . . . . . . . . . . . . . . . . . .41
*R v Morgentaler (No 3)* [1993] SCR 463 . . . . . . . . . . . . . . . . . . . . . . . . .52
*R v Oakes* [1986] 1 SCR 103 . . . . . . . . . . . . . . . . . . . . . . . . . . . . . . . .41
*R v Seaboyer; R v Gayme* [1991] 2 SCR 577 . . . . . . . . . . . . . . . . . . . . .41
*R v Videoflicks* (1985) 14 DLR (4th) 10 (Ont CA); rev'd [1986] 2 SCR 713 . . . . . . . . . . . . . . . . . . . . . . . . . . . . . . . . . . . . . . . . . . .41
*Resolution to Amend the Constitution, Reference re (the Patriation Reference)* [1981] 1 SCR 753 . . . . . . . . . . . . . . . . . . . . . . . . . . . . .32
*Rodriguez v The Queen* [1993] 3 SCR 519 . . . . . . . . . . . . . . . . . . . . . . . .42
*Schneider v The Queen* [1982] 2 SCR 112 . . . . . . . . . . . . . . . . . . . . . . . .52
*Secession of Quebec, Reference re (the Secession Reference)* [1998] 2 SCR 217 . . . . . . . . . . . . . . . . . . . . . . . . . . . . . . . . . . . . . . . . .36–40
*Singh v Minister of Employment and Immigration* [1985] 1 SCR 177 . . . .43
*Tétreault-Gadoury v Canada* [1991] 2 SCR 22 . . . . . . . . . . . . . . . . . . . . .41
*Vriend v Alberta* [1998] 1 SCR 493 . . . . . . . . . . . . . . . . . . . . . . . . . .41–42

## EFTA Court

*Ásgeirsson* (Case E-2/03), 2003 EFTA Court Report 185 . . . . . . . . . . . .193
*Einarsson* (Case E-1/01), 2002 EFTA Court Report 1; (2002) CMLRev 34 . . . . . . . . . . . . . . . . . . . . . . . . . . . . . . . . . . . . . . . .194
*Finanger* (Case E-1/99), 1999 EFTA Court Report 119; (1999) CMLRev 863 . . . . . . . . . . . . . . . . . . . . . . . . . . . . . . . . . . . . . . .196
*Karlsson* (Case E-4/01), 2002 EFTA Court Report 240; (2002) CMLRev 1477 . . . . . . . . . . . . . . . . . . . . . . . . . . . . . . . . . . .193–99
*Restamark* (Case E-1/94), 1994/95 EFTA Court Report 15; (1995) CMLRev 161 . . . . . . . . . . . . . . . . . . . . . . . . . . . . . . . . . . . .194–95
*Sveinbjörnsdóttir* (Case E-4/97), 1998 EFTA Court Report 95; (1999) CMLRev 884 . . . . . . . . . . . . . . . . . . . . . . . . . . . .193, 195–99

## European Court of Human Rights

*Dulaurans v France*, judgment of 21 March 2000 . . . . . . . . . . . . . . . . . .166
*Smith and Grady v UK* (2000) 29 EHRR 493 . . . . . . . . . . . . . . . . . . . . .154
*Streletz, Kessler and Krenz v Germany*, Application nos 34044/96, 35532/97 and 44801/98, judgment of 21 March 2001 . . . . . . . . . . .92
*von Hannover v Germany*, Application no 59320/00, judgment of 24 June 2004 . . . . . . . . . . . . . . . . . . . . . . . . . . . . . . . . . . . . . . . .92

## European Court of Justice

*Adam v Administration de l'enregistrement et des domains* (Case C-267/99), judgment of 11 October 2001 . . . . . . . . . . . . . . . . . . . . . . . . . . .152
*Andersson* . . . . . . . . . . . . . . . . . . . . . . . . . . . . . . . . . . . . . . . . . . .198
*Barber v Guardian Royal Exchange* (Case C-262/88) [1990] ECR I-1889 . . . . . . . . . . . . . . . . . . . . . . . . . . . . . . . . . . . . . . . . .151
*Baumbast and R v Secretary of State for the Home Department* (Case C-413/99), judgment of 17 September 2002 . . . . . . . . . . . . . . .156–57
*Bosman* (Case C-415/93) [1995] ECR I-4921 . . . . . . . . . . . . . . . . . . . . .151
*Brasserie du Pêcheur v Germany* and *R v Secretary of State for Transport, ex parte Factortame* (Joined Cases C-46 and C-48/93) [1996] ECR I-1029 . . . . . . . . . . . . . . . . . . . . . . . .164–65, 167, 192
*Carpenter v Secretary of State for the Home Department* (Case C-60/00), judgment of 11 July 2002 . . . . . . . . . . . . . . . . . . . . . . . .155–56, 160
*Centrosteel Srl v Adipol GmbH* (Case C-456/98), judgment of 13 July 2000 . . . . . . . . . . . . . . . . . . . . . . . . . . . . . . . . . . . . . . . . . . . .152
*Commission v France* (Case C-52/95) [1995] ECR I-4443 . . . . . . . . . . . .159
*Commission v France* (Case C-265/95) [1997] ECR I-6959 . . . . . . . . . . .159
*Commission v Germany* (Case C-62/90) [1992] ECR I-2575 . . . . . . .158–59
*Commission v Greece* (Case C-120/94) ('FYROM' case) [1996] ECR I-1513 . . . . . . . . . . . . . . . . . . . . . . . . . . . . . . . . . . . . . . . . .151
*Commission v Luxembourg and Belgium* (Cases 90/63 and 91/63)

[1964] ECR 625 . . . . . . . . . . . . . . . . . . . . . . . . . . . . . . . . .72, 74
*Costa v ENEL* (Case 6/64) [1964] ECR 585 . . . . . . . . . . . . . . . .72–73, 192
*Cullet v Leclerc* (Case 231/83) [1985] ECR 305 . . . . . . . . . . . . . . . . . .159
*Dodzi v Belgian State* (Cases C-297/88 and C-197/89) [1990] ECR I-3763 . . . . . . . . . . . . . . . . . . . . . . . . . . . . . . . . . . . . . . . . . .152
*Dori (Faccini)* [1994] ECR I-3325 . . . . . . . . . . . . . . . . . . . . . . . . . . . . .196
*Dory v Germany* (Case C-186/01), judgment of 11 March 2003 . . . . . . .151
*ERT* (Case C-260/89) [1991] ECR I-2925 . . . . . . . . . . . . . . . . . . .155, 160
*Familiapress* (Case C-368/95) [1997] ECR I-3689 . . . . . . . . . . . . . .155, 160
*Francovich* (Cases C-6/90 and C-9/90) [1991] ECR I-5357 . . . . . . . .73, 192
*'FYROM' case*. See *Commission v Greece* (Case C-120/94)
*Garaets-Smits* (Case C-157/99) [2002] 2 CMLR 21 . . . . . . . . . . . . . . . .151
*Germany v Parliament and Council* (Case C-376/98) (Tobacco Advertising Directive case) [2000] ECR I-8419 . . . . . . . . . . . . .161–62
*KB v National Health Service Pensions Agency* (Case C-117/01), judgment of 7 January 2004 . . . . . . . . . . . . . . . . . . . . . . . . . . . . . .160
*Keck* (Joined Cases C-267 and C-268/91) [1993] ECR I-6097 . . . . . .161–62
*Köbler v Austria* (Case C-224/01), judgment of 30 September 2003 . . . .150, 164–69
*Kofisa Italia* (Case C-1/99) [2001] ECR I-207 . . . . . . . . . . . . . . . . . . . .152
*Kreil* (Case C-285/98) [2000] ECR I-69 . . . . . . . . . . . . . . . . . . . . . . . . .151
*Laboratoires Pharmaceutiques Bergaderm and Goupil v Commission* (Case C-352/98P) [2000] ECR I-5291 . . . . . . . . . . . . . . . . . . . . . . .154
*Les Verts v Parliament* (Case 294/83) [1986] ECR 1365 . . . . . . . . . . .73–74
*Manghera* (Case 59/75) [1976] ECR 91 . . . . . . . . . . . . . . . . . . . . . . . . .196
*Marleasing* (Case C-106/89) [1990] ECR I-4135 . . . . . . . . . . . . . . . . .152
*Netherlands v Parliament and Council* (Case C-377/98) [2001] ECR I-7079 . . . . . . . . . . . . . . . . . . . . . . . . . . . . . . . . . . . . . . . . . .161
*Océano Grupo Editorial SA v Rocí Murciano Quintero* and *Salvat Editores SA v Sánchez Alcón Prades and Copano Badillo* (Joined Cases C-240 to C-244/98) [2000] ECR I-4941 . . . . . . . . . . . . . . . .152
*Opinion 1/91* [1992] ECR I-6097 . . . . . . . . . . . . . . . . . . . . . . . .193–94, 199
*Opinion 1/91* of 14 December 1991 [1991] ECR I-6102 . . . . . . . . . . . . .72
*Opinion 2/94 Accession to the ECHR* [1996] ECR I-1759 . . . . . . . .73, 160
*Pigs Marketing Board v Redmond* (Case 83/78) [1978] ECR 2347; [1979] 1 CMLR 177 . . . . . . . . . . . . . . . . . . . . . . . . . . . . . . . . . . .284
*R v Immigration Appeal Tribunal and Surinder Singh, ex parte Secretary of State for the Home Department* (Case C-370/90) [1992] ECR I-4265 . . . . . . . . . . . . . . . . . . . . . . . . . . . . . . . . . . . . . . . .156–57
*R v Secretary of State for Health, ex parte British American Tobacco Ltd* (Case C-491/01) [2002] ECR I-11453 . . . . . . . . . . . . . . . . . . . .162–63
*Rechberger and others* (Case C-140/97) [1999] ECR I-3499 . . . . . . .198–99
*Schmidberger, Internationale Transporte und Planzüge v Austria* (Case C-112/00), judgment of 12 June 2003 . . . . . . . . . . . .154, 158–60, 169
*Schöning-Kougebetopoulou* (Case C-15/96) [1998] ECR I-47 . . . . .165, 168
*Secretary of State for the Home Department v Akrich* (Case C-109/01), judgment of 23 September 2003 . . . . . . . . . . . . . . . . . . . . . . . .156–57
*Simmenthal* (Case 106/77) [1978] ECR 629 . . . . . . . . . . . . . . . . . . . . . . .73

*SPUC v Grogan* (Case C-159/90) [1991] ECR I-4685 . . . . . . . . . . . . . . . .151
*Stauder* (Case 29/69) [1969] ECR 425 . . . . . . . . . . . . . . . . . . . . . . . . . . . .73
*Steffensen* (Case C-276/01), judgment of 10 April 2003 . . . . . . . . . . . . .160
*Tobacco Advertising Directive case*. See *Germany v Parliament and Council* (Case C-376/98)
*Upjohn v Licensing Authority* (Case C-120/97) [1999] ECR I-223 . . . . .154
*van Duyn* (Case 41/74) [1974] ECR 1337 . . . . . . . . . . . . . . . . . . . . . .74, 79
*van Gend en Loos* (Case 26/62) [1963] ECR 1 . . . . . . . . . .73, 79, 150, 192

**Germany**

Az 2 BvR 244/95 . . . . . . . . . . . . . . . . . . . . . . . . . . . . . . . . . . . . . . . . .102
BerlVerfGH [1993] *Deutsches Verwaltungsblatt* 373 . . . . . . . . . . . . . . . . .103
BerlVerfGH [1994] *Neue Juristische Wochenschrift* 435 . . . . . . . . . . . . . .103
BerlVerfGH [1995] *Neue Zeitschrift für Verwaltungsrecht* 784 . . . . . . . . .103
*Brunner and others v European Union Treaty* [1994] 1 CMLR 57; BVerfGE 89, 155 . . . . . . . . . . . . . . . . . . . . . . . . . .72, 77, 81–82
BVerfGE 1, 264 . . . . . . . . . . . . . . . . . . . . . . . . . . . . . . . . . . . . . . . . . .100
BVerfGE 13, 132 . . . . . . . . . . . . . . . . . . . . . . . . . . . . . . . . . . . . . . . . .97
BVerfGE 35, 342 . . . . . . . . . . . . . . . . . . . . . . . . . . . . . . . . . . . . . . . .100
BVerfGE 36, 342 . . . . . . . . . . . . . . . . . . . . . . . . . . . . . . . . . . . . . . . .101
BVerfGE 85, 148 . . . . . . . . . . . . . . . . . . . . . . . . . . . . . . . . . . . . . . . . .97
BVerfGE 99, 1 (16 July 1998) . . . . . . . . . . . . . . . . . . . . . . . . . . . . . . . .103
HessStGH *Entscheidungssammlung des Hessischen und des Baden-Württembergischen Verwaltungsgerichtshofes (ESVHG)* vol 22, 13; vol 31, 17 and vol 40, 1 . . . . . . . . . . . . . . . . . . . . . . . . . . . . . . .102
*Honecker*, BerlVerfGH 55/92 of 12 January 1993, LVerfGE 1, Nr 8; [1993] *Neue Juristische Wochenschrift* 515 . . . . . . . . . . . . . . . .93, 103
*Solange I* (1974), BVerfGE 37, 271 . . . . . . . . . . . . . . . . . . . . . . .91, 93–94
*Solange II* (1986), BVerfGE 73, 339 . . . . . . . . . . . . . . . . . . . . . . . . .91, 93
*Treaty of Maastricht* (1994), BVerfGE 89, 155 . . . . . . . . . . . . . . . . . .91, 93

**Iceland**

*Sveinbjörnsdóttir* (Case C-236/99), judgment of the Supreme Court of 16 December 1999 . . . . . . . . . . . . . . . . . . . . . . . . . . . . . . .197, 199

**Inter-American Court of Human Rights**

Velasquez Rodriguez, Ser C No 4 (1988) 9 Human Rts LJ 212 . . . . . . . .114

**Italy**

Constitutional Court, judgment 282 of 2002 . . . . . . . . . . . . . . . . . . . . . .255

Constitutional Court, judgment 303 of 2003 . . . . . . . . . . . . . . . . . . . . .256
Constitutional Court, judgment 307 of 2003 . . . . . . . . . . . . . . . . . . . . .255
Constitutional Court, judgment 338 of 2003 . . . . . . . . . . . . . . . . . . . . .255
Constitutional Court, judgment 14 of 2004 . . . . . . . . . . . . . . . . . . . . . .256
Constitutional Court, judgment 43 of 2004 . . . . . . . . . . . . . . . . . . . . . .256

**Norway**

Finanger II (Case 02–10919 A/83), judgment of 13 March 2003 . . . .196–99

**Sweden**

*Andersson* (Case T 2593/01), judgment of the Supreme Court of 26 November 2004 . . . . . . . . . . . . . . . . . . . . . . . . . . . . . . . . . . . . .199
*Högstad Domstolen* case . . . . . . . . . . . . . . . . . . . . . . . . . . . . . . . . .199

**Switzerland**

ATF 104 II 175 Stanley Adams; 105 II 49 (1979) *Omo* . . . . . . . . . . . . .193

**United Kingdom**

*AG Canada v AG Ontario* [1897] AC 199 . . . . . . . . . . . . . . . . . . . . . . . .28
*AG Canada v AG Ontario (Labour Conventions case)* [1937] AC 326 . . . . . . . . . . . . . . . . . . . . . . . . . . . . . . . . . . . . . . . . . . . . .29, 43
*AG Ontario v Reciprocal Insurers* [1924] AC 328 . . . . . . . . . . . . . . . . . .30
*Canada Federation of Agriculture v AG Quebec* [1951] AC 179 . . . . . . . .52
*Donoghue v Stevenson* . . . . . . . . . . . . . . . . . . . . . . . . . . . . . . . . . . . .29
*Edwards v Canada (the 'Persons' case)* [1930] AC 124 . . . . . . . . . . . . . . .28
*Grand Trunk Railway v AG Canada* [1907] AC 65 . . . . . . . . . . . . . . . . .26
*Hodge v The Queen* (1883) 9 App Cas 117 . . . . . . . . . . . . . . . . . . . . . . .27
*Hodge v The Queen* (1883) 9 AC 117 . . . . . . . . . . . . . . . . . . . . . . . . . .30
*Labour Conventions case*. See *AG Canada v AG Ontario* (1937)
*Maritime Bank, Liquidators of the v Receiver General of NB* [1892] AC 437 . . . . . . . . . . . . . . . . . . . . . . . . . . . . . . . . . . . . . . . . . . . .27
*'Persons' case*. See *Edwards v Canada*
*R v Chief Constable of Sussex, ex parte International Trader's Ferry Ltd* [1999] 2 AC 418 . . . . . . . . . . . . . . . . . . . . . . . . . . . . . . . . . . . .158

**United States of America**

*Alden v Maine*, 527 US 706 (1999) . . . . . . . . . . . . . . . . . . . . . . . . . . .266
*AT & T Corp v Iowa Utilities Bd*, 525 US 366 (1999) . . . . . . . . . . . . . .268

*Barron v City of Baltimore*, 32 US (7 Pet) 243 (1833) . . . . . . . . . . . . . .128
*Board of Trustees of the University of Alabama v Garrett*, 531 US 356 (2001) . . . . . . . . . . . . . . . . . . . . . . . . . . . . . . . . . . . . . . .141, 266
*Brown v Board of Educ*, 347 US 483 (1954) . . . . . . . . . . . . . . . . . . . . .136
*Carter v Carter Coal Co*, 298 US 238 (1936) . . . . . . . . . . . . . . . . . . . .281
*City of Boerne v Flores*, 521 US 507 (1997) . . . . . . . . . . . . . . . . . . .141–42
*De Groot v US*, 72 US 419 (1866) . . . . . . . . . . . . . . . . . . . . . . . . . . . .132
*Dred Scott*. See *Scott v Sandford*
*Edwards v California*, 314 US 160 (1941) . . . . . . . . . . . . . . . . . . . . . . .122
*Egelhoff v Egelhoff*, 532 US 141 (2001) . . . . . . . . . . . . . . . . . . . . . . . .283
*Garcia v San Antonio Metropolitan Transit Authority*, 469 US 528 (1985) . . . . . . . . . . . . . . . . . . . . . . . . . . . . . . . . . . . . . . . . .270
*Gibbons v Ogden*, 22 US (9 Wheat) 1 (1824) . . . . . . . . . . . . . . . . . . . . . . 269
*Gonzales v Oregon*, 125 S Ct 1299 (2005) . . . . . . . . . . . . . . . . . . . . . . .143
*Gregory v Ashcroft*, 501 US 452 (1991) . . . . . . . . . . . . . . . . . . . . . . . . .283
*Grutter v Bollinger*, 539 US 306 (2003) . . . . . . . . . . . . . . . . . . . . . . . . .145
*Hopwood v Texas*, 78 F 3d 932 (5th Cir 1996) . . . . . . . . . . . . . . . . . . . . .145
*Kimel v Florida Board of Regents*, 528 US 62 (2000) . . . . . . . . . . . . . . .141
*Luco v US*, 64 US (23 How) 515 (1859) . . . . . . . . . . . . . . . . . . . . . . . .132
*McCulloch v Maryland*, 17 US (4 Wheat) 316 (1819) . . . . . . . .135, 210–11
*Marbury v Madison*, 5 US (1 Cranch) 137 (1803) . . . . . . . . . . . . . . . . .259
*Morrison*, 529 US 598 (2000) . . . . . . . . . . . . . . . . . . . . . . . . . . . . . . . .161
*New York v US*, 505 US 144 (1992) . . . . . . . . . . . . . . . . . . .127, 266, 274
*Oregon v Ashcroft*, 368 F 3d 1118 (9th Cir 2004) . . . . . . . . . . . . . . . . .143
*Oyama v California*, 332 US 633 (1948) . . . . . . . . . . . . . . . . . . . . . . . .110
*Prigg v Pennsylvania*, 41 US (16 Pet) 539 (1842) . . . . . . . . . . . . . . . . .130
*Printz v US*, 521 US 898 (1997) . . . . . . . . . . . . . . . . . . .261, 266–67, 276
*Raich v Ashcroft*, 352 F 3d 1222 (9th Cir 2003); *cert granted* 124 S Ct 2909 (2004) . . . . . . . . . . . . . . . . . . . . . . . . . . . . . . . . . . . . . . . . . .144
*Rice v Santa Fe Elevator Corp*, 331 US 218 (1947) . . . . . . . . . . . . . . .283
*Rush Prudential HMO, Inc v Moran*, 536 US 355 (2002) . . . . . . . . . . . .268
*Sabri v US*, 541 US 600 (2004) . . . . . . . . . . . . . . . . . . . . . . . . . . . . . .141
*Saenz v Roe*, 526 US 489 (1999) . . . . . . . . . . . . . . . . . . . . . . . . . . . . .122
*San Antonio Independent School District v Rodriguez*, 411 US 1 (1973) .143
*Scott v Sandford (Dred Scott)* , 60 US (19 How) 393 (1857) . . .129–30, 135
*Sei Fuji v State* (Cal Dist Ct App 1950); 38 Cal 2d 718 (1952) . . . . . . . .110
*Seminole Tribe of Florida v Florida*, 517 US 44 (1996) . . . . . . . . . . . . .266
*Shapiro v Thompson*, 394 US 618 (1969) . . . . . . . . . . . . . . . . . . . . . . . .122
*Shreveport Rate cases*, 234 US 342 (1914) . . . . . . . . . . . . . . . . . . . . . . .267
*Tennessee v Lane*, 541 US 509 (2004) . . . . . . . . . . . . . . . . . . . . . . . . . .141
*Tennessee Student Assistance Corp v Hood*, 541 US 440 (2004) . . . . . . .141
*US v EC Knight Co*, 156 US 1 (1895) . . . . . . . . . . . . . . . . . . . . . . . . . .281
*US v Lara*, 541 US 193 (2004) . . . . . . . . . . . . . . . . . . . . . . . . . . . . . . .124
*US v Lopez*, 514 US 549 (1995) . . . . . . . . . . . . .161, 266–68, 276, 280–81
*US v Morrison*, 529 US 598 (2000) . . . . . . . . . . . . . . . . . . . . . . . . . . . .274
*US Term Limits, Inc v Thornton*, 514 US 779 (1995) . . . . . . . . . . . . . . .264

# *Table of Legislation*

**Africa**


Charter for the establishment of an African Court on Human and Peoples Rights 1981 . . . . . . . . . . . . . . . . . . . . . . . . . . . . . . . . . .114–15
Protocol . . . . . . . . . . . . . . . . . . . . . . . . . . . . . . . . . . . . . . . . . . . .115
Charter of the Organisation of African Unity 1963
Art II . . . . . . . . . . . . . . . . . . . . . . . . . . . . . . . . . . . . . . . . . . . . .114


**Canada**


Act Respecting Constitutional Amendments 1996 (Regional Veto Act) . . .35
British North America Act 1867 (UK) . . . . . . . . . . . . . . . . . . . . .22, 25, 28
s 58 . . . . . . . . . . . . . . . . . . . . . . . . . . . . . . . . . . . . . . . . . . . . . .25
s 90 . . . . . . . . . . . . . . . . . . . . . . . . . . . . . . . . . . . . . . . . . . . . . .25
s 91 . . . . . . . . . . . . . . . . . . . . . . . . . . . . . . . . . . . .22, 25, 43, 52
s 91(1A) . . . . . . . . . . . . . . . . . . . . . . . . . . . . . . . . . . . . . . . .23, 52
s 91(2) . . . . . . . . . . . . . . . . . . . . . . . . . . . . . . . . . . . . . .23, 25–26
s 91(2A) . . . . . . . . . . . . . . . . . . . . . . . . . . . . . . . . . . . . . . . . . .23
s 91(3) . . . . . . . . . . . . . . . . . . . . . . . . . . . . . . . . . . . . .23, 25, 52
s 91(4) . . . . . . . . . . . . . . . . . . . . . . . . . . . . . . . . . . . . . . . . . . .23
s 91(5)-(6) . . . . . . . . . . . . . . . . . . . . . . . . . . . . . . . . . . . . . . . .23
s 91(7) . . . . . . . . . . . . . . . . . . . . . . . . . . . . . . . . . . . . . . . . .23, 52
s 91(8)-(9) . . . . . . . . . . . . . . . . . . . . . . . . . . . . . . . . . . . . . . . .23
s 91(10)-(11) . . . . . . . . . . . . . . . . . . . . . . . . . . . . . . . . . . . .23, 52
s 91(12)-(14) . . . . . . . . . . . . . . . . . . . . . . . . . . . . . . . . . . . . . . .23
s 91(15) . . . . . . . . . . . . . . . . . . . . . . . . . . . . . . . . . . . . . . . .23, 25
s 91(16)-(23) . . . . . . . . . . . . . . . . . . . . . . . . . . . . . . . . . . . . . . .23
s 91(24) . . . . . . . . . . . . . . . . . . . . . . . . . . . . . . . . . . . . . . . .23, 52
s 91(25) . . . . . . . . . . . . . . . . . . . . . . . . . . . . . . . . . . . . . . . . . .23
s 91(26)-(27) . . . . . . . . . . . . . . . . . . . . . . . . . . . . . . . . . .23, 25, 26
s 91(28) . . . . . . . . . . . . . . . . . . . . . . . . . . . . . . . . . . . . . . . .23, 25
s 91(29) . . . . . . . . . . . . . . . . . . . . . . . . . . . . . . . . . . . . .23–24, 26
s 92 . . . . . . . . . . . . . . . . . . . . . . . . . . . . . . . . . . . .22, 24–25, 43
s 92(1) . . . . . . . . . . . . . . . . . . . . . . . . . . . . . . . . . . . . . . . . .24, 26
s 92(2) . . . . . . . . . . . . . . . . . . . . . . . . . . . . . . . . . . . . . . . . .24–25
s 92(3)-(6) . . . . . . . . . . . . . . . . . . . . . . . . . . . . . . . . . . . . . . . . .24
s 92(7) . . . . . . . . . . . . . . . . . . . . . . . . . . . . . . . . . . . . . . .24, 51–52
s 92(8)-(10) . . . . . . . . . . . . . . . . . . . . . . . . . . . . . . . . . . . . . . . .24
s 92(10)(a)-(b) . . . . . . . . . . . . . . . . . . . . . . . . . . . . . . . . . . . . . .24
s 92(10)(c) . . . . . . . . . . . . . . . . . . . . . . . . . . . . . . . . . . . . . .24, 26
s 92(11) . . . . . . . . . . . . . . . . . . . . . . . . . . . . . . . . . . . . . . . . . .24

s 92(12) .24, 26
s 92(13) .24, 26, 52
s 92(14) .24, 26
s 92(15) .24
s 92(16) .52
s 93 .25–26
s 94A .25
s 95 .25
s 96 .26
s 106 .52
Canada Act 1982 (UK)
Sch B, cl 11 .33
Canada Health Act 1984 .54–57
Canada-Quebec Accord Relating to the Immigration and Temporary Admission of Aliens 1991 .47–50
Charlottetown Accord .34
Charter of Rights and Freedoms 1982 .20, 29, 40–43
s 1 .41
s 33 .33, 42
Clarity Act 2000 .38–39
ss 1–2 .38
Constitution .18, 20, 27–32, 34–37, 42–43, 46, 48, 51, 224
s 91 .29
s 92 .30
s 95 .44
Constitution Act 1791 (UK) .21
Constitution Act 1867 (UK). *See also* British North America Act 1867 .22, 51
Constitution Act 1982 .33
Pt 1 .33
s 53(2) .22
Cullen-Couture Agreement 1978 .46–47
Entente Bienvenue-Andras Agreement between Quebec and Ottawa 1975 .45
Health Care Renewal Accord 2003 .57–59
Hospital Insurance and Diagnostic Services Act 1966 .53–54
Immigration Act 1976 .45–46
Immigration and Refugee Protection Act 2001 .46
Medical Care Act 1957 .53–54
Meech Lake Accord 1987 .33–34, 46–48
s 2 .46
Official Languages Act .31
Quebec Act 1774 (UK) .21–22
Regional Veto Act. *See* Act Respecting Constitutional Amendments 1996
Royal Proclamation of 1763 (UK) .21
Social Union Framework Agreement 1999 (SUFA) .57
Union Act 1840 (UK) .21–22

**Europe**

Charter of Fundamental Rights of the European Union
2000 . . . . . . . . . . . . . . . . . . . . . . . . . . . . . .83, 92, 94, 106, 151, 153
Preamble . . . . . . . . . . . . . . . . . . . . . . . . . . . . . . . . . . . . . . . . . .84, 106
Preamble, cl 1 . . . . . . . . . . . . . . . . . . . . . . . . . . . . . . . . . . . . . . . . .75
Convention on the Grant of European Patents . . . . . . . . . . . . . . . . . . . .162
Draft Treaty establishing a Constitution for Europe 2003
(Rome Treaty) . . . . . . .ix, 70, 72, 75–76, 78–79, 82–86, 106, 117, 149,
. . . . . . . . . . . . .151–54, 164, 189–90, 212–14, 223, 225–26, 230–31,
. . . . . . . . . . . . . . . . . . . . . . . . . . . . . . . . . . . . .234–35, 248, 260
Art 1 (renumbered I-1) . . . . . . . . . . . . . . . . . . . . . . . . . . . . . . . .83, 153
Art 1(1) (renumbered I-1) . . . . . . . . . . . . . . . . . . . . . . . . . . . . . .84, 153
Art 2 . . . . . . . . . . . . . . . . . . . . . . . . . . . . . . . . . . . . . . . . . . . . .153–54
Art 5 . . . . . . . . . . . . . . . . . . . . . . . . . . . . . . . . . . . . . . . . . . . . . . . .230
Art 5(1) (renumbered I-5) . . . . . . . . . . . . . . . . . . . . . . . . . . . . . .83, 230
Art 6 (renumbered I-7) . . . . . . . . . . . . . . . . . . . . . . . . . . . . . . . . . . . .82
Art 8(1) (renumbered I-10) . . . . . . . . . . . . . . . . . . . . . . . . . . . . . . . . .84
Art 9 . . . . . . . . . . . . . . . . . . . . . . . . . . . . . . . . . . . . . . . . . . . . . . . .230
Art 9(2) (renumbered I-11) . . . . . . . . . . . . . . . . . . . . . . . . . . . . . . .78, 84
Art 9(3) (renumbered I-11) . . . . . . . . . . . . . . . . . . . . . . . . . . . . . .79, 230
Art 10(1) (renumbered I-6) . . . . . . . . . . . . . . . . . . . . . . . . . . . . . . . . .79
Art 11 (renumbered I-12) . . . . . . . . . . . . . . . . . . . . . . . . . . . . . . . . . .82
Art 12 (renumbered I-13) . . . . . . . . . . . . . . . . . . . . . . . . . . . . . . .82, 277
Arts 12–16 (renumbered I-12 to I-17) . . . . . . . . . . . . . . . . . . . . . . . . .80
Art 13 (renumbered I-14) . . . . . . . . . . . . . . . . . . . . . . . . . . . . . . .82, 277
Art 16 (renumbered I-17) . . . . . . . . . . . . . . . . . . . . . . . . . . . . . . . . . .82
Art 17 (renumbered I-18) . . . . . . . . . . . . . . . . . . . . . . . . . . . . . . . . . .84
Art 20 (renumbered I-21) . . . . . . . . . . . . . . . . . . . . . . . . . . . . . . . . . .84
Art 21 (renumbered I-22) . . . . . . . . . . . . . . . . . . . . . . . . . . . . . . . . . .84
Art 23(2) (renumbered I-28) . . . . . . . . . . . . . . . . . . . . . . . . . . . . . . . .83
Art 27 (renumbered I-28) . . . . . . . . . . . . . . . . . . . . . . . . . . . . . . . . . .83
Art 32 (renumbered I-33) . . . . . . . . . . . . . . . . . . . . . . . . . . . . . . . . . .82
Art 36(1) (renumbered I-5) . . . . . . . . . . . . . . . . . . . . . . . . . . . . . . . . .79
Art 53(3) (renumbered I-54) . . . . . . . . . . . . . . . . . . . . . . . . . . . . . . . .75
Art 59 (renumbered I-60) . . . . . . . . . . . . . . . . . . .84, 213–15, 223, 225–28
Art 59(1)-(3) . . . . . . . . . . . . . . . . . . . . . . . . . . . . . . . . . . . . . . . . . .213
Art 447(1) . . . . . . . . . . . . . . . . . . . . . . . . . . . . . . . . . . . . . . . . . . . .154
Art I-34(1) . . . . . . . . . . . . . . . . . . . . . . . . . . . . . . . . . . . . . . . . . . . .151
Art I-9(3) . . . . . . . . . . . . . . . . . . . . . . . . . . . . . . . . . . . . . . . . . . . . .164
Art III-197(2) (renumbered III-296) . . . . . . . . . . . . . . . . . . . . . . . . . . .83
Art IV-1 (renumbered I-8) . . . . . . . . . . . . . . . . . . . . . . . . . . . . . . . . . .83
Art IV-7 (renumbered IV-443) . . . . . . . . . . . . . . . . . . . . . . . . . . . . .76, 84
Pt I, Title II, Art I-9 . . . . . . . . . . . . . . . . . . . . . . . . . . . . . . . . . . .106, 151
Pt II 75, 94, 106, 153
Pt III . . . . . . . . . . . . . . . . . . . . . . . . . . . . . . . . . . . . . . . . . . . . . . . . .80
Preamble . . . . . . . . . . . . . . . . . . . . . . . . . . . . . . . . . . . . . .212–13, 223

Protocol on the application of the principles of subsidiarity and proportionality .......... 164
para 4 .......... 164
para 7 .......... 164
Title III .......... 277
EC Treaty .......... 72, 152, 158, 193
Art 3b .......... 278
Art 5 .......... 152, 163
Art 5(1) .......... 78
Art 5(2) .......... 73, 79
Art 7 .......... 73
Art 18(1) .......... 157
Art 28 .......... 158
Art 31 .......... 195–96
Art 48 .......... 167–68
Art 49 .......... 155–56
Art 95 (ex Art 100a) .......... 161–62
Art 202 .......... 81
Art 203 (ex Art 146) .......... 238–39
Arts 226–28 .......... 73
Art 230 .......... 73
Art 232 .......... 73
Art 234 .......... 73, 165, 169
Art 234(3) .......... 167–68
Art 235 .......... 73
Art 241 .......... 73
Art 263 .......... 81
Art 308 (ex Art 235) .......... 84, 160
Protocol No 30 .......... 163
EEA Agreement. *See* Agreement on the European Economic Area
EEC Treaty. *See* EC Treaty
Euratom Treaty .......... 82
European Coal and Steel Treaty
Preamble, cl 3 .......... 74
European Convention on Human Rights and Fundamental Freedoms 1950(ECHR) .......... 64, 83, 91–92, 95, 114, 155, 159–61, 165, 208–9
Art 8 .......... 156–58
Art 41 .......... 165
Joint Declaration of the President of the European Commission and the President of the CoR 2001 .......... 235
Protocol .......... 235
Laeken Declaration on the Future of the EU 2001 .......... 277
Rome Treaty. *See* Draft Treaty establishing a Constitution for Europe 2003
Single European Act 1986 .......... vii, 82, 149, 240
Treaty of Accession 2003 .......... 149
Treaty of Amsterdam 1997 .......... 77, 82, 149, 163, 234–35
Treaty of Maastricht .......... 69, 72, 82, 91, 234, 240, 260, 278
Art 203 .......... 238

Treaty on European Union 1992 (TEU) . . . . . . . . . . .76, 149, 152, 241, 284
Art G . . . . . . . . . . . . . . . . . . . . . . . . . . . . . . . . . . . . . . . . . . .278
Art 1 . . . . . . . . . . . . . . . . . . . . . . . . . . . . . . . . . . . . . . . . . . .84
Art 1(2) . . . . . . . . . . . . . . . . . . . . . . . . . . . . . . . . . . . . . . . .75
Art 6 . . . . . . . . . . . . . . . . . . . . . . . . . . . . . . . . . . . . . . . . . .152
Art 11 . . . . . . . . . . . . . . . . . . . . . . . . . . . . . . . . . . . . . . . . . .81
Art 23(1) . . . . . . . . . . . . . . . . . . . . . . . . . . . . . . . . . . . . . . .81
Art 48 . . . . . . . . . . . . . . . . . . . . . . . . . . . . . . . . . . . . . . . . . .76
Treaty of Nice 2001 . . . . . . . . . . . . . . . . . . . . . . . . . . . . .69, 82, 149

*Directives*

Dir 72/166/EEC Motor Vehicle Insurance Directive . . . . . . . . . . . . . .196–97
Dir 80/987/EEC Insolvency Directive . . . . . . . . . . . . . . . . . . . . . . . . .195
Dir 90/232/EEC Motor Vehicle Insurance Directive . . . . . . . . . . . . . .196–97
Dir 98/43 prohibiting the advertisement and sponsorship of tobacco products (Tobacco Advertising Directive) . . . . . . . . . . . . . . . . . . . . . . . . .161–63
Dir 98/44 on the legal protection of biotechnological inventions . . . . . .162
Dir 2001/37 on the approximation of national laws concerning the manufacture, presentation and sale of tobacco products . . . . . . . . .162
Art 13 . . . . . . . . . . . . . . . . . . . . . . . . . . . . . . . . . . . . . . . . . .163

*Regulations*

Reg 1612/68 . . . . . . . . . . . . . . . . . . . . . . . . . . . . . . . . . . . . . .157
Art 7(1) . . . . . . . . . . . . . . . . . . . . . . . . . . . . . . . . . . . . . . . .167
Art 10 . . . . . . . . . . . . . . . . . . . . . . . . . . . . . . . . . . . . . . . .156–58

**Germany**

Act of Cooperation between the federal government and the governments of the Länder of 29 October 1993 (BLV) . . . . . . . . . . . . . . . . . .240–41
Act of Cooperation between the federal government and Länder in matters relating to the EU of 12 March 1993 (EUZBLG) . .238–39, 241
Basic Law (*Grundgesetz*, BL, Constitution) . . . . . .viii, 78–79, 91–104, 106, . . . . . . . . . . . . . . . . . . . . . . . . . . . . . . . .201–2, 224, 233, 240–42
Art 1 . . . . . . . . . . . . . . . . . . . . . . . . . . . . . . . . . . . . . . . .91, 100
Art 1(1) . . . . . . . . . . . . . . . . . . . . . . . . . . . . . . . . . . . . . . . .96
Art 1(3) . . . . . . . . . . . . . . . . . . . . . . . . . . . . . . . . . . . . . . .104
Art 2 . . . . . . . . . . . . . . . . . . . . . . . . . . . . . . . . . . . . . . . .91, 100
Art 3 . . . . . . . . . . . . . . . . . . . . . . . . . . . . . . . .91, 96, 100, 103
Arts 4–18 . . . . . . . . . . . . . . . . . . . . . . . . . . . . . . . . . . . .91, 100
Art 19 . . . . . . . . . . . . . . . . . . . . . . . . . . . . . . . . . . . . . . . . . .91
Art 19(4) . . . . . . . . . . . . . . . . . . . . . . . . . . . . . . . . . . . . . . .103
Art 20(4) . . . . . . . . . . . . . . . . . . . . . . . . . . . . . . . . . . . . . . . .96

Art 23 . . . . . . . . . . . . . . . . . . . . . . . . . . . . . . . . . . . . .105, 203, 240–41
Art 23(4) . . . . . . . . . . . . . . . . . . . . . . . . . . . . . . . . . . . . . .242
Art 28 . . . . . . . . . . . . . . . . . . . . . . . . . . . . . . . . . . . . . . . .100
Art 28(1) . . . . . . . . . . . . . . . . . . . . . . . . . . . . . . . . . . . . . .100
Art 30 . . . . . . . . . . . . . . . . . . . . . . . . . . . . . . . . . . . . .78, 241
Art 31 . . . . . . . . . . . . . . . . . . . . . . . . . . . . . . . . . . . .79, 100–1
Art 33 . . . . . . . . . . . . . . . . . . . . . . . . . . . . . . . . . . . . . . . .96
Art 38 . . . . . . . . . . . . . . . . . . . . . . . . . . . . . . . . . . . . . . . .96
Art 70 . . . . . . . . . . . . . . . . . . . . . . . . . . . . . . . . . . .202, 240–41
Art 70(1) . . . . . . . . . . . . . . . . . . . . . . . . . . . . . . . . . . . . . . .93
Art 72 . . . . . . . . . . . . . . . . . . . . . . . . . . . . . . . . . . . . . . . .105
Art 73 . . . . . . . . . . . . . . . . . . . . . . . . . . . . . . . . . . . . .93, 240
Art 79(3) . . . . . . . . . . . . . . . . . . . . . . . . . . . . . . . . . . . . . .201
Art 83 . . . . . . . . . . . . . . . . . . . . . . . . . . . . . . . . .79, 93, 99, 202
Art 84 . . . . . . . . . . . . . . . . . . . . . . . . . . . . . . . . . . . . .99, 202
Arts 85–91 . . . . . . . . . . . . . . . . . . . . . . . . . . . . . . . . . . . . . .99
Art 91a-91b . . . . . . . . . . . . . . . . . . . . . . . . . . . . . . . . . .99, 204
Art 92 . . . . . . . . . . . . . . . . . . . . . . . . . . . . . . . . . . . . . . . .99
Art 93 . . . . . . . . . . . . . . . . . . . . . . . . . . . . . . . . . . . .101, 105
Art 93(1) . . . . . . . . . . . . . . . . . . . . . . . . . . . . . . . . . . . . . . .97
Art 95 . . . . . . . . . . . . . . . . . . . . . . . . . . . . . . . . . . . . . . . .99
Art 100(3) . . . . . . . . . . . . . . . . . . . . . . . . . . . . . . . . . . . . .103
Art 101 . . . . . . . . . . . . . . . . . . . . . . . . . . . . . . . . . . . . . . . .97
Arts 103–4 . . . . . . . . . . . . . . . . . . . . . . . . . . . . . . . . . . . . . .97
Art 104a *et seq* . . . . . . . . . . . . . . . . . . . . . . . . . . . . . . . . . .204
Art 142 . . . . . . . . . . . . . . . . . . . . . . . . . . . . . . . . . . . . . . .100
Bill of Rights . . . . . . . . . . . . . . . . . . . . . . . . . . . . . . . . . .91, 96
Constitution of Baden 1947 . . . . . . . . . . . . . . . . . . . . . . . . . . . .98
Constitution of Bavaria 1946 . . . . . . . . . . . . . . . . . . . . . . . . . . .98
Art 120 . . . . . . . . . . . . . . . . . . . . . . . . . . . . . . . . . . . . . . . .99
Constitution of Berlin 1950 . . . . . . . . . . . . . . . . . . . . . . . . . . . .98
Art 72(2) . . . . . . . . . . . . . . . . . . . . . . . . . . . . . . . . . . . . . . .99
Art 84(2) . . . . . . . . . . . . . . . . . . . . . . . . . . . . . . . . . . . . . . .95
Constitution of Brandenburg
Art 6(2) . . . . . . . . . . . . . . . . . . . . . . . . . . . . . . . . . . . . . .95, 99
Art 113 . . . . . . . . . . . . . . . . . . . . . . . . . . . . . . . . . . . . . . . .95
Constitution of Bremen 1947 . . . . . . . . . . . . . . . . . . . . . . . . . . .98
Constitution of Hesse 1946 . . . . . . . . . . . . . . . . . . . . . . . . . . . .98
Constitution of Lower Saxony
Art 3 . . . . . . . . . . . . . . . . . . . . . . . . . . . . . . . . . . . . . . . . . .98
Constitution of Mecklenburg-Vorpommern
Art 53 . . . . . . . . . . . . . . . . . . . . . . . . . . . . . . . . . . . . . . . . .99
Constitution of Northrhine-Westphalia
Art 4 . . . . . . . . . . . . . . . . . . . . . . . . . . . . . . . . . . . . . . . . . .98
Constitution of Rheinland-Pfalz 1947 . . . . . . . . . . . . . . . . . . . . .98
Constitution of the Saarland 1947 . . . . . . . . . . . . . . . . . . . . . . .98
Constitution of Saxony . . . . . . . . . . . . . . . . . . . . . . . . . . . . . .102
Art 81(1) . . . . . . . . . . . . . . . . . . . . . . . . . . . . . . . . . . . . . . .99

Constitution of Saxony-Anhalt
Art 75 . . . . . . . . . . . . . . . . . . . . . . . . . . . . . . . . . . . . . . . . . . . .99
Constitution of Thuringia
Art 80(1) . . . . . . . . . . . . . . . . . . . . . . . . . . . . . . . . . . . . . . . . . .99
Constitution of Württemberg-Baden 1946 . . . . . . . . . . . . . . . . . . . . . . . .98
Constitution of Württemberg-Hohenzollern 1947 . . . . . . . . . . . . . . . . . . .98
Federal Code of Civil Procedure (*Zivilprozessordnung, ZPO*) . . . . . . . . .102
Federal Code of Criminal Procedure (*Strafproze?ordnung, StPO*) . . . . . .103
Federal Constitutional Court Act (*BVerfGG*)
s 31 104
s 90(3) . . . . . . . . . . . . . . . . . . . . . . . . . . . . . . . . . . . . . . . . . .95, 97

**India**

Constitution . . . . . . . . . . . . . . . . . . . . . . . . . . . . . . . . . . . . . . . .224

**International**

Agreement between the EFTA States on the Establishment of a Surveillance Authority and a Court of Justice
Art 3(2) . . . . . . . . . . . . . . . . . . . . . . . . . . . . . . . . . . . . . . . . . .192
Agreement on the European Economic Area (EEA Agreement) . . .72, 191–98
Art 3 . . . . . . . . . . . . . . . . . . . . . . . . . . . . . . . . . . . . . . . . . . . .195
Art 6 . . . . . . . . . . . . . . . . . . . . . . . . . . . . . . . . . . . . . . . . .192, 196
Art 7 . . . . . . . . . . . . . . . . . . . . . . . . . . . . . . . . . . . . . . . . . .192–93
Art 16 . . . . . . . . . . . . . . . . . . . . . . . . . . . . . . . . . . . . . . . . .195–96
Art 99 . . . . . . . . . . . . . . . . . . . . . . . . . . . . . . . . . . . . . . . . . . .191
Arts 105–11 . . . . . . . . . . . . . . . . . . . . . . . . . . . . . . . . . . . . . . .195
Protocol No 35 . . . . . . . . . . . . . . . . . . . . . . . . . . . . . . . . . . .192–93
Agreement over transitional arrangements for a period after the accession of certain EFTA states to the EU 1994 . . . . . . . . . . . . . . . . . . . . . . .198
Geneva Conventions . . . . . . . . . . . . . . . . . . . . . . . . . . . . . . . . . .117
Genocide Convention 1948 . . . . . . . . . . . . . . . . . . . . . . . . . . . . . .110
Art VI . . . . . . . . . . . . . . . . . . . . . . . . . . . . . . . . . . . . . . . . . . . .110
International Covenant on Civil and Political Rights . . . . . . . . . . . . . . .110
Treaty of Westphalia 1648 . . . . . . . . . . . . . . . . . . . . . . . . . . . . . . .109
UN Charter . . . . . . . . . . . . . . . . . . . . . . . . . . . . . . . . . . . . . .110, 114
Ch VII . . . . . . . . . . . . . . . . . . . . . . . . . . . . . . . . . . . . . . . . . . . .112
Preamble, para 1 . . . . . . . . . . . . . . . . . . . . . . . . . . . . . . . . . . . . .109
Preamble, para 2 . . . . . . . . . . . . . . . . . . . . . . . . . . . . . . . . . . . . .109
Art 2 . . . . . . . . . . . . . . . . . . . . . . . . . . . . . . . . . . . . . . . . . . . . .109
Art 2(4) . . . . . . . . . . . . . . . . . . . . . . . . . . . . . . . . . . . . . . . . . . .109
Art 2(7) . . . . . . . . . . . . . . . . . . . . . . . . . . . . . . . . . . . . . . . . . . .109
Art 51 . . . . . . . . . . . . . . . . . . . . . . . . . . . . . . . . . . . . . . . . . . . .110
UNGA Convention on the Suppression and Punishment of the Crime of Apartheid 1973 . . . . . . . . . . . . . . . . . . . . . . . . . . . . . . . . . .111

Universal Declaration of Human Rights . . . . . . . . . . . . . . . . . . . . .110, 114

**Italy**

Act of the Region Campania concerning protection from the electromagnetic pollution caused by fixed systems of radio and television broadcasting . . . . . . . . . . . . . . . . . . . . . . . . . . . . . . . . . .255
Act of the Region Emilia-Romagna regulating vivisection . . . . . . . . . . . .254
Act of the Region Marche suspending the application of electroshock therapy, pre-frontal lobotomy and other forms of psycho-surgery interventions . . . . . . . . . . . . . . . . . . . . . . . . . . . . . . . . . . . . . . .255
Act of the Region Marche concerning protection from the electromagnetic pollution caused by fixed systems of radio and television broadcasting . . . . . . . . . . . . . . . . . . . . . . . . . . . . . . . . . .255
Act of the Region Piemonte suspending the application of electroshock therapy, pre-frontal lobotomy and other forms of psycho-surgery interventions (3 June 2002, No 14) . . . . . . . . . . . . . . . . . . . . . . . . .255
Act of the Region Puglia concerning protection from the electromagnetic pollution caused by fixed systems of radio and television broadcasting . . . . . . . . . . . . . . . . . . . . . . . . . . . . . . . . . . . . . . . . .255
Act of the Region of Tuscany suspending the application of electroshock therapy, pre-frontal lobotomy and other forms of psycho-surgery interventions (28 October 2002, No 39) . . . . . . . . . . . . . . . . . . . .255
Act of the Region of Umbria concerning protection from the electromagnetic pollution caused by fixed systems of radio and television broadcasting . . . . . . . . . . . . . . . . . . . . . . . . . . . . . . . . . .255
Bill of Constitutional Reform 2001 . . . . . . . . . . . . . . . . . . . . . . . . . . . .6, 9
Constitution 1948 (amended by Constitutional Act 3 of 2001) . . . . . .4, 6–7, . . . . . . . . . . . . . . . . . . . . . . . . . . .9–10, 12, 14–15, 249–53, 256–57
Art 2 . . . . . . . . . . . . . . . . . . . . . . . . . . . . . . . . . . . . . . . . . . . . .249
Art 5 . . . . . . . . . . . . . . . . . . . . . . . . . . . . . . . . . . . . . . . . . . . . .249
Arts 7–8 . . . . . . . . . . . . . . . . . . . . . . . . . . . . . . . . . . . . . . . . . . .249
Art 11 . . . . . . . . . . . . . . . . . . . . . . . . . . . . . . . . . . . . . . . . . .14, 249
Art 29 . . . . . . . . . . . . . . . . . . . . . . . . . . . . . . . . . . . . . . . . . . . . .249
Art 33 . . . . . . . . . . . . . . . . . . . . . . . . . . . . . . . . . . . . . . . . . . . . .249
Art 117 . . . . . . . . . . . . . . . . . . . . . . . . . . . . . .4, 251, 253–55, 257
Art 119 . . . . . . . . . . . . . . . . . . . . . . . . . . . . . . . . . . . . . . . . . . . . . .9
Art 120 . . . . . . . . . . . . . . . . . . . . . . . . . . . . . . . . . . . . . . . . . . . .256
Art 123 . . . . . . . . . . . . . . . . . . . . . . . . . . . . . . . . . . . . . . . . . . . .253
Art 125 . . . . . . . . . . . . . . . . . . . . . . . . . . . . . . . . . . . . . . . . . . . . .12
Art 126 . . . . . . . . . . . . . . . . . . . . . . . . . . . . . . . . . . . . . . . . . . . . .10
Art 138 . . . . . . . . . . . . . . . . . . . . . . . . . . . . . . . . . . . . . . . . . . . . .15
Title V (Arts 114–33) . . . . . . . . . . . . . . . . . . . . . . . . . . . . . . . . . .250
Constitutional Act 3 of 2001 . . . . . . . . . . . . . . . . . . . . . . . . .254–55, 257
Constitutional Act 3 of 2003 . . . . . . . . . . . . . . . . . . . . . . . . . . . . .252
Financial Act 2002 . . . . . . . . . . . . . . . . . . . . . . . . . . . . . . . . . . . .256

**South Africa**

Constitution . . . . . . . . . . . . . . . . . . . . . . . . . . . . . . . . . . . . . . . .214

**Switzerland**

Constitution . . . . . . . . . . . . . . . . . . . . . . . . . . . . . . . . . . . . . . . .78
Art 3 . . . . . . . . . . . . . . . . . . . . . . . . . . . . . . . . . . . . . . . . . . .78
Art 42(1) . . . . . . . . . . . . . . . . . . . . . . . . . . . . . . . . . . . . . . . .78
Art 49 . . . . . . . . . . . . . . . . . . . . . . . . . . . . . . . . . . . . . . . . . .79

**Union of Soviet Socialist Republics**

Constitution . . . . . . . . . . . . . . . . . . . . . . . . . . . . . . . . . . . . . . . .223
Art 70 . . . . . . . . . . . . . . . . . . . . . . . . . . . . . . . . . . . . . . . . . .223
Art 72 . . . . . . . . . . . . . . . . . . . . . . . . . . . . . . . . . . . . . . . . . .223

**United Kingdom**

Constitutional Reform Act 2005 . . . . . . . . . . . . . . . . . . . . . . . . . . . . . .63
Devolution Acts. *See* Government of Wales Act 1998, Northern Ireland Act 1998 and Scotland Act 1998
Government of Wales Act 1998 . . . . . . . . . .62, 260, 262–63, 265, 274–76, . . . . . . . . . . . . . . . . . . . . . . . . . . . . . . . . 278–79, 281–82, 286
Sch 2 . . . . . . . . . . . . . . . . . . . . . . . . . . . . . . . . . . . . . . . . . . .278
Human Rights Act 1998 . . . . . . . . . . . . . . . . . . . . . . . . . . .64, 260, 264
Northern Ireland Act 1998 . . . . . . .62, 260, 262–63, 265, 274–76, 278–79, . . . . . . . . . . . . . . . . . . . . . . . . . . . . . . . . . . . . .281–82, 286
Scotland Act 1998 . . . . . . . . . . . . . .61, 232, 243–44, 260, 262–65, 274–76, . . . . . . . . . . . . . . . . . . . . . . . . . . . . . . . . . .278–82, 284, 286
s 1 . . . . . . . . . . . . . . . . . . . . . . . . . . . . . . . . . . . . . . . . . . . .264
s 28 . . . . . . . . . . . . . . . . . . . . . . . . . . . . . . . . . . . . . . . . . . . .63
s 28(7) . . . . . . . . . . . . . . . . . . . . . . . . . . . . . . . . . . . . . . . . .282
s 29 . . . . . . . . . . . . . . . . . . . . . . . . . . . . . . . . . . . . . . . . . . .279
s 29(1) . . . . . . . . . . . . . . . . . . . . . . . . . . . . . . . . . . . . . . . . .279
s 31 . . . . . . . . . . . . . . . . . . . . . . . . . . . . . . . . . . . . . . . . . . .274
s 35 . . . . . . . . . . . . . . . . . . . . . . . . . . . . . . . . . . . . . . . . . . .274
s 101 . . . . . . . . . . . . . . . . . . . . . . . . . . . . . . . . . . . . . . . . . .284
Sch 5, Pt II . . . . . . . . . . . . . . . . . . . . . . . . . . . . . . . . . . . . . .279
Sch 6 . . . . . . . . . . . . . . . . . . . . . . . . . . . . . . . . . . . . . . .275, 285
Sch 6, Pt I . . . . . . . . . . . . . . . . . . . . . . . . . . . . . . . . . . . . . . .285
Statute of Westminster 1931 . . . . . . . . . . . . . . . . . . . . . . . . . . . . . .62
Union of Scotland Act 1706 . . . . . . . . . . . . . . . . . . . . . . . .207, 224, 260

**United States of America**

Act of 9 April 1866, ch 31, s 3 . . . . . . . . . . . . . . . . . . . . . . . . . . . . .132
Act of 5 February 1867, ch 38, s 1 . . . . . . . . . . . . . . . . . . . . . . . . . . . .132
Act of 20 April 1871
ch 22, s 2 . . . . . . . . . . . . . . . . . . . . . . . . . . . . . . . . . . . . . . . . . . .132
ch 32, s 1 . . . . . . . . . . . . . . . . . . . . . . . . . . . . . . . . . . . . . . . . . . .132
Act of 3 March 1875, ch 137, s 1, 18 Stat 470 . . . . . . . . . . . . . . . . . . . .132
Age Discrimination in Employment Act . . . . . . . . . . . . . . . . . . . . . . . . . .141
Alien Act . . . . . . . . . . . . . . . . . . . . . . . . . . . . . . . . . . . . . . . . .128, 144
Americans with Disabilities Act
Titles I-II . . . . . . . . . . . . . . . . . . . . . . . . . . . . . . . . . . . . . . . . . . .141
Articles of Association 1774 . . . . . . . . . . . . . . . . . . . . . . . . . . . . . . . .218
Articles of Confederation 1777 . . . . . . . . . . . .126, 128, 186, 212, 218, 221
Art V . . . . . . . . . . . . . . . . . . . . . . . . . . . . . . . . . . . . . . . . . . . . . .186
Art V(4) . . . . . . . . . . . . . . . . . . . . . . . . . . . . . . . . . . . . . . . . . . . .126
Art VII . . . . . . . . . . . . . . . . . . . . . . . . . . . . . . . . . . . . . . . . . . .221–22
Art VIII . . . . . . . . . . . . . . . . . . . . . . . . . . . . . . . . . . . . . . . . . . . . .126
Art VIII(1) . . . . . . . . . . . . . . . . . . . . . . . . . . . . . . . . . . . . . . . . . . .126
Art IX(1) . . . . . . . . . . . . . . . . . . . . . . . . . . . . . . . . . . . . . . . . . . . .126
Art IX(5)-(6) . . . . . . . . . . . . . . . . . . . . . . . . . . . . . . . . . . . . . . . . .126
Art XII . . . . . . . . . . . . . . . . . . . . . . . . . . . . . . . . . . . . . . . . . .126, 221
Art XIII . . . . . . . . . . . . . . . . . . . . . . . . . . . . . . . . . . . . . . . . .126, 135
Bill of Rights . . . . . . . . . . . . . . . . . . . . . . . . . . . . . . . . . . . . . . . .40–42
Civil Rights Act 1964 . . . . . . . . . . . . . . . . . . . . . . . . . . . . . . . . . .137–38
Title VI . . . . . . . . . . . . . . . . . . . . . . . . . . . . . . . . . . . . . . . . . . . . .137
Clean Air Act 1963 . . . . . . . . . . . . . . . . . . . . . . . . . . . . . . . . . . . . . .267
Constitution 1787 . . . . . . . . . . . .78–79, 104, 120, 122, 124–29, 134, 179,
. . . . . . . . . . . . .185–86, 188–89, 211–12, 214–18, 220–23, 227, 259,
. . . . . . . . . . . . . . . . . . . . . . . . . . .261, 265, 268–69, 274–76, 282
Preamble . . . . . . . . . . . . . . . . . . . . . . . . . . . . . . . . . .212, 216–18, 222
Amendment X . . . . . . . . . . . . . . . . . . . . . . . . . . . . . . . . . . . . . . .78, 276
s 1 . . . . . . . . . . . . . . . . . . . . . . . . . . . . . . . . . . . . . . . . . . . . . . . .135
Amendment XII . . . . . . . . . . . . . . . . . . . . . . . . . . . . . . . . . . . . . . . . .121
s 1 . . . . . . . . . . . . . . . . . . . . . . . . . . . . . . . . . . . . . . . . . . . . . . . .135
Amendment XIII . . . . . . . . . . . . . . . . . . . . . . . . . . . . . . . . . . . . .132, 134
ss 1–2 . . . . . . . . . . . . . . . . . . . . . . . . . . . . . . . . . . . . . . . . . . . . . .135
Amendment XIV . . . . . . . . . . . . . . . . . . . . . . . . . . . . . . . . . . . . . .132–35
s 1 . . . . . . . . . . . . . . . . . . . . . . . . . . . . . . . . . . . . . . . . . .122, 135, 141
s 5 . . . . . . . . . . . . . . . . . . . . . . . . . . . . . . . . . . . . . . . . . . . . .135, 141
Amendment XV . . . . . . . . . . . . . . . . . . . . . . . . . . . . . . . . . . . .132, 134–35
ss 1–2 . . . . . . . . . . . . . . . . . . . . . . . . . . . . . . . . . . . . . . . . . . . . . .135
Amendment XVI (1913) . . . . . . . . . . . . . . . . . . . . . . . . . . . .79, 133, 137
s 1 . . . . . . . . . . . . . . . . . . . . . . . . . . . . . . . . . . . . . . . . . . . . . . . .135
Amendment XXVII . . . . . . . . . . . . . . . . . . . . . . . . . . . . . . . . . . . . . . .128
s 135
Art I186–87, 266, 276, 279
s 2, cl 3 . . . . . . . . . . . . . . . . . . . . . . . . . . . . . . . . . . . . . . . . . . . . .179

s 3, cl 1 .....178
s 7, cl 2 .....179
s 8, cl 1 .....127
s 8, cl 3 .....127
s 8, cl 7 .....129
Art II .....127
s 1 .....121
Art III .....127
Art IV
s 3 .....125
s 3, cl 2 (Territory Clause) .....130
Art V .....134, 185–86
Art VI (Supremacy Clause) .....217, 282
cl 2 .....79
Art VII .....220
Art X .....7
Commerce Clause .....187, 266–68, 277, 281–82
Spending Clause .....186–87
Declaration of Independence 1776 .....218–19
Emancipation Proclamation 1862 .....131
Employment Retirement Income Security Act (ERISA) .....268
Fair Housing Act 1968 .....137
Federal Communications Act .....268
Fugitive Slave Act .....130, 144
Kentucky Resolution .....129
Northwest Ordinance 1787
Art V .....125
Sedition Act .....128–29, 144
Telecommunications Act 1996 .....268–69
1 USC .....266
XLVII .....126
LIII .....125
28 USC
§ 1331 (2000) .....132
§ 1343 (2000) .....132
§ 1443 (2000) .....132
§ 2241(c)(3) (2000) .....132
29 USC
§ 1001 *et seq* .....268
§ 1144(a) and (b) .....268
42 USC
§ 1973 *et seq* (2000) .....137
§ 1983 (2000) .....132
§ 2000a *et seq* (2000) .....137
§ 2000d *et seq* (2000) .....137
§ 2000e *et seq* (2000) .....137
§ 3601 *et seq* (2000) .....137
§ 7401 *et seq* .....267

47 USC § 152(b) . . . . . . . . . . . . . . . . . . . . . . . . . . . . . . . . . . . . . . . . .268
48 USC § 731(a) (2000) . . . . . . . . . . . . . . . . . . . . . . . . . . . . . . . . . . . .124
Virginia Resolution . . . . . . . . . . . . . . . . . . . . . . . . . . . . . . . . . . . . . . .129
Voting Rights Act 1965 . . . . . . . . . . . . . . . . . . . . . . . . . . . . . . . . . . . .137

# I

# Variations of Federalism

# 1

# *The Italian Variant of Federalism*

GIOVANNI GROTTANELLI DE'SANTI*

The whole subject of Italian regionalism—structural and constitutional aspects—or rather, as described in the title, 'The Italian Variant of Federalism,' is not one familiar to non-Italian jurists.

In fact, Italian public law (not to mention Italian law in general) is not very well known in the Anglo-Saxon world. One of the main reasons for this lies in the problem of language; Italian is usually spoken by English and American art historians, but not by jurists of those countries. Furthermore, the Italian political world is often considered rather incomprehensible to other nations, and this reputation is extended to Italian legal theory, which is most probably a deterrent although Italian jurists are in fact not much more incomprehensible than some French and many German scholars.

However, apart from any 'belfry spirit,' Italy and Italian regionalism are worth considering from the point of view of comparison. In terms of population and industrial development, our country is one of the five main European nations; it is also one of perhaps only 20 states in the world about which one can say that over the past 50 years, successive governments have all been the result of free democratic elections. The interesting point here is that Italy has now had half a century of strong regionalism, which was originally grafted onto a very centralised state by means of a severe surgical operation. Almost half of public expenditure is now channelled through the Regions, creating substantial decentralised financial decision-making powers.

In this chapter I will try to provide some historical background to Italian regionalism; give a concise description of the decentralised structure as it stands at present; and, lastly, try to point out some elements which might be useful for the purpose of European comparative studies.

## Historical Background to Italian Regionalism

The process of Italian unification in the second half of the nineteenth century was to a large extent carried out by the kingdom of Sardinia (or rather

* Professor of Public Law, University of Sienna.

of Piedmont), which of all the small states making up the Italian peninsula was the most affected by the centralist policies of Napoleonic France. At the end of the nineteenth century, Italian administration was organised through a series of ministerial pyramids (eg, agriculture, schools and universities, commerce), with a minister in Rome and locally peripheral structures on a hierarchical basis. Furthermore, there was a prefect in every province, clearly copied from the French system, who had formidable powers to enforce not only the coordination but also the execution of instructions and orders issued by the central government particularly with regard to relations with the local government (*comuni* and provinces). This constitutional system lasted until after the Second World War; it was in fact reinforced during the years of the Fascist dictatorship (1922–43) because the one-party system organised on almost military lines added to the power of the centralised administrative offices of the state. Local government was no longer elected, and so any form of representative democracy disappeared for a period of 20 years.

At the end of the war, with the new republican Constitution (1948), the atmosphere of renewal favoured decentralisation. The idea was to bring government and administration closer to the citizen. Decentralisation, together with individual liberty and a return to a parliamentary form of government, were seen as a means of creating a democratic system. A particularly strong drive towards decentralisation was evinced in those Regions which had suffered most from centralisation in the past and by the large islands of Sicily and Sardinia. It is worth remembering here that Don Sturzo, one of the most important founding fathers of our Constitution, was not just Sicilian but *extremely* Sicilian and a great champion of its special autonomy, that is to say endowed with more effective powers than those granted to other Regions. Similarly, Emilio Lussu, who at the Constituent Assembly launched the constitutional clause granting legislative powers (Article 117) to regional assemblies, was Sardinian. Similar requests for regional autonomy were put forward by those Regions with large ethnic minorities such as Val d'Aosta and the Alto Adige (which the Austrians call South-Tyrol) and Friuli-Venezia Giulia. In varying degrees, these three Regions could count on political backing from foreign states, one of which was France (which sat on the side of the winners at the peace conference table). Furthermore, the two big Italian political parties—Christian Democracy and the Left (Communist and Socialist parties together)—were in favour of strong regional decentralisation as they both hoped to obtain dominant positions at least in some Regions even if their respective parties did not win the national elections. And that is exactly what happened: about half the Regions are 'white' and the other half 'red,' or as we say today, 'left-wing,' since after 1989 the Socialist and the Communist parties distanced themselves increasingly from the original colour. Certainly there have been changes in the political orientation of some Regions while others, such as Tuscany and Emilia-Romagna, have been uninterruptedly governed by the Left.

However, while it was easy to find justification for self-government for the big islands of Sicily and Sardinia and the above-mentioned frontier Regions, the criteria adopted for redrawing the boundaries in the rest of the peninsula, which constituted the greater part of the national territory, were open to criticism; some of the many Regions, 20 altogether (almost half the number of US states), were originally independent states before Italian unification, whilst others have been laid out according to different criteria (not excluding the geographical definition of railway areas) since 1912 and given the name of 'compartments' (*compartimenti*), which has less of nobility and historical significance than that of 'Regions.' Tuscany and the Region of Venice certainly belong to the first category, whereas the same cannot be said of Molise, Basilicata or the Marche.

This fact, which is often overlooked in current doctrine, helps to explain why the concept of Regions as administrative units and centres of constitutional autonomy has less impact on the public consciousness than that of the *comune* (ie municipality), which is well and truly rooted in the history of our peninsula and which arouses deep, even passionate, feelings (which is certainly not the case of the Regions). This, and the fact that regional autonomy is very recent, is even evident in the actual physical location of power, in the buildings housing the respective administrative offices. The *comune* offices are usually in the same building which had always been the seat of government of the city-state, with a central position and size to dominate the city, whereas the offices of the Region, even the highest ranking among them, have had to make do with buildings of relatively less importance and historical significance.

The five 'special' Regions (Sicily, Sardinia, Vald'Aosta, Trentino Alto Adige and Friuli-Venezia Giulia) and the 15 'ordinary' Regions were (and to a certain extent still are) the creations of politicians and jurists of the Constituent Assembly and not a constitutional response to a pressing popular demand, nor were they the negotiated result of a compromise to reach a new constitutional settlement as is often the case in the immediate aftermath of a war of independence or repressed revolt. In other words, I think I can safely say that the establishment of the Regions has no deep roots in the consciousness of the people; certainly nothing to be compared with the traditional independence of city-states in an urban civilisation such as the Italian one.

In spite of this, however, regional autonomy was introduced in the Italian form of government with a high degree of *Nobilitierung*; regional powers were guaranteed by the Constitutional Court in a system where the court is seen mainly as the guardian of individual freedoms and the constitutional umpire between the centre and the Regions. Our Italian scholars began to describe Italy as a state with a regional base (*stato a base regionale*); the presence of the Regions was seen as an element of our pattern of government. Unlike today, when it has become a common subject of conversation, there was no talk of federalism, as the tendency to superlatives was not so all-pervading in the 1950s, while some would go as far as saying that the meaning of words was valued as more important than it is today. The Italian formula appeared as an intermediate stage between administrative decentralisation and real federalism such as that adopted by the United States, the Swiss Confederation and Germany.

As the Regions came into being, they went through various stages of development; at first there was a 'centralist' reaction from ministries, and the central civil service was unwilling to surrender powers to the periphery; this was followed, from the 1970s onward, by a more peaceful collaborative phase; a number of Regions proved to be fairly good administrative structures. There is no way of making a general evaluation (it is inevitable that regional structure and exercise of power should reflect the enormous diversity between the various parts of Italy, in particular between North and South, peninsula and islands). Each country has often notable differences between North and South, but we may easily venture to say that in Italy these differences are perhaps much more marked that in other European countries.

During the early 1990s the political weight of the League (*La Lega*) was instrumental in strengthening regionalism by increasing the latent tendency to antagonism between North and South.

Shortly before losing the last national election (May 2001), the Centre-Left government introduced a Bill of Constitutional Reform (March 2001) considerably widening regional perspective and probably the consistency of regional power. The Bill was discussed and formulated hurriedly to the total detriment of its constitutional quality and probably adopted for the wrong reasons.

It may be that in the next two years, Italian regionalism will make further progress, but in this chapter I must limit myself to the present situation and keep in mind that there is no overall agreement on the right road to regional decentralisation and federalism within the majority governing the country at this present moment.

## Current Decentralised Structure

Italy then, from the Alps to Sicily, was divided into 20 Regions right from the first years of the Republican Constitution, five with more autonomy than all the other 15, as already mentioned. Statutes, until then historically the supreme expression of the sovereign power of Parliament, were no longer a state monopoly. Statutes (*le leggi*) as the binding expression of the public will could be issued either by the state or by a Region according to their respective sphere of competence. It is, however, significant that when a law is proclaimed by the state the word *legge* is not followed by any adjective, whereas regional laws are described as Tuscan or Lombard, so that it looks as if the law par excellence is still, in the public mind, only the law of Parliament. And yet the fact that the law is no longer a monopoly of Parliament must be recognised. Given this fundamental fact, the question arises, as in all federal or highly decentralised states, whose is the legislative competence in a particular field?

Following the recent revision, the Constitution contains a long list of all those matters which pertain to the state (eg, foreign policy, financial legislation, immigration, public education, environment, etc) and another long list of those matters that fall within the competence of the Regions, or rather are shared between the national Parliament and the regional assemblies (eg, organisation of trade, food supply, social security, cultural activities, transport and distribution of energy). Until the constitutional reform of 2001, the non-enumerated powers were always considered as pertaining to the state; borrowing from the American constitutional terminology, one could speak of the Italian state's 'implied powers'; the state was the entity pre-existing the Regions and only the enumerated powers obviously pertained to the Regions. One of the ideas behind the recent constitutional reform was to overturn that principle which, until then, had been the opposite of the one laid down by Article X of the US Constitution. In fact, all regional powers are limited from the start, first by the fundamental principles of the Italian legal system (although the doctrine is not unanimous on this point), and secondly because they may be effectively wielded only within the area not so far pre-empted by EU legislation and/or by international obligations. The first of these two points is based on the assumption that, well guaranteed and 'constitutional,' as it may be, regional autonomy must never endanger the coherence of the Italian constitutional and legal system.

For many decades, Italian jurists and politicians have been arguing for or against regional autonomy, trying to establish how wide is the range covered by the 'fundamental principles' of the legal system and, even before that, whether that should be viewed as a political question rather than a legal one, and therefore the limit of regional legislative power is only subordinate to the will of Parliament rather than being merely a subject of judicial interpretation. A recent statute has attempted to clarify the matter, but I think one can safely say that it has not achieved satisfactory results.

Clauses and general constitutional principles allowing central government to intervene in the sphere of member states or Regions are present in most federal systems. The Italian Constitution, before the recent reform, envisaged the probably purely political limit of the 'national interest.' The limit has now disappeared with the constitutional reform; however, the absence of a specific mention in the text would be hardly sufficient to exclude the possibility of state intervention in the 'supreme interest' of the nation. If the state intends to adopt legislation in areas which could reasonably be considered regional, it can always find ways to intervene provided it can indicate satisfactory grounds for the exercise of its powers. The Italian theory and practice of constitutional review has had a lot to learn in general from the constitutional experience of the United States; one can indeed add that the United States' experience in the fields of interposition and of pre-emption offer a most valuable ground of comparison for the development of the Italian state-Regions relationship.

As we have seen in the last few years, particularly after the 2001 constitutional reform, the general atmosphere seems to be very favourable to the Regions, and yet there is sufficient evidence of the Constitutional Court's inclination to uphold an ultimate national power. The Court has gone as far as assessing the existence (and the constitutional admissibility) of certain state powers per se, 'apt in themselves' to invade the regional sphere. However, with the passage of time a situation—one might also say a tradition—has become sufficiently definite whereby the Regions accept a degree of state interference without much protest, whilst state organs for their part accept that certain relations are regulated by the Region; as a result, in spite of the apparent complexity of some scholarly constructions, it is not too difficult for an official to find out whether in practice it is the state or the Region that has regulating power over a certain matter.

The relative difficulty of reaching a clear definition of the state sector and the regional sector is often further aggravated by the introduction of fundamental concepts and principles of European governance that are quite alien to our Italian tradition. I am thinking in particular of the principle of subsidiarity, which now has been accepted in the recent constitutional reform. It must be noted that there has been considerable discussion about this principle in Italy, but there is not a very clear idea of what it means and especially how it may be applied; there is no doubt, however, that the introduction of the principle will have an effect at the administrative level, and efforts will be needed to define the spheres in which attributed powers may be exercised. The drive may well involve new regulation and add detailed measures to a scenario already overloaded with legislation; it is likely to prove detrimental to any form of clarification.

Italian Regions have only legislative and executive powers; there is no regional judicial power. Italian judges are all officials of the state; in their decisions they apply European, national and regional law, ensuring therefore that the hierarchy of norms is safeguarded except in three cases: (1) when there is discussion as to whether a law falls within the state or regional competence; (2) when the Act or law on which a decision has to be based appears to violate the separation of powers; and, finally, (3) when a norm of European law appears to be in breach of the fundamental principles of the Italian constitutional text. In these cases, competence will devolve to the Constitutional Court.

It is common knowledge that the Constitutional Court has perhaps been one of the most important innovations implemented by the Italian republican regime. Guardian of constitutional freedoms (and in a certain sense guardian also of the democracy of the system), the 'sovereign' Court has developed a role of umpire regarding the separation of powers (jurisdiction in matters concerning conflicts between Parliament, government, President of the Republic and the judiciary) and in matters relating to conflicts of competence between state and Regions, or between the Regions themselves. The constitutional role thus entrusted to the Court has indirectly contributed to raising the rank and importance of the Regions in the political and constitutional life of the country. When Parliament or a regional Assembly enact legislation which is considered by the Court to exceed the powers defined by the text of the Constitution, the Act itself is struck off the book by the Court's decision. In fact, the declaration of unconstitutionality is often indicated in Italian doctrine as a true exercise of legislative power, in a negative sense, pertaining to the Court.

It has already been noted that the Regions did not enter our constitutional system easily. A certain aversion to regional decentralisation applied also to the Court's constructions of the constitutional text. In fact, in the 1950s and 1960s the Court upheld the existence of a 'fundamental' quality of national legislation (therefore limiting regional powers), which had little or nothing fundamental about it, but was on the contrary rather specific and detailed. The atmosphere, as already mentioned, has changed considerably; in present times the wind may be said to be blowing adequately in favour of the Regions, but so far the Court still stands as a rather formidable vigilant sentinel of national unity.

Naturally, the major safeguard of national unity lies in the way spending powers are allocated. It is well known how the power of the purse has been permanently in the forefront in the United Kingdom ever since discussion started on the subject of devolution. Strangely enough, in Italy the subject does not seem to attract all the attention it deserves among scholars in establishing the constitutional status of the Regions vis-à-vis the Italian state.

As amended after the constitutional reform of 2001, Article 119 of the Constitution proclaims financial autonomy not only for the Regions but also for other minor levels of local government. Apart from their share of national revenue (established by Parliament), the Regions have been granted a tax-raising power of their own which varies, of course, according to the size of their territory and population; this power must be exercised in accordance with the Constitution (*in armonia*) and 'coordinated with the principles of public finance and the tax system' (*secondo i principi di coordinamento della finanza pubblica e del sistema tributario*). As well as establishing these fundamental principles, the Italian executive can intervene by establishing a fund to help those Regions which have less financial resources. Additional resources may also be allocated by the central government to further purposes which do not fall within the scope of ordinary functioning of the Regions, such as 'promotion of economic development, social cohesion and solidarity' or the adjustment of social and economic imbalances (*rimuovere gli squilibri economici e sociali*). In all these cases the necessary financial dispositions are implemented by an Act of Parliament.

It is not difficult to see that, until there is constitutional representation at the state level (ie, the Senate of the Regions), namely until the Regions play a part in national legislative decision-making, the national Parliament will retain ultimate power in financial matters, and therefore in the sector which is the most significant in terms of any sort of self-government. It is certainly true that with successive constitutional and legislative statements in favour of the Regions, it will be more and more difficult for the national legislative and executive powers not to take the need to respect regional autonomy seriously, and hence the requirement for a very strong and valid motivation in every case of intervention in the regional sphere.

Until recently, the Italian Regions have always adopted a parliamentary form of government; in fact, this form of government was practically imposed on all the Regions by the Constitution in a uniform manner. Thanks to a provision in favour of the power of the Assembly, the executive (*giunta regionale*) needed the confidence of the Assembly. This choice has radically changed; now, with the reforms, the Regions will have a very wide discretion to decide their own form of government. However, for the time being, pending the adoption of the new regional constitutions (*statuti regionali*), the election of the President (ie, the head of the executive power), takes place directly by popular vote while the *assessori* (ministers) are appointed by the President-elect. Yet there are elements in the present regional form of government that are certainly not typical of the parliamentary system: for example, a vote of no confidence not only implies the resignation of the President, but it also leads to dissolution of the Assembly and the calling of elections (Article 126 Constitution). Furthermore, the President himself, by resigning from his office, may cause the dissolution of the Assembly.

The regional President , being elected through a direct popular vote, enjoys a role of power and prestige such as he never had before; in fact, the Italian media emphasise the new prominence of the regional President and, one might say, with considerable lack of good taste, often refer to him as 'governor,' copied from the American system. At any rate, whether or not it makes sense to see any resemblance with the American system, one can certainly say that the direct election of the head of the regional executive power has proved a turning point in the political relations between the state and Regions, attracting public attention.

For a long time after the establishment of the republican regime, the 'regional' level was in a certain way a waiting room for young (and not so young) politicians wishing to be elected into Parliament. In other words, as in many other countries, the local government level was the first rung of the ladder to national power; with luck, a member of a regional Assembly could hope to be selected one day by his party headquarters as a candidate for a parliamentary election and—again, with luck -possibly become an undersecretary or even a member of the Council of Ministers should his party win the elections.

The Italian political panorama has changed dramatically in the last decade. There is no room to examine the combined impact of the collapse of the Italian party system and the political upheaval in Europe in the late 1980s in this chapter; for our specific purposes it may suffice to point out that the collapse, or rather the fragmentation, of Christian Democracy and the disappearance of party discipline which characterised the Communist Party eased considerably the independence of local political parties from their national headquarters. One can certainly say that nowadays the leaders or the regional Presidents of some of the larger Regions such as Lombardy or Campania appear in the public eye much more as possible future candidates for the post of Prime Minister rather than for a ministerial post in the executive as was previously the case.

At the present stage it is difficult to foresee what will be the future developments in the process of reform of the Italian system of government, but one element seems to be certain, and that is that some weight has to be given to proposals to strengthen the powers of the Regions. Successful or not, there will indeed be in the next two years an attempt to aggravate the distance between the North and the South of the country. As already mentioned, no Region has so far completed the process of adopting a new Constitution and therefore making use of the discretion granted by the recent constitutional reform.

One may wonder how far the state has a right (or a power) to investigate and to review the operations of a Region and, more importantly, what has been the effective exercise of the state's formidable powers over the Regions in the first half century of Italian decentralisation. Few areas could be more significant to any realistic description of the Italian state-Region relationship than judicial and executive review of regional legislative and executive action. Indeed, this is a field in which the distance between formal authority and effective control may appear considerable; it is also a field where the authoritarian imprint of the country is most evident. Notoriously, judicial and administrative review (seen as one subject, *controlli*) attracts a great deal of doctrinal and judicial attention in all countries which, like Italy, have been exposed to Napoleonic influence. The theme may be viewed as a microcosm composed of prior, subsequent or ex-post controls, of review centred on the limits of legislative power and of administrative discretion, and of controls directed to establish the legality of an act or of behaviour; a microcosm that may well justify, due to its complexity, the Anglo-Saxon difficulty, already noted previously, in grasping the gist of some sectors of Italian law.

The ongoing weakening of state control over the Regions underlines the evolution in general of the state-Region relationship in the last few years. Originally, the Constitution (Article 125) and various legislative acts gave to state organs vast powers of review and the use of such powers was, in the first decades after 1948, often rather oppressive. Regional statutes (*leggi regionali*) had to pass state scrutiny before they could be sanctioned and enforced. This scrutiny was exercised by a 'State Commissioner,' and in spite of the different name one was reminded immediately of the prefect (*prefetto*), the well-known national sentinel in loco.

As we have seen, the Constitutional Court had power to declare void regional statutes before (as well as after) they became part of the Italian legal system. Conflicts of power other than those originated by state or regional legislation would also fall within the sphere of competence of the Court. Furthermore, the national executive power itself (ie, the Cabinet) could (and probably still can) invalidate regional legislation in case of 'necessity' and of 'imminent danger' (*necessità e urgenza*).

Regional legislative assemblies can be dissolved by the Cabinet if there are grounds for believing that their actions persistently violate the Constitution or national legislation. The dissolution would be followed by a time of interim administration prior to elections for a new Assembly .

One should always remember that, quite apart from possible state review powers, the validity of regional legislation, just like national legislation, may always be questioned before the Constitutional Court through the initiative of any ordinary judge.

As stated above, the recent constitutional reform has certainly engendered a new atmosphere in the panorama of state-Region relationships; prior constitutional review of regional legislation has been abolished, the office of Government Commissioner (*prefetto*) has also been abolished, and along with it has gone the state's power to control the merit and/or the legality of regional administrative action. The role of the state is now limited rather strictly to the coordination of the sectors of foreign immigration, general security and public order, protection of the national heritage and works of art. In some cases where regional administration appears to be lacking, or worse, totally absent and ineffective in the performance of its duties, state administrative organs may act in lieu (*sostituirsi*) of regional administrations and adopt provisions following a procedure regulated in great detail. Similar cases, *in votis* very exceptional, where state authorities may substitute themselves for the local authorities, are indeed well-known and envisaged in many federal or regional systems of government of the Western world; in Italy, they are mainly justified by the obligations deriving from both international or European Union law, or by the necessary safeguard of the political and economic unity of the Italian state and by the 'guarantees' (social welfare) of private individuals.

## USEFUL POINTS FOR COMPARATIVE PURPOSES

One may well wonder which aspects of the 'Italian variant' may be of some use for comparative purposes, and one may feel rather uneasy in answering this question. Any satisfactory answer should in fact be sought first in the general, perhaps even 'universal,' framework of the 'uses of comparative studies.' How far can we usefully go beyond a mere *bei uns* approach? Furthermore, we should ask ourselves what are the essential points to be considered in order to establish: (1) whether a country is well run and conforms to the ideal model of a 'good' Western democracy; and (2) whether some of the solutions adopted in a given type of government (or administration) may be at all exportable.

I will only try, more modestly, to underline a few aspects that appear to me of particular interest in the present stage of Italian constitutional development and certainly I will not comment on the negative sides of Italian regionalism. Naturally negative aspects exist, either in their Italian specificity or as typical of most kinds of federalism and regionalism; to begin with—to name just one—the very high financial cost of any two-tier (or three-tier) administrative system. Indeed, a description of the negative experiences that have emerged in the course of the Italian regional adventure might well resemble a description of Italian flaws and vices in general; these are often described in great detail and often passionately by the Italians themselves—politicians, academic scholars and media—and are so very often taken up, not always accurately but with some insistence, by the foreign, especially European, press.

There seem to be aspects of Italian regionalism of our time which may be seen to differ drastically from the Italian pre-Second World War public law tradition and also from the state-Region relationship of the first decades of the republican regime. These are perhaps the aspects that may better help us to address the two points mentioned above.

Italian regionalism developed in a very original way. This is itself a peculiarity for a country that, to a great extent, has been culturally and politically dependent on one or another of the two great continental powers, namely France and Germany, during the last two centuries. When the Italian state took the first steps towards regionalisation at the end of the 1940s, the idea of state sovereignty had not yet started to be questioned as it is now all over the Western world. The 'process of erosion' of the concept of the state had still to begin (a process which started after the Second World War, but which has since been dramatically speeded by globalisation and regionalisation). France, Spain and Belgium (to take only three important cases) were still very far from their present stage of local decentralisation, whilst Italy was drawing up her regional structure in the Constitution.

It seems to me that one original element of the Italian path to change lies in the fact that we are a country of deep-rooted formalistic tradition where the concept of written law and, with it, the idea of juridical truth is embodied in sacred texts (constitutional or only legislative, it does not matter) and yet today we are moving more and more towards a new appreciation of flexible principles and criteria which are political rather than juridical; criteria which are very far from the world of rigid and permanent lists of subjects and matters established, once and for all, in a constitutional text. We certainly are much closer nowadays to the Anglo-Saxon way of thinking than to those systems that a few decades ago were still described as 'codified' or belonging to the 'civil law.' I refer, of course, to the growing Italian tendency to solve constitutional controversies by resorting to principles such as loyal collaboration between state and Regions, to solidarity or, in general, to all those relationships where the key word is 'coordination.' Together with these, as we have seen, particular mention should be made of the principles of subsidiarity and of proportionality (of EU origin), which in Italy have been absorbed into the system of relations between state and Regions. All of these principles are not merely advocated and formulated in court decisions, but they are now also to be found written and referred to in legislative texts.

As a result of the state's new attitude towards normative regulation of relations with the Regions, we have an increasing number of mixed organs (state-regional committees) for the coordination of activities and decision-making in general with regard to matters where intervention by either state or Region is envisaged and allowed. There is little doubt that this parliamentary insistence on coordination will have the effect of prolonging the process and rendering it more difficult; but it should lead to a consensus on the part of the two sides without recourse to litigation. English practice and scholarly discussion reveals a rich experience in this respect and also has a lot to offer in terms of what we might call the process of consensus, particularly in the field of administrative law.

This development towards an ever-increasing flexibility of legal formulas has an interesting corollary with regard to a constitutional reform which is often ignored or at least unemphasised: a country like Italy (with a Constitution which is very difficult to change) entered the European Union, and may rightly claim to be one of the Founding Fathers of it, and welcomed the radical revolution involved in it without making any formal constitutional revision. In fact, the predominance of European law over previous, present and subsequent Italian legislation is ensured through a series of Constitutional Court decisions and supported by an interpretation of Article 11 of the Constitution, which is stretched to the limits (and unconvincing). The need for constitutional amendment in order to accept the consequences of membership of a supranational order has been felt and acted upon by countries such as France, Germany and Austria, to mention just a few, but not by Italy—in spite of the strict procedure for constitutional amendments set out by Article 138 of the Constitution.

Another original element in the Italian way to regionalisation lies in the radical departure from the rule of uniformity. Apart from the five Regions with special Constitutions (*statuto*), all Regions have the same legislative powers in the same fields, and these powers are regulated by the same constitutional clauses and political limits (national interest). Furthermore, all 15 Regions were bound to adopt in their Constitutions the same form of government and the same form of administrative structure with a minimum margin of freedom of choice. Naturally, this policy of uniformity created rigidity in the relations between the state and the Regions, and somehow the same rigidity was reflected in Constitutional Court decisions. In fact, even in a country such as Italy where there is no binding rule of precedent, the effect of Court decisions concerning one particular Region would be practically binding on all the other Regions. By contrast, the recent constitutional reforms pave the way for new forms and conditions of statutory and administrative autonomy for each Region.

In view of the possibility of considerable diversity mentioned above, the distinction between Regions with special autonomy and the other 15 Regions, which was previously very marked, will presumably not disappear entirely but will certainly become less important. At present it is difficult to foresee how far the Italian Regions will want, or be able, to go their own way without exceeding the classical limits of political and economic unity of the Republic. The rejection of the rule of uniformity is an interesting event as *au fond* it seems to be approaching the line of diversification taken by the British Parliament in securing devolution of government to Scotland, Wales and Northern Ireland.

Finally, it is useful to take note of the growing role which is being assigned in Italy to the Regions in the formation and functioning of the European Union. This subject has a long history, which cannot be explored here. Besides, it is well known that in federal states, the international treaty-making power is itself very apt to restrict the powers of constituent parts, and one can easily imagine how much more permissible any such invasion may appear in the Italian Regions, which enjoy a lesser degree of regional autonomy. Indeed, one can say that Italian regional autonomy has suffered a great many invasions by the state 'in the name' of the implementation of European regulations. The agricultural sector is emblematic of this, and it may be of interest to note that the sector (where probably a major number of invasions have taken place) was regarded as by far the most important regional power in the enumeration of powers of the 1948 Constitution. Yet it is precisely this sector which (for good or bad) has been most affected, first by the Common Market and now by the EU. It is in this area, and others closely related to it (such as the environment), that the delimitation and coordination of powers between states and their local units may prove difficult in the future development of the EU towards a federal state. Indeed, the comparative analysis of the various solutions adopted by Member States of the EU will be of the utmost interest; although not unanimous on this, the present coalition government of Berlusconi seems to be strongly in favour of giving the Regions a relevant slice of power of decision both in the 'going up' process and in the adaptation and enforcement of Community law at national level.

The Regions are represented in the Italian delegations that participate in the activity of the European Council, in the Working Groups and in the Committees of the Council, and of the European Commission; they are certainly present in what in common parlance is sometimes described as 'European Governance by Committee.' To a great extent, the success of this regional participation will naturally depend upon the level of agreement among the Regions, and their strength and tenacity in pursuing their policies will have obviously a direct effect on their chances of being heard both at national and at European level. The margins of development in the pursuance of regional interests are certainly quite wide, and it would be unfair to presume that regional interests should always be different from (or opposed to) those of the state.

At the present stage of European political and economic integration it seems that, generally speaking, one can safely say that while significant, and certainly well-publicised, results have been achieved, the present situation can hardly be described as perfect. All the same, unless there are unforeseen hurdles in the process towards federalism, one can correctly predict that decentralised units, whether they be *Länder* or Regions, will have a European role. Over a lengthy period during which these units have always had to be on the defensive and have suffered frequent restrictions of their powers, not only directly by Europe but also by individual Member States ('in the name of Europe'), one can foresee a waning of state sovereignty. The probable limited surrender of state sovereignty may well go ahead, and even promote the idea of a 'Europe with the Regions' rather than the oft quoted (rightly or wrongly) 'Europe of Regions,' where the Regions themselves would speak directly to the Community without having to communicate through the state filter.

# 2

# *Flexible Federalism: The Canadian Way*

ALLEN LINDEN*

## INTRODUCTION

Federalism has many forms. It varies over time and from place to place. It enables diverse peoples to achieve a measure of solidarity while retaining a degree of autonomy. Unity and diversity are reconciled. Some federal systems have as many as 50 states, while others as few as two. Some of these federations are older than 200 years and some are as young as yesterday. The structure of federal states depends on many things like geography, economics, language, ethnicity, race, religion, history and, inevitably, politics. Federal states are created to meet the felt needs of the component parts to cooperate for certain purposes, or by unitary states wishing to devolve power to regional units. But the individual interests of the component parts do not disappear. And they often conflict with the interests of the other component parts and with the whole of the state. Thus, chronic tension is inevitable.

Federal systems all change over the years. Some develop and thrive. Others wither and die. The Canadian system, despite many trials and tribulations over the years, has endured and, in my view, thrives, despite the tensions and testiness that challenge it almost daily. But perfection has not yet been achieved, for as Gerald Beaudoin, one of our leading constitutional scholars, has written:

> Le federalisme ideal est celui qui est faillé sur le mesure pour répondre aux besoins d'un pays donné. Ce federalisme idéal on n'atteint jaimais tout à fait.[1]

The secret of Canada's survival as a healthy federation is that ours is flexible federalism, one that is continually compromising, that is always willing to try to work things out, even when the problems seem insoluble at first. The phrase 'cooperative federalism' has been used by Canadian optimists, perhaps dreamers, to describe the goal of our federal system. Sometimes it looks more like 'uncooperative federalism,' or 'fractious

* Justice, Federal Court of Canada. I would like to thank my Law Clerk, Andrea Baldwin, for her outstanding contribution to this chapter.

[1] See (1993) 3 *NJ Constitutional Law* 325 at 338. There are now some 26 federal states in the world.

federalism,' as we witness the sparks fly at federal-provincial meetings on television and read about the seemingly endless wrangling among the so-called First Ministers.

Yet somehow, despite the threat of separatism, we have continued as a united, federal nation for 136 years, since 1867. That is because we have not stagnated; we are constantly rebalancing our federation. This has not been done by major constitutional amendments, for to amend our Constitution in any significant way has been almost impossible, especially so now that we have an official amendment formula. There have been very few actual amendments over the years and these have been generally of little importance.

Canadians can tell when a province is really serious about a problem of a federal nature—it demands a constitutional amendment. Such a demand is almost like a rite of passage for many newly-elected provincial premiers. The federal government usually resists at first, but, if the province persists and wins support from other provinces, the federal government may give in and convene a federal-provincial conference to discuss the matter. The grievance is aired and debated, sometimes passionately. Rarely do all the players agree to amend the Constitution, but alternative solutions are sometimes designed to respond to the needs of the aggrieved province without the need for formal amendment.

While the political leaders feud about federalism publicly, most Canadians are not very interested. They are often bored or even hostile to the process but, in my view, these continual debates, this constant quarrelling, are healthy for our federation. They bring out into the open dissatisfaction with things as they are and foster hope that they can be improved. It is a time-consuming, sometimes aggravating and costly exercise, but one that I believe distinguishes Canadian federalism from other more rigid forms. This form of flexible federalism is, in fact, one of the defining features of Canada—this readiness to discuss, to debate and to continually compromise and reshape our federal system. We even publish a journal in Canada on comparative federalism called *Federations* so that federalism addicts can stay *au courant* with developments around the world.

Sometimes these federalism debates take place in the courts. Over the years, judicial decisions have clarified, elaborated and even altered the meaning of our Constitution many times. At one time, the Privy Council in the United Kingdom was the final court of appeal for Canada in these matters, but after 1949 it is the Supreme Court of Canada, a nine-member general court of appeal, that has become the 'Umpire of Canadian Federalism.' This perhaps sexist sports metaphor, adopted from baseball by Professor William Lederman,[2] is appropriate for a constitutional court because:

[2] W R Lederman, 'Unity and Diversity in Canadian Federalism' (1975) 53 *Canadian Bar Review* 597 at 619.

> An umpire is disinterested between parties but loyal to the game, devoid of hubris and possessed of humility. The metaphor is consistent with the expectations of governments and reminds courts about the importance of the constitutional text. It captures an ideal of impartiality and balance. It places courts in an essential but not pre-eminent role, and would help dispel charges of an imperial judiciary.[3]

Some have challenged this metaphor, however, likening the Court more to a type of 'player' rather than an umpire, because of the importance of its decisions in altering the structure of the federation.[4] Still others prefer the metaphor of 'enabler' or 'facilitator,' in order to stress the need for the Court to assist, not hinder, the various levels of government in doing their jobs.[5] In some ways, a constitutional court may perform all of these roles at different times, as well as being, in addition, an educator, a stabiliser, an exemplar and an inspirer. For me, however, the umpire metaphor best portrays the basic need for the Court to be neutral, modest, moderate, restrained, yet brave if necessary.

Let us remember, however, that federalism decisions, though helpful, do not always furnish the final solution to a federalism issue; they may be merely steps on the way to a solution. While the parties often accept the rulings and abide by them, on other occasions the decisions merely clarify the legal situation and lead to further political discussions. These further discussions may ultimately yield some new arrangement which the players may find more acceptable than the result that emerged from the Court. For example, after winning a federalism case against the province of Newfoundland involving the control of the continental shelf, the Canadian federal government nevertheless entered into an accord with the province granting to it a substantial measure of control.[6]

Canada today is a strong and united country, declared by the United Nations as one of the world's 10 best lands to live in. Canada was a proud founding member of the United Nations in 1945; it is an original member of the British Commonwealth, the Francophonie, NATO and now the OAS. We have forests, lakes, mountains, rivers, prairies and tundra, but no deserts. We are 31,400,000 people living in 10 provinces and three territories, covering five different time zones, occupying the northern part of North America, running from the Atlantic Ocean to the Pacific Ocean to the Arctic.

[3] D Greschner, 'The Supreme Court, Federalism and Metaphors of Moderation' (2000) 79 *Canadian Bar Review* 47 at p 61. Perhaps 'referee' would also serve as well or even better, since baseball is more of an American game, while hockey, which has a referee, is more Canadian.
[4] See A W MacKay, 'The Supreme Court and Federalism: Should Anyone Care Anymore?' (2001) 80 *Canadian Bar Review* 241 p 248.
[5] D M Beatty, '*Constitutional Law in Theory and Practice* (1995) Toronto: University of Toronto Press; others use the metaphor 'guardian of the castle,' see MacKay, above n 4 at 250.
[6] See K Swinton, 'Federalism Under Fire' (1992) 55 *Law and Cont Prob* 121 at 139.

The 10 provinces vary greatly in population and size. Ontario, the largest province, has 38 per cent of the total population (12,000,000), Quebec has 25 per cent (7,500,000) while Prince Edward Island has less than 1 per cent (140,000). Our people are diverse, coming from every corner of the globe, but most are still English-speaking (59 per cent) and French-speaking (23 per cent). Aboriginals are 4 per cent and visible minorities are 13 per cent. As for religion, 43 per cent are Catholic, 29 per cent Protestant, 2 per cent Muslim, 1 per cent Buddhist, 1 per cent Sikh, 1 per cent Hindu and 1 per cent Jewish. There are 16 per cent who report no religion.

I shall briefly describe some of our constitutional history, with special reference to French-speaking Canada. I shall then shortly examine the early judicial development of our Constitution. Following that I shall describe in some detail a rather unique feature of our federalism, that is, the recognition of a right to secede. Further, a short discussion of a less unique aspect of modern federalism: both levels of government in Canada have yielded some of their powers over human rights, at least conditionally, to the courts through our Charter of Rights and Freedoms. I shall then describe two examples of flexible federalism in action—the cases of Medicare and immigration. It will be seen that these federal arrangements have been altered without formal constitutional amendment, one mainly by the use of the spending power, the other by executive agreements.

Some of these flexible solutions have developed over many years; some are asymmetrical and others are not. The main but obvious point is that different provinces are different and may require different arrangements. Not all provinces must be fitted into a straight-jacket of rigid federalism. The key is to allow some autonomy, some individuality, some creativity, some experimentation, as long as the solidarity of the country is not threatened. In this way, provinces can do what they wish to do for their people in their own sphere of authority, while others can stand by and watch or try their hand at a different solution. In this way, a thousand (or perhaps more likely a dozen) flowers may bloom.[7]

## A Brief History

First settled by French colonists in 1608, Canada's constitutional development started in 1663, when the French colony of New France (the territory now comprising Ontario and Quebec) was formally established and French civil law was imposed. Following the British victory over the French on the Plains of Abraham near Quebec City, in 1759, New France was ceded to

[7] The leading text is P W Hogg, *Constitutional Law of Canada* (4th edn, looseleaf, Toronto, Carswell 1997).

Great Britain in 1763. The subsequent Royal Proclamation of 1763[8] provided that the colony to be known as 'Quebec' would be governed by English law. In the next few years leading up to the American Revolution, however, the British government became concerned about maintaining the loyalty of its new Canadian subjects. Mindful of the significant cultural differences between Quebec and the rest of British North America, the Westminster Parliament passed the Quebec Act 1774,[9] which restored the use of the pre-conquest French civil law as the law of Quebec and permitted the free exercise of the Roman Catholic religion. The Quebec Act 1774 is the original legal source for Quebec's more recent campaign to be recognized as a 'distinct society' in North America. It also helped to cause the American Revolution by granting to Quebec much of the land west of the Appalachian mountains.

Following the American Revolution in 1776 many English-speaking Loyalists, unhappy with the Revolution, moved north to Canada and most settled west of the French-speaking communities. Dissatisfied by being dominated by the French-speaking population, the new English speakers sought and won the Constitution Act 1791,[10] which divided Quebec into two provinces, Upper and Lower Canada, each with their own elected assembly. Using what is still the boundary between Ontario and Quebec, the division separated the English and the French. Upper Canada was populated predominately by English-speaking people, and Lower Canada was inhabited primarily by French-speaking people. The laws of the former province of Quebec continued in force in Lower Canada, but the laws of England were quickly adopted by the Legislature of Upper Canada.

These two elected assemblies were in chronic conflict with the pro-British governing bodies. The popular assemblies' inability to control the executive branch of government led to the armed rebellions of 1837 in Upper and Lower Canada and the subsequent appointment of the British Lord Durham to find a solution. In addition to recommending that responsible government be instituted in Canada, the 1839 Durham Report recommended that the two Canadas be joined as a single legislative union, and that the use of French be outlawed in order to encourage French-speaking Canadians to be assimilated into the English-speaking majority.

The Union Act 1840[11] sought to achieve Lord Durham's assimilation objective by merging Upper and Lower Canada into the united province of Canada with a single legislature. The elected assembly included equal numbers of representatives from Upper Canada (now called Canada West) and Lower Canada (now called Canada East), notwithstanding the smaller

[8] Royal Proclamation 1763 (UK), RSC 1985 App II No 1.
[9] Quebec Act 1774 (UK), RSC 1985 App II No 2.
[10] Constitution Act 1791 (UK), RSC 1985 App II No 3.
[11] Union Act 1840 (UK), RSC 1985 App II No 4.

population of Canada West. Not surprisingly, the Union Act 1840 did not create a stable regime.

Because of this instability and, in part, because of a concern about the potential danger from the United States, which was in the midst of a civil war, political leaders from Canada and the maritimes, where separate British colonies had been established, began to consider the possibility of creating a federated state. In 1864, delegates from Canada East (Lower Canada), Canada West (Upper Canada) and the maritime colonies (Nova Scotia, New Brunswick and Prince Edward Island) met in Charlottetown, Prince Edward Island, where they reached an agreement to form a federal union. The agreement called for a central bicameral legislature with an elected Lower House and an appointed Upper House. The Lower House was to consist of representation by population, and representation in the Upper House was to be based on regional equality. The choice to form a federal government was significant, because without the ability to maintain control over certain local matters, neither Canada East (now Quebec) nor the maritime colonies would have agreed to Confederation.

Later that same year those delegates, and more, met in Quebec City to consider a proposed new federal structure. The product of that meeting was 72 resolutions, which were mainly incorporated into the British North America Act 1867 (now called the Constitution Act 1867).[12] These resolutions affirmed the protection of minorities within Canada by virtue of guarantees to protect French language and culture. Thus, while Confederation created a rather centralised federation, parts of the agreement recognised Quebec's distinctiveness in the tradition of the Quebec Act 1774. This was accomplished by making French the official language in Quebec, and by protecting the civil law system within Quebec, which was done by giving the provinces jurisdiction over property and civil rights within the province.

On 1 July 1867, New Brunswick, Nova Scotia and the Province of Canada (which became the two provinces of Ontario and Quebec) entered Confederation and the Dominion of Canada was born. The other six provinces entered Confederation as follows: Manitoba in 1870, British Columbia in 1871, Prince Edward Island in 1873, Alberta and Saskatchewan in 1905 and Newfoundland in 1949. (There are also now three territories in Canada.)

## Distribution of Legislative Powers

The division of powers was provided for by sections 91 and 92 of the British North America Act 1867, now the Constitution Act 1867, which

[12] British North America Act 1867 (UK), RSC 1985 App II No 5; renamed the Constitution Act 1867 by the Constitution Act 1982 s 53(2).

allocate law-making authority over specific lists of 'matters' to the jurisdiction of either Parliament or the provincial legislatures. These matters remain almost exactly the same today as they were in 1867, that is:

> **91.** It shall be lawful for the Queen, by and with the Advice and Consent of the Senate and House of Commons, to make Laws for the Peace, Order, and good Government of Canada, in relation to all Matters not coming within the Classes of Subjects by this Act assigned exclusively to the Legislatures of the Provinces; and for greater Certainty, but not so as to restrict the Generality of the foregoing Terms of this Section, it is hereby declared that (notwithstanding anything in this Act) the exclusive Legislative Authority of the Parliament of Canada extends to all Matters coming within the Classes of Subjects next hereinafter enumerated; that is to say,
>
> 1A. The Public Debt and Property. [added later]
> 2. The Regulation of Trade and Commerce.
> 2A. Unemployment insurance. [added later]
> 3. The raising of Money by any Mode or System of Taxation.
> 4. The borrowing of Money on the Public Credit.
> 5. Postal Service.
> 6. The Census and Statistics.
> 7. Militia, Military and Naval Service, and Defence.
> 8. The fixing of and providing for the Salaries and Allowances of Civil and other Officers of the Government of Canada.
> 9. Beacons, Buoys, Lighthouses, and Sable Island.
> 10. Navigation and Shipping.
> 11. Quarantine and the Establishment and Maintenance of Marine Hospitals.
> 12. Sea Coast and Inland Fisheries.
> 13. Ferries between a Province and any British or Foreign Country or between Two Provinces.
> 14. Currency and Coinage.
> 15. Banking, Incorporation of Banks, and the Issue of Paper Money.
> 16. Savings Banks.
> 17. Weights and Measures.
> 18. Bills of Exchange and Promissory Notes.
> 19. Interest.
> 20. Legal Tender.
> 21. Bankruptcy and Insolvency.
> 22. Patents of Invention and Discovery.
> 23. Copyrights.
> 24. Indians, and Lands reserved for the Indians.
> 25. Naturalization and Aliens.
> 26. Marriage and Divorce.
> 27. The Criminal Law, except the Constitution of Courts of Criminal Jurisdiction, but including the Procedure in Criminal Matters.
> 28. The Establishment, Maintenance, and Management of Penitentiaries.
> 29. Such Classes of Subjects as are expressly excepted in the Enumeration

of the Classes of Subjects by this Act assigned exclusively to the Legislatures of the Provinces.

And any Matter coming within any of the Classes of Subjects enumerated in this Section shall not be deemed to come within the Class of Matters of a local or private Nature comprised in the Enumeration of the Classes of Subjects by this Act assigned exclusively to the Legislatures of the Provinces.

**92.** In each Province the Legislature may exclusively make Laws in relation to Matters coming within the Classes of Subjects next hereinafter enumerated; that is to say,

1. Repealed.
2. Direct Taxation within the Province in order to the raising of a Revenue for Provincial Purposes.
3. The borrowing of Money on the sole Credit of the Province.
4. The Establishment and Tenure of Provincial Offices and the Appointment and Payment of Provincial Officers.
5. The Management and Sale of the Public Lands belonging to the Province and of the Timber and Wood thereon.
6. The Establishment, Maintenance, and Management of Public and Reformatory Prisons in and for the Province.
7. The Establishment, Maintenance, and Management of Hospitals, Asylums, Charities, and Eleemosynary Institutions in and for the Province, other than Marine Hospitals.
8. Municipal Institutions in the Province.
9. Shop, Saloon, Tavern, Auctioneer, and other Licences in order to the raising of a Revenue for Provincial, Local, or Municipal Purposes.
10. Local Works and Undertakings other than such as are of the following Classes:
    (a) Lines of Steam or other Ships, Railways, Canals, Telegraphs, and other Works and Undertakings connecting the Province with any other or others of the Provinces, or extending beyond the Limits of the Province:
    (b) Lines of Steam Ships between the Province and any British or Foreign Country:
    (c) Such Works as, although wholly situate within the Province, are before or after their Execution declared by the Parliament of Canada to be for the general Advantage of Canada or for the Advantage of Two or more of the Provinces.
11. The Incorporation of Companies with Provincial Objects.
12. The Solemnization of Marriage in the Province.
13. Property and Civil Rights in the Province.
14. The Administration of Justice in the Province, including the Constitution, Maintenance, and Organization of Provincial Courts, both of Civil and of Criminal Jurisdiction, and including Procedure in Civil Matters in those Courts.
15. The Imposition of Punishment by Fine, Penalty, or Imprisonment for enforcing any Law of the Province made in relation to any Matter coming within any of the Classes of Subjects enumerated in this Section.

16. Generally all Matters of a merely local or private Nature in the Province.

In addition to the matters in sections 91 and 92, responsibility for education was granted to the provincial legislatures, subject to certain conditions protecting religious minorities (section 93). The Parliament of Canada was later given authority, by constitutional amendments, to make laws in relation to old age pensions, survivor and disability pensions in 1951 and 1964 (section 94A). Agriculture and immigration were given to the federal Parliament, but provinces were permitted to deal with these matters in their own territory, as long as their laws were not repugnant to any Act of Canada (section 95).

It will first be noticed that, by this distribution of powers, the framers of the British North America Act planned to create a strong central government.[13] The Act gives the provinces only a series of 16 enumerated powers about which they can make laws. The residual power, that is, making laws for the 'peace, order and good government of Canada,' on matters not given to the provinces, was given to Parliament. In addition, a group of subjects listed 'for greater certainty,' but not 'to restrict the generality of the foregoing,' was also granted to the federal Parliament. This was a departure from the American precedent where residuary power had been left with the states. The Canadian federal Parliament, unlike in the United States, was given by section 91(2) the power to regulate 'trade and commerce' without qualification, while the US Congress had been given the more limited power to regulate 'commerce with foreign nations and among the several states and with the Indian tribes.' Banking (section 91(15)), marriage and divorce (section 91(26)), criminal law (section 91(27)) and penitentiaries (section 91(28)) were other topics allocated to the federal Parliament in Canada, but reserved to the states in the United States. Even more significantly, the federal government was envisaged as fiscally dominant. The federal Parliament was given, by section 91(3), the power to levy indirect as well as direct taxes while the provinces were confined, by section 92(2), to direct taxes; in the 1860s, the indirect taxes of customs and excise accounted for 80 per cent of the uniting colonies' revenues, and so a system of federal grants to the provinces was established from the beginning in recognition that the provinces' tax-raising capacity would not be adequate for their needs.

Not only did the British North America Act's distribution of powers contemplate a more centralised system than that of the United States, in several respects, the provinces were expressly made subordinate to the centre. First, by section 90, the federal government was given the power to disallow (ie invalidate) provincial statutes. Secondly, by section 58, the federal govern-

[13] See generally P W Hogg, *Constitutional Law of Canada* (5th edn, 2000).

ment was given the power to appoint the Lieutenant Governor of each province (and, by section 92(1), the provinces were denied the power to alter that part of their Constitutions). Thirdly, by section 96, the federal government was given the power to appoint all the judges of the superior, district and county courts of each province. Fourthly, by section 93, the federal government was given the power to determine appeals from provincial decisions affecting minority educational rights, and the federal Parliament was given the power to enforce a decision on appeal by the enactment of 'remedial laws.' Fifthly, by sections 91(29) and 92(10)(c), the federal Parliament was given the power unilaterally to bring local works within exclusive federal legislative jurisdiction simply by declaring them to be 'for the general advantage of Canada.' Sixthly, the doctrine of 'federal paramountcy' was developed whereby in a true conflict situation between a federal and a provincial law, the federal law is considered paramount and the provincial law is eclipsed.[14]

The second feature to notice about these two lists of powers is the existence of several subject areas that overlap and subjects over which legislative power is shared. From the beginning, therefore, it was obvious that cooperation and compromise would be unavoidable if the new federation was to function. For example, in the administration of justice area, the provinces were given authority over provincial courts, both civil and criminal, prisons and reformatories in the province, and procedure in civil matters (section 92(14)). The federal government was granted the power to create federal courts, the appointment of all senior judges (section 96), the criminal law and criminal procedure (section 91(27)). It was obvious to the founders that both levels would have to work together in the administration of justice area. Another obvious area of overlap is family law, where the federal government received jurisdiction over marriage and divorce (section 91(26)), but the provinces received the solemnisation of marriage in the province (section 92(12)). Property division upon divorce was held in later decisions to be governed by the federal authorities, but on separation before divorce by the provincial government. There is currently a case that has been referred to the Supreme Court of Canada to decide whether the subject of gay marriage is for the federal government (which favours it) to decide as a matter of capacity to marry, or for the provinces (some of which oppose it) as part of solemnisation of marriage. Perhaps the largest areas of overlap are the matters of property and civil rights, given to the provinces (section 92(13)), and regulation of trade and commerce (section 91(2)). Many of the court clashes have been over which of these two subjects covers the law being challenged. Many other examples of potential overlap are apparent from the language of the sections and many disputes have arisen which have had to be litigated over the years.

[14] *Grand Trunk Railway v AG Canada* [1907] AC 65.

In the early years of Confederation, the relationship between the new national government and the provinces was more akin to a colonial relationship. The national government, with the bulk of the governmental revenues and most of the ablest politicians, exercised a control over the provinces not at all unlike that of an imperial government over its colonies. Over the years, however, there has been a steady growth in the power and importance of the provinces. If we re-examine the centralising features of the Constitution of Canada in the light of the current body of case law, convention and practice, it is clear that Canada today is less centralised than the United States. Much of this is due to the influence of the Judicial Committee of the Privy Council of the United Kingdom.

## Judicial Law-Makers

Except for a brief period immediately after Confederation, the Judicial Committee of the Privy Council of the United Kingdom was the final court of appeal for Canada in constitutional cases until these appeals were finally abolished in 1949.[15] There were scores of cases seeking to resolve the many clashes between the provincial and federal authorities. Two British judges dominated the Canadian constitutional cases: Lord William Watson and Viscount Richard Haldane. They both believed strongly in provincial rights, and they established precedents that elevated the provinces to coordinate status with the Dominion.[16] They gave a narrow interpretation to the principal federal powers (like the residuary power and the trade and commerce clause), and a wide interpretation to the principal provincial power over property and civil rights in the province.[17] The decisions of the Privy Council—the 'wicked stepfathers of confederation,' as one Canadian scholar called them—were much criticised in English Canada[18] (although not in French Canada)[19] for their provincial bias.

In a 'small room up a back staircase on Downing Street' in London,[20] these men determined the early shape of Canadian federalism. Lord William Watson, who had appeared as counsel for Ontario in several Canadian cases, and who has been described as the 'ideal imperial judge,'

[15] See J J Saywell, *'The Lawmakers:'Judicial Power and the Shaping of Canadian Federalism* (2002) for a superb analysis of these cases.
[16] *Hodge v The Queen* (1883) 9 App Cas 117 (provincial legislative powers as plenary and ample as imperial Parliament); *Liquidators of the Maritime Bank v Receiver General of NB* [1892] AC 437 (provincial executive powers match legislative powers).
[17] For a full account see F R Scott, 'Centralization and Decentralization in Canadian Federalism' (1951) 29 *Canadian Bar Review* 1095.
[18] B Laskin, 'Peace, Order and Good Government Re-Examined' (1947) 25 *Canadian Bar Review* 1054.
[19] P Pigeon, 'The Meaning of Provincial Autonomy' (1951) 29 *Canadian Bar Review* 1126.
[20] Saywell, above n 15 at 113.

wrote several decisions, in the period 1889–1912, which weakened the federal government, including one, relying on the property and civil rights provision, that said surprisingly that the provinces had been given the residual power, not the federal government.[21] He felt that the British North America Act should be interpreted just like any other statute. Lord Watson was often influenced by the legal arguments of the Premier of the Province of Ontario, Sir Oliver Mowatt, who frequently argued these cases personally in the Privy Council in those years for he 'saw the courts as his preferred battleground in the pursuit of provincial power.'[22]

It has been said that a person who influenced the provincial rights views of the Privy Council was Judah Benjamin, who appeared as counsel on several Canadian cases. Benjamin had been an adviser of Jefferson Davis, the President of the American Confederacy during the time of the civil war. After that, he returned to England, where he acted as counsel in several Canadian cases, in which he understandably advanced the provincial rights point of view. Known as a 'champion of states' rights,' he contended that the federal government of Canada was mainly created to defend Canada against the United States and that all the power to make laws for local matters, like local option for alcohol, belonged to the provinces.[23]

Even more pro-provincial rights than Lord Watson was Viscount Richard Haldane, who had sometimes acted as junior counsel to Lord Watson and to Edward Blake, the Attorney for Ontario, winning 11 out of 13 cases. Haldane became Lord Chancellor following Lord Watson. Having served at the War Office, he was described as a 'Liberal Imperialist' and, between 1912 and 1928, he 'dominated the Privy Council as no one else.' His mission was to protect the provinces from a 'marauding federal government and its Supreme Court'[24] and to make Canada's constitution more like that of the United States and Australia.[25] He shrunk the POGG clause and the federal trade and commerce power, while enlarging the provincial property and civil rights head, which he felt was the real residual clause. He considered the provinces to be separate kingdoms legislatively, not subsidiary at all, the powers granted to them being 'watertight compartments.'

Following the departure of Viscount Haldane, Lord Sankey, his successor, ushered in a more flexible and progressive era (1929–35). He described the Canadian constitution as a 'living tree,' rejecting Lord Watson's theory that it was just like any other statute. He wrote 'the BNA Act planted in Canada a living tree capable of growth and expansion.'[26] The federal gov-

[21] *AG Canada v AG Ontario* [1897] AC 199.
[22] Saywell, above n 15 at 111.
[23] *Ibid*, at 187.
[24] *Ibid* at 121.
[25] *Ibid.*
[26] *Edwards v Canada* [1930] AC 124 at 136 (the 'Persons' case).

ernment, he wrote, was 'mistress in her house,' just as the provinces were 'mistresses in theirs.' Professor Vincent MacDonald rejoiced, proclaiming that this was a 'turn of the tide' and a 'swing of the pendulum.'[27]

Not long after, however, Lord Hailsham replaced Lord Sankey as Vice Chancellor. The pendulum swung back again with Lord Atkin, a member of the Privy Council, whose greatness evinced in *Donoghue v Stevenson* was not in evidence when he struck down a federal initiative, in the middle of the depression, stating that 'while the ship of state now sails on larger ventures and into foreign waters she still retains the watertight compartments which are an essential part of her original structure.'[28] As a result of this reversal of fortune, Canadian scholars and politicians, once again, as they had unsuccessfully tried to do in 1875, urged the abolition of appeals to the Privy Council, which finally occurred in 1949. Professor Gilbert Kennedy poetically and painfully wrote:

> The federal 'general power' is gone with the wind. It can be relied upon at best when the nation is intoxicated with alcohol, at worst when the nation is intoxicated with war; but in times of sober poverty, sober financial chaos, sober unemployment, sober exploitation, it cannot be used, for these, though in fact national in the totality of their incidents, must not be allowed to leave their water-tight compartments; the social line must not obliterate the legal lines of jurisdiction—at least this is the law, and it killeth.[29]

As the Supreme Court became our court of last resort, there were those who argued that it should follow the Privy Council jurisprudence. Professor Laskin, however, charged that this would make it a 'zombie.'[30] The Supreme Court vacillated, at first, treading carefully, but it has now finally and firmly achieved its full potential as an expounder of Canadian constitutional law and as the true umpire of Canadian federalism. The two conflicting metaphors—'the living tree' and the 'watertight compartments'—competed for a time, but nowadays Lord Sankey's 'living tree' metaphor is the more generally accepted, especially in the age of the Charter.[31]

The interpretation of the Canadian Constitution now, as before, starts with deciding the 'matter' that is being dealt with. What is the 'pith and substance' of the law being challenged? This exercise, involving the 'rational connection' test, eliminates the need for an 'ancillary power' doctrine. The next step is to decide the 'class of subject' it is part of. It is frequently the case that a matter may have a 'double aspect,' that is, in one aspect it may fall within section 91 and in another aspect it may fall within

[27] See (1935) 1 *UTLJ* 260.
[28] *Labour Conventions* case [1937] AC 326 at 354.
[29] See A B Keith 'The BNA Act: Past and Future' (1937) 15 *CBR* 394 at 397.
[30] B Laskin (1951) The Supreme Court of Canada: A Final Court of and for Canadians' *CBR*.
[31] Hogg, above n 7 at 15.9(f).

section 92.[32] In such a case, either level of government may legislate, but if both do, and there is a conflict, the federal law is paramount. This can be complex, for sometimes a law has the trappings of a matter within the jurisdiction of a government but in reality it deals with a matter outside its jurisdiction. Such a law may be struck down as 'colourable,' that is, it is really a disguised,[33] or colourable, attempt to invade the jurisdiction of another level of government. In determining constitutionality, a law is 'read down' so as to avoid a conclusion of violation if possible. If a law exceeds the jurisdiction of a government (that is, found to be ultra vires), it can be severed or struck down in its entirety.

Thus, the Supreme Court of Canada, relying on the 'living tree' metaphor, now utilises a progressive interpretation methodology to enable our Constitution to adapt to changing times; the Canadian Constitution is organic, not frozen in time, but is capable of being reshaped to serve current needs.[34]

In retrospect, the decisions of the Privy Council can be seen as consistent with other tendencies in Canada towards a less centralised federal system than that of the United States. Recent appraisals of the work of the Privy Council have tended to recognise this, and have been much less critical.[35] Judicial interpretation by the Supreme Court of Canada since the abolition of appeals to the Privy Council has permitted some growth of federal power, and this may well continue. However, there has not been any wholesale rejection of Privy Council decisions: the main lines of judicial interpretation are probably irreversible.[36] In recent years there has been considerable stability in our federalism jurisprudence with only about three cases per year going to the Supreme Court, rather than 5–10 per year in days gone by. The results of the historic decisions have been largely maintained, with the main expansion of federal power coming primarily under POGG[37] and the criminal law power.[38]

[32] See *Hodge v The Queen* (1883) 9 AC 117 at 130.
[33] *AG Ontario v Reciprocal Insurers* [1924] AC 328.
[34] See *LSUC v Skapinker* [1984] 1 SCR 357 at 365.
[35] The definitive study is A C Cairns, 'The Judicial Committee and its Critics' (1971) 4 *Canadian Journal of Political Science* 301. See also W R Lederman, 'Unity and Diversity in Canadian Federalism' (1975) 53 *Canadian Bar Review* 597.
[36] See P Weiler, 'The Supreme Court and Canadian Federalism' (1973) 23 *U Toronto* LJ 307; Hogg, P W, 'Is the Supreme Court of Canada Biased in Constitutional Cases?' (1979) 57 *Canadian Bar Review* 721; P Monahan, *Politics and the Constitution: The Charter, Federalism and the Supreme Court of Canada* (1987) Toronto: Carswell; K E Swinton, *The Supreme Court and Canadian Federalism* (1990) Toronto: Carswell.
[37] See *Anti-Inflation Reference* [1976] 2 SCR 313.
[38] See P J Monaghan, 'SCC and Federalism' in *Essays for Beaudoin* (2002).

## The Quebec Situation

The central concern of Canadian federalism has always been the position of Quebec. Chronically uncomfortable in the Confederation and constantly worried about losing their language and culture, the people of Quebec have always been somewhat reluctant partners in Canadian federalism. In part, this stems from lingering resentment about the original conquest by the British and the feeling of being dominated by an English-speaking majority not only in Canada but in North America.

Over the years, Quebec has jealously guarded its provincial authority and has tried to develop its power over subjects it felt important for its survival as a 'distinct society.' The recent movement in Quebec for more autonomy began with the Quiet Revolution in 1960. Many constitutional conferences were convened, but they accomplished little in a formal way. There was established a Royal Commission on Bilingualism and Biculturalism, which urged more protection for the French language as well as other reforms to make French Canadians feel more at home in Canada. When Prime Minister Trudeau took office in 1968, he sought to respond to Quebec's concerns. He had earlier written that in order to create a Canada that is a 'truly pluralistic and polyethnic society,' the concepts of state and nation must be separated. As for the tension between English and French Canada, he said:

> The die is cast in Canada: there are two main ethnic and linguistic groups; each is too strong and too deeply rooted in the past, too firmly bound to a mother-culture, to be able to engulf the other. But if the two will collaborate at the hub of a truly pluralistic state, Canada could become the envied seat of a form of federalism that belongs to tomorrow's world.[39]

He enacted an Official Languages Act making both English and French official languages in the institutions of the federal government.[40] Seeking to resolve Quebec's concerns he proposed significant constitutional amendments at Victoria, BC, but the proposals failed to be adopted, when Quebec decided to reject the plan.

With the election in 1976 of the Parti Quebecois, a party dedicated to the separation of Quebec from the rest of Canada, the constitutional debates heated up. Constitutional renewal became more urgent. The federal government responded in 1978 by publishing its vision of constitutional renewal. Subsequent negotiations between the provinces and the federal government ended, nonetheless, without an agreement on how to change the Constitution.

[39] P E Trudeau 'New Treason of the Intellectuals' in *Federalism and the French Canadians* (Toronto, Macmillan, 1968) 151 at 178–79.
[40] See *Jones v AG New Brunswick* [1975] 2 SCR 182 (Act is constitutional).

In 1979, the Parti Québécois government released a paper on Canadian federalism that called for a radical recasting of the Quebec-Canada relationship. Without advocating Quebec's complete withdrawal from Canada, the paper called for the creation of a very loose 'partnership' between Quebec and Ottawa called 'sovereignty-association.' In a referendum held on 20 May 1980, the government of Quebec sought a mandate to negotiate sovereignty association with the rest of Canada. During the referendum campaign, Prime Minister Trudeau and the majority of premiers from the other provinces told Quebecers that rejection of the sovereignty association referendum would lead to constitutional renewal. The referendum failed: 60 per cent of Quebecers who voted in the 1990 referendum refused to support the mandate for sovereignty association.

During the summer of 1980, intensive negotiations were held by the federal and provincial governments to renew and patriate the Constitution. Some of the major issues discussed at those meetings included patriating the Constitution with a made-in-Canada amending formula (heretofore only the UK Parliament could amend the Canadian Constitution which was, after all, only a British statute); a constitutional statement of principles; a Charter of Rights; a commitment to equalisation (reducing economic disparities); increased federal power over the economy; increased provincial control over natural resources, offshore resources, fisheries, communications and family law; and institutional reform of the Supreme Court of Canada and the Senate. A First Ministers' conference was held in September 1980, but, sadly, unanimous agreement was not reached on any item.

The federal government then indicated that it intended to patriate the Constitution unilaterally, without the consent of the provincial premiers, which it insisted it had the right to do. In light of challenges in several courts and protests from eight provinces, however, the matter was referred to the Supreme Court of Canada. In *Reference re Resolution to Amend the Constitution*[41] (the *Patriation Reference*) the Court concluded that, while it was legal unilaterally to patriate the Constitution, constitutional convention required a substantial degree of provincial consensus before the federal-provincial relationship could be fundamentally altered.

In the wake of the Court's conclusion in the *Patriation Reference*, the federal government convened another First Ministers' conference in November 1981. This time Ottawa and all the provinces except Quebec agreed to a package of constitutional reforms, including the patriation of the Constitution with an amending formula and a Charter of Rights; a commitment to equalisation; the strengthening of provincial control over natural resources; and the recognition and affirmation of the existing rights of Canada's Aboriginal peoples. The agreement represented a compromise between nine provinces and the federal government. The provinces

[41] [1981] 1 SCR 753.

accepted Ottawa's proposal for a Charter of Rights, but only on condition that they would have the right to override certain portions of it by means of the 'notwithstanding' clause (section 33 of the Canadian Charter of Rights and Freedoms[42] ('the Charter')). They also won the inclusion of an amending formula devised by the provinces.

However, the Quebec government continued to dissent, arguing that Quebec's claims had been ignored during the patriation process, that a deal had been struck without Quebec's knowledge, and that Prime Minister Trudeau had reneged on his promise of renewed federalism which he had made during the 1980 referendum campaign in Quebec. On 1 December 1981, the National Assembly of Quebec passed a resolution rejecting the patriation package. Nevertheless, the constitutional amendments, including the new *Charter of Rights and Freedoms*, were enacted by the UK Parliament and came into force on 17 April 1982.[43]

The Quebec government then took the position that, although it may be legally bound by the *Constitution Act 1982*, the amended Constitution was politically illegitimate because it had curtailed Quebec's powers without its consent. To underscore its opposition to the *Constitution Act 1982*, Quebec began to opt out of the Charter, wherever possible, by invoking the 'notwithstanding' clause in all its legislation.

Early in 1985, after a change in the federal government which brought Brian Mulroney to power, the Parti Québécois announced 22 conditions under which it would accept the legitimacy of the *Constitution Act 1982*. Later that year, Parti Quebecois was defeated and the Liberal Party came to power in Quebec. The new government of Quebec voiced its desire to return to the constitutional bargaining table. With Quebec now seeking only five central demands, Prime Minister Mulroney and the other premiers, in the spring of 1987, negotiated an agreement in principle which became known as the Meech Lake Accord. The five key elements of the deal consisted of a constitutional interpretive clause about Canada's linguistic duality and Quebec's distinct society; a constitutional veto for all provinces on certain institutional matters; provincial participation in the nomination of Supreme Court judges; compensation for provinces opting out of new national shared-cost programmes under certain conditions; and increased provincial power over immigration. There was much celebration and renewed hope in the land.

However, the Meech Lake Accord died on 23 June 1990, because it was not adopted by the legislative assemblies of Newfoundland and Manitoba within the three-year deadline. Even though it was adopted by Parliament and the other eight provincial legislatures, French-speaking Quebecers,

[42] *Canadian Charter of Rights and Freedoms*, Part 1 of the Constitution Act 1982 being Schedule B to the *Canada Act 1982* (UK) 1982 c 11.
[43] Constitution Act 1982, being Schedule B to the Canada Act 1982 (UK) 1982 c 11.

once again, felt as if they had been rejected by English Canada. Immediately following the failure of the Meech Lake Accord, Quebec nationalism surged: opinion polls suggested that more than 60 per cent of Quebecers would have supported sovereignty in a referendum vote at that time. Conversely, in other parts of Canada, there were calls for Quebec to stop complaining and to become a province like all the others. Also disappointed were Westerners, who felt excluded from what became known as the 'Quebec Round' of constitutional discussions.

In response to this volatility, the federal government set up consultative mechanisms in order to canvas the concerns of all Canadians and to restore the calm. A Citizens' Forum looked into the values shared by Canadians, a Special Joint Committee of Parliament was established and a Royal Commission on Aboriginal Peoples was appointed. Based on the fruits of this consultative process the Government of Canada published its proposals for constitutional change. These proposals were then examined by a Special Joint Committee on a Renewed Canada and later discussed at a series of national conferences before forming the basis for comprehensive multilateral negotiations between the federal, provincial and territorial governments (including, in the final stages, Quebec) as well as Aboriginal representatives. The unanimous constitutional agreement that emanated from these negotiations, referred to as the Charlottetown Accord, included the inherent right of Aboriginals to self-government, recognition of Quebec's distinct society, a Canada clause, an equal and elected Senate, a veto for all provinces over subsequent institutional reform, strengthened legislative jurisdiction for the provinces, a better reflection of representation by population in Parliament and a guarantee of at least 25 per cent of the seats in the House of Commons for Quebec.

On 26 October 1992, a referendum was held across Canada that asked Canadians whether they agreed that the Constitution should be renewed based on the Charlottetown Accord. In the end, a majority of Canadians in a majority of provinces, including a majority of Quebecers and a majority of Indians living on reserves, voted 'No.' Again the effort to achieve major change was thwarted. In the aftermath of the Charlottetown Accord, however, there was none of the political volatility that followed the death of Meech Lake, apparently because no one region of Canada, or ethnic or linguistic group could be blamed for its failure, for it was rejected everywhere.

By 1994, the sovereignty movement was again thriving in Quebec and the separatist Parti Québécois government, which had been returned to office, tabled draft legislation entitled An Act Respecting the Sovereignty of Quebec[44] in which it set out a six-step process for Quebec's accession to sovereignty. On 30 October 1995, a referendum vote was held in Quebec in which voters were asked:

[44] An Act Respecting the Sovereignty of Quebec, 1st Sess, 35th Leg Quebec, 1994.

> Do you agree that Quebec should become sovereign, after having made a formal offer to Canada for a new economic partnership, within the scope of the bill respecting the future of Quebec and the agreement signed on June 12, 1995?

The result of this referendum vote was startlingly close: 50.6 per cent of Quebecers said 'No' and 49.4 per cent voted 'Yes' to this question.

When it became apparent that the referendum campaign was really a close one, Prime Minister Jean Chrétien attempted to advance the federalist cause by promising to recognise Quebec as a distinct society within Canada and not to make constitutional changes affecting Quebec without its consent. Following the 1995 referendum, the federal government, honouring its promise, introduced some non-constitutional reforms to the nature of the Canadian federation. Parliament passed a resolution recognising the distinctiveness of Quebec as a province with a unique culture, a civil law tradition and a French-speaking majority. In addition, the Regional Veto Act[45] was enacted which requires the consent of Quebec, Ontario, British Columbia, the Prairies and the Atlantic region before the federal government can propose a constitutional amendment. Quebec had achieved much of what it had sought earlier, but not as constitutionally entrenched provisions.

The 1995 referendum campaign had erroneously proceeded on the basis that it would be legal for Quebec unilaterally to declare its independence from Canada without a constitutional amendment.[46] Only a private citizen, by the name of Guy Bertrand, challenged the legality of this claim. Mr Bertrand obtained a declaration from the Quebec Superior Court stating that Quebec had no power to proclaim its sovereignty without regard to the procedures for amending the Constitution.[47] No injunction, however, was issued to prevent the holding of the referendum. The federal government did not participate in the *Bertrand* case. But, after it almost lost the referendum, and knowing that another referendum on secession would eventually be held in Quebec, the federal government decided to refer to the Supreme Court the question about whether Quebec could secede unilaterally from Canada. The Supreme Court of Canada's decision is quite remarkable in the annals of constitutional decision-making.

## THE RIGHT TO SECEDE: THE ULTIMATE TEST OF FEDERALISM

There is no express right to secede written into the Canadian Constitution. Yet the right to do so is one of the hallmarks of a confident and successful

[45] An Act Respecting Constitutional Amendments SC 1996 c 1.
[46] P W Hogg, 'The Duty to Negotiate' (1999) 7 (1-2)*Canada Watch* (January-February) 1 at 33.
[47] See *Bertrand v Quebec* (1995) 127 DLR (4th) 408 (Que SC).

federalism, for to force a major part of a country to remain in a state it does not wish to remain in is, in my view, a sign of failure in nation-building. Federations are voluntary associations of regions, associations that are supposed to benefit the regional groups as well as the whole. If a region believes it would be better off on its own, a legal and democratic method of achieving secession should be available. No significant part of a country should be forced to remain in a state it wishes to leave. This unusual, if not unique, principle has been adopted in Canada in 1998 by our Supreme Court of Canada.

The Supreme Court of Canada in 1998 rendered a unanimous decision about whether Quebec could unilaterally declare its independence from Canada, in what has been heralded as one of the most important decisions that has emerged from the Court.[48] In *Reference re Secession of Quebec*[49] (the *Secession Reference*) the Court accomplished the unthinkable: it seemed to please federalists and the Quebec separatists alike. The Court concluded that, while there is no basis in law for unilateral secession, it found that a clear majority vote in Quebec (or elsewhere) on a clear question in favour of secession would obligate the other participants in Confederation to negotiate constitutional change.

In its decision, the Court confirmed that there is no right under international law or under the Constitution of Canada for the National Assembly, legislature or government of Quebec to effect unilateral secession from Canada. However, the Court found that a provincial referendum on secession from Canada, which expresses the democratic will of a province to cease being a part of Canada, would give rise to an obligation to enter into negotiations that might lead to secession.

The government of Quebec had argued that international law would prevail over Canadian law in the event of its unilateral secession. Specifically it claimed that, following an absolute majority of votes cast in a referendum on the issue of secession, a majority government in Quebec would have the right to proclaim itself to be the government of an independent country. The Court, however, concluded that the government of Quebec would not be justified in attempting to effect secession unilaterally. Rather than establishing a right to secession as such, the Court established a right to negotiate secession, in accordance with constitutional principles, on the basis of a referendum demonstrating clear support.

48 See S Dion, 'The Supreme Court's Reference on Unilateral Secession: A Turning Point in Canadian History,' address given at the Centre for Constitutional Studies, University of Alberta, September 1999); R A Young, 'A Most Politic Judgement' in D Schneiderman (ed), *The Quebec Decision* (Toronto, James Lorimer & Company, 1999) 107; W J Newman, 'The *Quebec Secession Reference*, The Rule of Law and the Position of the Attorney General of Canada,' unpublished paper presented to the 1998 Annual Constitutional Cases Symposium, April 1999.

49 [1998] 2 SCR 217.

In concluding that a clear majority on a clear question would create an obligation to negotiate secession, the Court explained that democracy means more than simple majority rule, and that a qualitative evaluation is required to determine whether a clear majority in favour of secession exists in the circumstances. The Court went on to say that it would be the role of elected representatives to determine what constitutes a clear question and what constitutes a clear majority in a future referendum. Furthermore, the Court noted that, for a province to lawfully secede Canada, a constitutional amendment would be required that would necessarily involve negotiations between the federal and all provincial governments. These negotiations, according to the reasons, would be governed by the principles of federalism, democracy, constitutionalism and the rule of law, and the protection of minorities.

The effects of the *Secession Reference* have been dramatic. For the first time, the Court identified the principles of federalism, democracy, constitutionalism and the rule of law, and the protection of minorities that underlie the Canadian Constitution, and which give rise to the legal duty to negotiate secession. Canadian constitutional expert Peter Hogg has described the duty to negotiate as a 'stunningly new element that the Supreme Court of Canada added to the constitutional law of Canada':

> There is no historical basis for the proposition that a referendum in the province that desires to secede should impose an obligation of cooperation on the other parties to the amending procedures. However, this is now the law of Canada. Is that a bad thing? Even without the Court's ruling, the political reality is that the federal government would have to negotiate with Quebec after a majority of Quebec voters had clearly voted in favour of secession. It is safe to say that there would be little political support for a policy of attempted resistance to the wish of Quebec voters. The court's decision simply converts political reality into a legal rule.[50]

The *Secession Reference* had a paradoxical effect in that it appeared to please separatists and federalists alike. By imposing a duty to negotiate, the decision narrowed the ability of the federal government to say 'No' in the event that a clear majority of Quebecers vote 'Yes' in a future, third referendum on secession. At the same time, a number of the Court's conclusions endorsed the traditional federal position. Specifically, it indicated (1) that 50 per cent plus one does not constitute a majority sufficient to trigger the duty to negotiate secession; (2) that the question asked in the 1995 Quebec referendum was not a sufficiently clear question to invoke the duty to negotiate; (3) that, in addition to the governments of Canada and Quebec, secession negotiations would involve all provincial governments and perhaps other parties such as Aboriginal peoples; and (4) that

[50] Hogg, above n 7 at 34–35.

the borders of an independent Quebec would be determined by secession negotiations not unilaterally by the Quebec government which insists on its present borders being inviolate. Hence, in these principles, the Supreme Court augmented the political toolbox of those opposed to the secession of Quebec.[51]

We have, thus, become 'less paranoid about secession.' By countenancing a right to secede, any hysteria about it has been replaced by the sober realisation that not much would change for the minority after secession, so that the resulting dislocation is probably just not worth the effort—it would be seen as a mere 'vanity secession,' not one compelled by oppression.[52]

In response to the Supreme Court's advisory opinion on Quebec's secession, the federal Parliament enacted the controversial Clarity Act[53] in order to give some specific meaning to the general requirement for clarity that was spelled out by the Court. The Act sets out the circumstances under which the federal government would be willing to enter secession negotiations following a sovereignty referendum.

The Clarity Act provides that the House of Commons shall determine *in advance* whether a proposed referendum question is clear, by considering whether it would result in a clear expression of the will of the population of a province on whether the province should cease to be part of Canada and become an independent state (section 1). Without specifying the level of popular support that would constitute a 'clear' majority, it enumerates the factors that Parliament would consider *after* a referendum to determine whether there had been a clear expression by a clear majority of the population of a province. The Act provides that consideration will be given to the size of the majority of votes cast in favour of secession; the percentage of eligible voters who voted; and any other relevant matter or circumstance (section 2). The Clarity Act also provides that the views of Aboriginal peoples, especially those residing in a province wanting to secede, must be taken into account in the negotiation process.

The federal government has been praised by some for enacting this statute as a way to implement the legal principles articulated in the *Secession Reference*. Constitutional law professor and lawyer Patrick Monahan, who has written extensively about Canadian federalism, applauds the enactment of this legislation as a reasonable and proactive measure designed to protect Canadians in the event of a future referendum by articulating some ground rules meant to ensure respect for the

[51] P J Monahan, *Doing the Rules: An Assessment of the Clarity Act in Light of the Quebec Secession Reference* 'C D Howe Institute Commentary 135, February 2000), online: (C D Howe Institute at www.cdhowe.org

[52] See W Kymlicka, 'Federalism and Secession' (2000) 13 *Canadian Journal of Law and Jurisprudence* 207.

[53] Clarity Act SC 2000 c 26.

fundamental constitutional principles. He criticises the legislation, though, for its failure to specify the percentage of votes that must be obtained in order to constitute a clear majority.[54]

Like the *Secession Reference* itself, which was shaped by the constitutional principle of federalism, the Clarity Act embodies the distinctive flavour of Canadian federalism—a brand of federalism that is at once unifying and accommodative. By enacting the Clarity Act, the federal Parliament accepted the wisdom of the Supreme Court of Canada and flushed out the clarity requirement in such a way that mandates the involvement of all partners in Confederation in any future negotiations about the secession of a province. In this way the Court and the federal government have invoked the principles and values underlying federalism to envision what seems like the antithesis of federalism: the break-up of Canada. The fact that there exists a qualified legal obligation for Canada and the provinces to negotiate the possible separation of Quebec is a testament to the stability, flexibility and willingness to compromise embedded in our form of federalism.

Since the Court articulated the qualified right for a province to secede, we live with the possibility that one day Quebec may divorce the rest of Canada. But we are not afraid of that prospect. To avoid it, we are working to improve the quality of our federation by trying to accommodate Quebec's needs. Canadians are following, in part, the advice of philosopher Will Kymlicka who suggests that:

> rather than trying to make secession impossible or unthinkable, we should instead focus on identifying the benefits that Canadians gain from living in a multinational federation.[55]

The *Secession Reference*, in my opinion, works toward attaining Kymlicka's vision of asymmetrical federalism for Canada because it recognises the importance of accommodating multinationalism within Canada. Kymlicka hypothesises that the deep divide between English- and French-speaking Canadians may be bridged by encouraging English-speaking Canadians to see themselves as linguistic nationalists who share a pan-Canadian national identity and a common interest in centralised politics. In this way, Kymlicka says:

> asymmetrical status for nationality-based units can be seen as promoting this underlying moral equality, since it ensures that the national identity of minorities receives the same concern and respect as the majority nation. Insofar as English-speaking Canadians view the federal government as their 'national'

[54] Above n 51.

[55] W Kymlicka, 'Multinational Federalism in Canada: Rethinking the Partnership' in Roger Gibbins and Guy La Forest (eds), *Beyond the Impasse: Toward Reconciliation* (Montreal, Institute for Research on Public Policy, 1998) 15 at 45.

> government, respecting their national identity requires upholding a strong federal government; insofar as Québécois view Quebec as their national government, respecting their national identity requires upholding a strong provincial government.[56]

By recognising that negotiated secession from Canada is possible, the Court simultaneously affirmed Quebec's character as a distinct society within Canada and accounted for the interests of the rest of Canada, which it referred to as 'Canada as a whole, whatever that may be'[57] (presumably to account for those Quebecers who wish to remain Canadian).

It is rather paradoxical that this development, permitting legal separation as well as other matters, I am sure, have led to the democratic defeat of the separatist government of Quebec. In an election this year, a new federalist government, the Liberal Party led by Jean Charest, a former federal Cabinet Minister, which is committed to cooperation in Canadian federalism, was elected. There will be no more referenda during its tenure in office, although it may be too much to wish that there will be none in the future.

## Canadian Charter Of Rights And Freedoms

As we have seen, a vibrant and flexible federalism is confident allowing regions to withdraw democratically. So, too, a mature and proud federal state is willing to reduce its parliamentary supremacy by entrenching a Bill of Rights that removes from both levels of government the authority to interfere with human rights. In a sense, rather than being a matter of a distribution of power between the two levels, we have a joint devolution or yielding of authority by both levels of government. We have done this in Canada in 1982 when, as part of some constitutional reforms we adopted, the Canadian Charter of Rights and Freedoms was proclaimed into force. While this is not the occasion to describe in depth the Charter and its impact, it would be wrong to ignore its impact on our federal system—for since 1982, certain matters that were within the reach of legislatures of one or both levels of government, no longer are, subject, of course, to the 'notwithstanding' clause, which I shall explain later.

The Charter guarantees a series of rights: fundamental freedoms such as expression and religion, democratic rights such as the right to vote, mobility rights, legal rights, equality rights and language rights. Like the US Bill of Rights, the Charter applies only to state or government action, though the 'state action' doctrine in Canada has recently been given a very wide

[56] *Ibid* at 25.
[57] *Secession Reference*, above n 49 at para 93.
[58] See *Eldridge v Canada* [1997] 3 SCR 624.

ambit compared to its American counterpart.[58] Unlike the US Bill of Rights, the more flexible Canadian Charter of Rights and Freedoms only guarantees rights subject to reasonable and demonstrably justified limitations. Section 1 of the Charter places express limitations on most Charter rights. It is worded as follows:

> The Canadian Charter of Rights and Freedoms guarantees the rights and freedoms set out in it subject only to such reasonable limits prescribed by law as can be demonstrably justified in a free and democratic society.

Canadian Charter litigation, therefore, is a two-step process. First, the rights claimant bears the onus of showing that the impugned state action violates one of the Charter rights. Once this is successfully done, the government is required demonstrably to justify the impugned action as a reasonable limit on the rights of the claimant. The Supreme Court has developed a complex test which serves as the basis for considering legislation under section 1. That test, called the *Oakes* test,[59] requires that four criteria be met before any Charter infringement will be held to be justified. First, the objective of the state action must be sufficiently pressing and substantial to warrant overriding a Charter right. Secondly, the state action must be rationally connected to the pressing and substantial objective. Thirdly, the state action must minimally impair the Charter right. Fourthly, the effects of the state action must be proportionate to the importance of the objective which it seeks to further.

If the impugned state action fails any of these four criteria, then the Charter infringement is not justified and the courts may order any remedy which they consider appropriate. Charter remedies have shown great creativity. Legislation has been struck down in its entirety,[60] often giving the government a 'grace period' in which to re-enact an amended version of the offending legislation.[61] As well, individual phrases have been severed from legislation,[62] phrases have been read into legislation in order to make it constitutionally firm,[63] and in rare cases a constitutional exemption—where otherwise valid legislation is unconstitutional in its application to a particular group—has been permitted.[64] Following the American experience, Canadian courts have also, in some circumstances, awarded damages for breach of the Charter.[65]

[59] After: *R v Oakes* [1986] 1 SCR 103.
[60] See eg, *Hunter v Southam* [1984] 2 SCR 145.
[61] See eg, *R v Seaboyer; R v Gayme* [1991] 2 SCR 577.
[62] See eg, *R v Hess* [1990] 2 SCR 906; see also *Tétreault-Gadoury v Canada* [1991] 2 SCR 22.
[63] See eg, *Vriend v Alberta* [1998] 1 SCR 493.
[64] See eg, *R v Videoflicks* (1985) 14 DLR (4th) 10 (Ont CA); rev'd [1986] 2 SCR 713.
[65] See eg, *Crossman v Canada* [1984] 1 FC 681 (TD); *Doe v Metro Toronto Police* (1998) 39 OR (3d) 487; see K Cooper-Stephenson, *Charter Damage Claims* (1990).

What is unique about our Charter is that the Court's decision on constitutionality does not end the matter. In accordance with our traditional effort to be flexible, we have created a unique system of 'legislative review of judicial review.' To maintain our respect for the supremacy of Parliament, the drafters of the Charter have given our legislatures the last word on constitutional matters. Unlike the US Bill of Rights, which cannot be suspended by legislative activity, and can only be altered by constitutional amendment, a Canadian legislature, either federal or provincial, may enact or re-enact a law, *notwithstanding* its infringement of fundamental freedoms, legal rights or equality rights, so as to override the Charter rights for a five-year period, subject to renewal every five years. The 'notwithstanding' clause, section 33 of the Charter, is the most contentious provision in our Charter. It was included reluctantly by Prime Minister Trudeau in order to win the approval of some of the opposing provinces. It has never been invoked by the federal government, and has only been used rarely by the provinces.

The Charter has not changed Canada into a land ruled by judges. Rather, since the entrenchment of the Charter, a 'dialogue' has developed between the courts and the legislatures. In over 80 per cent of the cases where courts have nullified legislation (or parts of legislation) as being contrary to the Charter, the competent legislature has responded with some alternative means of achieving the original legislative objective,[66] without violating the Charter. This dialogue between courts and legislatures, whereby legislation evolves from the constitutionally infirm to the constitutionally firm, is an example of healthy cooperation. Legislatures are able to pursue their policy objectives, but courts ensure that the fundamental rights of Canadians are adequately protected in the process. This outcome, as I have suggested above, is precisely what the framers of the Charter sought when they entrenched these fundamental rights in Canada's Constitution.

Over the last two decades, our courts, under the Charter have grappled with nearly all the major issues confronting Canadian society: in *Morgentaler*,[67] the justices considered the constitutional status of abortion; in *Butler*,[68] the justices considered the balance between pornography and free expression; in *Rodriguez*,[69] our court considered the issue of assisted suicide and euthanasia; in *Egan*[70] and *Vriend*,[71] the issue of gay and lesbian rights; and in *Ng*[72] the justices touched on the issue of the death

[66] See P Hogg and A A Bushell, 'The *Charter* Dialogue Between Courts and Legislatures' (1997) 35 *Osgoode Hall Law Journal* 75.
[67] *Morgentaler v The Queen* [1988] 1 SCR 30.
[68] *R v Butler* [1992] 1 SCR 452.
[69] *Rodriguez v The Queen* [1993] 3 SCR 519.
[70] *Egan v Canada* [1995] 2 SCR 513.
[71] *Vriend v Alberta* [1998] 1 SCR 493.
[72] *Ng v The Queen* [1991] 2 SCR 858.

penalty. One case regarding the right to trial within a reasonable time led to the dismissal of thousands of cases which had been languishing in the system.[73] Another case forced the government to redesign its system of refugee claim determination.[74]

Some rejoiced at the results in these decisions. Others criticised them. Some critics are upset by so-called 'judicial activism,' but they are really unhappy about the outcome of the individual cases. In general, Canada's courts are being cautious, giving legislatures a wide margin of appreciation as regards their legislation. Further, despite much sabre-rattling in public, in reality politicians are happy to leave some of the thorny social issues to the courts, at least at the beginning. When the courts decide, they are criticised often by the politicians themselves. Later, however, the politicians go along with the decisions, gratefully in some cases I am sure. If there really is a fundamental disagreement, the 'notwithstanding' clause is available. The underlying problem with the Charter dialogue in Canada, in my view, lies not with overactive courts, but with underactive politicians. The courts, for the most part, are playing the very part which the drafters of the Charter envisioned for them, and which the people have come to expect and generally support.

## One Example Of Flexible Federalism: The Immigration Experiment

In 1937, the Judicial Committee of the Privy Council described Canada's federal system as having 'watertight compartments,' which Lord Atkin said were essential to the country's original constitutional structure.[75] This metaphor suggests a rigid and inflexible approach to our constitutional division of powers that does not accurately represent the current flexible nature of federal and provincial jurisdiction. Although sections 91 and 92 of the Constitution Act, 1867 enumerate the division of legislative powers in two discreet lists, a number of constitutional, legislative and administrative tools have developed over the years to overcome the strictness of the 'watertight compartment' approach to Canadian federalism. Without amending our Constitution, the distribution of powers has been altered by, among other things, the concurrent exercise of power, spending arrangements, delegations of power and intergovernmental agreements.[76]

The Constitution itself expressly provides for some shared jurisdiction, that is concurrent responsibilities of the federal government and the

[73] *R v Askov* [1990] 2 SCR 1199.
[74] *Singh v Minister of Employment and Immigration* [1985] 1 SCR 177.
[75] *AG Canada v AG Ontario (Labour Conventions)* [1937] AC 326 (PC) at 354.
[76] J E Magnet, *Constitutional Law of Canada: Cases, Notes and Materials* (18th edn, Edmonton, Juriliber, 2001) at 130.

provinces, over particular subjects. Section 95 of the Constitution, for example, states that each provincial government may regulate agriculture and immigration in the province, while, at the same time, it authorises the federal government to make laws with respect to agriculture and immigration in any or all of the provinces. The provincial jurisdiction provided for in section 95 is expressly subject to federal paramountcy.[77] Where shared jurisdiction is not expressly provided for, as in section 95, concurrency can develop by judicial interpretations which uphold laws found to have 'double aspects,' that is, aspects within both federal and provincial jurisdiction. Concurrency also results from a determination that a law is valid because its pith and substance falls within provincial jurisdiction, but it may incidentally affect a subject within federal jurisdiction.

Notwithstanding the constitutional provision that makes immigration a concurrent power, historically the responsibility for recruiting, processing and servicing immigrants has been left to the federal government. For a brief period following Confederation, both the provinces and the federal government employed overseas immigration officers whose job it was to attract immigrants. This duplication ceased, however, in 1874 when it was decided that the federal government alone would promote Canada abroad.[78] Thereafter, the management of immigration remained largely a federal concern until the 1960s. The Federal Department of Citizenship and Immigration was created in 1950;[79] there was little provincial consultation.

It has only been during the last 40 years that many of the provinces began to see the potential benefits that an increased flow of immigrants could bring to their region. As a result there has been a flurry of provincial interest in the immigration business. Beginning in 1961, Ontario, which has always received the bulk of immigrants to Canada, stepped up its own immigration initiatives by forming a Citizenship Branch. The Branch's programme focused primarily on recruiting professionals and skilled workers from the United Kingdom and Europe, but it also embarked on an ambitious and effective language-training programme for immigrants. Manitoba also woke up to the potential of immigration later in the 1960s and began to lobby for balanced regional growth, demanding a greater portion of the immigrant flow into Canada in order to meet the needs of its workforce.

[77] Section 95 states that, to the extent that a provincial law in respect of agriculture or immigration conflicts with a federal statute, the federal law will prevail.

[78] Having both federal and provincial agents working overseas promoting immigration to Canada resulted in duplication, waste and conflict. See N Kelley and M Trebilcock, *The Making of the Mosaic: A History of Canadian Immigration Policy* (University of Toronto Press, 1998) 77.

[79] Immediately prior to the creation of the Department of Citizenship and Immigration, responsibility for immigration fell within the federal Mines and Resources portfolio; see F Hawkins, *Canada and Immigration: Public Policy and Public Concern* (Montreal and London, McGill-Queen's University Press for the Institute of Public Administration of Canada, 1972) 89 and 178–79.

By 1966, the other prairie provinces were also involved in immigration, and, along with Manitoba, created their own immigration bureaus mandated to recruit immigrants for their labour needs and to endeavour to attract their fair share of the total immigration flow to Canada. In that vein, Manitoba and Saskatchewan established their own assisted passage schemes, and officials from Alberta and Saskatchewan promoted their provincial immigration programmes overseas.[80]

Although a number of provinces were active in the recruitment of immigrants in the 1960s, many provincial officials were dissatisfied with their lack of involvement in immigration planning and management.[81] Not surprisingly, it was Quebec who was the strongest proponent of more provincial input in the development of immigration policy and targets. In the years immediately following the Second World War, Quebec had shown little interest in the positive role that immigration could play in its economic and cultural development. This attitude began to change in the 1960s, though, when the government of Quebec realised that immigration could become a tool to increase its French-speaking population. As a result, Jean Lesage's Liberal government announced the creation of the Quebec immigration service in 1965, and in 1968 the Union Nationale government established a provincial immigration department for the purposes of preserving the province's French language and integrating minorities into Quebec culture. That same year, Quebec negotiated a deal with Ottawa that placed Quebec officials in federal immigration offices abroad to help select suitable immigrants for Quebec.[82] In 1975 another deal was struck[83] that allowed Quebec to interview prospective immigrants and make recommendations to federal visa officers. Nevertheless, when the Parti Québécois was elected in 1976, one of the priorities of René Lévesque and his government was to secure full control over immigration to Quebec, because it was argued that Quebec's requirements for immigrants were unique.

That same year, Canada's immigration policy was given a facelift with the introduction of the Immigration Act, 1976.[84] One of the most innova-

[80] Hawkins, above n 79 at 179–80 and 192–93.

[81] In 1965, the Ontario Economic Council recommended increased administrative cooperation between the various provincial and federal government departments involved in immigration matters; in 1967, Manitoba sought increased federal-provincial liaison over immigration and manpower problems in its submission to the Joint Committee of the Senate and the House of Commons on Immigration; and in that same year, Marcel Masse, the Minister of State for Education in Quebec, called for formal consultation between the provinces and the federal government on immigration. See Hawkins, above n 79 at 194.

[82] Citizenship and Immigration Canada, *Forging our Legacy: Canadian Citizenship and Immigration, 1900–1977* (Ottawa, Minister of Public Works and Government Services Canada, 2000); online: Citizenship and Immigration Canada at www.cic.gc.ca/english/department/legacy/chap-6b.html

[83] This agreement between Quebec and Ottawa became known as the Entente Bienvenue-Andras Agreement.

[84] SC 1976–7 c 52.

tive aspects of the Act was the inclusion of provisions that mandated provincial consultation.[85] The statute required the minister to consult with the provinces about demographic considerations and future immigration levels. It called for provincial input into the immigrant-selection process. It also authorised the federal government to negotiate agreements with the provinces to facilitate, coordinate and implement immigration policies and programmes.[86] Pursuant to this new legislation, a number of federal-provincial agreements respecting immigration were signed in the late 1970s. The most comprehensive agreement, and the one that garnered the most media attention, was the Cullen-Couture Agreement concluded with Quebec in 1978.[87] This milestone agreement gave Quebec increased autonomy over immigration, and cast immigration as a tool to help Quebec maintain its French-speaking majority and enhance its cultural and social development.[88] The Cullen-Couture deal sought to achieve these goals by giving Quebec a say in the selection of independent-class immigrants by introducing a Quebec-specific point system for assessing prospective immigrants.[89] Quebec was also given a role in refugee selection and allowed to determine the criteria for family-class immigrants and assisted-relative sponsorship. While the Quebec agreement was the most talked about, the federal government also publicised its willingness to negotiate agreements with other provinces. As a result, several provinces, including Nova Scotia and Saskatchewan, entered into their own agreements with Ottawa concerning immigration.[90]

In the years after the signing of the Cullen-Couture deal, Quebec continued to lobby for greater control over its immigration policy. Accordingly, section 2 of the ill-fated Meech Lake Accord attempted to expand Quebec's control over immigration even further, and to constitutionalise the principles of the unique bilateral arrangement. These changes, however, never became entrenched in the Constitution because of the failure of the Meech Lake Accord to garner sufficient support. Nevertheless, Quebec and Ottawa subsequently negotiated a new bilateral agreement that remains in force today.

[85] Kelley and Trebilcock, above n 78 at 391.
[86] Similar provision may be found in sections 8–10 of the Immigration and Refugee Protection Act SC 2001 c 27 which replaced the Immigration Act 1976.
[87] *Forging Our Legacy*, above n 82.
[88] *Ibid.*
[89] See M Young, *Immigration: The Canada-Quebec Accord* (Canada, Background Paper BP-252ER, Ottawa, Library of Parliament, Research Branch, 1998) 1. Like the federal point system, the Quebec point system measures the adaptability of prospective independent immigrants and the social and economic contributions they could make in Quebec. Although it resembles the federal system in many ways, the Quebec point system differs significantly in others. For example, while the federal system allocates a maximum of points for knowledge of either French or English, the Quebec point system gives primacy to French-speaking immigrants by awarding more points for fluency in French than for fluency in English.
[90] Kelley and Trebilcock, above n 78 at 392.

Following the death of Meech Lake, it was suggested that concurrent powers like immigration could accommodate the competing demands for constitutional reform voiced by Quebec and the rest of Canada.[91] The Canada-Quebec Accord Relating to the Immigration and Temporary Admission of Aliens, which replaced the Cullen-Couture Agreement in 1991, is an example of just that. It gave Quebec the increased control over immigration it would have enjoyed under the Meech Lake Accord, but it was put in place without any formal constitutional amendment. Owing to the success of these efforts, some have argued for an expanded list of concurrent powers, which would enable Quebec to gain more control over certain subjects, and thereby protect its distinctiveness, while at the same time enabling other provinces to continue to benefit from centralised federal jurisdiction.[92]

The Canada-Quebec Accord governs the selection of persons coming permanently or temporarily to Quebec, their admission to Canada, their integration into Quebec society and the determination of levels of immigration to Quebec. It incorporates the commitment that Quebec will receive a portion of the total number of immigrants admitted to Canada equal to its share of the Canadian population. Under the Accord, Quebec is also obligated to receive a portion of the refugees admitted to Canada equal to the percentage of immigrants it has undertaken to receive.[93] The federal government still processes the claims of those seeking refugee protection, but Quebec may choose those best suited to settlement in Quebec from among the eligible refugees.

The Canada-Quebec Accord gives Quebec exclusive responsibility over immigrant selection and integration. In addition to maintaining control over the selection of independent immigrants, Quebec's right to select all other immigrants to whom selection criteria apply was made explicit under the Accord.[94] The agreement also gives Quebec responsibility for the reception and linguistic and cultural integration of foreign nationals who settle in Quebec. Similarly, as a result of the Accord, counselling and placement programmes for immigrants are now delivered by Quebec instead of Canada.

Notwithstanding the Canada-Quebec Accord, the federal government remains responsible for setting national standards and objectives relating to immigration, the admission of all immigrants and the admission and control of visitors. In doing so, however, it considers Quebec's advice on the number of immigrants the province wants to receive.

[91] D Herperger, 'Distribution of Powers and Functions in Federal Systems' in *Shaping Canada's Future Together* (Ottawa, Supply and Service Canada, 2001) 21–24, reproduced in Magnet, above n 76 at 131–33.

[92] *Ibid*.

[93] Young, above n 89, at 3–4.

[94] *Ibid* at 1.

The Canada-Quebec Accord sought to preserve Quebec's demographic weight within Canada and integrate immigrants into the province in a manner that respects its distinct nature. For example, by transferring control over immigrant settlement services in Quebec to the Province of Quebec, emphasis was placed on providing permanent residents with the means to learn French. Although the volume of immigrants received by Quebec has decreased since the Canada-Quebec Accord was signed, the total number of immigrants whose mother tongue is French that have been admitted to Quebec has increased. In 1997, 2,898 people, or 10.5 per cent of those who immigrated to Quebec, listed French as their first language, whereas in 2001 the number increased to 4,599, or 12.7 per cent who settled in Quebec. For comparison's sake, the number of immigrants for those years who listed English as their mother tongue was 847 and 917 respectively.[95]

Under the Accord, Quebec is compensated by Ottawa for administering settlement services on the conditions that the services correspond to those offered by the federal government in the rest of Canada, and that they are accessible to all permanent residents of Quebec irrespective of whether or not they were selected by Quebec. Since 1991, Quebec has received a base sum of CAN$90 million a year, a figured that is adjusted annually for inflation. The compensation formula provides for increased money to be paid to Quebec if there are relative changes in the flow of immigrants to Quebec. The Accord also states that Quebec's compensation cannot be decreased unless the formula is changed by mutual agreement.[96] In other words, Quebec has continued to receive its base sum of CAN$90 million, as increased by the escalator clause, even though the portion of immigrants settling in Quebec has decreased since the Accord was signed. In 1991, for example, 20 per cent of the immigrants to arrive in Canada were received by Quebec, whereas by 1998 only 13 to 14 per cent of the total immigrant flow to Canada settled in Quebec.[97] This increased compensation, in the face of reduced immigrant traffic to Quebec, can be justified in part by the increased numbers of Francophone immigrants who have settled in Quebec, since language training is the most expensive part of integration.[98]

Interestingly, the Accord contains a mechanism for its amendment but not for its termination. This perhaps stems from the fact that the provisions of the Accord were originally designed to be entrenched in the Constitution following the passage of Meech Lake, in which case it would not have been subject to termination by either party at will. In this way, the Accord is a

[95] J Jedwab, 'Quebec Anglophones and Immigration' (2002) 5 *Missisquoi Reports* (November) 5; online: Community Health and Social Services Network at wwwchssn.org/Scripts/Document\ViewDocument.asp?Id=21
[96] Young, above n 89 at 5–6.
[97] *Ibid.*
[98] *Ibid.*

unique example of achieving through the back door of bilateral agreement something that was not achievable through the front door of constitutional amendment.

When the Canada-Quebec Accord was signed, it was heralded as evidence that Quebec could achieve substantial autonomy within the federal framework by the governments of former Prime Minister Brian Mulroney and Quebec Premier Robert Bourassa,[99] and it was considered a major step towards reconciling the competing claims of Ottawa and Quebec over immigration. The Canada-Quebec Accord, though not without critics, demonstrates the tremendous flexibility offered by Canada's federal system. On the one hand it allows Quebec to play a very active role in the immigration business, while, at the same time, it accommodates a province like Ontario, the ultimate destination of approximately half of all the immigrants who come to Canada. To date, Ontario does not have an immigration agreement with the federal government, nor does it have separate immigration criteria, nor does it currently participate in immigrant selection overseas.[100] Instead, Ontario is content to leave the bulk of the responsibility for immigration to the federal government.

As you can see, over the last 30 years Quebec's immigration policy has been geared toward its demographic, economic and linguistic development. And thanks to Canadian-style federalism, Quebec's immigration operation has developed along with the one operated by the federal Department of Citizenship and Immigration. The arrangements between Ottawa and Quebec that give Quebec so much control over immigration to that province, have not been free from criticism. Other provinces, Ontario in particular, have complained that as a result of the Canada-Quebec Accord, Quebec receives too big a portion of Ottawa's annual expenditure on immigration settlement programmes.[101]

Ottawa's immigration deal with Quebec, although the most comprehensive, is not the only such federal-provincial agreement that exists. Canada signed immigration agreements with Manitoba in 1996, British Columbia and Saskatchewan in 1998 and Prince Edward Island and the Yukon in 2001, that provide for cooperation and liaison in the development of immigration programmes and policies. Several provinces have also entered provincial nominee agreements whereby they are allowed to select a small number of immigrants to meet specific labour-market needs. Manitoba also

[99] E Greenspon and S Feschuk, 'Ottawa Offers Immigration Deal: Ontario, BC, Alberta being Wooed with Expanded Control to Ease Grievance,' *The Globe and Mail*, 27 February 1997; online: The Affiliation of Multicultural Societies and Service Agencies of BC at www.amssa.org/updates/news04

[100] M Young, *Immigration: Constitutional Issues* (Canada, Background Paper BP-273ER, Ottawa, Library of Parliament Research Branch, 1992) at 7.

[101] Editorial, 'Immigration isn't Grievance Politics,' *The Globe and Mail*, 15 October 1999; online: www.sfu.ca/~riim/riim-info.webarchive/msg00552.html

has an agreement with Ottawa under which it delivers settlement services. Federal-provincial working groups which exist to examine immigration-related issues also foster intergovernmental cooperation.[102] None of these deals have captured the media's attention in the way that the signing of the Canada-Quebec Accord or its predecessor did. This is perhaps because deals with Quebec are inherently more newsworthy given the complex history of Canada-Quebec relations.

Each intergovernmental agreement over immigration reflects the distinct concerns of its provincial signatory, particularly the deal between Canada and Quebec. Moreover, the breadth of the Canada-Quebec Accord speaks volumes for Canada's willingness to be an accommodative federation. In this way, Canada's governance of immigration typifies its asymmetrical federalist structure which, I would argue, cannot be characterised as having watertight jurisdictional compartments. Instead, the way in which Ottawa has negotiated distinct agreements with the provinces in order to accommodate conflicting ideas about provincial responsibility for immigration illustrates that Canadian federalism provides a place for multinationalism to thrive within its borders.

As I wrote at the outset of this section, concurrency and delegation are flexible mechanisms for adapting the distribution of powers and functions of government without resorting to formal constitutional amendment. Consequently, I have given you a snapshot of Canada's immigration operation, highlighting Ottawa's deal with Quebec, in order to demonstrate how cooperation and compromise can function in an asymmetrical, flexible federation in which both levels can be relatively satisfied.

## Canadian Medicare: Another Case Of Flexible Federalism In Action

One of the distinctive advantages of the federalist structure is that it enables a province, within its own jurisdiction, to pioneer a programme or policy that may be considered too inventive or too radical for the country as a whole. In this way a province may serve as a laboratory where novel social and economic policies can be tested without risk to the rest of the country. Take universal healthcare, for example, which was first introduced in the province of Saskatchewan and was later expanded into a national programme.[103] This story of the federal government and the provinces cooperating to ensure publicly-funded medical insurance across Canada provides another example of how Canadian federalism works to accommodate the

[102] 'Federal-Provincial/Territorial Agreements online: Citizenship and Immigration Canada,' www.cic.gc.ca/english/policy/fedprov.html; and Fact Sheet 11, *Canada-Quebec Accord*, online: Citizenship and Immigration Canada, www.cic.gc.ca/english/irpa/fs-quebec.html
[103] Hogg, above n at 115–16.

competing priorities of the provinces, the territories, Aboriginal groups and the federal government.

Public health insurance, or Medicare, has become a hallmark of what it means to be Canadian. As the Honourable Roy Romanow stated in his introduction to *Building on Values: The Future of Health Care in Canada: Final Report* (the 'Romanow Report'), 'Canadians consider equal and timely access to medically necessary healthcare services' to be 'a public good, a national symbol and a defining aspect of their citizenship.'[104]

Government-funded hospital and medical insurance programmes were once considered to be radical and expensive dreams. It took the courage, foresight and tenacity of a provincial Premier, Tommy Douglas, leader of Saskatchewan's CCF government, to create a health insurance scheme that had been talked about by federal and provincial governments for 25 years.[105] Douglas established hospital insurance in Saskatchewan in 1947, even though he faced some initial resistance from hospital administrators. A decade later, in 1957, the federal government followed his lead and introduced a federal-provincial hospital insurance programme.[106] In 1961, Premier Douglas struck first again and introduced Medicare in Saskatchewan, notwithstanding strong opposition from the province's doctors who went on strike to protest the coming into force of the legislation.[107] To help it decide whether to introduce medical insurance across Canada, the federal government appointed Supreme Court Justice Emmet Hall to examine the feasibility of a national Medicare system. Being from Saskatchewan himself and having studied the Saskatchewan experience closely, Justice Hall published his final report in 1964 recommending that a universal Medicare plan be implemented for all Canadians.[108] Based on Justice Hall's recommendation, the federal government initiated a cost-sharing programme to fund provincial Medicare regimes in 1966.

Canada's Constitution does not expressly place healthcare either under provincial or federal jurisdiction. This is perhaps because, when our Constitution was written in 1867, healthcare was thought to be more of a private matter rather than a government responsibility.[109] Nevertheless, section 92(7) of the Constitution Act, 1867[110] gives the provinces authority

[104] Canada, Commission on the Future of Health Care in Canada, *Building on Values: The Future of Health Care in Canada: Final Report* (Ottawa, Communication Canada, 2002) xvi and xviii (Commissioner: Roy Romanow).
[105] J Sass, 'Health Reform: The Historic Struggle,' *CBC News Online*, 10 February 1999, online: CBC News Indepth: Curing Health Care at www.cbc.ca/news/indepth/healthcare/healthreform.html
[106] *Ibid.*
[107] *Ibid.*
[108] 'Emmett Hall is One of the Great, Unsung Heroes of Canadian Life,' online: Path of Heroes www.pch.gc.ca/special/poh-sdh/english/routeseven /r7–hero6.htm
[109] Discussion paper at 5.
[110] (UK) 30 & 31 Vict c 3, reprinted in RSC 1985 App II No 5.

over 'the establishment, maintenance, and management of hospitals.' Various sections of section 91 award the federal government indirect responsibility for matters relating to healthcare by way of its jurisdiction over Aboriginal people (section 91(24)), navigation and shipping (section 91(10)), marine hospitals (section 91(11)) and national defence (section 91(7)). It is no wonder, then, that the Supreme Court of Canada has said that health is an 'amorphous topic'[111] that is distributed between the provinces and the federal government depending on the context of the particular healthcare initiative at issue. Canadian jurisprudence, however, has helped to clarify the respective responsibilities of each level of government pertaining to healthcare. For instance, the case law teaches that the provinces have extensive authority over public health as a local or private matter under section 92(16);[112] are responsible for the manufacture and sale of food and drugs,[113] and the regulation of the medical profession pursuant to their section 92(13) jurisdiction over 'property and civil rights within the province'; and have jurisdiction over hospitals as contemplated in section 92(7).[114] In short, as a result of judicial interpretation, it is now settled law that, in most instances, the provinces have predominant jurisdiction over healthcare services.

Notwithstanding this provincial responsibility over programmes like hospital insurance and Medicare, the federal government has employed its spending power[115] to create national standards for these essentially provincial regimes. In other words, in order to obtain federal financial support for health services, a province must administer its Medicare system in accordance with the conditions attached to these grants by the federal government. Consequently, because the provinces rely heavily on federal funding to finance their respective Medicare schemes, there is a major federal presence in this area of provincial jurisdiction. This overlapping jurisdiction often makes Medicare a contentious topic of debate among the various federal and provincial actors who are forced to work together to make policy decisions with respect to healthcare services. It is precisely these intergovernmental struggles, and the way in which they are resolved, that

[111] *Schneider v The Queen* [1982] 2 SCR 112 at 142.
[112] *Ibid.*
[113] *Canada Federation of Agriculture v AG Quebec* [1951] AC 179 and *Labatt Breweries v AG Canada* [1980] 1 SCR 914.
[114] *Fawcett v AG Ontario* [1964] SCR 625 and *R v Morgentaler (No. 3)* [1993] SCR 463.
[115] The federal government's so-called 'spending power' is not a power explicitly conferred by the Constitution Act, 1867, but according to Peter Hogg (above n 7 at 158–60) the spending power is inferred from the federal government's powers to levy taxes (section 91(3)), to legislate in relation to public property (section 91(1A)), and to appropriate public funds (section 106). In the light of these constitutionally granted powers, Hogg reasons that Parliament must have the right to spend the money it generates through taxes and to dispose of its own property. The spending power, which forms the basis of the federal-provincial financial arrangements, is embodied in federal grants to provinces such as those used to fund medical insurance plans.

make Medicare such an interesting case study of Canadian federalism in action.

The catalyst behind the Canada-wide expansion of hospital insurance and medical insurance was the federal government's offer to bear half the cost of each programme. These '50-cent dollars' tempted the provinces to partake in both of these federally-initiated cost-shared programmes.[116] As a result, the federal government agreed to fund one-half of the costs of all insured health services. In return, the provinces undertook to insure hospital and physician services and to comply with certain requirements, such as universality. Although the legislation which created these cost-shared programmes[117] did not prevent the provinces from charging patients for services, the provinces were deterred from doing so because the proportional funding formula meant that a province's federal funding for healthcare would be reduced if it generated revenue from user fees.[118]

By the mid-1970s, however, the existing cost-sharing formula was becoming problematic. The federal government found itself with little control over healthcare costs because spending decisions were made in the provinces. The provinces also complained that federal health funding was not in harmony with their actual healthcare priorities, since funding was limited to hospital and medical insurance programmes.[119] In the face of these concerns, a new formula, called Established Programs Financing (EPF), was negotiated in 1977, that rolled federal funding for post-secondary education and the two health services programmes into one annual transfer of block-funding comprised of tax points and a cash grant.[120] Under the new formula, federal funding was linked to the gross national product and provincial populations rather than to the actual cost of healthcare.[121] This change encouraged provinces to control their healthcare costs, and it also put an end to federal-government supervision of provincial healthcare expenditures, since the federal government was no longer responsible for half of what the provinces spent.[122] Under EPF, provinces were supposed to devote two-thirds of the transfer to healthcare, and one-third of the grant to post-secondary education. However, because the transfer was not 'tied,' provinces were able to treat the transfer as general revenue.[123]

After EPF was introduced, each level of government blamed the other for

[116] Hogg, above n 7 at 152–53.
[117] The Hospital Insurance and Diagnostic Services Act, SC 1957 c 28, and the Medical Care Act, SC 1966 c 64.
[118] O Madore, *The Canada Health Act: Overview and Options* (Canada, Current Issue Review 94–4ER, Ottawa, Library of Parliament Research Branch, 2001) 4.
[119] *Ibid.*
[120] *Ibid.*
[121] *Ibid* at 8.
[122] Hogg, above n 7 at 154.
[123] *Ibid.*

mounting healthcare costs.[124] In 1982, the federal government eliminated a revenue guarantee that had previously been built into the EPF formula. As a result, the provinces collectively received CAN$5 billion less in federal funding between 1982 and 1987.[125] Coupled with the rising costs of administering provincial healthcare systems, this put significant pressure on the provinces. For these reasons, and because federal funding was no longer linked to provincial expenditures with EPF, a number of provinces began to levy direct patient charges, which the federal government saw as a threat to the principle of free and universal access to health services.[126]

To discourage hospital user charges and extra-billing by physicians, the Canada Health Act[127] was introduced in 1984, by a unanimous Parliament, to replace the Medical Care Act[128] and the Hospital Insurance and Diagnostic Services Act.[129] Intended to strengthen and clarify the federal government's conditions for healthcare funding, the new law spelled out clear criteria and conditions to be met by the provinces.[130] Although the Canada Health Act was supported by all federal parties, its passage outraged the physicians and the provincial governments. The doctors complained that it reduced their entrepreneurial freedom, and the provinces complained that they had not been consulted, that the Act infringed provincial jurisdiction over healthcare, and that it did nothing to infuse more money into the system.[131] In spite of dramatic efforts to oppose the Bill, such as a six-day doctors' strike in Ontario, the *Canada Health Act* was enacted and became overwhelmingly popular with ordinary Canadians.[132]

The Canada Health Act stipulates that the five principles of Medicare which now define Canada's healthcare system—public administration, universality, accessibility, portability and comprehensiveness—are criteria that must be satisfied by the healthcare insurance plan of each province in order to qualify for full federal funding.[133] The Canada Health Act also includes provisions to deter any form of direct patient charges, including an automatic dollar-for-dollar penalty which can be levied against any province that permits charges for healthcare services. Furthermore, provinces are also required to report on the operation of their Medicare programmes, and to recognise publicly federal contributions to provincial health insurance services in order to qualify for federal funding.[134]

124 *Ibid.*
125 *Ibid.*
126 Madore, above n 118 at 5.
127 SC 1984 c 6.
128 SC 1957 c 28.
129 SC 1966 c 64.
130 Madore, above n 118, at 5.
131 *Ibid.*
132 *Ibid* at 10.
133 SC 1984 c 6 s 7.
134 SC 1984 c 6 ss 8, 13, 20.

In the 1990s, as federal and provincial governments in Canada raced to balance their budgets, healthcare suffered along the way. The federal government reduced its funding contribution to the provinces and the territories. Following changes to the EPF formula in 1985 and 1989, which resulted in decreased federal responsibility for healthcare costs, the cash portion of federal spending on healthcare was frozen at 1989/1990 levels until 1995.[135] As a result of these spending cuts, in concert with rising healthcare costs, provincial governments were forced to absorb more of the cost of delivering insured healthcare services. Also under pressure to be fiscally responsible, the provinces began to reduce their expenditures on healthcare by limiting the coverage provided under their healthcare insurance plans. This trend towards de-insurance has led to a patchwork quilt of what is considered to be a medically-necessary, and therefore an insured, service across the country.[136]

Although historically the federal government has promoted and defended our publicly- administered single-payer insurance system, recently it has found itself in the contradictory position of trying to defend Medicare in Canada, while it is also reducing its responsibility for managing the increased costs and changing expectations of the system. The federal government's attempt to accomplish these competing ends simultaneously has led to serious friction with the provinces.[137]

Keeping pace with the movement toward deficit reduction, the Government of Canada overhauled the way it financed healthcare, post-secondary education and social assistance by introducing the Canada Health and Social Transfer (CHST) in 1996. Linked with the Canada Health Act, this new transfer replaced EPF transfers and Canada Assistance Plan (CAP)[138] transfers with a single funding mechanism.[139] Like EPF transfer, the CHST is calculated in respect of the gross national product and provincial populations and includes transfers of both cash grants and tax points.[140] As well, the cash component of the CHST is a conditional transfer, which means that provinces must still comply with federal standards for healthcare programmes set out in the Canada Health Act to be eligible for the full cash transfer.

The Government of Canada was finding it increasingly difficult to enforce compliance with the Canada Health Act because continued

135 *The Canada Health Act: Overview and Options*, above n 118 at 10.
136 *Ibid* at 12.
137 *Building on Values*, above n 104 at 104.
138 The Canada Assistance Plan (CAP) was the cost-sharing agreement between the federal government and the provinces under which federal cash grants were contributed to provincial welfare programmes. Because the programme was based on actual costs, the federal government undertook to pay 50 per cent of the cost incurred by provinces in the course of administering social assistance programmes as long these provincial programmes met the conditions specified in CAP legislation.
139 Madore, above n 118 at 11.
140 *Ibid* at 5.

restrictions on the growth of EPF transfers meant that cash transfers to provinces for heath care were becoming smaller. As a result, financial penalties imposed on provinces which breached conditions of the Act were less of a deterrent. Moreover, studies predicted that by the year 2000, EPF cash transfers to some provinces would be non-existent. Consequently, the federal government introduced the CHST, which rolled funding for EPF and CAP into a single envelope, as a way to prevent the erosion of its power to enforce compliance with the Canada Health Act.[141]

The federal government justified introducing the CHST with claims that it would provide stable financing for social programmes in that the provinces and the territories would know in advance how much money they would receive over the next five years. From the beginning, however, the CHST was criticised for reducing the federal government's ability to uphold the national standards of Medicare.[142] The CHST resulted in less federal money transferred to the provinces in 1996 to 1998 for healthcare. Accordingly, the provinces and territories had to make more cuts to healthcare. They complained about this reduction in funding, as well as the fact that the federal government did not consult with the provinces in the design of its new policy toward health funding.[143]

Towards the end of the 1990s, the federal government, armed with a budgetary surplus, began to increase funding earmarked for health to the provinces. In 1999, the federal government announced that the CHST would be increased by CAN$11.5 billion over five years. Similarly, the February 2000 budget infused another CAN$2.5 billion-a-year funding increase under the CHST. As a result, in 2000–01 the provinces received more money for health and post-secondary education that they had at any point since 1995–96.[144]

The Canada Health Act contains a conflict resolution mechanism for cases in which a province violates its requirements. It is a lengthy process which does not result in the immediate reduction of federal contributions. On three occasions, however, the federal government has imposed financial penalties and reduced its contributions to provinces which were authorising extra-billing or imposing user charges.[145] And, although there have been complaints that some provinces are breaching the criteria of portability and comprehensiveness, to date the federal government has not imposed a discretionary penalty for failure to comply with the five criteria stipulated in the Canada Health Act. But while no discretionary penalties have been levied, many cases of non-compliance have been dealt with through discussion,

141 *Ibid* at 8.
142 Madore, above n 118 at 11.
143 *Ibid.*
144 *Ibid* at 12–13.
145 For more information about these penalties see Madore, above n 118 at 9.

negotiation and persuasion—an approach which may take more time, but which leads to more harmonious federal-provincial relations.[146]

In 1999, the federal and provincial/territorial governments negotiated the Social Union Framework Agreement (SUFA), in which they committed to work collaboratively to avoid and resolve intergovernmental disputes. SUFA set out guidelines for developing a dispute resolution mechanism for interpreting provisions of the Canada Health Act. By April 2002, all provincial and territorial governments, except Quebec, had accepted a dispute and avoidance resolution process proposed by the federal government.[147]

In April 2001, the federal government established the Commission on the Future of Health Care in Canada. Former Saskatchewan Premier Roy Romanow was appointed as its sole Commissioner and charged with the task of inquiring into Canada's public healthcare system and making recommendations about what should be done to ensure the long-term sustainability of a universally acceptable, publicly-funded healthcare system. In so doing, Mr Romanow was directed to consult with Canadians and interested stakeholders to obtain their views on the system.

In his Final Report (the 'Romanow Report'),[148] Commissioner Romanow reported that Canadians are committed to the original ideals of Medicare and are willing to see new practices and approaches adopted in order to make the system more sustainable. He also concluded that our Medicare system needs an overhaul to make it more comprehensive, responsive and accountable. Notably, the Romanow Report identified serious disparities in both access to care and health outcomes in some parts of Canada, particularly for Aboriginal peoples and in the North. Furthermore, the Report identified serious problems in the funding ratio between the federal and provincial governments, noting that the federal portion of health funding has dropped significantly, and as a result, healthcare costs are now taking up an increasing portion of provincial budgets.[149] Mr Romanow's prescription for improving our healthcare system is described in 47 far-ranging recommendations, which, if adopted, will remedy most of the existing problems.

Following the Romanow Report, the federal government and the provinces met and concluded the 2003 First Ministers' Accord on Health Care Renewal. Borrowing much of the language used and themes discussed in the Romanow Report, the Accord sets out an action plan to reform Canada's public healthcare system. On 5 February 2003, Canada's First

[146] *Ibid* at 11.
[147] Dispute Avoidance and Resolution, online: Canada Health Act www.hc-sc.gc.ca/medicare/home.htm
[148] *Building on Values*, above n 104.
[149] *Ibid* at xxiii-xxiv.

Ministers[150] agreed to improve the country's healthcare system by infusing CAN$34.8 billion into the system over the next five years. This money has been earmarked to alleviate some of the immediate pressures on the health-care system; to develop a new health reform fund for primary care, home care and catastrophic drug coverage, which will be available to assist provinces and territories who begin insuring these services; and to purchase diagnostic and medical equipment and invest in information technology.[151]

The Government of Canada has also announced that it will establish a new long-term Canada Health Transfer by 31 March 2004, which will include the portion of the current CHST designated for health expenditures in the provinces. According to Health Canada, this change will ensure predictable annual increases in federal funding for health.[152] Also, in accordance with the advice of the Romanow Report, the First Ministers agreed that by 5 May 2003 they would establish a Health Council to monitor the implementation of the Accord and report to the public on this process.[153] Quebec did not agree to participate in the Health Council, but agreed to cooperate through its own Health Council. Notwithstanding that commitment, a National Health Council has not yet been established.

When the Health Council was not established by early May 2003 as promised, Mr Romanow warned that if it takes much longer to be negotiated, the momentum to create such a council may disappear[154] and the provinces may soon find themselves warring once again with the federal government over healthcare.[155] The delay in creating the Health Council may partially be attributable to disagreement on how much power to give the Council. Prior to last summer's annual Premiers' Conference in Charlottetown, Prince Edward Island, both Alberta and Ontario indicated they were uncomfortable participating in the proposed Council.[156] During the conference, however, the Premiers reiterated their support for a National Health Council, and they agreed to revisit the issue with the next

[150] Canada's First Ministers refers collectively to the Prime Minister of Canada, the Premiers and the territorial leaders.

[151] Health Care Renewal Accord 2003, online: Health Canada at www.hc-sc.ca/english/hca2003/index.html

[152] *Ibid.*

[153] The mandate of the Health Council proposed by the First Ministers' Accord appears to be much narrower than that recommended in the Romanow Report. The Romanow Report suggested that a Health Council be created to foster collaboration and cooperation between provinces, territories and the federal government with the power to set common indicators and benchmarks, measure and track the performance of the health system and report results to Canadians. The Council proposed by the First Ministers, however, seems to be relegated to the role of reporting on the progress of the implementation of the Accord.

[154] 'Delay Endangers Health Council Plan: Romanow,' *The Toronto Star*, 29 May 2003, online: The Toronto Star at www.thestar.com/NASApp/cspContentServer?pagename=thest.

[155] M Kennedy, 'Romanow Rebukes Premiers,' *The National Post*, 7 July 2003, A7.

[156] D Bueckert, 'McLellan Play Down Provincial Threats that Would Unravel Health Accord,' in *Canadian Press*, 10 July 2003, online: Sympatico.ca at www.mediresource.sympatico.ca/health_ news_detai.asp?chan.

Prime Minister after research is conducted and confirms that the Council is affordable, has an appropriate mandate and is not bureaucratic.[157]

Following the recommendations contained in the Romanow Report pertaining to the health of Aboriginal peoples, the federal, provincial and territorial governments have pledged to work to address the gap in health status between Aboriginal and non-Aboriginal Canadians.[158] Aboriginal leaders, it seems, are not satisfied with that promise, and want to be included in the ongoing discussions between the First Ministers respecting healthcare.[159]

As you can see, healthcare is a contentious topic in Canada right now, particularly the issue of how the provinces and the federal government will reconcile their differing perspectives on what is needed to improve our ailing public healthcare system. Although Canada's decentralised federal structure has been touted as one of the factors which paved the way for the nationwide implementation of Medicare, federalism has also been blamed for inhibiting expeditious reform of the current system. Federalism, it is said, frustrates policy change because the decision-making process has multiple actors (the provinces and the federal government) who can veto the establishment of new policies or changes to existing policies. That said, federalism also provides more opportunities to press for needed changes, since special interest groups seeking to influence health policy may target both levels of government. In short, there exists the paradoxical possibility that federalism may operate to facilitate policy change in some areas, while at the same time it may inhibit other kinds of change.[160]

In conclusion, I have sought to furnish a brief glimpse of Canada's flexible federal system—a system founded on diversity and balance, which is also known for its intergovernmental tensions and for its mode of accommodating these tensions. It is hoped that this may be of interest to others who are committed to improving the federal systems of the world in order that they better serve the peoples they are meant to govern.

[157] Canadian Intergovernmental Conference Secretariat News Release 850–092/016, 44th Annual Premiers' Conference, Charlottetown, Prince Edward Island, 9–11 July 2003 (under 11 July 2003).

[158] Health Care Renewal Accord 2003, above n 151.

[159] S Bailey, 'Natives Picket 24 Sussex to Protest Exclusion from First Ministers' Meeting,' *Canadian Press*, 4 February 2003.

[160] Madore, above n 118 at 1–4.

3

# *Regionalism in a Political Constitution: The United Kingdom Experience*

DAWN OLIVER*

In this contribution to the collection I shall outline how the United Kingdom has approached what we call devolution and what lessons we may have learned or will be soon to learn from experience since 1998. My questions will be about what the implications of devolution might be for a particular aspect of our constitutional arrangements, the fact that the United Kingdom does not have a written Constitution and is unlikely soon to acquire one. Thus, much of our constitutional arrangements are based on a culture of self-restraint on the part of politicians and the higher courts, and informal political understandings and customs. Indeed, the United Kingdom's is sometimes referred to as a customary or political,[1] rather than a law-based, Constitution.

## THE DEVOLUTION LEGISLATION

The reasons for devolution were different for each of the three now-devolved areas of the United Kingdom. In Scotland, the demand was based on nationalism and widespread consensus about the form that devolution should take. In Northern Ireland, there was agreement that devolution was necessary so as to encourage the two communities to develop political mechanisms to enable them to coexist peacefully. There was little pressure for devolution to Wales and devolution was grounded on tidymindedness on the part of government. In its election manifesto for 1997, the Labour Party committed itself to devolution, and referenda were held in Scotland, Wales and Northern Ireland (and in relation to Northern Ireland and the Belfast Agreement, in the Republic of Ireland), which secured majorities in favour of devolution. In 1998, the UK Parliament passed Acts establishing devolved bodies in Scotland,[2] Wales[3] and Northern Ireland.[4]

* Professor of Constitutional Law, University College London.

[1] See J A G Griffith, 'The Political Constitution' (1979) 42 *MLR* 1.

[2] Scotland Act 1998.

Briefly, Scotland now has a Parliament with very extensive legislative powers transferred to it from the Westminster Parliament and an executive which has taken on responsibility for devolved areas of policy from the UK government. The provisions give effect broadly to the proposals for devolution put forward by the Scottish Constitutional Convention (SCC) before the 1997 election. The SCC was a cross-party body in which many institutions of civil society had participated, although neither the Scottish National Party nor the Conservatives took part. Wales has an elected Assembly, which has taken on the executive powers previously exercised by the Secretary of State for Wales. The Assembly has no legislative power save to make delegated legislation under powers granted to it in Westminster legislation. Northern Ireland has, when it is in operation,[5] an elected Assembly with extensive legislative powers transferred to it from Westminster and an extraordinarily-formed coalition executive. The powers of the Northern Ireland Assembly are similar to, but not identical with, those granted to the Scottish Parliament. For our purposes the differences are not significant. There has, however, been no devolution of either legislative or executive power to England as a whole, or to regions within England. Thus England continues to be legislated for and governed by the UK Parliament and government, and there is no elected regional layer of government in England, except that the Greater London Assembly and Mayor, both elected, have strategic powers in relation to Greater London. The devolution arrangements in the United Kingdom are then highly asymmetrical and would not deserve the epithet 'federal.'

## TOWARDS 'CONSTITUTIONALISM' IN THE UNITED KINGDOM?

The devolved bodies in Scotland, Wales and Northern Ireland are in effect operating under written Constitutions granted to those countries by the UK Parliament, comparable in a way to the status of British dominions until, or even after, the Statute of Westminster of 1931. The Acts that the two legislatures in Scotland and Northern Ireland pass, and subordinate legislation that the Welsh Assembly makes, are subject to 'judicial review,' ultimately either by the Appellate Committee of the House of Lords or the Judicial

[3] Government of Wales Act 1998.

[4] Northern Ireland Act 1998.

[5] The Northern Ireland Assembly has undergone periods of suspension since it was formed in response to breakdowns in trust between the parties representing the two communities in the territory. The fact that it has been suspended, under powers granted to the Secretary of State for Northern Ireland under legislation passed by the UK Parliament, illustrates the continuing legislative supremacy of the UK Parliament and the subordinate legal status of the devolved bodies.

Committee of the Privy Council,[6] shortly to be replaced by a new Supreme Court when the Constitutional Reform Act 2005 comes into effect. The Acts of these two legislatures are also subject to review by the ordinary courts operating in those countries,[7] for their vires or 'constitutionality.' Thus, these bodies, unlike the Westminster Parliament and government, are operating under law-based rather than political, written rather than unwritten, Constitutions. We shall return to how political the constitutional arrangements for these countries are shortly. A question that arises from this aspect of devolution is whether the notion of constitutionality that the 'written Constitutions' in these countries entail might be infectious, and ultimately alter the concept of the legislative supremacy of the Westminster Parliament. Already it is possible that a principle of informal or conventional federalism is developing in the United Kingdom,[8] which is reflected in political morality and developing constitutional conventions about respect on the part of the centre for the autonomy of devolved bodies. A major question which other jurisdictions may help us to answer is whether, how and to what extent these might take on legal features, and what the positive and negative implications of such developments might be.

Under each devolution Act it is explicitly provided that the Westminster Parliament retains its sovereign legislative power,[9] which means that it may repeal or suspend the operation of the devolution legislation (as it has done in relation to Northern Ireland) or amend that legislation, either so as to increase or to reduce the powers of the devolved bodies. It follows that the Westminster Parliament may, from the point of view of the courts as the curators of the legal aspects of the Constitution, legislate for the devolved areas without their consent: such legislation will be given effect by the courts in the devolved areas and in 'UK courts' such as the Appellate or Judicial Committees or in due course the new Supreme Court. The Westminster Parliament then is still a 'political' institution, in the sense that it is not subject to the courts or judicial control in what it does (save where European law is concerned, a subject which lies outside our concerns in this chapter). However, this legal reality is, as we shall see, subject to the development of potentially strong and important constitutional conventions.

[6] The devolution legislation provides for 'devolution issues' to be determined either by the ordinary courts, or on references by the Judicial Committee. This body deals also with certain appeals from Commonwealth countries. Its judges are in practice the Law Lords, who sit on the Appellate Committee of the House of Lords, together with a number of other eligible judges. The jurisdiction to deal with devolution issues was given to the Judicial Committee because the Law Lords are technically a committee of the House of Lords, the second chamber, and it would not be appropriate on separation of powers grounds for a committee of the legislature to determine the meaning of legislation passed by the legislature.

[7] It is to be remembered that Scotland and Northern Ireland retain their own separate legal systems and their own courts.

[8] See M Elliott 'Parliamentary sovereignty and the new constitutional order, legislative freedom, political reality and convention' (2002) 22 *Legal Studies* 340.

[9] See eg Scotland Act 1998, s 28.

The political Constitution then survives even after devolution in the United Kingdom, but it is increasingly juridified in the sense of being regulated by conventions, codes, concordats and other non-legal, but binding and surely constitutional, principles and rules.

## Effects of Devolution on the Legislative Activity of the Westminster Parliament

During the period of the Stormont Parliament in Northern Ireland from 1922–73, the Westminster Parliament retained its 'sovereignty' and yet a convention grew up that it would not exercise its legislative power over matters devolved to the Stormont Parliament. A negative aspect of this convention was that the Loyalist majority, not subject to anything resembling a Bill of Rights, was able to discriminate against the Catholic or Nationalist minority, with the tragic consequences for the province that we have been living through for at least 30 years. Devolution to Scotland and Northern Ireland under present arrangements is different in many ways, not least the fact that the devolved bodies do not have the power to act contrary to the Human Rights Act 1998 or the European Convention on Human Rights (or European law). But, in true British fashion, new conventions have been developed to deal with relations between the centre and the devolved bodies. Under the 'Sewel' convention (formulated by Lord Sewel in the House of Lords in the run up to devolution), the Westminster Parliament will not legislate on a matter within the competence of the Scottish Parliament without the consent of that Parliament.

In practice, the Scottish executive puts a motion to the Parliament for it to agree to Westminster exercising its legislative power, and this has not caused concern in Scotland until recently. Much of this legislation will be uncontroversial and it saves the Scottish Parliament time to allow the Westminster Parliament to legislate. However, there are concerns that the consent of the Scottish Parliament is too readily given to such resolutions, and that the Parliament ought to consider the implications of agreeing to the Westminster Parliament legislating on devolved matters with care and not pass these resolutions automatically.

## Government by Concordat

Another political-constitutional aspect of the relations between the devolved bodies and United Kingdom-level institutions is that they are conducted largely according to memoranda of understanding and supplementary agreements, or 'concordats,' reached between the executive levels of each country and the United Kingdom.[10] Although they were negotiated without reference to the elected bodies, they were endorsed by the Scottish Parliament in October 1999 and by the House of Commons Procedure Committee in May 1999.[11] They set out mutual obligations of exchange of information and the like. They have no legal status. Again, devolution operates in a non-legal, potentially or actually political framework here.

## Financing Devolution

Important aspects of the relationships between the devolved bodies and Westminster remain unregulated by law in the devolution arrangements. Here, the political Constitution is still predominant. By way of example, the financial arrangements for the calculation of how much devolved bodies are to receive by way of block grants from the UK government and Parliament are not dealt with at all in the devolution legislation, or indeed in any Acts of Parliament. Before devolution, the Secretaries of State for each of the countries and their departments received grants from central government to be used for the discharge of their functions in those countries. The calculation of these sums was made by the Treasury by reference to a non-statutory formula, the Barnett Formula, which dates back to 1976. It was based on the level of spending in England, Wales and Scotland at that time. It provided that in future for each change of £85 of spending in England there should be increases of £10 in Scotland and £5 in Wales. Special arrangements covered Northern Ireland.

This formula still governs the allocation of funds to the devolved bodies. The formula had originally been based on need in each area, but it evolved so that it came to be based on the relative sizes of the population in each country rather than need. In practice for many years this has meant that more has been spent per capita by governments in Scotland, Wales and Northern Ireland than in England, and in due course this would have produced resentment in England, in some of whose regions there are higher levels of poverty and need than in many parts of the other three countries in the United Kingdom.

However, in a period of increasing public expenditure such as is taking place currently, the increases are disproportionately high in England. Thus, resentment at the operation of the Barnett Formula in England depends in part upon the level of government expenditure. Equally, discontent or contentment in Scotland, Wales and Northern Ireland will depend upon comparisons that may be made with other parts of the United Kingdom. The UK government may decide to make additional allocations to the

[10] See eg *Memorandum of Understanding*, September 2002 (Cm 5240).
[11] See *The Procedural Consequences of Devolution* (1998–99, HC 185).

devolved bodies outside the Barnett Formula, and did so for Wales in 2000. Such decisions may well be taken for political reasons.

The devolved bodies do not have independent tax-raising powers save that the Scottish Parliament has the power to vary the rate of income tax by up to 3 per cent. This power has not as yet been exercised. Thus, financial matters under devolution are dealt with informally but according to a formula. The UK government and Parliament should treat the four component parts of the United Kingdom even-handedly and should not favour England over the others, or vice versa. But there is scope for endless argument about even-handedness, especially when account is taken of, for instance, in what part of the United Kingdom public money is spent on the employment of civil servants, on manufacture of weapons, on disposition of the armed forces and so on.

The question whether the Barnett Formula needs to be altered or replaced by a statutory formula is highly political, for change inevitably brings winners and losers, and the losers would be bound to use the political channels open to them to complain. An important point here is that there are no special political channels available to England or the English regions through which concerns about this and other matters could be expressed, and England and its regions have to use Westminster and non-state channels such as the press to express concerns.

A further point here, though, is that there is not the same sense of national or regional identity in England and its regions as there is in the devolved parts of the United Kingdom through which concerns might emerge and be articulated and fed into the political process. In this respect, England and its regions have neither a political nor a non-political nor a law-based Constitution. They have no Constitution of their own at all.

## Consensus or Competition in Devolution?

The devolution arrangements have worked fairly well until now, and will probably continue to do so for so long as the executives at the devolved levels are controlled by or sympathetic to the same party as is in control at Westminster. The executives in Scotland and Wales have been dominated by Labour (though there is a coalition between Labour and the Liberal Democrats in Scotland). Labour, of course, is also in power in Westminster. But as and when different parties are in power on the different levels there are bound to be clashes between them. Then the informal, consensual, political arrangements will come under strain. The question will then arise how such conflicts can be resolved. The natural assumption for lawyers in the United Kingdom is that these arrangements will become increasingly politicised and this will in due course lead to the progressive juridification of relations between the levels of government, and, beyond that, to their regulation by Acts of Parliament. Such a process is likely to lead in time to increased judicial review and thus the judicialisation and constitutionalisation of the arrangements. Further, in times of political conflict between the United Kingdom and devolved levels, it would be within the power of the UK government to use its majority at Westminster to limit the powers of the devolved bodies. It is very likely that the relations at executive level, if confrontational, could become more juridified, for instance in relation to finance.

## THE ENGLISH DIMENSION

It has already been indicated that there is no English or English regional dimension to the devolution arrangements at present. There are Government Offices of the Regions, but they are outposts of central government and are not politically accountable in the regions. There are Regional Development Agencies, statutory bodies concerned largely with economic development in the region, and they are accountable partly to the UK government and partly to Regional Chambers. These Chambers are not at present elected, though they contain a number of members of local authorities, as well as representatives of civil society including commercial interests. The North East Region rejected an assembly in a referendum in November 2004 and it is unlikely that regional devolution will take place. The assemblies, if elected, would not have legislative power and their executive and strategic powers would be limited broadly to development. Their powers would be far more limited than those enjoyed by the National Assembly for Wales.

## ASYMMETRY AND DIVERSITY: STRENGTH OR WEAKNESS?

The system of devolution or regionalism currently in operation in the United Kingdom is then highly pragmatic and asymmetric. It was produced in response to the very different demands and needs in each country. But the asymmetry has released powerful dynamic pressures for further change. In Northern Ireland, in spite of difficulties, the introduction of local political channels and institutions has proved popular with many sections of both communities and strenuous efforts are going on to reactivate the devolution arrangements. There is pressure in Wales for further powers to be devolved to bring Wales closer to the Scottish model. So devolution has galvanised political activity in favour of further devolution, though in some areas more than in others.

While there is currently relatively little interest in introducing regional government in England, it is to be expected that there may be pressure for the interests of England as a whole to be more explicitly considered. But it is not on the agenda for there to be a separate English Parliament; and the UK Parliament would not be able to act as a 'proxy' for an English Parliament if the majorities in England and the United Kingdom as a whole were different.[12]

## Conclusion

Devolution inevitably brings juridification and judicialisation to any system. So it is not surprising that devolution has resulted in increased juridification of the United Kingdom Constitution and some moves away from the 'political Constitution,' especially within the devolved areas. It is, however, remarkable how enduring the tradition or culture of the political Constitution is in the United Kingdom, especially at Westminster, and in inter-institutional relationships between the different levels of government. In my view this tradition rests on a commitment to comity, goodwill and compromise on the part of constitutional actors. But if or when—and it is bound to happen sooner or later—the electoral systems in the United Kingdom operate so as to produce majority governments at Westminster or in the devolved areas that were unable to operate in comity with other levels of government, the tradition and culture on which the political Constitution is based will come under increasing strain, and a more law-based set of arrangements will have to be introduced. Then we may be able to learn even more than currently from overseas experience of federalism and regionalism. It would be very helpful if we could learn from other countries to anticipate problems and to know what the various options are for dealing with them and the pitfalls in each.

[12] See R Hazell, 'The English Question: Can Westminster be a Proxy for an English Parliament?' (2001) *Public Law* 268.

# 4

# *The European Union: Towards a New Form of Federalism?*

JEAN-CLAUDE PIRIS*

According to the common view, the development of European integration over the past 50 years has been accompanied by a fierce battle between the 'federalists' or 'supranationalists' on the one hand and the 'intergovernmentalists' or 'sovereignists' on the other.

Despite the fact that the Maastricht Treaty included two new fields of competences (foreign policy and justice and home affairs) which have been characterised as 'intergovernmental' because they were largely placed outside the remit of the supranational institutions (European Parliament, Commission and European Court of Justice), the future of the Union as a federal entity is seen by some as more probable than ever. They argue that such an evolution will follow from, inter alia, two factors: the Euro and its supposed consequences on furthering integration, at least for a 'hard core' of Member States, as well as enlargement, from which such a hard core would emerge as a way of compensating the unavoidable dilution of the European Union as it exists now.

However, according to another school of thought, the federal idea lost its way during the 1990s, and the European Union has become more and more intergovernmental. Gilles Andreani has described the Nice Treaty as 'the Triumph of intergovernmentalism'[1] because of the excessive guarantees given to the equality of states, with equal 'representation' of Member

* Director-General of the Legal Service of the Council of the European Union, Legal Counsel of the Intergovernmental Conference. The views expressed in this chapter are the author's personal views and do not in any way commit the position of the Intergovernmental Conference or of the Council of the European Union. The author thanks Ms Thérèse Blanchet, adviser in the Council Legal Service, for her assistance. As this text was written at the end of 2003, the references to the provisions of the draft Constitutional Treaty are those of the draft as it resulted from the Convention (see doc. CONV 850/03 of 18 July 2003, available on the internet site of the Convention [http://european-convention.eu.int]).

[1] See G Andreani, 'What Future for Federalism?' (London, Centre for European Reform Essays, 2002). See also J-C Piris, 'Does the European Union have a Constitution? Does it Need One?' (1999) 24 (6) *European Law Review* 557–582; L S Rossi, ' "Constitutionnalisation" de l'Union européenne et des droits fondamentaux' (2002) 38(1) *RTD eur.* (January-March) 27, in particular at 32, 37 and 38. On the insistence of many states on keeping 'their' Commissioner see E Noël, 'La Commission européenne dans la perspective de la Conférence

States in the Commission and with a veto for all in a strengthened European Council. Some think that, while most larger Member States (United Kingdom, France, Spain and soon Poland) have never been very keen on federalism, most smaller states, which were more inclined to it, have today turned de facto into anti-federalists, in order to better protect themselves against what they perceive as the excessive weight and powers that the larger Member States would have in a federal system.

How could one characterise the Union of today with regard to federalism? Where does its evolution lead? Is the Union going to become a federal state in the future? What could the draft Constitutional Treaty bring to this picture?

The following three points will be examined successively:

(1) the European Union is not a classic international organisation;
(2) the European Union is not a state;
(3) the European Union is and will remain a 'Partially Federal Entity.'

However, before proceeding with an analysis of these points, it is useful to clarify some elements against which this analysis is to be conducted.

First, the word 'federal' or 'federalism' raises different emotions and is often perceived very differently depending on the language, on the culture or on whether the person concerned has had experience of living in a federal state. Some will be more tempted to analyse a federal system by amplifying the centralised elements. In a debate on the European Union (EU), for example, such persons will want, if they are 'pro-EU,' to give stronger exclusive powers to the 'Centre,' the federal institutions, than to the components, the states. If such persons are 'anti-EU' they will see any move towards federalism as equivalent to supranational centralism or a superstate, leaving nothing to the components.

By contrast, others will often be more relaxed about the concept. They will see it less as a threat to the components than as a protector of the components, which participate with varying intensity, depending on the model, in the process of law-making and in implementation. Much of the debate is tainted with these different apprehensions of the concept, which sometimes leads to misunderstandings.[2]

In addition, there is no such thing as a single model of federalism; federal systems differ very much from one another in their constitutional setup. Authors have identified two main categories of federalism: 'integrative federalism,' which unifies previously independent political units (such as

Intergouvernementale de 1996' in Colloque Latsis (eds), *L'Union européenne à la lumière du fédéralisme suisse* (Institut européen de l'Université de Genève, Georg, Collection Euryopa, 1996) 69–76.

[2] See D Berg-Schlosser, 'Un nuevo federalismo?,' *La Vanguardia*, 3 October 2003.

the United States of America, Germany, Austria, Switzerland) and 'devolutionary federalism' which redistributes powers of a previously unitary state (such as Belgium or Canada and unitary states, like the United Kingdom and Spain, which use certain tools of a federal or quasi-federal nature, although without applying the term 'federalism').[3]

Secondly, it is a mistake to try to transpose into the EU a ready-made state model, whether it be federal or unitary, with a Montesquieu-like division between the legislature and the executive. Similarly, limiting oneself to the standard of classical statehood is inappropriate in assessing the nature and the functioning of the EU, because it entails the use of rigid definitions of concepts such as sovereignty, demos, nationhood and even Constitution. It is tempting to refer to known models, as this helps reasoning, but, if these are used too exclusively, it misses the point, which is that the EU has evolved step by step into something else, something yet to be named and defined.[4]

Thirdly, a world of increasing globalisation has eroded the sovereignty of nation states and has triggered 'defensive' mechanisms in two directions: the first through pooling or transferring more powers upwards, to a superior level, such as the EU, because it is seen as more robust and better equipped to compete and resist in the global sphere; the second through decentralising downwards, to the regional levels, because they are seen as more able to satisfy the immediate and daily needs of the citizens and to better protect them from unwelcome intrusions into their national identities. However, these two developments may simultaneously contradict each other when regional levels see the EU as a threat to their autonomy, and reinforce each other when there is an 'objective alliance' between the regional and EU levels against the middle level, ie the state. The latter scenario is what may happen when the EU level establishes direct contacts with the regional levels.[5]

It is against this background that the EU and its future should be analysed.

[3] See K Lenaerts, 'Constitutionalism and the Many Faces of Federalism' (1990) *American Journal of Comparative Law* 205.

[4] See Rossi, above n 1 at 28 and 51; Y Mény, 'De la démocratie en Europe: Old Concepts and new Challenges' (2002) 41(1) *Journal of Common Market Studies* 1, in particular at 11; M Longo, 'European Integration: Between Micro-Regionalism and Globalism' (2003) 41(2 ) *Journal of Common Market Studies* 475, in particular at 487.

[5] See Rossi, above n 1 at 50 and 51; Longo, above n 4 at 479, 480 and 486–89; J P Olsen, 'The Many Faces of Europeanization' (2002) 5(02) *Journal of Common Market Studies* 921, in particular at 936.

## THE EU IS NOT A CLASSIC INTERNATIONAL ORGANISATION

In 1952, 1958 and 1993, four international organisations were created,[6] of which the 2003 draft Constitutional Treaty seeks to merge the two major ones, the EC and the EU into a new 'European Union.' The founding instruments of these international organisations took the form of international treaties which were negotiated, signed and ratified by the six original Member States, and which still have to be modified using the same Treaty procedure. The Treaties are now concluded between 25 Member States, the 'High Contracting Parties.'

Like classic international organisations, the EC and the EU therefore derive their validity from international law. The EU exists because the Member States want it to exist.[7] As the German Constitutional Court put it in its ruling on the Maastricht Treaty, the Member States are 'the Masters of the Treaties.'[8]

However, already 40 years ago, the European Court of Justice (ECJ) ruled that the Treaty created a 'new legal order.'[9] In its Opinion 1/91, the Court distinguished the EC Treaty from the EEA Agreement (which opened large parts of the internal market to some EFTA states) in the following terms:

> [T]he EEC Treaty, albeit concluded in the form of an international agreement ... constitutes the constitutional charter of a Community based on the rule of law. ... The Community treaties established a new legal order for the benefit of which the States have limited their sovereign rights, in ever wider fields, and the subjects of which comprise not only Member States but also their nationals. ... The essential characteristics of the Community legal order which has thus been established are in particular its primacy over the law of the Member States and the direct effect of a whole series of provisions which are applicable to their nationals and to the Member States themselves.[10]

The particular features of the European Union which make it this 'new legal order' and thus an entity beyond a classic international organisation

[6] Three are left: the European Community (originally the European Economic Community or EC), the European Atomic Energy Community (known as 'Euratom') and the European Union (EU). The European Coal and Steel Community, created for 50 years, expired in July 2002.

[7] See T Hartley, 'International Law and the Law of the European Union: A Reassessment' (2001) *British Yearbook of International Law* 1.

[8] See Case *Brunner and others v European Union Treaty* [1994] 1 CMLR 57, judgment of 12 October 1993, Bundesverfassungsgericht, Urteil 12 October 1993, BVerfGE 89, 155, extracts from which are quoted by M Herdegen, 'Maastricht and the German Constitutional Court: Constitutional Restraints for an "Ever Closer Union"' (1994) 31 *Common Market Law Review* 235, in particular at 241, 242 and 259.

[9] Cases 90/63 and 91/63 *Commission v Luxembourg and Belgium* [1964] ECR 625, judgment of 13 November 1964, and Case 6/64, *Costa v ENEL* [1964] ECR 585, judgment of 15 July 1964 notably at 593.

[10] Opinion 1/91 of 14 December 1991 [1991] ECR I-6102, para 21.

may be summarised as the following three elements: law-making institutions, enforceable legal principles and rather wide powers.

Firstly, the Union is served by law-making institutions that have the power to adopt legally binding rules and to have them implemented. These institutions include a directly elected Parliament, a Council of Ministers, often deciding by qualified majority voting, and a Commission, independent from the Member States, which has the monopoly of initiating laws and which is in charge of ensuring that EU law is applied. The Commission may take a Member State to the ECJ for a breach of EU law. The ECJ has the power to control the legality of acts adopted by the institutions, including their 'constitutionality,' that is to say their conformity with the Treaty. It has the power to rule on disputes between the institutions, as well as between them and Member States, about the extent of their respective powers. It may also rule on the rights and obligations of Member States and citizens under European law, notably through a system of preliminary rulings on request from national courts, which is designed to secure the uniform interpretation of EU law. The ECJ has the power to condemn Member States to pay penalties.[11] However, the ECJ cannot declare that a national law is void because it breaches EU law; it can only declare that the Member State concerned has infringed EU law.

Secondly, the Union obeys legal principles which are capable of making Member States respect its rules such as, in particular, the rule of law[12]; respect for fundamental rights[13]; the principle of the primacy of EU law[14]; the principle of direct effect of EU law[15]; and the exclusion of reciprocity in

[11] See EC Treaty Arts 226 and 227 (infringement procedures), 228 (penalties), 230 (annulment), 232 (failure to act), 234 (preliminary rulings), 235 (damages), 241 (plea of illegality). Member States in default may also be liable to pay damages to individuals, see Cases C-6/90 and C-9/90 *Francovich* [1991] ECR I-5357, judgment of 19 November 1991, paras 35 and 38–43: 'the principle whereby a State must be liable for loss and damage caused to individuals as a result of breaches of Community law for which the State can be held responsible is inherent in the system of the Treaty.'

[12] Case 294/83 *Les Verts v Parliament* [1986] ECR 1365, judgment of 23 April 1986, para 23: '[T]he Community is a Community based on the rule of law, inasmuch as neither its Member States nor its institutions can avoid a review of the question whether the measures adopted by them are in conformity with the basic constitutional charter, the Treaty.'

[13] Case 29/69, *Stauder* [1969] ECR 425, judgment of 12 November 1969, para 7. See also Opinion 2/94 of 28 March 1996 [1996] ECR I-1759, paras 33 and 34: 'Respect for human rights is ... a condition of the lawfulness of Community acts.'

[14] *Costa v ENEL*, above n 9 at 593 and 594: the ECJ derives this principle from the specificities of the EC under which it is: 'impossible for the States, as a corollary, to accord precedence to a unilateral and subsequent measure over a legal system accepted by them on a basis of reciprocity. ... The executive force of Community law cannot vary from one State to another in deference to subsequent domestic laws, without jeopardizing the attainment of the objectives of the Treaty set out in Article 5(2) and giving rise to the discrimination prohibited by Article 7.' See also Case 106/77 *Simmenthal* [1978] ECR 629, judgment of 9 March 1978, paras 17 and 21.

[15] Case 26/62 *van Gend en Loos* [1963] ECR 23–25, judgment of 5 February 1963, : 'The Community constitutes a new legal order ... the subjects of which comprise not only Member States but also their nationals. ... Community law therefore not only imposes obligations on

the application of EU law.[16] These principles are either enshrined in the Treaty or in the case law of the ECJ. They are enforceable thanks to the 'complete system of legal remedies and procedures designed to permit the Court of Justice to review the legality of measures adopted by the institutions,' including for the benefit of individuals.[17] The ECJ has therefore characterised the EU as a 'Community based on the rule of law' or, in French, '*Communauté de droit*,' by reference to the expression *Etat de droit*.

Thirdly, the scope of EU powers is wider than that of any existing international organisation as more and more powers have been conferred upon it by its Member States. Using the Monnet method, a step-by-step approach under which 'Europe can be built only through practical achievements which first of all create real solidarity,'[18] it evolved from the original Coal and Steel Common Market into a customs union, with a common trade policy and an internal market with a common agricultural policy, competition policy and the four freedoms of movement for goods, services, workers and capital. In the 1980s and 1990s, a number of non-commercial, more 'citizen-oriented' remits were added, such as environmental protection, consumer and worker protection, health, social cohesion, education. Then came the domain of justice and home affairs, which would help abolish border controls for people inside the EU, the introduction of a single currency and provisions to develop a Common Foreign and Security Policy (CFSP), including a European Security and Defence Policy (ESDP).

These features, especially combined, are very unusual for an international organisation and clearly set the EU apart from international organisations.

## THE EU IS NOT A STATE

Do its very special characteristics make the EU a state? That is not the case, and it is very unlikely that the EU would in the foreseeable future take the form of a state, whether it be federal or not.

If considered against the benchmarks of the classic definition of a state: a people, a territory, an organised government, full sovereignty, the right and means of control over all persons and things within its borders, the

individuals but is also intended to confer upon them rights which become part of their legal heritage.' See also Case 41/74 *van Duyn* [1974] ECR 1337, judgment of 4 December 1974, para 12. Under this case law, a provision of the Treaty or of an act adopted on the basis thereof may have direct effect, ie may be invoked by an individual, if this provision is sufficiently clear and unconditional.

[16] *Commission v Luxembourg and Belgium,* above n 9: 'The basic concept of the Treaty requires that the Member States shall not take the law into their hands.'

[17] *Les Verts*, above n 12 at para 23.

[18] Quotation from the third preambular clause of the European Coal and Steel Treaty.

capacity for making war and peace and for entering into international relations with other states, the EU does not comply with some or all of these criteria.

Moreover, the EU lacks most of the essential means usually associated with the notion of a sovereign state. It lacks proper financial resources and power directly to collect taxes. It is not allowed to establish its own resources, which are laid down in a Decision to be ratified by Member States.[19] The EU budget represents only a tiny proportion of the Gross Domestic Product of the Member States (approximately 1 per cent), and the vast bulk of its expenses (around 85 per cent) is managed by the administrations of the Member States.[20] The EU lacks administrative and technical capacities. Its administrative expenditure is less than 5 per cent of its total budget and the human resources of its central organs (about 30,000 people) represent about half of the municipal staff of the city of Paris. The EU lacks administrative and coercive means, it has no fiscal, customs, veterinary, public order or judicial administrations in charge of the daily application of EU law. It has no police, no prisons and no army. It relies entirely on the means of the Member States.[21]

One could argue that the above elements are not decisive, because they characterise a classic unitary state with strong central authorities, as distinct from a decentralised federal state relying on a system of 'implementing federalism' (*'fédéralisme d'exécution'*) or 'indirect administration' whereby the responsibility for implementing and applying EU law belongs to the components.[22] But there are still stronger arguments as to why the EU is not a state[23] and these arguments stem from three facts.

First, and most importantly, the EU does not have a single *demos*. There is no such thing as a 'European People'. The EU has '*peoples*,'[24] several

[19] Article 53(3) (renumbered I 54) of the draft Constitutional Treaty does not change this situation.

[20] Court of Auditors, *Annual Report for the Financial Year 2001*, 6, para 0.12 ([2002]OJ C295/28 November 2002). According to J O Karlsson, former President of the Court of Auditors: 'Los Estados Miembros administran el 85% del presupuesto,' *El Pais*, 14 March 1999.

[21] See Hartley, above n 7 at 8. See also Longo, above n 4 at 478.

[22] See B Dubey, 'Administration indirecte et fédéralisme d'exécution en Europe' (2003) 1–2(3) *CDE* 87, in particular at 90 and 132. This approach, which exists for instance in Germany and in Switzerland, is different from the American 'dualist execution' system under which a power conferred on the federal level comprises not only the power to legislate but also the power to directly implement and apply it.

[23] See A Lopes Sabino, 'Penser la Constitution de l'Union européenne' (1993) 367 *Revue du Marché commun et de l'Union européenne* 366: 'La Communauté n'est pas un Etat, non parce qu'elle n'est pas encore un Etat, mais pour la simple raison qu'elle est une autre chose. Cela implique de la penser autrement.'

[24] Article 1 second subparagraph EU Treaty uses the famous phrase 'creating an ever closer union among the peoples of Europe,' which has disappeared from the draft Constitutional Treaty (although it survived in the first preambular clause of the Charter of Fundamental Rights, which is in Part II of the draft).

*demoi*. It is not based on a single popular unit that exercises democratic rights and constitutes a shared identity. It is not based on:

> a group of people the vast majority of which feels sufficiently attached to each other to be willing to engage in democratic discourse and binding decision-making.[25]

A *demos* is more than a mere aggregation of individuals, it includes a sense of community, a 'we-feeling,' however thinly expressed, for democracy to have any meaning.[26] Even inside those EU institutions which have a supranational character and should therefore be free from purely national influence or instincts and speak for the common good, national feelings sometimes emerge when a truly essential interest is at stake, often in the European Parliament, sometimes in the Commission, and this might be the case more often in the future with the newcomers and if the rule 'one State, one Commissioner, one Vote' were to win the game.[27]

Secondly, the EU is not 'sovereign' in the sense that it does not have what the Germans call *Kompetenz-Kompetenz*: it has no right to define the extent of its own powers. This competence belongs to the 'Masters of the Treaties,' the Member States. The EU Treaty has not evolved into a *grundnorm*, ie a legal rule from which other legal rules derive their validity but which is not itself dependent for its validity on any other legal rule. It is an international treaty and the fact that the text will be entitled 'Constitution' will not change anything about that.[28] The EU, therefore, does not derive its authority from its citizens but from its Member States who are, in that respect, fully sovereign.[29] This would continue to be the case even if the IGC were to agree on a 'lighter' procedure for amending certain parts of the draft Constitutional Treaty, as these would probably still require unanimity by the governments of Member States and most likely some involvement of national Parliaments.

Thirdly, the EU lacks a true external identity and the powers that go with it. Despite provisions on these matters which have been in existence for 10 years, foreign affairs and defence remain in the hands of Member States. The EU is a rather weak personality in the world; it does not have full

[25] See L-E Cederman, *Nationalism and Bounded Integration: What It Would Take to Construct a European Demos* (European University Institute Working Papers, RSC no 2000:34) 7.

[26] See Cederman, above n 25 at 8. See also N Walker, *The Idea of a European Constitution and the Finalité of Integration* (forthcoming 2005), notably at 15–20; K Nicolaidis, 'Our European Demoi-cracy: The new Constitution is on the Right Track' paper given at Conference by the Swiss Chair on Federalist Studies 'Towards a Federal Europe?,' European University Institute, Florence, 2 and 3 June 2003.

[27] See Noël, above n 1.

[28] Article IV-7 (renumbered IV-443) of the draft Constitutional Treaty, concerning the revision procedure, is worded in a similar way to the present Art 48 EU Treaty, ie a treaty procedure negotiated between the Member States and ratified by them.

[29] See Walker, above n 26 at 12 and 13; Hartley, above 7 at 4–10.

treaty-making powers, it does not have exclusive competence for those core powers which are the symbol of state sovereignty: foreign policy, security and defence. Member States are obliged to cooperate, coordinate and respect the Common Foreign and Security Policy (CFSP) instruments, but the effectiveness of these provisions depends on the goodwill of the Member States. If one or several of them decide not to cooperate or coordinate positions in advance, nobody can force them to do so or enforce the Treaty obligations upon them. The Commission cannot bring them to the ECJ and the latter has no competence in this field. As for the EU High Representative for Foreign Affairs, its creation by the Amsterdam Treaty was indeed a step towards giving some tasks of representation to somebody perceived as impartial, independent from Member States but closely linked to the Council, which is the EU institution where they are all represented. However, if there is no common position to express and defend, if there is no EU policy on a given subject, the High Representative cannot publicly express a position on behalf of the EU.

With regard to the *demos* argument, some will reply that the EU would not need a single *demos* but could rely on a plurality of *demoi* in order to move towards closer integration. Others would argue that one does not necessarily need a pre-existing *demos* or that democracy beyond the nation state may also exist, that identities can be bounded together and cohesive, that 'identity-promotion' measures can be taken through education and language teaching, which they see as preconditions for the rise of pan-European mass media and thus of political parties and civil society. Some others will, on the other hand, insist that the EU will never be able to develop a strong enough collective identity due to its historical, linguistic, cultural and institutional diversity, which will dramatically increase in a EU of 25 or more.[30] The fact is that 'all EU members are nation-states possessing full political sovereignty and a self-conscious sense of their historical peoplehood,' while the original states that made up the United States 'had never been truly sovereign in the full or accurate sense of the term,' nor did they ever 'command the popular sources of affection and attachment commonly associated with the romantic and rapacious nationalism of 19th and 20th century Europe'.[31]

With regard to the sovereignty argument, and more particularly to its

[30] On this '*demos* or not' debate see Cederman, above n 25 at 21, 22 and 25, as well as Olsen, above n 5 at 944; Nicolaidis, above n 26 at 5; J H H Weiler, 'A Constitution for Europe? Some Hard Choices' (2002) 40(4) *JCMS* 563. See also the *Brunner* judgment of the German Constitutional Court, above n 8 at 256 and 257. On the fact that in Switzerland there are several national identities, an 'indirect' citizenship (defined through the cantonal one), and no true federal political parties, see D-L Seiler, 'L'apport de l'expérience suisse' in *L'Union européenne à la lumière du fédéralisme suisse* (Colloque Latsis 1995, Institut européen de l'Université de Genève, Georg, Collection Euryopa, 1996) 29–46, in particular at 36, 39 and 45.

[31] See J Rakove, 'Europe's Floundering Fathers' (2003) *Foreign Policy* 28.

unlimited or indivisible character, some would reply that what is important is not so much who is the owner of sovereignty but who actually exercises it, and how. They will argue that sovereignty may be shared or pooled and exercised by different actors, which is something that happens every day in federal states where there is no 'omni-competent' authority which would have the power to decide in all domains.

In the end, the strongest argument of all against the idea of the EU being a state or becoming a state is that its masters, the Member States, simply do not want the EU to become a state.

## The EU Is and will Remain a 'Partially Federal Union'

What then is the EU? What will it become in the future? What could the 2003 draft Constitutional Treaty bring into this evolution?

As seen above, the EU is not a federal state because it lacks a single demos, it lacks *Kompetenz-Kompetenz* and, more simply, because the Member States lack the requisite will to make it one. For the same reasons, there is no realistic prospect in the foreseeable future of the EU being transformed into a European federal nation state.

However, due to the fact that it has developed its own legal order which, together with the legal orders of the Member States, creates a multilayered structure and legal environment, the EU does employ a number of tools which are also used in federal systems equally facing the challenge of coexisting legal orders. These are federal tools which distinguish the EU from classic international organisations. But the fact that the EU utilises such tools does not, per se, make it a federal state.

These federal tools are:

- the principle of conferred powers[32];

[32] Article 5, first subparagraph, EC Treaty reads: 'The Community shall act within the limits of the powers conferred upon it by this Treaty and of the objectives assigned to it therein.'

Article 9(2) (renumbered I-11) draft Constitutional Treaty reads: 'The Union shall act within the limits of the competences conferred upon it by the Member States in the Constitution to attain the objectives set out in the Constitution. Competences not conferred upon the Union in the Constitution remain with the Member States.'

Compare the Tenth Amendment to the US Constitution: 'The powers not delegated to the United States by the Constitution, nor prohibited by it to the States, are reserved to the States respectively, or to the people.'

Article 30 German Constitution: 'Except as otherwise provided or permitted by this Basic Law, the exercise of state powers and the discharge of state functions is a matter for the *Länder*.'

Articles 3 and 42 paragraph 1, Swiss Constitution: 'The cantons are sovereign insofar as their sovereignty is not limited by the Federal Constitution; they exercise all rights which are not delegated to the Confederation. The Confederation shall accomplish the tasks which are attributed to it by the Constitution.'

- the principle of the primacy of EU law over national law[33];
- the principle of direct effect of EU law by virtue of which individuals may, under certain conditions, rely directly on EU law in the courts[34];
- the principle of subsidiarity[35];
- an institutional system for enacting binding EU legislation, which associates an institution representing the peoples (the European Parliament) and an institution representing the States (the Council);
- a system of 'implementing federalism' or 'indirect administration' whereby the responsibility for implementing and applying EU law belongs to the Member States.[36]

As to those core powers which in federal states normally belong to the federal level (defence, foreign relations, monetary affairs and the right to levy taxes) and which are usually the first powers to be conferred on the federal level, we have seen above that the EU does not have exclusive powers on defence matters and foreign relations, nor does it have the power to levy direct or indirect taxes.[37] The only exclusive power the EU has is over

[33] This principle has been firmly established by the case law of the ECJ. It is formally enshrined in Art 10(1) (renumbered I-6) of the draft Constitutional Treaty, which reads: 'The Constitution and law adopted by the Union's Institutions in exercising competences conferred on it shall have primacy over the law of the Member States.' Compare with Art VI clause 2 of the US Constitution: 'This Constitution, and the Laws of the United States which shall be made in Pursuance thereof; and all Treaties made, or which shall be made, under the Authority of the United States, shall be the supreme Law of the Land; and the Judges in every State shall be bound thereby, any Thing in the Constitution or Laws of any State to the Contrary notwithstanding.'

Article 31 German Constitution: 'Federal law shall have primacy over Land law.'

Article 49 Swiss Constitution: 'Federal law shall have primacy over contrary cantonal law.'

[34] See *van Gend en Loos* and *van Duyn*, above n 15.

[35] Article 5 second subparagraph EC Treaty reads: 'In areas which do not fall within its exclusive competence, the Community shall take action, in accordance with the principle of subsidiarity, only if and in so far as the objectives of the proposed action cannot be sufficiently achieved by the Member States and can therefore, by reason of the scale or effects of the proposed action, be better achieved by the Community.'

Article 9(3) (renumbered I-11) of the draft Constitutional Treaty reads: 'Under the principle of subsidiarity, in areas which do not fall within its exclusive competence the Union shall act only if and in so far as the objectives of the intended action cannot be sufficiently achieved by the Member States, either at central level or at regional and local level, but can rather, by reason of the scale or effects of the proposed action, be better achieved at Union level.'

For an analysis and a comparison with the United States, see G A Bermann, 'Taking Subsidiarity Seriously: Federalism in the European Community and the United States' (1994) 94 *Columbia Law Review* 331.

[36] This system is now reflected in Art 36(1) (renumbered I-5) of the draft Constitutional Treaty: 'Member States shall adopt all measures of national law necessary to implement legally binding Union acts.' Compare with Art 83 German Constitution: 'Except as otherwise provided or permitted by this Basic Law, the *Länder* shall execute federal law as a matter of their own powers.'

[37] It is recalled that the US Congress only got the full right (ie without apportionment) to tax income directly though the Sixteenth Amendment to the US Constitution in 1913. In Switzerland, this was in 1915, first temporarily due to the war and then prolonged under different names.

its single currency, the Euro, and on trade policy. In a way, compared with federal states, the EU started from the other end, the economic end, before approaching the core powers which most symbolise state sovereignty.

In federal states, these core powers are usually accompanied by powers over such matters as citizenship, weights and measures, postal and telecommunication services, railways and air transport. However, there are nuances and variations in the distribution of these powers, as well as in the distribution of powers over civil and criminal law, court organisation and procedure, traffic laws, social security and pensions, and public health, which may belong to the federal level or to the constituent parts, or be shared between them. Then come scores of different powers such as environment protection, consumer protection, employment policy and the like. Powers which usually belong firmly to the constituent parts are powers such as education, culture and town and country planning.[38]

As seen above, the great bulk of EU power stems from the so-called four freedoms (free movement of goods, persons, services and capital) and the establishment and completion of the internal market. In a number of aspects, EU powers are less far-reaching than federal powers in federal states. However, perhaps because it started from the other end, the EU may sometimes have more powers or may have exercised them in a more integrating way than has been the case in some federal states.

For instance, current EU legislation and case law on the lawyer's right to conduct legal practice in other Member States goes further than what exists between the states in the United States.[39] Likewise, current EU legislation on mutual recognition of general academic diplomas goes further than in Switzerland where the matter belongs to the cantons, which may conclude intercantonal agreements about it.[40]

[38] For a synthetic description of powers in the United States, Germany, Switzerland and Belgium, see *Attribution of Powers and Dispute Resolution in Selected Federal Systems* (Working Paper by the Directorate-General for Research of the European Parliament, Constitutional Affairs Series, AFCO 103 EN, PE 322.199, 2002). For an overview of EU areas of power, which corresponds almost to the present situation, see Arts 12–16 (renumbered I-12 to I-17) of the draft Constitutional Treaty (each time to be read with the detailed enabling clauses in Part III).

[39] See R J Goebel, 'The Liberalization of Interstate Legal Practice in the European Union: Lessons for the United States?' (2000) 34 *International Lawyer* 307.

[40] The federal level legislated only as to the content of the highest secondary school diploma called *maturité fédérale* (which corresponds to the French *baccalauréat*), while the mutual recognition aspect was dealt with through an administrative convention between the federal authorities and the conference of the cantonal directors of public education. Paradoxically, the conclusion of a bilateral agreement between the EU and Switzerland on free movement of persons (including provisions regarding mutual recognition of a number of diplomas for professional activities such as lawyers, medical professions, architects, etc) triggered legislation in Switzerland on the recognition of certain diplomas between the cantons; otherwise, holders of EU diplomas would have had better treatment in Switzerland than holders of Swiss diplomas. Furthermore, Switzerland adopted in 1995 a federal law on the internal market inside the country.

Although the EU generally uses tools pertaining to 'integrative federalism' rather than to 'devolutionary federalism,' it also uses methods such as 'variable geometry,' which results from the different 'opt-outs' for certain Member States. This method may be found in 'devolutionary federalism' where the constituent parts are not always in the same position as to their relation with the 'central level' (as in Spain or in the United Kingdom, where the degree of devolution varies between the different constituent parts). Examples of variable geometry in the EU include the fact that the Euro is, for the time being, the currency of only 12 Member States out of 25. In addition, the United Kingdom, Ireland and Denmark have an opt-out on matters relating to immigration, asylum and other similar issues, and Denmark also has an opt-out on defence matters. In addition, under certain conditions the Treaty itself provides for the possibility of so-called 'enhanced cooperation' between Member States wishing to go further than others in matters falling within EU competence (see Article 11 EU Treaty). Furthermore, in Foreign and Security Policy, Member States can decide to abstain from adopting and implementing a Council Decision (see Article 23(1) second subparagraph EU Treaty).

Moreover, the EU has over the years found ways to accommodate the variety of internal constitutional structures of its Member States (unitary states, federal states, 'devolutionary' situations, etc). The representation of the Member States in the Council may be exercised by a 'minister' from a government of a constituent part of a Member State, it being understood that the minister commits the government of the Member State as a whole and not only the local government (see Article 202 EC Treaty). There is a Committee of the Regions, composed of representatives from regional and local bodies of each Member State, which must be consulted before the adoption of a number of EU legislative acts (Article 263 EC Treaty). Regions, cities or constituent parts of Member States often have representation or lobbying offices in Brussels. When implementing certain programmes aimed at supporting different actions in Member States, the EC Commission may be in direct contact with regions or constituent parts in Member States.

In this respect, the principle of subsidiarity, which concerns the exercise and not the conferral of EU powers, may also be seen as a move towards some sort of 'devolutionary federalism.'

The variety of the tools and solutions designed by the EU during its 50 years of existence shows that it may not be forced into a given model. It is constantly reinventing its own model.

So what is the EU? There are as many definitions as there are people expressing them.[41] The German Constitutional Court, in its judgment con-

[41] Various authors have described the EU as: 'the most sophisticated machinery ever invented of constitutionalist democracy but it is still underdeveloped when it comes to its popular element' (see Mény, above n at 8); 'an extraordinary achievement in modern world politics' (see

cerning the Maastricht Treaty, used the term 'Federation of States'.[42] Jacques Delors introduced the famous expression *fédération d'Etats nations* (federation of nation states), which has since then been widely used. Earlier, he had described the EU as an 'unidentified political object.'

The expression 'federation of nation states' is very attractive in that it shows the plurality of states and of *demoi* (nations), whilst describing the mechanism used to pool all this together, into a federation, which is a method, not a state.[43] Viewed from the experience of the past 50 years and from the present discussions in the Intergovernmental Conference (IGC), one can safely say that in developing the Union, we are building something that is a 'partially federal union.'

What would the draft Constitutional Treaty bring into this?

After the Single European Act, the Treaties of Maastricht, Amsterdam and Nice, some further improvements would be achieved through the work of the Convention and of the present IGC, which could bring the following elements into the EU's evolution:[44]

- a single Treaty,[45] a single legal personality for the EU,[46] a description of the three categories of EU competences (exclusive, shared and supporting)[47] and a simplification and a hierarchy of legal instruments[48]; better visibility of a number of principles through their formal recognition, such as the principle of primacy (derived from the normal rule of international law *pacta sunt servanda*) or the principle of 'implementing federalism' which have

Olsen, above n 5, quoting A Moravcsik at 930); 'one of the most innovative political machines ever invented to create and manage not only economic but also democratic interdependence' (see Nicolaidis, above n 26 at 5.); 'multi-layered, pluralistic ..., with a sophisticated understanding of complex, interactive decision-making, and in which sovereignty is pooled, [which] has a distinct advantage over other units of governmental organisation' (see Longo, above n 4 at 489).

42 See judgment above n 8 at 257.

43 J Delors declared that: 'L'Europe se construit par des répartitions et des attributions de pouvoirs, par un partage de souveraineté qui s'inscrit non pas dans le fédéralisme comme système politique, mais dans une approche fédérale,' quoted by O Vodoz in *L'Union européenne à la lumière du fédéralisme suisse* (Colloque Latsis 1995, Institut européen de l'Université de Genève, Georg éditions, Collection Euryopa, 1996) 17.

44 As to the present IGC, it was noted after its last meeting on 13 December 2003 at the level of Heads of States or Governments: 'that it was not possible for the Intergovernmental Conference to reach an overall agreement on a draft Constitutional Treaty at this stage. The Irish Presidency is requested on the basis of consultations to make an assessment of the prospect for progress and to report to the European Council in March' (see conclusions following the European Council meeting in Brussels on 12 and 13 December 2003).

45 For the EU and the EC. The Euratom Treaty will remain separate, with a separate legal personality for the Euratom Community.

46 See Art 6 (renumbered I-7) of the draft Constitutional Treaty: 'The Union shall have legal personality.'

47 See Arts 11, 12, 13 and 16 (renumbered I-12, I-13, I-14 and I-17) of the draft Constitutional Treaty.

48 See ibid Art 32 (renumbered I-33).

been part of the essence of the EU for a long time already, but were somewhat hidden as they were only to be found in the case law of the ECJ;
- symbolic elements such as calling the Treaty a 'Constitution,' enshrining in the Treaty such matters as the flag, the anthem, a motto or Europe day[49] and calling the EU representative 'Foreign Minister of the EU,'[50] although such symbolic elements may have simultaneously positive and negative effects;
- federating mechanisms such as the unification of the external representation of the EU through entrusting CFSP representation, as well as the presidency of the Foreign Affairs Council, to a Foreign Affairs Minister of the EU,[51] with the support of a European External Action Service[52] and the transformation of the 130 or so delegations of the Commission in third countries into delegations of the Union; the extension of the role of the ECJ to cover everything but CFSP; the incorporation of the Charter of Fundamental Rights and the possible accession of the EU to the European Convention on Human Rights[53]; the 'communitarising' of the justice and home affairs field; and the extension of the role of the European Parliament (extension of co-decision, increased role in the budget procedure and for the conclusion of international agreements, election of the President of the Commission).

At the same time, a number of strong elements of this draft Constitutional Treaty may be seen as going in another direction:

- the fact that the 'Constitution' would remain a treaty between states ('High Contracting Parties');
- confirmation that the Union derives from the will of the Member States (Article 1(1), renumbered I-1, of the draft Constitutional Treaty);
- the explicit and extremely wide safeguarding of the essential state functions: 'The Union shall respect the national identities of the Member States, inherent in their fundamental structures, political and constitutional, inclusive of regional and local self-government. It shall respect their essential State functions, including those for ensuring the territorial integrity of the State, and for maintaining law and order and safeguarding internal security (Article 5(1), renumbered I-5, of the draft)

[49] See ibid Art IV-1 (renumbered I-8).
[50] See ibid Art 27 (renumbered I-28).
[51] See ibid Arts 23(2) (renumbered I-28) '[The Foreign Affairs Council] shall be chaired by the Union Minister for Foreign Affairs,' as well as Art III-197(2) (renumbered III-296): 'For matters relating to the common foreign and security policy, the Union shall be represented by the Union Minister for Foreign Affairs.'
[52] See Art III-197(2) (renumbered III-296) of the draft Constitutional Treaty.
[53] In doing so, the EU would make a 'qualitative step' in the sense that, as is already the case with the national legal orders, it would subject itself to an 'external' control mechanism, that of the European Court of Human Rights (see Rossi, above n 1 at 47).

and the respect of the competences of Member States in a number of sensitive areas (such as internal and national security, economic policy, culture, education, health)';

- the fact that the 'citizenship of the Union shall be additional to national citizenship; it shall not replace it' (Article 8(1), renumbered I-10, of the draft);
- the elimination from the provisions of the text[54] of the reference to an 'ever closer Union' (presently in Article 1 TEU);
- the limitations introduced on the use of the so-called 'flexibility clause'[55];
- the pre-eminence given to the European Council (by making it an institution, giving it an elected President for two and a half years, with tasks of external representation 'at his or her level' and by giving it the legal power to adopt formal decisions)[56];
- depending on the results of the IGC, the rule according to which the Commission should be composed of at least one Commissioner per Member State[57];
- the maintenance of unanimity for many essential issues (foreign policy and defence, financial resources, most important international agreements, possibly taxation, criminal law, etc) and, in particular, the full ratification system for amending the Constitutional Treaty, ie the procedure through which 'the Member States confer competences [on the Union] to attain objectives they have in common' (Article 1(1), renumbered I-1, of the draft), while 'competences not conferred upon the Union in the Constitution remain with the Member States' (Article 9(2), renumbered I-11, of the draft)[58];
- the possibility for a Member State to withdraw from the Union (Article 59, renumbered I-60, of the draft).

More politically, the arrival of 10 new Member States, all very jealous of their—in most cases recently recovered—sovereignty and which, generally

[54] A mention remains in the Preamble to the Charter of Fundamental Freedoms.

[55] Article 17 (renumbered I-18) of the draft Constitutional Treaty, presently Art 308 EC Treaty, which allows the institutions to adopt acts in order to attain one of the Treaty objectives when the necessary powers are not provided for elsewhere in the Treaty.

[56] See Arts 20 and 21 (renumbered I-21 and I-22) of the draft Constitutional Treaty.

[57] See Noël (who was Secretary-General of the Commission for 30 years), above n 1 at 72–74: '[cela] conduirait, dans une Communauté de vingt-cinq ou trente membres, à transformer la Commission en une sorte de nébuleuse, l'équivalent d'une commission parlementaire de trente ou trente-six membres, au détriment de sa cohésion et de son efficacité. ... Le nombre de commissaires devrait être limité à ce qui est nécessaire pour assurer la gestion politique des grands "portefeuilles," c'est-à-dire ... à douze ou quinze membres. ... c'est un singulier paradoxe que les pays les plus attachés au maintien du rôle et de l'autorité de la Commission se mobilisent sur une formule qui aura pour résultat de saper, de l'intérieur, ce rôle et cette autorité. ... En fait, collégialité et présidentialisation sont des concepts contradictoires et probablement inconciliables.'

[58] See Art IV-7 (renumbered IV-443) of the draft Constitutional Treaty.

speaking, do not look very keen to reinforce the political EU, will decisively reinforce the so-called 'anti-federalist' camp.

As to the symbolic steps, some would say that calling the Treaty a 'Constitution,' which corresponds to its material characteristics, is not enough to make it a Constitution in the formal sense of the term, or as it is understood by the 'man in the street.' Likewise, such measures as a flag, an anthem, a motto or a Europe day will not, by some magical effect, create a *demos*,[59] nor will the name 'Foreign Minister of the EU' create a common political will among Member States when that does not exist. It is simply not enough to declare itself a political community in order to become one and create a sense of identity among its peoples.

Some others may argue that there should be room for 'creative utopia' and that these symbolic measures could prepare the minds of the peoples for something more integrated to come later, that it could make them used to the very idea of having a Constitution for Europe, with all the usual symbols of a State. One may also see it as a sort of 'compensation gift' to the federal enthusiasts for not having made in the draft Constitutional Treaty the great leap forward they would have liked, or as an excuse for the 'stop' to further integration which might be contained in the Constitutional Treaty.

However, such symbolic gestures should be used with great care. They could create hopes on the part of the 'utopians,' who will be disappointed that the EU is not delivering on its promises or that the actual content of the draft Constitutional Treaty does not correspond to the grandeur of the symbols. They could create added fears on the part of the 'realists,' who will become even more nervous about the whole thing. These disappointments and fears could, added together, result in more people rejecting the EU than welcoming it. Forcing reality may backlash heavily, especially when ratification is submitted to popular referenda (as would be the case in a number of Member States for the ratification of the Constitutional Treaty).

In any event, contrary to what has been said, the present IGC, even if it were to be successful, will most likely not be the last one for 40 or 50 years. We will have other IGCs. The so-called Monnet method of step-by-step confidence-building between the Member States, which creates inextricable links between them as well as between their administrations, their economic operators and their citizens, will continue to be applied in the future. The history of the Union is based on such a progressive approach. Why? Because, fundamentally, our Union is based on mutual trust, which needs time to build up. This has been the case for the opening of national markets: product safety, veterinary controls, prudential control, workers' minimum guarantees, etc; at each step, Member States and their citizens have

[59] See Cederman, above n 25 at 18 and Walker, above n 26 at 25.

to trust each other, trust the system, and believe that it will bring benefits to them.

This is also the case for new fields of integration, such as justice and home affairs, which have very much advanced in recent years. Again, Member States need to be reasonably sure that they can trust the police and judicial systems of the others before opening these sorts of borders. In order to create the necessary confidence between the Member States, it may sometimes be necessary to start with a period of what has been called 'intergovernmentalism,' ie a period where the Council, the body representative of the Member States, is predominantly in charge, with the supranational institutions (Parliament, Commission and ECJ) being temporarily put aside. After such a period, it may be easier to move to more ordinary procedures involving the other institutions. This is what might be done successfully in the field of justice and home affairs, which the draft Constitutional Treaty now proposes to 'communitarise.'

The aim of this 'partial federalism' is not to dispense with the present European nation states in order to create a European federal state; the work of the Convention and of the IGC has not gone and will not go in that direction.

It would not make sense in any case to try to transform the Union into a classic nation state at a time when, as a consequence of globalisation, statehood and the very notion of sovereignty are being challenged, and at a time when the heterogeneity of the Union is being so much increased with the arrival of 10 new Member States and with further enlargement foreseen later (to Bulgaria, Romania, Turkey and the five Balkan states). Being what some have described as a 'post-modern entity,'[60] the EU already constitutes a response to these challenges.[61] Kenneth Clarke wrote that:

> the most important political lesson of recent years is that no country can exercise complete sovereignty over all its own affairs. Rejecting the EU would mean losing practical sovereign power.[62]

Therefore, the challenge is not to try and artificially build a super-nation state. Nobody is working in that direction. The challenge is to continue to find the right balance between, on the one hand, respect for the individual identity of the Member States, their cultures, traditions and diversities and,

[60] See R Cooper, Director-General of the Directorate on External Relations in the General Secretariat of the Council, *The Breaking of Nations* (London, Atlantic Books, 2003).

[61] See D-L Seiler in *ibid*, p 37: 'La Suisse ne fut édifiée que parce que chaque canton préféra aliéner une partie de sa souveraineté afin de préserver l'essentiel: son identité et son particularisme culturel. Cette expérience est porteuse d'une leçon pour l'Europe: l'Union ne menace pas l'indépendance nationale, mais bien au contraire, la grandit face aux menaces de la mondialisation. A terme, elle représente sa seule chance de survie et le seul avenir possible pour toutes les cultures de l'Europe.'

[62] See Kenneth Clarke, 'The Tories Must Stop Being Afraid of Europe' in *The Independent*, 6 October 2003.

on the other hand, the necessity for efficient, democratic, transparent central decision-making and the uniform application of the law, which are needed in order to respond effectively to the economic, social, environmental and security challenges of this century, challenges which none of the Member States, whatever their size and importance, are able to answer on their own.

This entity will be characterised by the fact that Member States will keep their external identity in the world and that their participation in decision-making and implementation will continue to be much more preponderant than in existing federal states. It could then evolve into a 'partially federal union' whose sub-entities would be the existing nation states, which will keep a part of sovereignty as well as their national identity in the external world. Therefore, one may wonder if there should not be a battle but rather a reconciliation between 'intergovernmentalists' and 'federalists,' as both approaches already do and will continue to find their expression in this entity, which is neither a state nor an international organisation.

# II

# Human Rights and Judicial Review

# 5

# *Human Rights in a Federal System*

JÖRG FEDTKE*

## HUMAN RIGHTS PROTECTION AS A DIMENSION OF GERMAN FEDERALISM

Germany's Basic Law (*Grundgesetz*, BL) of 1949 contains a detailed Bill of Rights,[1] and the German Federal Constitutional Court (*Bundesverfassungsgericht*, FCC) has featured not only as a guardian of human rights protection within the country, but also as a powerful (and regular) player on the European stage. Its two *Solange* decisions of 1974[2] and 1986,[3] together with the review of the Treaty of Maastricht in 1994,[4] are only the most prominent examples of a series of much discussed cases which have had implications for German citizens and the development of the European Union alike.[5] Featuring in most English textbooks on the EU, 'solange' is thus a German term which may, in due course, even join 'zeitgeist' or (depending on the perspective) 'angst' as phrases of German origin in the Encyclopedia Britannica.

Less well known is the fact that the 16 States (*Länder*) forming the German Federation (*Bund*) each have their own Constitution, and that the majority of these documents offer an alternative source of human rights protection within the country. Together with the European Convention for the Protection of Human Rights and Fundamental Freedoms of 1950[6] and the emerging human rights jurisprudence of the European Court of Justice (ECJ) in Luxembourg, most German citizens thus have recourse to four different human rights regimes provided by the regional and national levels, as well as the EU and the Council of Europe.

* Reader; Director, Institute of Global Law, University College London.
1 Articles 1–19 BL.
2 BVerfGE 37, 271. For an English translation of the case see the website of the Institute of Global Law at www.ucl.ac.uk/laws/global_law/cases/german/bverfg/bverfg_29may1974.html.
3 BVerfGE 73, 339. For an English translation of the case see the website of the Institute of Global Law at www.ucl.ac.uk/laws/global_law/cases/german/bverfg/bverfg_22oct1986.html.
4 BVerfGE 89, 155.
5 For a detailed account of this case law see J Alter, *Establishing the Supremacy of European Law* (2001) 64 *et seq.*
6 Ratified by the Federal Republic of Germany on 5 December 1952.

The practical relevance of each of these systems is, of course, very different. It is safe to say that the vast majority of all contemporary disputes surrounding human rights in Germany are dealt with on the basis of the provisions found in the *Grundgesetz* and the jurisprudence of the *Bundesverfassungsgericht*. Due to substantial differences in their constitutional working environments and the rich body of human rights jurisprudence which has developed in Germany over the past five decades (and despite a number of prominent decisions of the European Court of Human Rights and the ECJ in cases arising from the country),[7] German lawyers will usually attach less practical importance to the European Convention or the protection provided within the context of the EU than their counterparts in many other European legal systems. Indeed, most standard textbooks and commentaries on German constitutional law still deal with these instruments *en passant*, usually in the form of a short addition to the chapters covering the fundamental rights contained in the Basic Law.[8] That does not mean that Germans take their European or international obligations less seriously. But the level of human rights protection provided by a legal system will necessarily have an influence on the relevance that citizens, counsel and judges attach to sources of protection affecting their system from beyond its borders. As Hedley J recently noted in a decision of the England and Wales High Court (Family Division) dealing with the duty of NHS doctors to prolong the life of a prematurely born and terminally ill infant, there may be instances in which a supranational system of human rights protection (in this case the European Convention) 'adds nothing to domestic law.'[9] This view (whether right or wrong) is also likely to lie at the heart of the overwhelming practical influence of the *Grundgesetz* on human rights litigation in Germany today. Interestingly, authors providing more extensive coverage of the Charter of Fundamental Rights of the European Union[10] or the European Convention will tend to focus on the difficulties arising from the frictions between the various systems rather than the lessons to be learnt from beyond Germany's borders. The general attitude towards outside influence is, on the whole, still very defensive.

[7] See eg, the judgments of the European Court of Human Rights in *Streletz, Kessler and Krenz v Germany*, Application nos 34044/96, 35532/97 and 44801/98, 21 March 2001 and *von Hannover v Germany*, Application no 59320/00, 24 June 2004.
[8] See eg, E Stein, *Staatsrecht* (19th edn, Tübingen, Mohr Siebeck, 2004) 209 (on the European Convention) and at 210 (on the protection of human rights by the EU); I von Münch, *Staatsrecht I* (6th edn, 2000) 404 (on the European Convention) and at 415–17 (on the protection of human rights by the EU).
[9] [2004] EWHC 2247 (Fam) at 25: 'In the course of argument the European Convention on Human Rights was referred to but no separate submissions were developed even though key rights are undoubtedly engaged. That was because although English domestic law has undoubtedly been significantly affected by the concept of Convention rights, it is recognised that in this case at least the Convention now adds nothing to domestic law.'
[10] [2000] OJ C364/01, December.

The same observations could be made when it comes to the human rights provisions enshrined on the regional level.[11] The protection offered by the constitutions of the Länder have led to some high-profile cases such as the constitutional complaint of the former East German leader Erich Honecker (filed with the constitutional court of Berlin in 1993),[12] but the caseload and relevance of state constitutional courts is by far lower than that of their federal counterpart in Karlsruhe.[13]

The existence of various human rights instruments has nevertheless made it necessary to distinguish and define the relationship between different constitutional spheres—both with regard to the jurisdiction of the courts involved (this being the more contentious issue in most cases) and the interpretation of substantive human rights provisions. *Solange I*, *Solange II* and *Maastricht* have thereby dealt with the European dimension of this politically sensitive problem, and more decisions of the *Bundesverfassungsgericht* are likely to follow in the wake of further European integration.

Similar difficulties have emerged in the relationship between the FCC and the constitutional courts established by the *Länder*. In a system which not only tolerates dual protection on the basis of national and regional Bills of Rights, but which also allocates the overwhelming amount of administrative state activity to the lower tiers of government[14] while concentrating the bulk of legislative competence on the federal level,[15] conflicts must arise. German citizens are thus frequently confronted with administrative activity by municipal or *Land* authorities executing federal procedural or substantive law. This could involve, eg, the local municipality issuing a passport in preparation for the next holiday, the denial of a pub license, or the application of federal planning law in the evaluation of a building project. This feature of the so-called 'executive' variant of German federalism (*Vollzugsföderalismus*, administrative activity of the lower tiers of government on the basis of federal law)[16] can give rise to a number of questions when citizens seek judicial review of what they perceive not only as *unlawful* but also as *unconstitutional* state action. Does a *Land* constitutional court have the authority to declare such municipal or *Land* administrative activity illegal with regard to an infringement of human rights guaranteed

[11] I von Münch, *Grundgesetz*, vol 3 (3rd edn, Munich, C H Beck, 2003) Art 142 n 3.
[12] *Berliner Verfassungsgerichtshof* (BerlVerfGH) 55/92 of 12 January 1993, LVerfGE 1, Nr. 8 = [1993] *Neue Juristische Wochenschrift* 515.
[13] H Dreier, *Grundgesetz*, vol 3 (Tübingen, Mohr Siebeck, 2000) Art 142 no 26.
[14] Article 83 BL declares that the *Länder* execute federal laws in their own right insofar as the *Grundgesetz* does not specifically provide or permit otherwise.
[15] Article 70(1) BL declares that the *Länder* shall have the right to legislate insofar as the *Grundgesetz* does not allocate legislative authority to the Federation, which it does in most cases (see the catalogue of exclusive federal legislative competence in Art 73 BL).
[16] T Fleiner-Gerster, 'Federalism, Decentralization, and Rights' in L Henkin and A J Rosenthal, *Constitutionalism and Rights* (New York/Oxford, Columbia University Press, 1990) 26.

by the *Land* constitution or the *Grundgesetz*, or do such cases fall within the exclusive jurisdiction of the FCC? Can such a court invoke either standard to test the validity of the underlying statute, or is federal legislation altogether beyond its remit? Finally, can the *Länder* offer higher or lower levels of human rights protection than that established by the Basic Law, and which standard will prevail in cases of conflict?

Germany's federal constitutional arrangements discussed below and their interpretation by the courts provide some guidance to these questions. More importantly, the issues lying at the core of the relationship between the *Bundesverfassungsgericht* and the constitutional courts of the *Länder* are to a considerable degree a mirror image of the problems haunting its relationship with the ECJ as far as the application of Community law in Germany (usually by the very same municipal or *Land* authorities mentioned above) is concerned. An analysis of the German system may thus provide some insight into the conflict triggered by the first *Solange* case three decades ago—a conflict which remains essentially unresolved to the present day. This is especially relevant since there are indications that the current balance between these three levels of human rights protection (EU, Basic Law and *Land* constitutions) might yet again change in the forseeable future. A metamorphosis of the Charter of Fundamental Rights of the European Union into an enforceable standard of human rights protection by its incorporation into a future EU Constitution[17] would certainly not leave unaffected the relationship between the *Bundesverfassungsgericht* (and the highest courts in all other Member States of the European Union) and the ECJ, potentially strengthening the position of the latter in this important field of the law.

For different reasons, changes might also take place at the other end of the spectrum. The pressures resulting from the workload of the FCC have increased over the past decades, despite a number of reforms introducing more efficient court procedures (again a problem shared by the ECJ). Many applicants have had to wait for substantial amounts of time until their complaints were addressed by the Court. Adequately funded and staffed constitutional courts of the *Länder* could help deal with this bottleneck of human rights litigation, promoting access to justice and giving the *Bundesverfassungsgericht* more room to focus on particularly important issues.[18] Statistics show that an increasing number of citizens have identified the

[17] Conference of the Representatives of the Governments of the Member States, Treaty establishing a Constitution for Europe, CIG 87/04 of 6 August 2004 (Part II).

[18] See the report of the Federal Ministry of Justice (ed), *Entlastung des Bundesverfassungsgerichts: Bericht der Kommission* (1998) 90; R Zuck, 'Die Entlastung des *Bundesverfassungsgerichts*' [1997] *Zeitschrift für Rechtspolitik* 95; E G Mahrenholz, 'Zur Funktionsfähigkeit des BVerfG' [1997] *Zeitschrift für Rechtspolitik* 129; A Söllner, 'Zur Entlastung des BVerfG durch eine "Verfassungsanwaltschaft"' [1997] *Zeitschrift für Rechtspolitik* 273.

advantages of an appeal to the *Land* constitutional courts, relinquishing (in some cases) their right to file a complaint with the FCC.[19]

Some merit might also lie in a stronger regionalisation of human rights (within limits defined by the *Grundgesetz* and, perhaps more frequently in the future, the European Union). The human rights provisions in the constitutions of the new *Länder* which joined the Federation with reunification in 1990 show that Germans can feel differently about certain human rights issues, depending on their particular local historical experience. Socio-economic rights thus feature more prominently in the eastern states than they do in the western *Länder* of the Federation. With one exception,[20] the new *Länder* also allow their citizens to file individual constitutional complaints (so-called *Verfassungsbeschwerden*) with their own constitutional courts (a procedure not found in all of the older states). This development has not only led to more cases in eastern state constitutional courts than in the west,[21] but has also re-opened the debate about the relationship between the FCC and constitutional adjudication on the *Länder* level in general.[22] These regional differences can be accommodated more easily in a federal system (which tolerates separate sub-national constitutional spheres) than in a unitary state; and the ongoing discussion about the economical, social and cultural separation of the country indicates that this structural advantage (less important in the more homogeneous western parts of the country during its first 40 years of existence) may yet emerge as an important feature of German constitutionalism. And again there are similarities between Germany and Europe. The need to find an appropriate balance between a common standard for *all* citizens on the one hand and different levels of protection, *fine-tuned to local perspectives*, on the other is a challenge the European Court of Human Rights has faced ever since the coming into force of the European Convention. The EU will have to tackle similar difficulties (intensified by the supremacy of EU law) once a full set of enforceable human rights take centre-stage, and national—in this case German—experience may be of help.

Finally, the principle of subsidiarity and the notion of a 'Europe of the Regions' might—if taken seriously—lead to an enhanced role for the German states rather than a decline of *Länder* influence in the future. The

[19] See eg, the substantial increase of individual constitutional complaints filed with the *Verfassungsgerichtshof* in Berlin between 1997 (111 cases) and 2001 (203 cases). Applicants may, in principle, choose which court they approach, but the FCC will demand a swift decision on the basis of § 90(3) BVerfGG while some state constitutional courts will only hear a case if a constitutional complaint has not (and will not) be filed with the FCC; see Arts 6(2), 113 Constitution of Brandenburg and Art 84(2) Constitution of Berlin.

[20] Mecklenburg-Vorpommern.

[21] The *Verfassungsgerichtshof* of Berlin (established in 1992) has heard more cases in the first decade of its existence than the Constitutional Court of Northrhine-Westphalia in 50 years.

[22] Chr Tietje, 'Die Stärkung der Verfassungsgerichtsbarkeit' [1999] *Archiv des öffentlichen Rechts* 282 at 283–84.

unexpected windfall brought about by these European developments has not only strengthened their position as far as the distribution of legislative competence is concerned (here, the *Länder* are already quite successfully asserting their rights in the context of European integration); the evolution of judicial review in Luxembourg might also affect the balance between the judicial functions of the Federation and the *Länder* as far as constitutional issues are concerned. Sandwiched between the EU and the *Länder*, the Federation might thereby eventually even lose influence *both* to a more integrated European Union *and* its own constituent states.

## Protection of Human Rights under the Basic Law

The Basic Law and the jurisprudence of the *Bundesverfassungsgericht* form the backbone of contemporary human rights protection in Germany; to convey an adequate impression of this system would by far exceed the scope of this contribution.[23] In order to analyse the interplay between human rights protection offered by the Federation and that provided by the *Länder*, it is necessary, however, to stress a few points.

The catalogue of human rights introduced by the Basic Law of 1949 is classical-liberal in character. It contains an extensive range of individual freedoms, based on the notion of human dignity as the core value of the state as such: 'Human dignity shall be inviolable. To respect and protect it shall be the duty of all state authority.'[24] The provisions that follow this first and pivotal statement of the Basic Law contain a number of specific rights, which include, inter alia, the right to life and physical integrity, freedom of faith, freedom of expression, protection of marriage and the family, freedom of assembly and association, privacy of correspondence and telecommunications, freedom of movement within the federal territory, occupational freedom, protection of the home, and the protection of property. The principle of equality is enshrined in Article 3 BL. Additional rights, which are accorded the same status as those enshrined in the Bill of Rights itself,[25] are found in other parts of the *Grundgesetz*. These include the right to resist attempts to abolish the constitutional order if no other remedy is available,[26] a range of political rights,[27] the democratic right to participate in general, direct, free, equal and secret elections,[28] and a number of important

[23] For a more detailed description of the fundamental rights provisions of the Basic Law see eg, D Currie, *The Constitution of the Federal Republic of Germany* (1994).
[24] Article 1(1) BL.
[25] So-called *grundrechtsgleiche Rechte*.
[26] Article 20(4) BL.
[27] Article 33 BL.
[28] Article 38 BL.

procedural safeguards.[29] In practice, the right to a lawful judge and the right to be heard in a court of law are most frequently invoked in constitutional cases.

To protect these rights, an individual constitutional complaint may be filed with the FCC by anyone claiming that one of his or her basic rights or the rights specifically mentioned in Article 93(1) no 4a BL (the latter are referred to as 'quasi-fundamental rights' or *grundrechtsgleiche Rechte*) has been infringed by an executive, legislative or judicial act of public authority. The provision does not distinguish between federal or state authorities; citizens can thus invoke the Basic Law to protect themselves against state activity on any level.[30] In turn, individual access to the FCC, though requiring the applicant to first exhaust all other available legal remedies,[31] does not require prior application to a state constitutional court.[32] But since the overwhelming majority of administrative acts and judicial disputes *are* in practice performed or decided by state authorities, constitutional complaints can sometimes also be filed with state constitutional courts if the *Land* constitution in question so allows. In many cases, individuals can thus rely on a dual system of protection, which will be discussed in greater detail below.

The FCC, though devoting a substantial amount of its resources to the resolution of human rights disputes,[33] and despite repeated legislative initiatives aimed at reducing its workload, is confronted with approximately 5,000 to 6,000 *Verfassungsbeschwerden* each year.[34] These complaints, frequently based on the alleged infringement of procedual rights and the principle of proportionality (*Verhältnismäßigkeit*), account for the bulk of the many thousand cases the FCC has to deal with annually, and have led, inter alia, to suggestions aimed at a relocation of disputes to the constitutional courts of the states.[35] Between them, these 15[36] courts have less than a few hundred cases to decide in the same period of time.

[29] Article 101 BL (ban on extraordinary courts), Art 103 BL (the right to be heard in court in accordance with the law, protection from retroactive criminal laws and multiple punishment) and Art 104 BL (legal guarantees in the event of detention).
[30] BVerfGE 13, 132, 140; BVerfGE 69, 112, 120; BVerfGE 85, 148, 157.
[31] § 90(2) *Bundesverfassungsgerichtsgesetz* (BVerfGG), which regulates the procedure of the FCC.
[32] § 90(3) BVerfGG.
[33] One of the two Senates (the so-called *Grundrechtssenat*) is only engaged in human rights jurisprudence.
[34] Of which, however, less than 5 per cent are successful.
[35] Other suggestions aim at increasing the number of Senates, introducing higher fees or abolishing the constitutional complaint completely.
[36] Schleswig-Holstein does not have its own constitutional court; constitutional disputes are settled by the FCC.

## Protection of Human Rights on the Länder Level

Human rights protection by the *Länder* has, in contrast to the fundamental rights of the Basic Law and the jurisprudence of the FCC, attracted far less attention, both nationally and beyond Germany's borders. Little known is the fact that human rights provisions already existed on the *Länder* level prior to the *Grundgesetz*.[37] In a first phase of constitutional enactments between November 1946 and October 1947, and obviously influenced by the experiences of the National Socialist dictatorship, eight state constitutions introduced Bills of Rights.[38] Interestingly, this trend subsided after the creation of the Federal Republic in May 1949. In the light of the protection offered by the Federation, the framers of the state constitutions of Schleswig-Holstein (1949), Northrhine-Westphalia (1950), Lower Saxony (1951) and Hamburg (1952) decided to focus their attention on the defining architecture of the state and the way public authority was to be exercised within these structures. Apart from the democratic right of their citizens to participate in state elections, the constitutions enacted in this second post-war phase contain only very few human rights provisions; Hamburg and Schleswig-Holstein offer virtually no protection to the individual, while Northrhine-Westphalia and Lower Saxony specifically refer to the catalogue of the Basic Law in this respect.[39] The Constitution of Berlin (1950), probably due to the special political and legal status of the city, was the only exception in this group of more 'technical' state constitutions enacted between 1949 and 1952.

German reunification changed the constitutional landscape in this respect. In a third wave of state constitutions more than four decades after the creation of the Federal Republic—and both in response to the Socialist regime of the former German Democratic Republic and in an attempt to establish their identity as fully functioning and responsible constitutional entities—the newly created East German states again included extensive human rights provisions in their constitutional arrangements of 1992–93. Today, the great majority of the *Länder* constitutions thus feature specific human rights provisions, often going beyond the scope of protection established by the Basic Law (especially in the area of socio-economic rights, the protection of the family and children, education, the protection of ethnic minorities, data protection and access to information held by

[37] For a more detailed description of human rights protection before 1949 see Dreier, above n 13 at nos. 1–7.

[38] These are the Constitutions of Württemberg-Baden (24 November 1946, RegBl 1946, 277), Hesse (1 December 1946, GVBl 1946, 229), Bavaria (2 December 1946, GVBl 1946, 233), Rheinland-Pfalz (18 May 1947, VOBl 1947, 209), Baden (18 May 1947, Abl 1947, 101), Württemberg-Hohenzollern (18 May 1947, RegBl 1947, 1), Bremen (21 October 1947, GBl 1947, 251) and the Saarland, which joined the Federal Republic in 1956 (15 December 1947, Abl 1947, 1077).

[39] Article 4 Constitution of Northrhine-Westphalia; Art 3 Constitution of Lower Saxony.

state authorities). Many *Länder* facilitate individual access to state constitutional courts.[40]

Despite this development, the significance of human rights protection by the *Länder* has, however, lagged far behind the practical importance of the safeguards provided by the Basic Law. Indeed, all major developments in the area of human rights have thus far emerged on the federal platform formed by the FCC. The reason for the low profile of the *Länder* in this respect is the fact that their basic rights only limit the powers of state institutions (be it the legislature, administrative bodies or the courts), but not those of the Federation; they are (originally) a standard by which only state legislation and the activities of public bodies on the basis of such legislation may be tested.

These restrictions of the *Land* constitutional courts are, to a certain extent, dysfunctional. As a consequence of the federal structure and the division of powers principle, most courts of law are established by the *Länder*.[41] Besides the FCC itself, Article 95 BL identifies a limited set of federal courts,[42] which litigants may approach only after exhausting the lower tiers of the judicial system. All other courts are created, staffed and financed by the *Länder*. More importantly, the bulk of public administration (the branch of government most likely to infringe human rights in practice) is executed by the states; under Articles 83 to 91b BL, the Federation has only very limited powers to establish its own authorities. There is thus a marked inconsistency between the *sources* of potential human rights violations (largely state public administration, executing federal law and lower level state courts) and the nature of the forum most frequently called upon to *resolve* legal disputes arising from alleged infringements (the Constitutional Court of the Federation). And even when given a choice, German citizens thus far tend to 'go federal' when invoking human rights. This is to a large extent due to the positive public image the FCC has managed to acquire over the past decades.

Changes in the way the system currently functions—whether triggered by historical coincidence (ie by the impetus of new *Land* constitutions and courts)[43] or constitutional engineering (in an attempt to reduce the workload of the FCC)—will thereby have to cope with substantial difficulties

[40] Article 120 Constitution of Bavaria; Art 72(2) no 4 Constitution of Berlin; Art 6(2), 113 no 4 Constitution of Brandenburg; Art 53 nos 6 and 7 Constitution of Mecklenburg-Vorpommern; Art 81(1) no 4 Constitution of Saxony; Art 75 Constitution of Saxony-Anhalt; Art 80(1) no 1 Constitution of Thuringia.

[41] See Art 92 BL.

[42] These are the Federal Court of Justice (*Bundesgerichtshof*) for matters of private and criminal law, the Federal Administrative Court (*Bundesverwaltungsgericht*), the Federal Finance Court (Bundesfinanzhof), the Federal Labour Court (*Bundesarbeitsgericht*) and the Federal Social Court (*Bundessozialgericht*).

[43] See J Dietlein, *Jura* 2000, 19 (20); K Pabel, 'BVerfGE 96, 330: Landesverfassungsgerichte' in J Menzel (ed), *Verfassungsrechtsprechung* (2000) 623.

following from the federal arrangements of the country. Spreading the burden of human rights litigation more evenly[44] or giving effect to regional diversity in the area of human rights protection (to date a largely dormant dimension of German federalism) can thus come into conflict with the notion of a Federation based on a set of homogeneous constitutional values and principles (the so-called *Homogenitätsgebot* enshrined in Article 28 BL),[45] the principle of equality (Article 3 BL) and the need for effective governance on the federal level.

## Relationship between the FCC and the Courts of the *Länder*

How then are these tensions resolved? The draftsmen of the Basic Law were aware of, and had tried to provide solutions for, at least some of the potential difficulties following from the existence of overlapping human rights regimes.

The first aspect which needs to be mentioned in this context concerns the substantive standard of review and is, in essence, a problem relating to the internal conflict of laws.

Article 142 BL, a provision which was designed to safeguard human rights provisions dating back to the time before the creation of the Federation, declares that provisions of *Land* constitutions shall remain in force insofar as they guarantee basic rights in conformity ('in Übereinstimmung') with Articles 1 to 18 BL. The rule is interpreted generously so as to include human rights provisions introduced on the Länder level both *before* and *after* May 1949.[46] It is important to note that *Übereinstimmung* does not mean identity, but rather non-conflict. Provided that human rights provisions do not clash as far as their protective scope or possible limitation by the state is concerned, they can thus co-exist on both levels as a standard of judicial review.[47]

In a similar vein, the effects of the overriding proviso contained in Article 31 BL, under which state law of any level is rendered inapplicable by federal law of any level dealing with the same subject matter,[48] is understood not to invalidate state constitutional law even if it is *equal* in content to—

[44] To take cases to the Constitutional Courts is very cheap for the citizen and can, even at FCC level, be done *without* the help of lawyers. This creates financial burdens for the state.
[45] According to Art 28(1) BL, the constitutional order in the Länder must conform to the principles of a republican, democratic and social state governed by the rule of law, within the meaning of the *Grundgesetz*.
[46] Dreier, above n 13 at nos 35, 40 *et seq*.
[47] BVerfGE 36, 342, 366; H D Jarass and B Pieroth, *Grundgesetz für die Bundesrepublik Deutschland* (6th edn, Munich, C H Beck, 2002) Art 142 no 3; H Dreier, above n 13 at no 13.
[48] 'Federal law shall take precedence over Land law.' Literally, this provision would translate into 'federal law *breaks* Land law.'

and thus in competition with—the *Grundgesetz*.[49] Human rights provisions on the *Länder* level thus remain applicable as long as they lead to results which could equally be achieved within the framework of the federal Constitution. Taken together, both provisions secure a minimum standard of human rights protection, which is applied equally throughout the federal territory (enshrined in the Basic Law)[50] and can offer individuals the benefit of two sets of protective rules (the Basic Law and compatible *Land* constitutional law). A state may also offer a level of human rights protection going *beyond* the *Grundgesetz*,[51] though federal law of any level will again prevail in cases of conflict which lie outside the common core of protection indicated above (Article 31 BL).[52]

A second aspect is procedural and concerns the jurisdiction of the state constitutional courts and their relationship to the *Bundesverfassungsgericht*. Article 93 BL establishes the jurisdiction of the FCC for claims of individuals alleging an infringement of human rights contained in the Basic Law by any (state or federal) public authority. Only the *Bundesverfassungsgericht* may declare federal law invalid. In addition, applicants may also approach a state constitutional court for alleged infringements of any right contained in a state constitution if (a) the *Land* in question has made provision for an individual constitutional complaint; (b) the infringement resulted from the activity of a state public authority; and (c) this activity was exercised on the basis of state law. The citizen will thus often have a straightforward choice and opt for the forum which is likely to apply the more favourable standard of protection or (at least) provide better access to justice.[53] As explained above, the standard applied by the FCC throughout the federal territory will be that of the *Grundgestz*, and approaching a state constitutional court can thus be of advantage for the citizen if the *Land* constitution offers more protection in the particular case. This overlapping jurisdiction may become more relevant in the future if the scope for state legislation, under discussion as a possible area of constitutional reform, is increased. Recent political discussions indicate that a number of items currently either within the sphere of exclusive federal or concurrent legislative competence could be allocated exclusively to the states (areas mentioned include the regulation of parts of the local economy, higher education and the administration of prisons).

[49] BVerfGE 36, 342, 366.
[50] Jarass and Pieroth, above n 47 at no 1.
[51] *Ibid*; Stein, above n 8 at 147.
[52] BVerfGE 1, 264, 281; Jarass and Pieroth, above n 47 at no 4; E-W Böckenförde and R Grawert, 'Kollisionsfälle und Geltungsprobleme im Verhältnis von Bundesrecht und Landesverfassung' [1971] *Die Öffentliche Verwaltung* 119; P Tiedemann, 'Landesverfassung und Bundesrecht' [1999] *Die Öffentliche Verwaltung* 200.
[53] Dreier, above n 13 at nos 73 *et seq*.

Whether a *Land* constitutional court may also test the interpretation and application of *federal* legislation by state courts or administrative authorities as to its compliance with *state* constitutional law (the more likely scenario in practice) is a more complicated matter. Highly controversial until the late 1990s, this question—a consequence of executive federalism—was in part answered in the affirmative by the *Bundesverfassungsgericht* as far as the application of federal *procedural* law by state courts delivering non-appealable (and thus final) judgments is concerned.[54] These court decisions, expressions of *Land* public authority, may thus be tested against provisions of state constitutions as long as these offer the *same* level of protection as (and not more than) the *Grundgesetz*. According to the FCC, this is especially relevant for the interpretation of federal law. The jurisdiction of *Land* constitutional courts, however, ends where a federal court has confirmed a decision of a state court or where a lower court decides a case along the lines previously laid out by a federal court following a successful appeal.[55]

The case, a preliminary ruling of the FCC on application of the Constitutional Court of Saxony in 1997, is a prime example of the difficulties resulting from Germany's federal court structure. It also illustrates well the potential scope of the *Verfassungsbeschwerde*, which was used here as a defence against a very small claim. A local court (*Amtsgericht*) in Saxony had decided a dispute involving the payment of DM1,436 (less than £500) after refusing to consider arguments brought forward against the claim by the debtor. In application of the Federal Code of Civil Procedure,[56] these arguments were regarded as delayed. The debtor subsequently raised constitutional complaints against this—final—judgment both with the FCC and the Constitutional Court of Saxony, claiming an infringement of the right to be heard in a court of law. The former opted not to take the *Verfassungsbeschwerde* for decision,[57] while the latter—in the absense of special rules regulating the acceptance of such cases—could not avoid dealing with the complaint. Thus confronted with the question whether the decision of the *Amtsgericht* had infringed the basic rights enshrined in the Constitution of Saxony, this *Land* constitutional court felt that it could indeed test the validity of a (final) Saxon court decision despite the fact that this judgment was based on *federal* rather than *state* law. This view was in conflict with the position of the Constitutional Court of Hesse, which had come to the opposite result in a number of earlier cases.[58] The Saxon judges thus suspended

[54] BVerfG [1998] *Neue Juristische Wochenschrift* 1296 (15 October 1997).
[55] Dreier, above n 13 at no 87.
[56] *Zivilprozessordnung* (ZPO).
[57] Az 2 BvR 244/95.
[58] Hessischer Staatsgerichtshof (HessStGH) in *Entscheidungssammlung des Hessischen und des Baden-Württembergischen Verwaltungsgerichtshofes* (ESVGH) vol 22, 13; vol 31, 17 and vol 40, 1. The Constitutional Court of Bavaria equally took a more restrictive approach to this issue; see the references provided by Dreier, above n 13 at n 215.

the proceedings as required by Article 100(3) BL and referred the question to the FCC for an authoritative answer.[59]

The positive response of the *Bundesverfassungsgericht* has potentially expanded the jurisdiction of state constitutional courts[60] and may well lead to further controversy in situations where the *Länder* protect altogether different rights, rather than rights equal to the *Grundgesetz*. The ruling of the FCC has also left undecided the question whether state constitutional courts would equally be allowed to test the validity of lower court judgments applying *substantive* (rather than procedural) federal law.[61] In the *Honecker* case already mentioned above, the Constitutional Court of Berlin, claiming jurisdiction in a matter concerning the Federal Code of Criminal Procedure,[62] did not in fact draw a clear distinction between the two.[63]

How does this development affect the position of the citizen? What seems at first blush to further enhance human rights protection through an expansion of the dual system of constitutional judicial review could, if put into wider practice, confront the states with considerable financial burdens. At present, state constitutional courts, with few exceptions, are not adequately staffed to deal with large numbers of cases; many courts rely on part-time or even honorary judges to deal with constitutional matters. As long as individual access to the Federal Constitutional Court is maintained (and citizens remain free to choose the forum in which to raise human rights issues), this lack of adequate funding may not be a reason for too much concern. But if the *Bundesverfassungsgericht* were to become even more selective in the acceptance of *Verfassungsbeschwerden*, forcing individuals to seek redress on the state level, the quality of human rights protection—guaranteed by Article 19(4) BL—could indeed suffer. This approach has consequently been rejected by a commission dealing with the workload of the FCC,[64] but may well re-emerge in the future as state budgets on all levels face further constrains. Critics of a stronger involvement of

[59] Article 100(3) BL states that a constitutional court of a *Land* shall obtain a decision from the FCC if it proposes to deviate from a decision of the FCC or of the constitutional court of another *Land* when interpreting the Basic Law.

[60] The jurisdiction of the *Land* constitutional courts was further strengthened by a subsequent decision of the FCC dealing with the review of state electoral laws; see BVerfGE 99, 1 (16 July 1998). The FCC rejected jurisdiction in cases where a complaint is based on an infringement of the (federal) principle of equality (Art 3 BL).

[61] See Pabel, above n 43 at 625.

[62] *Strafprozeßordnung* (StPO).

[63] On this case see, inter alia, D Wilke, 'Landesverfassungsgerichtsbarkeit und Einheit des Bundesrechts' [1993] *Neue Juristische Wochenschrift* 887; Chr Starck, 'Der Honecker-Beschluß des Berliner VGH' [1993] *Juristenzeitung* 231. Further cases of the Constitutional Court of Berlin include BerlVerfGH [1993] *Deutsches Verwaltungsblatt* 373; BerlVerfGH [1994] *Neue Juristische Wochenschrift* 435; BerlVerfGH [1995] *Neue Zeitschrift für Verwaltungsrecht* 784.

[64] Bundesministerium der Justiz (ed), *Entlastung des Bundesverfassungsgericht: Bericht der Kommission* (1998) 87.

state constitutional courts in issues concerning federal law also fear for the autonomy of these courts. As the highest courts of seperate constitutional entities protected by the Basic Law, they are, after all, not part of the general court structure. Legally bound by the judgments of the FCC in matters concerning the federal Constitution,[65] they could indeed be increasingly enmeshed in federal constitutional review, a development which would pose a threat to the distinctions drawn by the federal principle (*Bundesstaatsprinzip*). Alluding to the centralisation of all parts of the German state under the Third Reich, critics even go as far as using the term *Gleichschaltung* to indicate the state constitutional courts' potential loss of independence. Finally, much emphasis is placed on the argument that state constitutional court judges may not have enough experience to deal with human rights issues.

But there are, as so often in life, two sides to the matter. While it is certainly true that the number of cases decided on the state level has been low in the past, it is equally true that judges serving on these courts find much guidance in the many volumes of federal human rights litigation published by the *Bundesverfassungsgericht* over the past five decades. It is, furthermore, a situation faced by *every* judge on *every* German court ever since the enactment of the Basic Law in 1949. According to Article 1(3) BL, the basic rights of the Constitution 'bind the legislature, the executive, and the judiciary as directly applicable law.' A positive aspect of this German variant of *new judicial federalism* (a term coined in the United States in the 1980s to describe the increased protection offered by some state supreme courts as a reaction to the restrictive interpretation of individual rights contained in the US Constitution by the US Supreme Court) could thus be the emergence of more confident and active state constitutional courts. In helping to deal with the workload created by mostly state public authorities, these courts would make a valuable contribution to human rights protection. Finally, the acceptance of state constitutions as fully operable human rights instruments could cater for regional differences within the framework of a more flexible system of shared judicial review. One of the main concerns mentioned above, however, remains—more judicial activity on the *Länder* level in the area of human rights protection will indeed require more state funding.

## The European Dimension

European developments add yet another dimension to the problem. In view of a 'deeper' European Union and its possible effects on the balance between the different levels of government in Germany, many observers

[65] See § 31 *Bundesverfassungsgerichtsgesetz* (Federal Constitutional Court Act, BVerfGG).

take the view that more Europe will lead to a reduction of the legislative and adminstrative influence of the 16 states and—even more so—the over 14,000 municipalities vis-à-vis the Federation. It could also have an adverse effect on their role in the judicial protection of the individual.

This expectation is in line with the fact that the second and third tiers of government in Germany have constantly lost power and influence to the federal level over the past decades in many areas *not* affected by European developments. Constitutional arrangements have been made to counteract this trend and safeguard the position of the *Länder*, which participate in the representation of Germany within the present institutional structures of the EU on the basis of Article 23 BL (amended in 1992)[66] and which, in practice, tend to take a keen interest in matters concerning Europe. These arrangements (which, inter alia, try to secure that the *Bundesrat*, the representation of the states in federal legislation, is kept abreast of European devolopments and that its views are taken into account by the federal government) accompany similar adjustments aimed at establishing a new balance of power in purely internal matters. Amended roughly ten years ago, Article 72 BL (which spells out the conditions under which the Federation may legislate in the field of concurrent legislative powers) and Article 93 BL (which now specifically allocates to the FCC the decision whether a law actually meets these requirements) try to provide more protection for the states.[67] The loss of legislative competence (which some economically weaker states may secretly even have welcomed) is also sweetened by a strong influence of the *Länder* on federal legislation. The latter is a highly controversial feature of German constitutional law, which at present attracts much academic and public debate.

German states thus seem to be under siege from two sides—Berlin and Brussels—and may be losing the battle despite recent moves to strengthen their position. But does the European dimension really pose the same degree of danger to the position of the *Länder* as did the Federation in the

[66] The relevant parts of the provision declare (1) that the *Länder* shall participate in matters concerning the European Union through the *Bundesrat*; (2) that the Federal Government shall keep both legislative chambers informed, comprehensively and at the earliest moment; (3) that the *Bundesrat* shall participate in the decision-making process of the Federation insofar as it would have been competent to do so in a comparable domestic matter, or insofar as the subject falls within the domestic competence of the *Länder*; (4) that the Federal Government shall take into account the position of the *Bundesrat* insofar as matters falling within the exclusive competence of the Federation are concerned; (5) that the position of the *Bundesrat* shall be given the greatest possible respect in determining the Federation's position, consistent with the resposibility of the Federation for the nation as a whole, to the extent that the legislative powers of the *Länder*, the structure of *Land* authorities or *Land* administrative procedures are primarily affected; and (6) that the exercise of rights belonging to the Federal Republic of Germany as a Member State of the European Union shall be delegated to a representative of the *Länder* designated by the *Bundesrat* when legislative powers exclusive to the *Länder* are primarily affected.

[67] See von Münch, above n 8 at 216.

first decades of the Basic Law's existence? Or is not a different scenario equally possible (though perhaps not equally probable) in which the combined effect of the principle of subsidiarity, the concept of a Europe of strong regions and a shift of traditionally federal powers (such as monetary policy) to the European level might even lead to an *enhanced* role of the Länder rather than a *decline* of their influence—with Berlin, at present still viewed by many as the dominant voice in the choir composed of Europe, the Federation and the 16 states, eventually slipping out of the driver's seat?

Human rights protection is an interesting area in this regard. As indicated at the outset of this contribution, the federal experience of Germany bears much resemblence to the problems that the European Union has been facing in this very same area of the law over the past decades. Beyond the programmatical declaration of a 'common spiritual and moral heritage,' 'indivisible, universal values of human dignity, freedom, equality and solidarity' or 'constitutional traditions common to the Member States,'[68] there is clearly a need for an enhanced coordination between the national and European systems of human rights protection, both in terms of substantive standards of review and the jurisdiction of the different courts entrusted with the exercise. More conflicts between the EU and its 25 Member States are thereby likely to emerge in the future. If ratified over the next two years, the incorporation of the European Charter of Fundamental Rights into the draft Constitution of the European Union[69] is certain to have a profound and positive long-term effect on the protection of EU citizens. The increasing importance of EU law in areas outside the economic sphere will thereby create more avenues for human rights issues to emerge. This effect must be viewed against the backdrop of an increasing workload of the ECJ and the European Court of First Instance (CFI).

Another concern is the preservation of national human rights standards and the potential threat which common European rules could pose for a wide range of specific values. Despite the proclamation of common traditions, rights and freedoms are interpreted quite differently across the Continent. The approaches taken by France and Germany in the context of rules regulating the display of religious symbols at state schools (either by the state itself or the children attending classes), the conflicting views of many societies regarding the increasing use of CCTV cameras both in the public and private spheres and the desirabilty of compulsory ID cards (currently under discussion in the United Kingdom) are very obvious examples. Can these different approaches be accommodated within what many critics of the latest developments regard as a European 'superstate'? A full set

[68] Preamble, Charter of Fundamental Rights of the European Union.
[69] See the Treaty establishing a Constitution for Europe, CIG 87/04, Part I, Title II, Art I-9; Part II (6 August 2004).

of enforceable human rights on the EU level may thus well be the kiss of death for the ailing systems of human rights protection offered by the German *Länder*. But at least possible (though admittedly less likely) is a scenario in which the developments in Europe could eventually lead to a reduction of the influence currently exercised by the national level, particularly in the case of Germany as a federal system. Regional notions of human rights might yet have a future.

Whatever the outcome of this struggle for influence, the emergence of a more robust human rights regime in the European Union certainly begs the question how the different (and often conflicting) systems of human rights protection will be harmonised, and how the increasing number of cases resulting from this complex network of regional, national and supranational law can be dealt with. The story of the dormant existence of regional Bills of Rights in Germany and their recent *renaissance* may thereby contain one or two lessons for the development of a coherent European system of human rights protection.

## CONCLUSION

What then is the future of human rights protection by the German states? Despite concerns about the current ability of state constitutional courts to cope with the challenges of human rights litigation (both in terms of quantity and quality), and despite equally valid concerns about the autonomy of the states within the federal structures of the country, these existing courts could be used to relieve the FCC of its suffocating workload. Considering the high number of rejected applications, recourse to the *Bundesverfassungsgericht* has ceased to be the most likely path for citizens trying to succeed with individual constitutional complaints. More access to justice and (within the limits set by the constitutional rules dealing with the conflict of laws) more regional diversity in the protection of the citizen could be the positive side of this approach. The dangers lying in a less homogeneous application of federal law throughout the country are thereby a price many citizens might be willing to pay. These dangers can be reduced by workable rules on the conflict of laws, which will have to include the regional, national and European systems of human rights protection.

# 6

# *Regionalism and the Sovereignty of Nations: Implications for the Protection of Human Rights*

RICHARD J GOLDSTONE*

## THE SOVEREIGNTY OF NATIONS

The Thirty Years War ended in 1648 with the Treaty of Westphalia. The peace conference brought together plenipotentiaries representing no less than 194 states. They agreed, in effect, to bring an end to the Holy Roman Empire and to replace it with a host of European nation states, each having full independence and territorial sovereignty. The recognition of that sovereignty has been the cement holding the global community together.

The horrors of the Second World War brought to centre stage the promotion and protection of human rights. They also resulted in a changed world order. The first two paragraphs of the Preamble to the United Nations Charter read as follows:

> We the people of the United Nations determined
> To save succeeding generations from the scourge of war, which twice in our lifetime has brought untold sorrow to mankind, and
> To reaffirm faith in fundamental human rights, in the dignity and worth of the human person, in the equal rights of men and women and of nations large and small.

This notwithstanding, Article 2 of the Charter proclaimed that the United Nations was based on the principle of the sovereign equality of all its members. And, importantly, Article 2(4) stated that:

> All Members shall refrain in their international relations from the threat or use of force against the territorial integrity or political independence of any state, or in any other manner inconsistent with the Purposes of the United Nations.

Article 2(7) emphasised that nothing contained in the Charter authorised the United Nations 'to intervene in matters which are essentially within the domestic jurisdiction of any state.'

* Former Justice, Constitutional Court of South Africa.

The only exception to this prohibition is to be found in Article 51 of the Charter, which preserves the inherent right of individual and collective self-defence if an armed attack occurs against a member of the United Nations—and then only until the Security Council has taken measures necessary to maintain or restore international peace and security.

There is then this duality in the Charter: recognition of the sovereignty and independence of nations on the one hand, and the protection of the human rights of individuals on the other. It is also reflected in the nature of the International Court of Justice, which has been conferred with jurisdiction only over governments. Individuals are not, under its charter, given any standing. It was assumed by the drafters of the Genocide Convention of 1948[1] that there would be a separate international criminal court with jurisdiction in respect of the crime of genocide. That would not happen for almost 50 years.

## Growth of Human Rights Law

There was no question of the Universal Declaration of Human Rights having any binding legal effect. That would certainly have been regarded as infringing national sovereignty. The United States and Australia were both particularly concerned that any binding treaty would put them at risk as a result of their own domestic policies concerning people of colour. There was also the reality of colonialism and its policies, which were clearly in violation of the fundamental principles of the Universal Declaration of Human Rights. It was expressly no more than a statement of principle.

In 1949, India requested the General Assembly to investigate the treatment of Indian nationals in South Africa. The resolution passed, but with the opposition of both the United States and the United Kingdom. When some federal courts in the United States used the human rights provisions in the United Nations Charter to rule against racially discriminatory land statutes,[2] there was protest from the Congress. In 1954, the Secretary of State, John Foster Dulles, gave an undertaking to the Senate that the United States would not join any international human rights treaty. That undertaking was respected for more than 30 years.[3]

It was only in the 1960s that the promise of the Universal Declaration of Human Rights was realised in the impressive number of international

[1] Article VI.

[2] *Oyama v California,* 332 US 633 (1948); *Sei Fuji v State* (Cal. Dist. Ct. App. 1950). In the appeal against the last-mentioned decision, the California Supreme Court held that the Charter was not self-executing; see 38 Cal.2d 718 (1952).

[3] In 1988, the Senate ratified the Genocide Convention, and it was only in 1991 (at the request of the first President Bush) that the US Senate ratified the International Covenant on Civil and Political Rights.

human rights treaties that flowed out of the General Assembly. Their scope eventually included civil and political rights, economic, social and cultural rights, the rights of refugees, prohibitions on torture, the rights of the child, the elimination of discrimination against women and the protection of the environment.

Some of those conventions set up committees to which nations that had ratified bound themselves to report. In turn, the committees report to the relevant organs of the United Nations. Although rulings of these committees do not have the force of law—domestic law at any rate—they can have strong political and even economic consequences for governments found to be in violation of their international obligations.

## Breakdown of the United Nations System

There can be no question that the Westphalia concept of the sovereignty of nations has been weakened as a consequence of the recognition that human rights are no longer the internal affair of nations and are the legitimate concern of other governments and of the global community. This represents a change of some magnitude. When, in 1948, a minority white government in South Africa introduced the racially discriminatory and oppressive system of Apartheid, complaints from other governments and international organisations were dismissed as interference in what were regarded as its internal affairs. At the time, that response was fully in accord with the views of the major powers.

In 1973, the General Assembly passed the Convention on the Suppression and Punishment of the Crime of Apartheid. The Convention recognised universal jurisdiction in respect of the crime of Apartheid. However, the criminal aspects of the Convention were all but ignored—the major Western trading partners of South Africa did not ratify the Convention. In 1976, the General Assembly passed a resolution in which it stated that:

> the continued brutal repression, including indiscriminate mass killings left no alternative to the oppressed people of South Africa but to resort to armed struggle to achieve their legitimate rights.

The resolution called for action, but was not binding on Member States and it was ignored with impunity by the Apartheid government.

Those years were soon followed by the growth of the anti-Apartheid movement that eventually garnered the unanimous support of the whole global community. South Africa, because of its open and systematic violation of the fundamental human rights of the majority of its people, became a pariah state. It was the combined effect of the international and domestic anti-Apartheid movement that brought down the evil system.

It became legitimate for governments and international and regional organisations to condemn violations of human rights committed by governments. This change was reflected in the policy of the United States in having its State Department issue annual reports on the human rights record of every government in the world. It took its role as the leader of the free and democratic world seriously. It did not hesitate to castigate powerful and weak states that abused the human rights of their citizens, whether China, Russia or South Africa.

In 1993, ethnic cleansing of Muslims in Bosnia hit the world headlines. In consequence, the Security Council unanimously passed a peremptory resolution, under Chapter VII of the Charter, establishing the International Criminal Tribunal for the former Yugoslavia (ICTY). This action astounded most international lawyers who had assumed that an international criminal court would only come into existence by way of an international treaty. The Security Council conferred on the ICTY its wide powers under Chapter VII of the United Nations Charter, thereby making the orders and requests of the ICTY binding upon member states. It was also granted universal jurisdiction in respect of the crimes falling within its remit. That action by the Security Council was taken in the face of fierce opposition from the two most powerful states in the Balkans, the Federal Republic of Yugoslavia and Croatia. So much for respecting the sovereignty of those nations!

The sovereignty of Serbia was again ignored when the Security Council agreed, in a unanimous resolution, to establish a United Nations administration in Kosovo. This was, after all, a province of Serbia over which, in the same resolution, its sovereignty was recognised.

In the case of the International Criminal Tribunal for Rwanda (ICTR), the Security Council also acted in the face of opposition from the government of Rwanda. After having initially requested the establishment of such a tribunal, the government of Rwanda withdrew its request because of its objections to the basis on which the tribunal was to operate.[4] The Security Council paid little heed to the objections and established the tribunal in any event. Yet again the sovereignty of a member state was ignored by the United Nations.

The humanitarian interventions in Kosovo and East Timor were to similar effect. These interventions have in common the desire to protect human rights. There was no intent on the part of the nations leading the interventions to appropriate land or valuable resources. When the human rights under threat were restored, the military force ceased and the armies withdrew.

Some political leaders in the United States and the United Kingdom

[4] The main objections were the absence of the death penalty, the seat of the ICTR being located outside Rwanda and the limited temporal jurisdiction of the ICTR.

attempted in the early days of the Iraq War to suggest that the military intervention was humanitarian in nature. And, with the failure to find weapons of mass destruction in Iraq, one hears more frequently from the White House that the justification for the war lies in freeing the unfortunate Iraqi people from the yoke of Saddam Hussein. Whilst these claims are patently without merit, they are strong recognition of the legitimacy of military intervention in the protection of human rights.

These developments are, of course, welcomed by human rights activists. And so they should be. However, they come at a great cost—the weakening of the United Nations system and, in particular, of the role of the Security Council. The Council no longer has the monopoly over the use of military force in the absence of self-defence. The problem lies with the veto power: in all the cases of humanitarian intervention to which I have referred, the authority of the Security Council undoubtedly would have been sought but for the fear of the veto power being exercised by Russia and/or China. The unilateral action taken against Iraq by the 'coalition forces' has further seriously undermined the authority of the Security Council.

We have a weakening of the United Nations system and nothing to replace it. Instead of the Security Council determining whether a threat to peace and security justifies the use of military force, this power is being exercised by the powerful nations—Russia in the case of Chechnya and the United States and the United Kingdom in respect of Iraq. There is a realistic fear that these examples will be followed in other regions. Indeed, Israel is following this example both in respect of the type of military force being used in the Occupied Territories and in the recent attack on an alleged Hezbollah camp in Syria.

## Regionalism

The weakening of the United Nations system leads to the question of how regional human rights organisations may replace or strengthen it. Latin America, Africa and Europe have all set up such organisations. The first regional organisation was the Organisation of American States (OAS). It was established in April 1948 with the aim of promoting peace and security and social and economic development. However, of all the regions of the world, Latin America respects the widest incarnation of national sovereignty. This probably accounts for the rather weak influence of the OAS in its region. However, with democracy spreading in Latin America, the role of the OAS in mediating disputes and providing elections observer missions is growing.

The Organisation of African Unity (OAU) was established in May 1963 in Addis Ababa by the representatives of 32 governments. A further 21 states have joined gradually over the years, with South Africa becoming the

53rd member on 23 May 1994. Its aims were to promote the unity and solidarity of African states; co-ordinate and intensify their cooperation and efforts to achieve a better life for the peoples of Africa; defend their sovereignty, territorial integrity and independence; eradicate all forms of colonialism from Africa; promote international cooperation, giving due regard to the Charter of the United Nations and the Universal Declaration of Human Rights; and coordinate and harmonise members' political, diplomatic, economic, educational, cultural, health, welfare, scientific, technical and defence policies.[5]

The OAU failed to fulfil those commendable aims. In my opinion, the weakness of the OAU and the reason for its demise in 2000 was the insistence by the majority of its members on a consensus for almost all important issues that came before it. It has been replaced by the African Union, which has even more lofty aims than did its predecessor. Whether it will fare better than the OAU remains to be seen.

The most advanced and successful regional organisation, of course, is the European Union. It began in April 1965 as the European Community (EC). Its first 12 members were Belgium, Denmark, France, Germany, Greece, Ireland, Italy, Luxembourg, Netherlands, Portugal, Spain and the United Kingdom. Its expressed aim was to integrate the European Atomic Energy Community (Euratom), the European Coal and Steel Community (ECSC) and the European Economic Community (EEC or Common Market). It planned to establish a completely integrated common market and an eventual federation of Europe.

The work of the European Parliament and of the European Court of Human Rights has played a significant role in ensuring respect for the European Convention on Human Rights. It is a system that has worked efficiently and a model to be replicated. The main and daunting problem of the European Court of Human Rights arises from its success—it has a backlog that exceeds 10,000 cases. Serious delays are inevitable, and there does not appear to be a policy to deal with this untenable situation.

The Inter-American Commission on Human Rights and the Inter-American Court of Human Rights have functioned with less success in the absence of the support from all of the constituent members of the OAS. However, in recent years the Commission has been referring more cases to the court, and in 1988 the court heard the first case emanating from an individual and involving systematic state violence.[6] The future role of the Commission and the court will obviously depend upon the political will of the relevant nations.

The African Commission on Human and Peoples Rights was established by the 1981 African Charter of the same name. It was the sole monitoring

[5] Charter of the Organisation of African Unity, 479 UNTS 39, Art II, entered into force 1963.
[6] *Velasquez Rodriguez*, Ser C No 4 (1988) 9 Human Rts LJ 212.

body of the OAU. The Commission consists of 12 members and has asserted a mandate not only to promote and protect human rights through reporting to states, but also to interpret the Charter. Although there is no provision for this in the Charter, the Commission has developed an individual complaints system. The problem has been the tendency of governments to ignore its reports and recommendations. This has been exacerbated by the OAU also failing to respond to reports made to it by the Commission.

Again, without provision in the Charter, the African Commission has appointed special rapporteurs—but with mixed results. Three have been appointed thus far: for summary, arbitrary and extra-judicial executions (1994); prisons and conditions of detention (1996); and women's rights (1999).

Provision has now been made in a Protocol to the Charter for the establishment of an African Court on Human and Peoples' Rights. It requires 15 member states to bring it into operation. Thus far 11 states have ratified the Protocol and it is to be hoped that the court will be operational in the not too distant future.

Asia is the only region of the world having no regional human rights institution, whether a court or a commission. The most common explanation for this is that there is no consensus in the region on human rights or their place in governance. There is some reason for optimism in the creation of national human rights commissions in Bangladesh, India, Nepal and Sri Lanka.

Whilst regional organisations have had some measure of success in reacting to human rights abuses, none has proved successful in preventing either war or severe violations of human rights in their geographic spheres of influence. Civil wars and military coups have become the order of the day. The most egregious examples of the failure of intervention include the wars since 1991 in the former Yugoslavia, the genocide in Rwanda and the human rights violations that have taken place in Zimbabwe in recent years.

There are two cases, however, where successful intervention on a regional basis has occurred. The first is in the case of Lesotho. In May 1998, the Congress Party was elected with a healthy majority of 79 of the 80 seats in the Parliament. In September, in the midst of allegations of election fraud, a rebellion broke out in the army and it took control of the government. At the request of the Prime Minister of Lesotho and with the support of the majority of 14 members of the Southern African Development Community, the South African Army moved into Lesotho. The aim was to put down the coup and restore the democratic government to power. The South African troops met with heavy resistance and suffered deaths and injuries. However, the civil government was soon back in office and has remained there since. The military action was taken without the prior consent of the Security Council, but received its support after the event.

The second example is the NATO intervention in Serbia. The history is too well known to bear repetition in this chapter. In the report of the Independent International Commission on Kosovo,[7] it was the unanimous view of its members that the intervention in Kosovo was illegal under international law but legitimate by reason of moral and political considerations. It was particularly important that the sole reason for the intervention was the need to protect the Albanian population of Kosovo from ethnic cleansing at the hands of the Serbian Army.

Although the military action by NATO did not have the prior authority of the Security Council (hence its illegality), the Security Council refused to censure the NATO members after the event. On the contrary, it agreed unanimously to set up a United Nations administration in Kosovo.

There are undoubted advantages in having strong regional organisations. They are more attuned to political and cultural differences in their region. They are flexible and, as in the case of Lesotho, can act expeditiously. Their presence on the ground enables them to work in closer harmony with local non-governmental organisations. They might be more acceptable within their regions as mediators and might be able to intervene before disputes reach the point of violence. On the other hand, regional organisations are, for the most part, faced with financial and resource problems, and this can render them ineffective.

## The Way Ahead

I would suggest that the United Nations is an essential organisation in today's increasingly violent world. Apart from the sterling work performed by many of its agencies, it provides an essential venue for leaders of the global community to meet and discuss their differences. Even if it has no power to intervene in the affairs of the powerful states, in the absence of objection from those states it can perform useful and successful peacekeeping functions. It is necessary, therefore, to recognise that the United Nations is no more powerful than the permanent five veto-wielding nations wish it to be.

Every effort should be taken to ensure that the United Nations system, and especially the authority of the Security Council, is not further weakened. In this regard the problems which have beset the United States in Iraq bode well. The most powerful nation on earth is being stretched to maintain sufficient forces in Iraq and has reluctantly sought and obtained a Security Council resolution making it acceptable for other nations to participate in the effort to bring democratic government to Iraq. The worsen-

[7] Established by Prime Minister Goran Persson of Sweden and chaired by the author. The main Report and a follow-up Report were published in 2000 by Oxford University Press.

ing security situation is making it difficult for other nations to send their forces to Iraq—the attempt by the United States to garner Security Council cooperation might have come too late.

Regional organisations have already played an important role in protecting the authority of the United Nations and its Security Council. Apart from the United Kingdom, the members of the European Union have been strongly against the unilateral action taken by the 'coalition forces' without the authority of the Security Council. The African Union has also opposed such action.

The human rights protection agencies of the regional organisations and their members should be strengthened. I would suggest that democratic governments should set up organs of state designed to monitor human rights violations within their own countries and in their region. Such oversight, apart from reporting on violations, would undoubtedly have a prophylactic effect. At least some democratic governments would be loath to have such violations publicly exposed.

Another important role for regional organisations is support for the International Criminal Court (ICC). Already the actions of the European Union have been crucial in the short life of the ICC. It has stood up to and opposed the efforts of the Bush Administration to obtain bilateral immunity agreements designed to weaken the ICC. The fact that every one of its members has ratified the Rome Treaty is politically important and sends a clear message to the global community. The 92 nations that have ratified the Rome Treaty provide a critical mass, which might well be sufficient to ensure the success of the ICC even in the face of strong opposition from the United States. It is important that other regional organisations unequivocally support the ICC.

There can be no doubt that an efficient criminal justice system has a positive effect on the crime rate within nations. I would suggest that it is no different in the global community. If would-be war criminals or mass human rights abusers believe that their crimes are likely to merit the attention of the ICC, in some cases that realisation might have a salutary effect.

There is some evidence to support this view. When the Croatian army embarked on Operation Storm against the Serb forces occupying parts of the territory, the political and army leaders publicly warned that every effort should be taken to avoid the commission of war crimes, and that civilian casualties should be avoided. That war crimes were committed by the Croatian army is clear, and these have been the subject of investigation by the Prosecutor of the ICTY. However, it is not difficult to imagine that worse crimes would have been committed but for the existence of the ICTY.

There can be little doubt that the norms of the Geneva Conventions were taken very seriously by the NATO forces that bombed Serbia for 78 days in their efforts to protect the Albanian population of Kosovo. It is no secret that military lawyers were constantly advising the military leaders on what were or were not legitimate military targets. Similar steps were taken by the United States' leaders in their wars in Afghanistan and Iraq. I am not suggesting that their record is an unblemished one. I am suggesting that but for the establishment of war crimes tribunals the civilian casualty rates would have been appreciably higher.

If the regional organisations act as the protectors of the United Nations system and the authority of the Security Council, especially in the post-Iraq War world, that can make a significant difference, which even the most powerful nations will not easily ignore.

# 7

# *Protecting Liberty in a Federal System: The US Experience*

DOUGLAS LAYCOCK*

Every federalism responds to a unique history, and thus every federalism is different from every other. The United States may have less need for federalism than many of the nations represented in this volume. Even so, American federalism is deeply rooted. It has evolved over time, and changed radically on occasion, but it would be impossible to eliminate.

In this chapter, I briefly describe the rather modest interstate differences addressed by the general system of federalism in the United States, contrasting those differences both with federal systems in other countries and with more difficult and specialised problems of decentralised authority in the United States. Then I review the history of this general system of American federalism, with special attention to changing views on how federalism protects liberty. Not surprisingly, this history suggests that the relationship between liberty and federalism is contingent on political conditions that vary over time and place. Two views of federalism and liberty have competed through most of American history: that states protect liberty against the dangerous federal government, which must be kept small; and that the federal government protects liberty against recalcitrant states, and must be large enough to do so. The first view dominated until the American Civil War; the second view has dominated since, but neither view has ever entirely died out.

Running through the story of American federalism is the unique story of America's problems with race. Parts of this story are of course shameful, but parts are a justified source of pride. Generation after generation, there have been Americans who worked to close the gap between American reality and American ideals. Sometimes slowly and invisibly, sometimes in heroic bursts of rapid change, Americans have progressed from dreadful racial beginnings to unprecedented degrees of racial equality and harmony. We have not yet fully redeemed our founding belief that 'all men are cre-

* Alice McKean Young Regents Chair in Law, The University of Texas at Austin. I am grateful to Ernest Young for helpful comments on an earlier draft, and to Jason Coutant for research assistance.

ated equal,'[1] but we have come closer than any American could have imagined through most of our history. The story of these racial changes is a central part of the story of liberty and American federalism.

## Thick and Thin American Federalism

In the United States, 'federalism' usually refers to the system embedded in the US Constitution and encompassing the division of political power and responsibility between the federal government and the 50 states. This general system of federalism must be contrasted with the ad hoc federal systems created for places and entities too diverse to be accommodated within the system of states—Puerto Rico, Indian tribes and the smaller outposts of Guam, American Samoa, the Northern Marianas and the US Virgin Islands. Despite all the recent controversy, the general constitutional system in the United States is actually a rather thin system of federalism, addressing modest modern differences among the 50 states.

There are important regional differences in climate, culture, religion and politics within the United States. Some of these differences are persistent; the presidential electoral map of 2000 is remarkably similar to the electoral map of 1860 that provoked the Civil War. In 2000, the Republicans won 13 of the 15 former slave states they had lost in 1860, but only three of the 18 free states they had won in 1860. Twenty-eight of the 33 states that voted in 1860 thus occupied the same relative position on the country's left-right political axis—it was the two major political parties that had switched sides in the interim. Of the five states that switched sides (Delaware, Maryland, Indiana, Ohio and New Hampshire), four lie on the 1860 border between slave and free.[2] Race was an important issue that divided the two parties in each of these elections, but of course both sides in 2000 took positions far more consistent with racial equality than either side in 1860.

American states are smaller than regions. Some lie within regions and some straddle the vague boundaries between regions; some are culturally and politically typical of their regions and some are not. The federal system accommodates state and regional differences by allowing different political majorities to prevail in different states. Federalism also serves other functions, derived more from the governmental responsibilities allocated to

[1] Declaration of Independence (1776).

[2] For maps showing at a glance the results in each state, see *Images of American Political History*, *Map of the Presidential Election of 1860*, http://teachpol.tcnj.edu/amer_pol_hist/thumbnail189.html and 'The 2000 Election, The Race for President,' *New York Times*, available at www.nytimes.com/specials/election2000/results-pres.html. The 2004 election was similar but not identical. New Hampshire switched from Bush in 2000 to Kerry in 2004; Iowa switched from Gore in 2000 to Bush in 2004. All other states that had voted in 1860 again voted as described in text.

states than from any significant differences between them. State governments provide an alternate base of political power for leaders who do not hold federal office and a pool of talent for future federal elections. Leaving some important functions to states reduces the concentration of political power in Washington.[3] All these functions are important, but they are modest compared to the task in many countries of reconciling historically separate nations within larger political entities.

Most American states are artificially created entities; they are nothing like the separate nations within the European Union or the ancient national identities of England, Scotland, Ireland and Wales. Even with respect to our most persistent political differences, and even in our current state of political polarisation, large political minorities live more or less contentedly in every state. In 34 of the 50 states, the losing candidate in the 2000 presidential election got 40 per cent or more of the popular vote. George W Bush got 32 per cent in Rhode Island, his weakest state, and Albert Gore got 26 per cent in Utah, his weakest state[4]—and this without campaigning, because the Electoral College means that presidential candidates do not waste time or money on states they have no chance of winning (or no risk of losing).[5] Broad support in every state for both major candidates is an enormously important difference from 1860, when the Republicans got essentially no votes anywhere in the South, and the Democrats split into northern and southern factions with separate candidates.[6]

American state lines are entirely arbitrary, drawn on mostly empty maps in London or Washington early in the period of each state's white settlement, sometimes even before settlement began. Most Americans today have a relatively weak sense of loyalty to their state as a political entity, far exceeded by their loyalty to the nation and usually exceeded by loyalty to their favourite sports team.[7] This was not always so, certainly not in 1787

[3] For elaboration of these functions of federalism, and their role in protecting liberty, see eg, L A Baker and E A Young, 'Federalism and the Double Standard of Judicial Review' (2001) 51 *Duke Law Journal* 75 at 133–39.

[4] For returns, see A M Schlesinger (ed), *History of American Presidential Elections 1789–2001* (Chelsea House Publishers, 2002) vol 11 at 4784.

[5] In presidential elections, voters in each state actually vote only for a number of Electors. These Electors cast electoral votes, and a majority of these electoral votes is needed to win. See US Const, Art II, s 1, cl 2; *id* Amend XII: 48 of the 50 states award all their electoral votes to the candidate with a plurality, so losing a state 99–1 has exactly the same effect as losing that state 51–49, or 43–42 with a third candidate in the race. The Electoral College is a striking and controversial feature of the American federal system. See L Fuentes-Rohwer and G-U Charles, 'The Electoral College, the Right to Vote, and Our Federalism: A Comment on a Lasting Institution' (2001) 29 *Florida State University Law Review* 879; J McGinnis, 'Popular Sovereignty and the Electoral College' (2001) 29 *Florida State Law Review* 995; A Althouse, 'Electoral College Reform: Déjà Vu' (2001) 95 *Northwestern University Law Review* 993.

[6] For analysis of the election of 1860, see Schlesinger, above n 4, vol 3 at 1097–152; J M McPherson, *Battle Cry of Freedom: The Civil War Era* (Oxford University Press, 1988) 213–36.

[7] I have written elsewhere of the special case of Texas, with its 'unparalleled symbols of state

or in 1860, but I think it has been true at least since the Second World War, and probably for longer. In legal or political conflicts between persons or groups from different states, there is some prejudice even today in favour of local interests or local customs, but no more than in similar conflicts within each state. Conflicts between rich and poor, or between urban, suburban and rural interests, or between Dallas and Fort Worth, are as great as conflicts between regions, and far greater than conflicts between states as such.

In any given year, six to eight million Americans move their residence from one state to another,[8] and 38 per cent of Americans were born outside the state in which they now live.[9] Those who move interstate tend to do so repeatedly; including all those who never move interstate, each American moves interstate more than twice on average.[10] Those who do move interstate thus average considerably more—probably in the range of five or six interstate moves per lifetime. (The number cannot be precisely calculated, principally because we do not know how many people move away from their state of birth and then move back.) The Constitution provides that each American citizen who moves his residence immediately becomes a citizen of the new state in which he now resides.[11] And no state has any power to exclude or deter newcomers from sister states.[12]

Of course, if 38 per cent have moved away from the state of their birth, 62 per cent have not. The economic and intellectual elite are disproportionately represented among the interstate movers, but Americans in economic distress have always moved in search of land or jobs, and many working and middle class Americans move to a warmer state when they retire. My personal impression is that the majority that stays put is mostly anchored by connections to family, friends and familiar surroundings, and

identity.' D Laycock, 'Equality and the Citizens of Sister States' (1987) 15 *Florida State University Law Review* 431 at 437. But the basic point there was that free interstate movement and the national media limit diversity among US states, even in Texas.

[8] See J Schachter, 'Geographical Mobility: 2002 to 2003' in US Cencus Bureau, *Current Population Report* (P20–549, March 2004) 2, Table A, available at www.census.gov/prod/2004pubs/p20–549.pdf

[9] *Percent Born in State of Residence and Rank: 1990* (Table 1), available at www.census.gov/population/socdemo/migration/pob-rank.txt. The corresponding table from the 2000 census has not yet been published, but there is no reason to think it will be materially different.

[10] Schachter, above n 8, gives age-specific rates of interstate moves at 4, Table B. If we cumulate the age-specific rates, we get an estimate of 2.09 interstate moves per person between the ages of 1 and 85.

[11] US Const, Amend XIV, s 1 ('All persons born or naturalised in the United States, and subject to the jurisdiction thereof, are citizens of the United States and of the State wherein they reside.').

[12] See *Saenz v Roe*, 526 US 489 (1999) (holding that states cannot temporarily restrict welfare benefits for new residents to level paid by each person's former state of residence); *Shapiro v Thompson*, 394 US 618 (1969) (holding that states cannot impose one-year waiting period for welfare eligibility on new residents); *Edwards v California*, 314 US 160 (1941) (holding that state cannot prohibit the importation of persons unable to support themselves).

by lack of sufficient reason to move. I think that few are held by any strong loyalty to their state as a political entity. But some are attached to regional culture and political attitudes, a reaction that does go to the reasons for federalism. I have no data on international changes of residence within the European Union, but I assume the rates would be much lower than for these interstate moves within the United States.

The United States has language minorities, and it has English-speaking ethnic minorities. These minorities are widely but unevenly dispersed around the country; there are cities and even regions where some of these minorities are geographically concentrated. But except for American Indians, and blacks descended from slaves, nearly all of these minorities or their ancestors immigrated voluntarily to the United States. They were not conquered or trapped behind redrawn boundaries. No state is identified by ethnicity or language; native Hawaiian is identified with Hawaii, but few Hawaiians speak it and few Hawaiians today are native Hawaiians. Most importantly, the United States has never had *permanent* language minorities. The children of immigrants overwhelmingly learn English, and a majority of the grandchildren use only English in their own homes.[13] The persistent Spanish-language minority in the south-west thus depends on the continued flow of new immigrants. This could conceivably change; some south-western states will have Hispanic majorities by the middle of this century.[14] But so far in our history, language minorities have not been a reason for American federalism.

The black population has long had legitimate grievances, but there has been little desire to return to Africa since the settlement of Liberia, before the Civil War. Occasional proposals to carve out one or more black states have drawn little support.

Most of six states—seven if you count Texas[15]—are on land acquired by conquest from Mexico, and 11 states were restored to the nation by conquest in the Civil War. But none of these states thinks of itself today as a conquered province with residual yearnings for independence. The south-western states acquired from Mexico were very sparsely settled when acquired, and migrants continue to pour into them from both directions—Americans moving south and west, Mexicans moving north. Neither of these migration flows wants those states returned to Mexico. The forcibly reunited states of the former Confederate States of America are now in the

[13] See R Alba and V Nee, *Remaking the American Mainstream: Assimilation and Contemporary Immigration* (Harvard University Press, 2003).

[14] For controversial fears that the concentrated flow of Mexican immigration may eventually turn out to be inassimilable, see S P Huntington, *Who Are We? The Challenges to America's National Identity* (Simon & Schuster, 2004).

[15] Texas withdrew from Mexico by violent revolution in 1836, governed itself as an independent republic for 10 years and entered the United States as a state in 1846. The American annexation of Texas partly provoked, and partly provided the excuse for, the Mexican War of 1846–48. See D M Pletcher, *The Diplomacy of Annexation: Texas, Oregon, and the Mexican War* (University of Missouri Press, 1973) 113–226.

political ascendancy; they have produced five of the last eight Presidents, and four of the last five. Compared to the differences of language, ethnicity, religion and political identity facing other federal systems, and compared to earlier periods in American history, the general system of American federalism today addresses rather thin stuff.

More fundamental differences in the United States are addressed with special rules, outside the state-federal system and barely hinted at in the Constitution. The most obvious outlier is Puerto Rico, which *is* permanently Spanish speaking, *does* have an independence movement and is *not* a state. Its residents are deeply divided, with a small minority supporting independence, a large minority supporting statehood and another large minority supporting some version of the status quo, a unique relationship with the United States 'in the nature of a compact.'[16] The United States also recognises numerous Indian tribes under the oxymoronic label 'dependent sovereign[s].'[17] These tribes have significant powers of self-government, treaties with the United States and sovereign immunity, but they are subject to the 'plenary authority' of Congress and subject to state law when Congress says so.[18] These special cases are also forms of federalism, although they are not what Americans mean when they talk about federalism. These individually negotiated (or imposed) federal arrangements underscore how the general system of federalism in the United States now responds to much more modest differences among the 50 states.

However modest the differences among American states, American federalism is deeply rooted. The United States did not so much adopt federalism as inherit it; the roots of American federalism are much older than the nation.

## Before the Civil War

At the beginning, each of the original English colonies in what is now the United States was so geographically isolated that no form of united government could have been imagined.[19] Federalism was the only alternative, although that word was not in use. At first each colony was a private

[16] 48 USC § 731(a) (2000). For a description of the debate over Puerto Rico's status, see H M Muniz, 'Did the U.S.-Puerto Rico Political Status Act Establish a Blueprint Leaving Puerto Rico on the Verge of Statehood?' (1997) 6 *Journal of International Law & Practice* 435.

[17] *United States v Lara*, 541 U.S. 193, 203 (2004) (holding that United States can prosecute a crime for which defendant has already been convicted by an Indian tribe, because the tribe is a separate sovereign).

[18] For a critical review of the development of American Indian law, see S H Cleveland, 'Powers Inherent in Sovereignty: Indians, Aliens, Territories, and the Nineteenth Century Origins of Plenary Power over Foreign Affairs' (2002) 81 *Texas Law Review* 1 at 25–81. For criticism of the whole doctrine as 'untenable' and self-contradictory, see *Lara*, 124 541 U.S. at 214–26 (Thomas J, concurring).

[19] For a history of these colonies, see A Taylor, *American Colonies* (Viking, 2001) 115–203, 222–362, 420–43.

venture and throughout the colonial period each colony was governed separately. Subject to the overriding authority of Parliament and the Crown, many governmental decisions were made on the scene by royal governors, elected local assemblies, local courts and juries or other local officials.

Thus Virginia, the oldest colony, had 180 years of political identity before the Constitution of the United States was written. Georgia, the youngest colony, had 55 years. None of these colonies had been independent; they had no *national* identity and none of them had a distinct language or ethnic identity. Far more than in Europe, their separateness and their religious and cultural distinctiveness were subject to erosion and assimilation over time. We now know that their difference over slavery did not erode, but grew and intensified, but no one could foresee that in 1787. What was dispositive in 1787 was simply the separate *political* identity of each colony. The original 13 states pre-existed the nation and eliminating them was not a politically viable option.[20]

Federalism was familiar and inherited, but it was also chosen for the future. In the treaty that ended the Revolutionary War, the United States acquired title to lightly settled land as far west as the Mississippi River. Several existing states claimed all or most of this land, and either those states or the new nation might have tried to rule this land as a colony or subordinate territory. But in one of the founding generation's greatest acts of statesmanship and foresight, Congress enacted that new states would be created in this land, and that these new states would be 'admitted into the Congress of the United States, on an equal footing with the original States, in all respects whatever.'[21] This became the model for all subsequent states. The federalism that had been unavoidably inherited with respect to 13 states was deliberately extended to states then foreseen and to others not then imagined—from Vermont in 1791 to Hawaii in 1960.

As the American colonists edged their way into revolution in the 1760s and 1770s, they of course had no agreement on what might follow. There were supporters of a strong national government from an early date, but

[20] This sentence takes no position on an arcane American debate about whether sovereignty passed directly from the British Crown to the United States as a nation or whether it passed from the Crown to the 13 separate states. See D Farber, *Lincoln's Constitution* (University of Chicago Press, 2003) 26–44. I have no doubt that sovereignty now lies with the people of the whole nation. The point in text is simply that the original 13 states had some form of political identity long before the events of 1776.

[21] Northwest Ordinance, Art V (1787). This statute, which is older than the Constitution, is reprinted at the front of most compilations of US statutes, including United States Code, vol 1 at LIII. See also US Const, Art IV, s 3 ('New States may be admitted by the Congress into this Union'). On the constitutional equality of the states, see D Laycock, 'Equal Citizens of Equal and Territorial States: The Constitutional Foundations of Choice of Law' (1992) 92 *Columbia Law Review* 249 at 288–89. For the relinquishment of the state claims to western lands, under pressure in some cases, see M Jensen, *The Articles of Confederation: An Interpretation of the Social-Constitutional History of the American Revolution 1774–1781* (University of Wisconsin Press, 1940), 198–224.

the majority had quite different views.[22] The colonists' growing grievances against King George III were associated with a centralised government, at a distance from the people, with strong executive power and with a Parliament in which the colonists were not represented. A common reaction was that the way to protect liberty would be to create governments with none of these features. Most of the state Constitutions drafted in 1776 and 1777 created very weak executives, and legislatures subject to frequent elections but largely unchecked by the other branches of government.[23] These state Constitutions emphatically endorsed separation of powers, but in their practical workings they were a hybrid, closer to parliamentary systems than to separation of powers as it came to exist in the Constitution of the United States.

The first attempt to regularise a basis of national government was the Articles of Confederation,[24] proposed by the Continental Congress in 1777 but not ratified by all the states until 1781. This confederation consisted of little more than a Congress where each state had one vote.[25] Most important decisions required the affirmative vote of nine of the 13 states,[26] and amendments to the Articles required agreement from all 13 state legislatures.[27] There was no separate executive, but Congress could appoint 'committees and civil officers' to act under its direction and a 13-member 'Committee of the States' to 'sit in the recess of Congress.'[28] Congress was responsible for the Revolutionary War debt,[29] and for 'all charges of war' and other expenses that it chose to incur 'for the common defence or general welfare,'[30] and it was authorised to set a budget and to borrow money.[31] But it had no power to tax or to raise troops; it was supposed to ask the states for money and troops as needed.[32] Congress was responsible for foreign affairs[33] but it had no power to regulate interstate

[22] For the political history of this period, see eg, Jensen, above n 21; F McDonald, *E Pluribus Unum: The Formation of the American Republic 1776–1790* (2nd edn, Liberty Press, 1979); J N Rakove, *Original Meanings: Politics and Ideas in the Making of the Constitution* (Vintage Books, 1997); G S Wood, *The Creation of the American Republic* 1776–1787 (University of North Carolina Press, 1969).
[23] For analysis of the first state Constitutions, see D S Lutz, 'The First American Constitutions' in L W Levy and D J Mahoney (eds), *The Framing and Ratification of the Constitution* (Macmillan Publishing, 1987) 69; P Smith, *A New Age Now Begins: A People's History of the American Revolution* (McGraw-Hill, 1976) vol 1, 847–63.
[24] Articles of Confederation (1777). These Articles are printed at the front of most compilations of US statutes, including United States Code, vol 1 at XLVII. For a more sympathetic and extended treatment of the Articles, see Jensen, above n 21.
[25] Article V (fourth paragraph).
[26] Article IX (sixth paragraph).
[27] Article XIII.
[28] Article IX (fifth paragraph).
[29] Article XII.
[30] Article VIII (first paragraph).
[31] Article IX (fifth paragraph).
[32] Article VIII.
[33] Article IX (first paragraph).

or international commerce. Lacking sufficient regulatory power to implement treaty commitments, it had little bargaining leverage in negotiations over commercial treaties and terms of trade.

Without the pressure of invading foreign troops to hold things together, this clumsy and ineffectual system soon collapsed. Congress lacked funds to pay the war debt or protect western settlers from Indians; it could not negotiate secure rights for American vessels in British ports or for western settlers to export through the Spanish port at New Orleans.[34] In 1786, Congress asked the states for US$3.8 million and received only US$663![35] A new constitutional convention followed the next year.

The Constitution of 1787 substantially expanded the national government. It gave Congress powers to tax and to regulate interstate and foreign commerce[36]; it created an independent executive and an independent Supreme Court[37]; and it empowered the national government to act directly on citizens and thus to implement its own decisions within the scope of its powers.[38] But it did not go as far as the more ardent nationalists wished and its ratification was a near thing. The opponents feared that the new Constitution would amalgamate the country into a single national government, distant, centralised and tyrannical, that would wholly absorb the states or reduce them to impotence.[39]

The Constitution's supporters called themselves Federalists, and they tagged their opponents with the label Anti-Federalists. Federalists and Anti-Federalists disagreed on many things; one or another Anti-Federalist saw potential tyranny in nearly every provision of the proposed Constitution. These disagreements about specific clauses arose from more fundamental disagreements about the territorial scale of any government consistent with the liberty of the people. The political philosopher Montesquieu had taught that republics could function successfully only in a small territory[40]; the Anti-Federalists both accepted this on principle and elaborated the reasons why it must be true. They were convinced that the proposed Constitution created a national government over too large a territory to function as a republic, and that it must degenerate into abuse of power and worse. Thus:

[34] Rakove, above n 22 at 26–27.

[35] C H Johnson, 'Apportionment of Direct Taxes: The Foul-up in the Core of the Constitution' (1998) 7 *William & Mary Bill of Rights Journal* 1.

[36] US Const, Article I, s 8, clauses 1 and 3.

[37] *Ibid*, Arts II and III.

[38] For elaboration of the power to directly regulate citizens, see *New York v United States*, 505 US 144, 163–66 (1992).

[39] The opponents' writings are compiled in H Storing (ed), *The Complete Anti-Federalist* (University of Chicago Press, 1981). Arguments from both sides, arranged thematically, are collected in P B Kurland and R Lerner (eds), *The Founders' Constitution* (University of Chicago Press, 1987). For the chapter on 'Federal v. Consolidated Government,' see vol 1 at 242–97.

[40] Baron de Montesquieu, *The Spirit of Laws*, (1748) Book VIII, ch 16 130–31 (reprinted by F B Rothman, 1991).

> [T]he fundamental issue over which Federalists and Anti-Federalists split was the question whether republican government could be extended to embrace a nation, or whether it must be limited to the comparatively small political and geographical units which the American states then constituted.[41]

Another influential historian saw deeper social differences that underlay this disagreement,[42] but agreed that there was 'only one meaningful question: Would this be politically one nation, or would it not?'[43] Even in the most desperate years of the Revolutionary War, and now despite the obvious failures of the Articles of Confederation, many Americans resisted national authority.

The Anti-Federalists failed to prevent ratification but they successfully demanded the addition of a Bill of Rights to protect the liberties of the people from the new behemoth. In several states, ratification was secured only by the promise to add a Bill of Rights at the first opportunity, a promise that the Federalist leader James Madison successfully insisted on honouring. The First Congress proposed 12 Amendments to the Constitution, of which 10 were promptly ratified.[44] These Amendments created judicially enforceable constitutional rights that were good only against the federal government.[45] Madison also proposed an amendment to protect speech, religion and jury trial against the states, which passed the House of Representatives but died in the Senate.[46] Individual rights against the states were left to state Constitutions and thus to the people of each state.

Anti-Federalist fears soon appeared to be confirmed by experience with the Alien and Sedition Acts at the end of the 1790s. The Federalist movement had by this time split into two political parties, the Federalists and the Republicans. (To confuse foreigners, and many Americans too, these Republicans were the predecessors of today's Democrats and have no connection to today's Republicans; the party's change of names was complete by the candidacy of Andrew Jackson in 1832.) This first Republican Party absorbed the Anti-Federalists and many of their positions. They supported the Constitution and the existence of the federal government but interpreted its delegated powers narrowly.

[41] C M Kenyon, 'Men of Little Faith: The Anti-Federalists on the Nature of Representative Government' (1955) 12 *William & Mary Quarterly* (3rd series) 3, reprinted in G S Wood (ed), *The Confederation and the Constitution: The Critical Issues* (University Press of America, 1979) 56, 81.

[42] McDonald, above n 22 at 27–35.

[43] *Ibid* at 24.

[44] One more of the original 12 proposals was finally ratified in 1992. See US Const, Amend XXVII ('No law, varying the compensation for the services of Senators and Representatives, shall take effect, until an election of Representatives shall have intervened').

[45] *Barron v City of Baltimore*, 32 US (7 Pet) 243 (1833).

[46] For a brief account, see A R Amar, 'The Bill of Rights as a Constitution' in R Hoffman and P J Albert (eds), *The Bill of Rights: Government Proscribed* (University Press of Virginia, 1997) 274, 298–99.

The Federalist administration of John Adams successfully prosecuted Republican newspaper editors under the Sedition Act, characterising criticism of the incumbent administration as seditious libel.[47] Two states helped lead the opposition, promulgating legislative statements known as the Virginia and Kentucky Resolutions.[48] Here was a clear example of the federal government suppressing liberty and of states rallying to defend it. Virginia and Kentucky had no power to stop the federal prosecutions, but their resolutions became an important part of the political debate over the prosecutions and the administration that was bringing them.

In the election of 1800, Thomas Jefferson won the presidency for the Republicans in a bitter and bungled contest that tested the young republic's ability to peacefully transfer power.[49] These Republicans, and their direct descendants the Democrats, controlled the presidency for 48 of the next 60 years, and their philosophy of states' rights and a sharply limited federal government generally prevailed. Vigilant watchdogs viewed with alarm every expansion of the federal government and every new exercise of federal power—and there were not many of either. In a decades-long battle over 'internal improvements,' opponents argued that Congress had no power to spend money for roads or canals.[50] Their approach to constitutional interpretation is illustrated by the argument that the Congressional power 'to establish Post Offices and post Roads'[51] meant only the power to designate the routes of post roads, not the power to build any roads.

Of course there was an additional powerful support for this antebellum commitment to states' rights: the southern fear that a stronger federal government might interfere with slavery. The battle over slavery in the territories, which propelled Abraham Lincoln to the presidency, partly took this form. Opponents of slavery argued that the federal government had power to regulate or prohibit slavery in territories not yet organised into states; southerners denied that power. The Supreme Court agreed with the southerners in the *Dred Scott* case,[52] bizarrely holding that the Constitution's

[47] See M K Curtis, *Free Speech, 'The People's Darling Privilege': Struggles for Freedom of Expression in American History* (Duke University Press, 2000) 52–116.
[48] See W J Watkins, Jr, *Reclaiming the American Revolution: The Kentucky and Virginia Resolutions and their Legacy* (Palgrave Macmillan, 2004).
[49] See B A Weisberger, *America Afire: Jefferson, Adams, and the Revolutionary Election of 1800* (William Morrow, 2000); J B Freeman, 'The Election of 1800: A Study in the Logic of Political Change' (1999) 108 *Yale Law Journal* 1959.
[50] See the discussion of internal improvements in D P Currie, *The Constitution in Congress: Democrats and Whigs 1829–1845* (University of Chicago Press, forthcoming 2004); D P Currie, *The Constitution in Congress: The Jeffersonians 1801–1829* (University of Chicago Press, 2001) 114–22, 258–83.
[51] US Const, Article I, s 8, cl 7.
[52] *Scott v Sandford*, 60 US (19 How) 393 (1857).

Territory Clause[53] did not apply to territories acquired after 1787. *Dred Scott* also relied on a perverse but at-the-time entirely plausible interpretation of individual liberty: it protected the liberty of slave owners to take their property with them into the territories.

The free states made states' rights claims of their own, most notably in their resistance to the Fugitive Slave Act.[54] And in part the historic view that states would be more protective of liberty survived independently of conflicting views on slavery. For whatever mix of reasons, the late-eighteenth century view of federalism prevailed into the 1860s. In the dominant view, federalism and states' rights protected liberty from the federal government and any expansion of federal powers threatened American liberty.

## The Civil War and its Aftermath

The Civil War changed everything; it reversed the relationship between liberty and federalism. The American Civil War was fought—first, foremost and fundamentally—over slavery. Slavery was not the only issue that divided north and south, but it was the overwhelmingly dominant issue. No other issue caused the American political system to entirely break down, and no other issue could have led to a state of affairs in which Americans were willing to kill each other by the hundreds of thousands. When half the states believed that the other half's economic system was both fundamentally immoral and an economic threat to free labour, probably no system of federalism could mediate the dispute. The unifying principle of the new Republican Party in the 1850s was opposition to the further spread of slavery, and the mere election of Abraham Lincoln, the first Republican President, provoked secession in the deep south. But for slavery, the Civil War would not have been fought.[55]

[53] US Const, Art IV, s 3, cl 2 ( 'The Congress shall have Power to dispose of and make all needful Rules and Regulations respecting the Territory or other Property belonging to the United States').

[54] See *Prigg v Pennsylvania*, 41 US (16 Pet) 539 (1842) (holding that states could not interfere with private persons authorised by federal law to recover alleged slaves). For the controversy over fugitive slaves, see T D Morris, *Free Men All: The Personal Liberty Laws of the North 1780–1861* (Johns Hopkins University Press, 1974); S W Campbell, *The Slave Catchers: Enforcement of the Fugitive Slave Law 1850–1860* (University of North Carolina Press, 1970).

[55] Slavery overwhelmingly dominates all histories of the conflict leading up to the war. See eg, McPherson, above n 6 at 1–307; A Craven, *The Coming of the Civil War* (2nd edn, University of Chicago Press, 1956). For an emphasis on the *economic* conflict over slavery, see J L Huston, *Calculating the Value of the Union: Slavery, Property Rights, and the Economic Origins of the Civil War* (University of North Carolina Press, 2003). Most of the prolific literature on the war's 'causes' addresses a more subtle question: given that the conflict was fundamentally over slavery, how did it happen that all other means of dispute resolution failed and both sides became willing to fight? See eg, G S Boritt (ed), *Why the Civil War Came*

Slavery was the war's one indispensable cause, but the war was not initially proclaimed as a war about slavery. At first it was only a war to preserve the union. The southern states asserted their right to secede and to terminate the authority of the federal government within their jurisdictions; Lincoln refused to recognise secession and asserted continuing federal authority over forts, post offices, court houses and other federal property in the southern states. For both legal and political reasons, he could not proclaim an intention to free the slaves even if he had wanted to—and he had long denied any such ambition. Legally, slavery was a state law matter and the crisis did not change the constitutional allocation of authority, especially under Lincoln's view that secession was a nullity. Politically, he needed the support of northern Democrats, who supported both slavery and the union, and of the four border states (Delaware, Maryland, Kentucky and Missouri) that maintained slavery but did not secede.[56]

This early war over federalism and union may have mystified Europe. The historian Fletcher Pratt describes a London dinner party attended by Lord Palmerston and a representative of the United States. The American was told that Britain would be much more sympathetic if it were a war to free the slaves, 'instead of some splitting of political hairs that no one but an American can understand.'[57] The incomprehensible split hairs, of course, were about federalism.

If the war had been much shorter and much less bloody, slavery might have survived a while longer. But as the war expanded into a modern total war, both law and politics changed and the war evolved toward a focus on its underlying cause. Just one year into the war, in the summer of 1862, Lincoln presented a draft of the Emancipation Proclamation to his Cabinet. In September, after the Union victory at Antietam, he issued the Proclamation, declaring that on 1 January 1863, all slaves held in any state, or any part of a state, still in rebellion against the United States, would be 'forever free.' After 1 January, every advance of the federal armies freed more slaves; almost from the beginning, slaves in massive numbers had run away toward the federal lines whenever those lines got close. The war became not just a war caused by slavery, but legally and factually a war to free the slaves.[58]

(Oxford University Press, 1996); B H Reid, *The Origins of the American Civil War* (Longman, 1996); K M Stampp (ed), *The Causes of the Civil War* (3rd edn, Simon & Schuster, 1991).

[56] These considerations, and the factors that eventually overrode them, are reviewed in J M McPherson, *Abraham Lincoln and the Second American Revolution* (Oxford University Press, 1990) 74–87.

[57] F Pratt, *Ordeal by Fire: An Informal History of the American Civil War* (Bodley Head, 1950) 126.

[58] See J H Franklin, *The Emancipation Proclamation* (Anchor Books, 1965); A C Guelzo, *Lincoln's Emancipation Proclamation: The End of Slavery in America* (Simon & Schuster, 2004); S Levinson, 'Was the Emancipation Proclamation Constitutional? Do We/Should We Care What the Answer Was?' (2001) *University of Illinois Law Review* 1135.

If the war was about slavery, then it was also about who decides about slavery. By extension, because slavery was the most fundamental violation of human liberty, the war was about who decides the scope of liberty. And the war made clear that liberty did not mean merely the absence of governmental power. Liberty for the slaves required some force powerful enough to overcome the organised resistance of the southern states. Liberty required large armies and an enormous expansion of federal power.

These developments reversed the original understanding of the relation between federalism and liberty. Where once the states had been seen as the protectors of liberty and the federal government as the threat, now the states were clearly the abusers of liberty and the federal government was its protector. Where once liberty had required keeping the federal government as small as possible, now liberty required federal power beyond all previous imagination.[59]

The winners, of course, sought to enshrine their victory in fundamental law. Three great constitutional amendments freed the remaining slaves and forever banned slavery,[60] defined state and national citizenship and made the federal government responsible for protecting constitutional rights against the states,[61] and guaranteed the right to vote without regard to race or previous condition of servitude.[62] Congress enacted four great expansions of the jurisdiction of the federal courts,[63] together with a sweeping federal cause of action to remedy state violations of federal rights.[64] These statutes made the federal courts, for the first time, the primary interpreters of federal law and the primary enforcers of federal rights.

The war changed the American people's perceptions of the country and it changed their vocabulary. Before the Civil War, 'the United States' was often still a plural noun; since the war, 'the United States' is singular.[65] At the beginning of the war, people commonly referred to 'the union'; by the end of the war, they more commonly referred to 'the nation.'[66]

Of the 12 constitutional amendments before the Civil War, 11 restricted the power of the federal government and none restricted the power of the

[59] For an excellent treatment of this reversal, see McPherson, above n 56.
[60] US Const, Amend XIII.
[61] US Const, Amend XIV.
[62] US Const, Amend XV.
[63] See Act of 9 April 1866, ch 31, s 3, 14 Stat 27, now 28 USC §1443 (2000) (civil rights removal jurisdiction); Act of 5 February 1867, ch 28, s 1, 14 Stat 385, now (with substantial change of tone but preservation of substance) 28 USC § 2241(c)(3) (2000) (*habeas corpus* jurisdiction); Act of 20 April 1871, ch 22, s 2, 17 Stat 13, now 28 USC § 1343 (2000) (original civil rights jurisdiction); Act of 3 March 1875, ch 137, s 1, 18 Stat 470, now 28 USC § 1331 (2000) (general federal question jurisdiction).
[64] Act of 20 April 1871, ch 32, s 1, 17 Stat 13, now 42 USC § 1983 (2000).
[65] McPherson, above n 6 at 859. Compare *De Groot v United States*, 72 US 419, 431 (1866) ('when the United States is plaintiff'), with *Luco v United States*, 64 US (23 How) 515, 538 (1859) ('The United States, in order to support this issue, are not bound to show …').
[66] See McPherson, above n 6 at 859 (tracing the change through Lincoln's speeches).

states. Of the first seven amendments after the war, six expanded federal power and none restricted it; five restricted state power, and only one, the foolish amendment to prohibit alcoholic beverages, expanded state and federal power concurrently. This trend in constitutional amendments has slowed but not reversed; of the eight more recent constitutional amendments, two expanded federal power and restricted state power. Five tinkered with the structure of the federal government without affecting the state-federal balance. Only one, the repeal of Prohibition, restricted federal power. This reflected more a change of mind about banning alcohol than a change of mind about federal power. Congress undoubtedly retains the power to ban alcohol from the channels of interstate commerce, although the amendment deprives it of power to interfere with state prohibition of alcohol. This provision took advantage of federalism to solve a difficult problem; it effectively left to individual states the then divisive issue of whether to prohibit the sale of alcoholic beverages.

Some of the federal expansions in these amendments were modest, but some were enormous. The Fourteenth Amendment made the federal government responsible for protecting constitutional liberty in the states. The Sixteenth Amendment authorised the federal government to tax incomes without the unworkable requirement of apportionment among the states, and thus to fund the vast expansion of federal programmes in the twentieth century.[67]

Other events, important but peripheral to the focus of this chapter, also contributed to growth in the federal government.[68] The transportation and communication revolutions integrated the American economy ever more thoroughly. The scale of industrial capitalism expanded enormously. The Civil War accelerated these developments,[69] but they had causes independent of the war, some beginning much earlier and all continuing long after. These economic changes increasingly created problems beyond the regulatory and enforcement capacity of individual states, thus inviting further federal expansion. And economic integration obliterated any workable factual distinction between interstate and local commerce, sweeping all or nearly all economic activity into Congress' power to regulate interstate commerce. After 1937, it was hard to describe any constitutional limits to what Congress could regulate if it chose.[70]

[67] See S R Weisman, *The Great Tax Wars: Lincoln to Wilson: The Fierce Battles over Money and Power that Transformed the Nation* (Simon & Schuster, 2002).

[68] These sources of federal expansion are briefly sketched in D Laycock, 'Notes on the Role of Judicial Review, the Expansion of Federal Power, and the Structure of Constitutional Rights' (1990) 99 *Yale Law Journal* 1711 at 1735–38.

[69] See McPherson, above n 56 at 37–40.

[70] For the dramatic changes in constitutional interpretation in 1937 and surrounding years, see B Cushman, *Rethinking the New Deal Court: The Structure of a Constitutional Revolution* (Oxford University Press, 1998).

## Difficulties of Enforcement

It is one thing for a federal government to guarantee liberties enforceable against its constituent states; it is another thing altogether to enforce those guarantees. In the period of reconstruction after the Civil War, Congress faced extraordinary difficulties enforcing its vision of liberty.[71]

The three Civil War Amendments to the Constitution embodied an extraordinary ambition. There were some four million former slaves, 'freedmen' in the nineteenth-century usage, immediately identifiable in even casual encounters by the colour of their skin. They had been owned as property, forced to labour under the lash and other forms of direct coercion, used as collateral for loans, and bought and sold on auction blocks when the loans went unpaid, or when their master's estate was settled, or when he needed cash.[72] Nearly all had been denied basic education. In a space of five years, they were promised freedom by the Thirteenth Amendment, legal equality by the Fourteenth and political equality by the Fifteenth.

The white population in the south of course bitterly opposed these amendments. The amendments had to be ratified by three-quarters of the states, and Congress was not willing to say that the southern states were out of the union and did not count in the denominator. Ratification therefore had to be coerced; seceded states were not readmitted to Congress until they ratified the amendments. Bruce Ackerman has characterised these amendments as ratified by a process of political crisis and implicit referendum in the elections of 1866, outside the formal amendment procedure set out in Article V of the Constitution.[73] I have characterised them, I think more accurately, as 'a true revolution—a fundamental change in favour of liberty, imposed by force of arms because it could not be achieved within the voting rules created by the original Constitution.'[74]

Who could be trusted to enforce these revolutionary rights? Not the states; the southern states were the source of the problem. Not the

[71] See E Foner, *Reconstruction: America's Unfinished Revolution 1863–77* (Harper & Row, 1988); J H Franklin, *Reconstruction After the Civil War* (University of Chicago Press, 1961).
[72] For histories of American slavery, see T D Morris, *Southern Slavery and the Law 1619–1860* (University of North Carolina Press, 1996); K M Stampp, *The Peculiar Institution: Slavery in the Ante-Bellum South* (2nd edn, Alfred A Knopf, 1978); E D Genovese, *Roll, Jordan, Roll: The World the Slaves Made* (Pantheon Books, 1974). On the importance of sales to collect debts, see T D Russell, 'A New Image of the Slave Auction: An Empirical Look at the Role of Law in Slave Sales and a Conceptual Reevaluation of Slave Property' (1996) 18 *Cardozo Law Review* 473.
[73] See Bruce Ackerman, *We the People: Transformations* (Harvard University Press, 1998) vol 2, 97–252.
[74] Laycock, above n 68 at 1729. Ackerman agrees that these amendments aspired to 'revolutionary reform,' Ackerman, above n 73 at 12, and I agree that they required political legitimisation through the democratic process in the north. For a detailed history that refrains from characterising the process, see J B James, *The Ratification of the Fourteenth Amendment* (Mercer University Press, 1984).

President; Lincoln had balanced the ticket by choosing Andrew Johnson, a loyal southern Democrat from Tennessee, to be his running mate. When Johnson became President after Lincoln's assassination, he worked vigorously to secure ratification of the Thirteenth Amendment, which abolished slavery. But he sought no further changes in the south and he opposed the whole Congressional programme of reconstruction. Not the federal judges; the additions to their jurisdiction show that many hopes were placed there but they could not be entirely trusted either.[75] They were appointed by the President and the most prominent and symbolic Supreme Court decision of the era was the defence of slavery in *Dred Scott*. Congress could not even trust itself, because sooner or later the southern representatives would be readmitted and when that happened, southerners and northern Democrats would constitute a majority capable of repealing any civil rights legislation Congress had passed.

Congress took the only course it reasonably could; it created multiple independent enforcement mechanisms, hoping that at least one of them would work. In section 1 of each Amendment, it created self-executing constitutional rights, enforceable in the federal courts and also, although no one at the time expected it to matter, enforceable in the state courts. In section 2 of the Thirteenth and Fifteenth Amendments, and section 5 of the Fourteenth, it created Congressional power to enforce each Amendment by appropriate legislation. The phrase 'appropriate legislation' was borrowed from *McCulloch v Maryland*,[76] a foundational opinion that broadly interprets Congress's power to judge the necessary scope of its delegated powers.

These new constitutional rights could be enforced in the south only by continued military occupation in sufficient numbers to protect the freedmen at every polling place, in every election and in many of their economic activities. Of course there was not the political will to do that indefinitely. Reconstruction gradually became unpopular and Democrats swept the Congressional elections of 1874. By the election of 1876, Republicans were moving on to other issues, and in the wake of that disputed and corrupted election, the last federal troops were withdrawn from the south.[77]

For about the next 75 years, the rights of the freedmen under the Fourteenth and Fifteenth Amendments went almost wholly unenforced.

[75] On the Reconstruction Congress's doubts about judges, see D Laycock, 'Conceptual Gulfs in City of Boerne v. Flores' (1998) 39 *William & Mary Law Review* 743, at 766–67; D Laycock, 'RFRA, Congress, and the Ratchet' (1995) 56 *Montana Law Review* 145, at 152–65.

[76] 17 US (4 Wheat) 316 (1819).

[77] See C V Woodward, *Reunion and Reaction: The Compromise of 1877 and the End of Reconstruction* (Oxford University Press, reprinted 1991). For more recent treatments, see R Morris, *Fraud of the Century: Rutherford B. Hayes, Samuel Tilden, and the Stolen Election of 1876* (Simon & Schuster, 2003); W H Rehnquist, *Centennial Crisis: The Disputed Election of 1876* (Alfred A Knopf, 2004).

The Supreme Court struck down a few of the most egregious and explicit violations of constitutional rights, but not nearly enough to disrupt the pervasive system of racial subordination in the south.[78] Blacks were much better off than they had been in slavery but the promises of voting rights and equal rights under the law were illusory. All the multiple methods of enforcement had failed.

Toward the middle of the twentieth century, these conditions very gradually began to change. During and after the Second World War, blacks began migrating to northern cities in large numbers. They did not find full racial justice but they did find better paying jobs and an actual, not theoretical, right to vote. In 1932, they finally abandoned the Republican Party and voted for Franklin Roosevelt in massive numbers; since then, black voters have been an essential part of the Democratic coalition. Black troops fought in large numbers in the Second World War, and in the Cold War mistreatment of American blacks became a powerful anti-American propaganda point in the Third World. When southern blacks finally began to protest in large numbers, and when white authorities responded with violence, network television brought those pictures to the rest of the nation. These and other changes in social, economic and political conditions paved the way to much more dramatic changes in American race relations.[79]

In a series of cases from 1937 to 1954, the Supreme Court held, first, that states must admit black students to the advanced degree programmes in state universities and then that separate schools for blacks and whites must be racially desegregated at all levels.[80] Enforcement of this decision proceeded with excruciating slowness. But a black civil rights movement gradually gathered momentum, government support for that movement also gathered momentum and, finally, there was an extraordinary burst of effort on the part of all three branches of government.[81] This 'second

[78] The classic history of race relations in this period is C V Woodward, *The Strange Career of Jim Crow* (2nd edn, Oxford University Press, 1966). For a short but eloquent and influential description of the social meaning and practical effect of racial segregation in the south, see C L Black, Jr, 'The Lawfulness of the Segregation Decisions' (1960) 69 *Yale Law Journal* 421.
[79] See M J Klarman, *From Jim Crow to Civil Rights: The Supreme Court and the Struggle for Racial Equality* (Oxford University Press, 2004).
[80] *Brown v Board of Educ*, 347 US 483 (1954). For histories of *Brown* and of the litigation leading to it, see R J Cottrol, R T Diamond and L B Ware, *Brown v. Board of Education: Caste, Culture, and the Constitution* (University Press of Kansas, 2003); R Kluger, *Simple Justice: The History of Brown v. Board of Education and Black America's Struggle for Equality* (Vintage Books, 1977); L A Powe, Jr, *The Warren Court and American Politics* (Harvard University Press, 2000) 27–74.
[81] For a history of the black civil rights movement, see T Branch, *Parting the Waters: America in the King Years 1954–63* (Simon & Schuster, 1988). For the argument that this movement had autonomous roots and was neither triggered nor inspired by the Supreme Court's school desegregation decisions, see G N Rosenberg, *The Hollow Hope: Can Courts Bring About Social Change* (University of Chicago Press, 1991) 107–69. For the civil rights movement viewed through the lens of its effect on the Supreme Court, see Powe, above n 80 at 157–238, 272–302.

reconstruction' is associated with the 1960s and did its greatest work then, but it began earlier and lasted longer.

Congress again passed major Civil Rights Acts, this time with means of enforcement that intruded deeply into the workings of state government. The Civil Rights Act of 1964 and the Fair Housing Act of 1968 prohibited private discrimination in employment, housing and places of public accommodation,[82] over the objection that discrimination was a matter of local social relations properly subject only to state and local regulation. Title VI of the 1964 Act prohibited racial discrimination in any programme or activity that received federal funds,[83] and, thanks to the Sixteenth Amendment (income tax) and expansive interpretations of the federal spending power, every public school in America, and many other state and local programmes, receives federal funds. More aggressive judicial decrees, combined with credible threats to cut off the flow of federal funds to state and local governments, broke the back of massive resistance to desegregation.[84]

To these forces add the power of black voters. The Voting Rights Act of 1965[85] enacted an irrebuttable presumption that unusually low voter registration rates meant that racial minorities had been prevented from registering. In the states affected by the presumption, which included the whole south, the Act sent federal voting registrars into every courthouse to register voters, it suspended literacy tests (which had long been discriminatorily administered) and it required that every change in state and local voting law be approved by the federal executive or a federal court before it took effect.[86] Once the Voting Rights Act empowered millions of black southerners to vote, segregationist politicians changed their positions on race relations with remarkable speed. The Supreme Court upheld all these laws over claims that they exceeded the scope of Congress's delegated powers and violated states' rights.[87]

The Supreme Court also vastly expanded many other constitutional rights in this period, especially those pertaining to speech, religion, criminal procedure and voting rights.[88] It reinvigorated the surviving civil rights legislation enacted by the Reconstruction Congresses.[89] These lines of cases

[82] See 42 USC § 2000a *et seq* (2000) (public accommodation); 42 USC § 2000e *et seq* (2000) (employment); 42 USC § 3601 *et seq* (2000) (housing).
[83] 42 USC § 2000d *et seq* (2000).
[84] See Rosenberg, above n 81 at 42–57.
[85] 42 USC § 1973 *et seq* (2000).
[86] For analysis of the successive Voting Rights Acts and the more complex problems of race and districting to which the later Acts were addressed, see Samuel Issacharoff, 'Polarized Voting and the Political Process: The Transformation of Voting Rights Jurisprudence' (1992) 90 *Michigan Law Review* 1833.
[87] See Powe, above n 80 at 234–37, 260–65.
[88] *Ibid* at 239–444.
[89] *Ibid* at 299–300; T Eisenberg, *Civil Rights Legislation: Cases and Materials* (4th edn, Michie, 1996) 65–191, 789–849.

had important applications unrelated to race, but many decisions within these lines were part of the coordinated assault on racial subordination. Free speech rights were essential to the black civil rights movement[90]; biased or sham trials without defence lawyers were a method of racial control in much of the south.[91] Even restrictions on government aid to private religious schools reduced the means of white flight from desegregated public schools.[92] Much of the work of the Warren Court is best understood as bringing outlier states and regions into compliance with national norms, and of course the south was the principal outlier.[93]

Once again, the lesson was that liberty required a federal government powerful enough to overcome organised resistance in the states. But this time, the focus was on civilian powers, not military power. The enormous growth in federal revenue and the resulting federal subsidies of many state functions provided essential leverage over recalcitrant state and local governments. National economic integration and broad interpretation of the power to regulate interstate commerce provided federal regulatory authority to reach private discrimination in substantially all domains of economic activity. Growth in the size, scope and variety of federal programmes made the federal government much more of a physical, political and bureaucratic presence in every state.

Nor did the federal government have to act alone; the black population was far more educated, more economically independent, more politically influential, than in the late nineteenth century, and it produced a generation of gifted leaders. The black civil rights movement took the lead; the Kennedy Administration committed itself to civil rights only after the movement's initial successes and the violent response made it impossible to do otherwise. And there was less resistance to overcome. There were bitter enders in the south, but there were also many white southerners ready to change and some who saw that economic progress depended on resolution of the region's race problem. The presidential leadership of a southern Democrat, Lyndon Johnson, was central to enactment of the modern Civil Rights Acts. Many forces came together to make possible progress that had long seemed unattainable.

[90] See Powe, above n 80 at 272–85, 303–10, 491; Laycock, above n 68 at 1720–22.
[91] See R Kennedy, *Race, Crime, and the Law* (Pantheon Books, 1997) 94–108, 168–80; Powe, above n 80 at 379–88.
[92] See D Laycock, 'The Underlying Unity of Separation and Neutrality' (1997) 46 *Emory Law Journal* 43 at 61–62 (reviewing the public-school desegregation claim presented but not decided in the period's leading case on government financial aid to private religious schools).
[93] See Powe, above n 80 at 489–94.

## Backlash and Reaction

The 1960s were a time of rapid change on many issues, not just civil rights. It was inevitable that so much change in such a short time would produce a reaction. Both change and reaction were greatest in the south.

Southern whites had voted overwhelmingly for Democrats ever since Republicans inflicted the Civil War on their ancestors. Thus from 1932 on, the Democratic Party had included blacks pushing for civil rights and southern whites defending segregation and racial subordination. The second reconstruction stretched this unsustainable coalition beyond endurance. Barry Goldwater, a Republican too conservative for his time, carried five states in the deep south in 1964 and nothing else save his home state of Arizona. In 1968, Richard Nixon ran a 'southern strategy' for the Republicans and George Wallace, the segregationist governor of Alabama, ran as a third party candidate.[94] In the 11 states of the old Confederacy, Nixon carried five states, Wallace carried five, and the Democrats carried only Texas. From that point on, starting at the top of the ticket and gradually working all the way down, the south moved from the Democratic column to the Republican.[95]

This was perhaps the most important step in a general realignment of American politics. (The other essential step was the increasing sophistication of computerised gerrymanders of legislative districts, which has largely eliminated competitive two-party districts.)[96] Conservative Democrats and liberal Republicans largely disappeared from American political life. Republicans became more purely the party of the right, Democrats more purely the party of the left. Independently of that realignment, the centre of debate moved steadily to the right.

Racial issues have figured prominently in this history, because they are central to the story of liberty and federalism in the United States. But race was only one source of the nation's swing to the right in the late twentieth century. There was a more general reaction to the civil disorder of the 1960s and to rising crime and welfare rates. The Vietnam War left the nation deeply divided on issues of when and how to use military force. The sexual revolution and the abortion controversy left the nation deeply divided over the government's role in issues of sexual morality. Nominal tax rates in the higher income brackets reached absurd levels (91 per cent

[94] See Schlesinger, above n 2, vol 9 at 3563–702 (election of 1964); *ibid* at 3703–865 (election of 1968). For maps, see *Images*, above n 2 at http://teachpol.tcnj.edu/amer_pol_hist/thumbnail452.html (1964) and http://teachpol.tcnj.edu/amer_pol_hist/thumbnail469.html (1968). For a popular account of Nixon's southern strategy, see R Murphy and H Gulliver, *The Southern Strategy* (Charles Scribners Sons, 1971).

[95] See J M Glaser, *Race, Campaign Politics, and the Realignment in the South* (Yale University Press, 1996).

[96] See S Issacharoff, 'Gerrymandering and Political Cartels' (2002) 116 *Harvard Law Review* 593 at 620–30.

before the Kennedy tax cuts in 1963) and in addressing that issue, Republicans found they could run on a programme of perpetual tax cuts.[97] A revival of conservative Christian religious faith alarmed liberal believers and non-believers alike. For all these reasons and others less obvious, the political pendulum is in a long-term swing to the right. In 2000, by the thinnest of margins, conservative Republicans acquired control of all three branches of the federal government for the first time since 1928.

Liberals and conservatives in the United States have distinct but overlapping understandings of liberty. Both left and right have an unfortunate human propensity to value the liberty of persons with whom they sympathise more than the liberty of those with whom they seriously disagree. Republican judges expanded some liberties and shrunk others, in irregular patterns, but on the whole they took a distinctly narrower view of the rights of racial minorities and of many of the liberties that the Warren Court had expanded.

This swing to the right has, of course, also affected issues of federalism. Like the eighteenth century Anti-Federalists and the nineteenth century Democrats, Republicans today say the federal government is too big and the states are endangered. But on that issue, the centre of debate has moved far in the direction of federal power, perhaps irreversibly. Conservative control of the federal government has not visibly shrunk the federal government; to the contrary, conservative Republicans seem as eager as liberal Democrats before them to impose their policy preferences on dissenting states.

Conservative control has produced a series of Supreme Court decisions now referred to as the 'federalist revival,'[98] or the 'antifederalist revival' by its more rhetorically determined critics.[99] This is the first sustained judicial effort to restrain federal power since the Court abandoned such efforts in 1937. It is impossible to know how far the Supreme Court will go with this effort, but with one exception, I agree with those who say that so far the changes are more symbolic than substantial.[100]

[97] See S D Pollack, *Refinancing America: The Republican Antitax Agenda* (State University of New York Press, 2003). For the highest marginal rates over time, see *ibid* at 222.
[98] The phrase first appears in Westlaw's database of legal texts and periodicals in B Friedman, 'The Turn to History' (1997) 72 *New York University Law Review* 928 at 953. For analysis, see eg, S A Law, 'In the Name of Federalism: The Supreme Court's Assault on Democracy and Civil Rights' (2002) 70 *University of Cincinnati Law Review* 367; V C Jackson, 'Federalism and the Uses and Limits of Law: *Printz* and Principle?' (1998) 111 *Harvard Law Review* 2180.
[99] This phrase first appears in K Sullivan, 'Dueling Sovereignties: *U.S. Term Limits, Inc. v. Thornton*' (1995) 109 *Harvard Law Review* 78 at 80.
[100] See eg, M Tushnet, 'Alarmism Versus Moderation in Responding to the Rehnquist Court' (2003) 78 *Indiana Law Journal* 47; R H Fallon, Jr, 'The "Conservative" Paths of the Rehnquist Court's Federalism Decisions' (2002) 69 *University of Chicago Law Review* 429; E A Young, 'Two Cheers for Process Federalism' (2001) 46 *Villanova Law Review* 1349 at 1373–80. These assessments are, of course, strengthened by this Term's decisions upholding

The exception is the Court's reinterpretation of section 5 of the Fourteenth Amendment. I described above how the Reconstruction Congresses carefully created multiple independent means of enforcing the new rights created by the constitutional amendments they proposed. Section 1 of the Fourteenth Amendment created judicially enforceable, self-executing constitutional rights. Section 5 authorised Congress to enforce those rights by appropriate legislation.

In *City of Boerne v Flores*,[101] the Supreme Court held that this Congressional enforcement power is limited to the judicial interpretation of the underlying constitutional rights and to an ill-defined range of prophylactic measures that are 'proportional' to, and 'congruent' with, the underlying right as judicially defined. *Boerne* itself invalidated a statute protecting religious liberty, provoking protest among the religious right but little concern on the left. But the left has condemned subsequent applications of *Boerne* to statutes protecting against discrimination on the basis of age and disability.[102] I and others have debated these cases elsewhere,[103] and reviewing those arguments here would require far too many details of current American legal doctrine.

In very broad overview, I believe that *Boerne* and its progeny are the most important cases so far in the federalist revival because they remove a structural element of the Civil War settlement. Section 5 of the Fourteenth Amendment, and its parallels in the other Amendments, was a deliberate commitment to independent enforcement authority in both Congress and the courts, for fear that neither body could fully be trusted to do the job.

three federal statutes against claims that they exceeded Congressional power. *See Tennessee v Lane*, 541 U.S. 509 (2004) (permitting damage actions against state by disabled litigants unable to enter courthouses in wheelchairs); *Sabri v United States*, 541 U.S. 600 (2004) (upholding criminal conviction for bribing official of a state agency that receives federal funds, without requiring a showing that the bribe affected the use of the federal funds); *Tennessee Student Assistance Corp v Hood*, 541 U.S. 440 (2004) (upholding power of federal bankruptcy courts to discharge debts owed to states).

[101] 521 US 507 (1997). The city's name is pronounced 'Bernie.'

[102] See *Board of Trustees v Garrett*, 531 US 356 (2001) (Title I (employment) of Americans with Disabilities Act); *Kimel v Florida Board of Regents*, 528 US 62 (2000) (Age Discrimination in Employment Act). But see *Tennessee v Lane*, 541 U.S. 509 (2004), upholding a complaint, under Title II of the Americans with Disabilities Act, that courthouses are inaccessible to the disabled.

[103] For criticism of these decisions, see eg, E H Caminker, '"Appropriate" Means-Ends Constraints on Section 5 Powers' (2001) 53 *Stanford Law Review* 1127; R C Post and R B Siegel, 'Protecting the Constitution from the People: Juricentric Restrictions on Section Five Power' (2003) 78 *Indiana Law Journal* 1. For praise, see eg, D P Currie, 'RFRA' (1998) 39 *William & Mary Law Review* 637; M A Hamilton and D Schoenbrod, 'The Reaffirmation of Proportionality Analysis under Section 5 of the Fourteenth Amendment' (1999) 21 *Cardozo Law Review* 469. For my views, see the two articles above n 75; see also D Laycock, 'Federalism as a Structural Threat to Liberty' (1998) 22 *Harvard Journal of Law and Public Policy* 67. My own judgment may be suspect; I represented the losing side in *Boerne*. I took the case because I thought it was important and my view on that question has not changed.

Part of the genius of separation of powers is that any branch of government can use its powers to protect liberty, and suppression of liberty generally requires at least the acquiescence of all three branches of government. Thus, the enforcement problem facing Congress in 1866 was just an especially severe example of the general problem of protecting liberty, and the provision for independent enforcement mechanisms was a special application of the general American solution of separation of powers.

*Boerne* holds that the judiciary can invalidate the other branches' efforts to enforce individual rights, not because they interfere with some competing individual right but simply because the Supreme Court thinks they go too far. In an important range of cases, the Court claims the power to set the ceiling on liberty as well as the floor. The full impact remains to be seen, partly because no one knows how far the Court will go, and partly because Congress can still do much to protect liberty, even as against the states, under its powers to regulate interstate commerce and to put conditions on the grant of federal funds.

Sustained conservative control of the federal government could reverse the political valence of federalism.[104] This has happened before, and not only in the transition caused by the Civil War. After reconstruction, the Republican Party gradually became the party of big business, and the Supreme Court's understanding of liberty came to focus on economic liberty; most of its decisions defining and enforcing individual rights were decisions protecting business from economic regulation. The early twentieth century Progressives saw their economic regulation repeatedly struck down by federal courts in the name of individual liberty, so the Progressives and Franklin Roosevelt's New Dealers came to see judicial enforcement of individual rights in general, and the federal courts in particular, as the enemy.[105]

After 1937, the Supreme Court became quite tolerant of economic regulation and turned its attention to non-economic personal rights and to racial equality. For a generation or more after 1937, those seeking to expand the scope of liberty looked to the federal government to protect personal liberty against the states, and many of those appealing to states' rights were protecting their power to abuse and oppress large parts of their state population. And this set of relationships fit into a much longer story about racial progress, from the Civil War forward. Such long entrenched perceptions are slow to change but change does come.

This change of perception began in the late 1970s, with emphasis on the power of state judges to interpret state constitutional rights more broadly

[104] See L A Baker, 'Should Liberals Fear Federalism?' (2002) 70 University of Cincinnati Law Review 433 (answering that they should not).
[105] See W G Ross, *A Muted Fury: Populists, Progressives, and Labor Unions Confront the Courts 1890–1937* (Princeton University Press, 1994).

than federal judges interpreted the corresponding federal constitutional right.[106] Each American state has its own Constitution and Bill of Rights, but these rarely mattered during the aggressive expansion of federal constitutional rights in the Warren Court years. Today, most state judges are well aware of their power to independently interpret their state Constitutions. Many state judges of course agree with the generally conservative federal judges but some do not. Some states have developed a substantial body of independent state constitutional law and some of this law protects individual liberty more extensively than corresponding federal law.[107] The most systematic example is public school finance. The Supreme Court rejected federal constitutional challenges to the egregiously unequal consequences of heavy reliance on local property taxes to fund public education.[108] But many state courts have found violations of various state constitutional provisions guaranteeing equal protection of the laws or making education a state responsibility.[109] These decisions have had some effect in reducing inequality of expenditure; they have had much less effect in reducing inequality of educational outcomes. But there is little reason to think the federal courts could have done any better.

Some state governments are now well to the left of the federal government. Legislative policy differences most commonly show up in economic policy, with Congress reducing federal regulation of business and some states increasing state regulation of business or state protection of consumers.[110] Some states have sought to create new individual liberties that the federal government would like to suppress; examples include same-sex marriage, medical use of marijuana, assisted suicide for terminally ill patients and issues at the margins of federal protection for abortion.[111]

States are likely to win such battles only when the federal government is sufficiently indifferent that it leaves the question to the states[112]; (this

[106] The seminal article is W J Brennan, Jr, 'State Constitutions and Protection of Individual Rights' (1977) 90 *Harvard Law Review* 489. For a more recent analysis, see L Friedman, 'The Constitutional Value of Dialogue and the New Judicial Federalism' (2000) 28 *Hastings Constitutional Law Quarterly* 93.
[107] See J Friesen, *State Constitutional Law: Litigating Individual Rights, Claims and Defenses* (3rd edn, Lexis, 2000).
[108] *San Antonio Independent School District v Rodriguez*, 411 US 1 (1973).
[109] See A Lukemeyer, *Courts as Policymakers: School Finance Reform Litigation* (LFB Scholarly, 2003); D S Reed, *On Equal Terms: The Constitutional Politics of Educational Opportunity* (Princeton University Press, 2001); M H Bosworth, *Courts as Catalysts: State Supreme Courts and Public School Finance Equity* (State University of New York Press, 2001).
[110] See the discussion of federal pre-emption of state law in E A Young, 'The Rehnquist Court's Two Federalisms' (2004) 83 *Texas Law Review* 1.
[111] S R Klein, 'Independent Norm Federalism in Criminal Law' (2002) 90 *California Law Review* 1541 at 1560–69, 1584–90; Law, above n 98 at 408–21.
[112] A recent decision enjoining federal interference with Oregon's law on assisted suicide was based on the federal executive's lack of authority from Congress, not on any lack of constitutional power to regulate. *Oregon v Ashcroft*, 368 F. 3d 1118 (9th Cir. 2004), cert. granted sub nomo *Gonzales v Oregon*, 125 S. Ct. 1299 (2005).

prediction will be quickly tested—the Supreme Court has agreed to decide whether Congress can prohibit cultivation and possession of marijuana for the grower's own medical use or for free distribution for medical use.)[113] The Supreme Court's efforts to identify some limits on federal power—some gaps in the things Congress can regulate—are not likely to match up very well with the points on which some states disagree with the federal government. A federal government powerful enough to override resistance to racial justice in the deep south in the 1960s is probably powerful enough to override state resistance on any other issue as well, provided that the federal government is seriously committed and that its three branches are reasonably united on the issue. Once released, the genie of federal power is hard to put back in the bottle.

## Conclusion

I have run very quickly through nearly 400 years of American history. Lengthy books have been written about individual paragraphs and even sentences in this chapter, and I have tried to cite a few of them. Overview risks errors and guarantees simplification, but it is useful for revealing large patterns.

The large pattern here is that there is no right federal structure for the protection of liberty. First, Americans feared abuses from the centre; then they strengthened the centre to control abuses in the components. If the centre is too weak, the components may be horrendous abusers of human liberty with no one to stop them. But if the centre is too strong, it may become an equally horrendous abuser of liberty, with no one to stop it.

In the United States, the unique experience of slavery and its long-lasting consequences have made the states look like the principal risk for most of our national history. But there are many counter-examples. The Alien and Sedition Acts and the Fugitive Slave Act are full counter examples, with the federal government suppressing liberty and states resisting. The federal government's prosecutions of reds, pinks, war protestors and security risks, especially but not exclusively during war and the aftermath of war, are partial counter-examples; in most of those outbursts of political intolerance, state and federal governments were equally intolerant.[114] The wholly legitimate current security fears have, of course, produced abuses

[113] See *Raich v Ashcroft*, 352 F.3d 1222, 1228 (9th Cir. 2003), (holding that Congress lacks the power), *cert granted*, 124 S. Ct. 2909 (2004).

[114] For brief and readable overviews of such episodes, see G Epps, 'The Bill of Rights' (2003) 82 *Oregon Law Review* 517; G R Stone, 'Civil Liberties in Wartime' (2003) 28 *Journal of Supreme Court History* 215.

and overreactions and drawn political opposition, and some of that opposition has come from states and cities under Democratic leadership.

Two of my colleagues think that defenders of state autonomy should at last be relieved of the stigma of racist policies that state power so often served in the past.[115] They think the federal floor under constitutional rights is now so settled that the history reviewed in this chapter is no longer relevant to decisions about federalism. I am not so sanguine. Arguments about states' rights and federalism prevented enforcement of those rights for many decades.[116] The Supreme Court's federalism decisions have included—long before the current federalist revival—a vast array of technical and low visibility doctrines that make enforcement of federal rights more difficult.[117] Current debates and litigation over the meaning of racial justice,[118] and political attitudes towards crime, poverty and other issues with racial overtones, suggests that despite extraordinary progress, America's race problem is not yet entirely solved. And a look at the electoral map suggests that it has not entirely lost its regional dimension.[119]

I know from many conversations that my bottom-line differences with my younger colleagues are modest. I would not dismantle the states and they would not dismantle the federal government. But we have different intuitions and experiences that affect our judgment about where the balance should be struck and where the balance actually is struck today. Our difference in age is no doubt part of the explanation; I came of age at the height of the second reconstruction, when federalism arguments were the last refuge of racists and scoundrels. I think it far too soon to treat that history as irrelevant.

Defenders of liberty would like the power and responsibility to be placed with the branch or level most likely to protect liberty, and least likely to abuse it. James Madison thought that small units were more likely to oppress their minority groups, because they would be more homogenous and more easily dominated by a single faction.[120] There is something to that even today, but it is at most a tendency and perhaps a weaker tendency in an age of instantaneous mass communication. If there is any single central idea in American political theory, it is that all power must be

[115] Baker and Young, above n 3 at 143–49.
[116] See above n 71 *et seq.*
[117] See eg, J Resnik, 'Constricting Remedies: The Rehnquist Judiciary, Congress, and Federal Power' (2003) 78 *Indiana Law Journal* 223; D Laycock, 'Federal Judicial Interference with State Prosecutions: The Case for Prospective Relief' (1977) *Supreme Court Review* 193.
[118] Compare eg, *Grutter v Bollinger*, 539 US 306 (2003) (upholding limited preferences for minority applicants to University of Michigan Law School), with *Hopwood v Texas*, 78 F. 3d. 932 (5th Cir. 1996) (forbidding any such preferences at the University of Texas Law School). *Grutter,* of course, overrules *Hopwood.*
[119] Above n 2.
[120] *Federalist* No 10 (1788), available in A Hamilton, J Jay and J Madison, *The Federalist* (Liberty Fund, 2001) 42.

checked because all power will eventually be abused. Both the centre and the components will behave badly on occasion. Even if the components behave badly more often than the centre, the centre can do far more harm than any one component.

The American approach to solving this problem is partly designed and partly evolved beyond anyone's design. The federal government has power that is generally adequate, when it chooses to exercise it, to protect constitutional rights against the states. The states do not have remotely adequate power to protect constitutional rights against the federal government. These two propositions go together; in cases of direct confrontation, only one level can be empowered to prevail over the other. I am sceptical of the federalist revival because I think the Supreme Court has far more capacity, and somewhat more inclination, to cripple federal power to protect liberty against the states than to create any effective state power to protect liberty against the federal government. The current federalist revival is not the solution to protecting liberty against the federal government.

Centralised power sufficient to protect liberty against the states is also sufficient to abuse liberty throughout the nation. One means of protecting against the risk of abuse by the federal government is separation of powers and judicially enforceable constitutional rights. But if a government of abusers could appoint the judges over a sustained period that protection would fail.

What is left is ordinary politics; the people must protect their own liberties. And in that effort, the independent political existence of states can be a substantial help in organising political opposition. If the federal government were to become seriously oppressive, it could only be because a majority of the people had elected a set of officials inclined to oppression. The role of federalism would not be that states could nullify bad federal decisions, but it might be that states could provide an alternate base of political power and offer leaders who could rouse the people to vote out the oppressors.

Americans more than most peoples have relied on structural solutions to prevent the abuse of power. Structural solutions can help immensely, but no structural solution can solve all the problems of government. In the end, as the struggles of nascent democracies vividly remind us, the people must care about liberty enough to preserve it. It may or may not be an exaggeration to say that 'Eternal vigilance is the price of liberty.'[121] But it is certainly no exaggeration to say that 'Liberty lies in the hearts of men and women; when it dies there, no Constitution, no law, no court can save

[121] Wendell Phillips, *Speeches Before the Massachusetts Anti-Slavery Society* (Robert F Wallcut, 1852) 13. The thought, but not the pithy formulation, appeared in a 1790 speech in Dublin by John Philpot Curran; J Bartlett, *Bartlett's Familiar Quotations* (17th edn, Little Brown, 2002) 366. The theme that democracies must mistrust power goes back to Demosthenes.

it.'[122] No particular structure of federalism can save it either. But so long as some critical mass among the people retains some desire to work for the preservation of liberty, federalism and separation of powers can help give them a place from which to work.

[122] Learned Hand, 'The Spirit of Liberty,' in *The Spirit of Liberty: Papers and Addresses of Learned Hand* (3rd edn, University of Chicago Press, 1960) 189, 190.

# 8

# *Judicial Federalism and the European Court of Justice*

TAKIS TRIDIMAS*

## INTRODUCTION

At the beginning of the new millennium, the European Union finds itself in a constitutional turmoil. Over the last 25 years, there have been eight major constitutional revisions, which include four waves of accession, bringing the total number of Member States to 25,[1] and four substantive revisions of the founding treaties.[2] We face the prospect of further constitutional changes with the formal submission of the draft Treaty establishing a Constitution for Europe in July 2003.[3] There is no nation state which has had its Constitution revised so frequently in such a short period of time. This constant need for revision and adjustment reflects the quest for optimal structures, procedures and rules to make the project of European integration workable and sustainable, but also, equally importantly, the quest for Union legitimacy.

The purpose of this chapter is not to examine the Constitutional Treaty but to highlight the contribution of the European Court of Justice (ECJ) to the building of the European edifice by examining recent trends in the case law. It first examines the evolution of the Court to the Supreme Court of the EU and outlines trends in the broader sphere of judicial protection. It then proceeds to examine recent developments in the case law on human rights, Community competence and state liability in damages.

* Sir John Lubbock Professor of Banking Law, Queen Mary College London.

[1] Greece acceded to the Communities in 1981; Spain and Portugal in 1986; Austria, Finland and Sweden in 1995; the latest accession took place on 1 May 2004 following the signature of the Treaty of Accession in Athens on 16 April 2003. The new states are Cyprus, Czech Republic, Estonia, Hungary, Latvia, Lithuania, Malta, Poland, Slovakia and Slovenia.

[2] These are the Single European Act (1986), the Treaty on European Union (1992), the Treaty of Amsterdam (1997) and the Treaty of Nice (2001).

[3] The Treaty was adopted by the Convention on the Future of Europe on 13 June and 10 July 2003 and submitted to the President of the European Council in Rome on 18 July 2003; It was adopted by the European Council on 17/18 June 2004.

## The ECJ as the Supreme Court of the Union

European integration in post-war Europe owes much to the judiciary. Since the 1960s, the European Court of Justice has set in motion a process towards the constitutionalisation of the Treaties,[4] building up a 'constitutional doctrine by the common law method'.[5] Through the principles of primacy and direct effect, and assisted by the preliminary reference procedure, the ECJ has facilitated a re-allocation of powers at three levels: first, at supranational level, from the governments of the Member States to the institutions of the Community; secondly, at national level, from the executive and the legislative branches of government to the judiciary; and thirdly, within the national judiciary itself, from the national courts of last instance to lower national courts. The preliminary reference procedure has projected the ECJ as an alternative source of judicial authority vis-à-vis the national courts of final instance, thus emancipating lower courts from the obligation, or at least the pressure, to follow the rulings of higher courts.[6]

A prominent feature of the changing constitutional landscape is that the ECJ is increasingly assuming the role of the Supreme Court of the EU. It has a central role to play not only in relation to matters of economic integration but also in deciding issues of political governance, defining democracy and human rights and contributing through the process of judicial harmonisation to the emergence of a European *demos*. This constitutional jurisdiction of the ECJ is not new but has acquired more importance in recent years as a result of both external factors, ie influences and developments emanating from outside the ECJ, and internal factors, ie the court's own case law.

The gradual but steady increase of Union competences and the development of the EU into a system of government which, in some respects, rivals the nation state, have led the ECJ to acquire jurisdiction on a wide variety

[4] The term 'constitutionalisation' is used here to signify the process by which the EC Treaties have asserted their normative independence vis-à-vis the Member States and evolved into the founding charter of a supranational system of government. Under this process, Community law and national law are no longer viewed as separate legal orders but as tiers of the same order operating under an overarching system of principles and values. Judge Timmermans identifies the following key developments in this process: (a) the characterisation of the Community as an autonomous legal system which is integrated to the national legal systems but retains its own distinct features (see Case 26/62 *Van Gend en Loos* [1963] ECR 1); (b) the establishment of primacy and direct effect; (c) the extrapolation from national laws of general principles of law and fundamental rights which govern both Community and Member State action; and (d) the elaboration of principles and rules governing remedies for the protection of Community rights in the national legal systems; see C Timmermans, 'The Constitutionalisation of the European Union' (2002) 21 *Yearbook of European Law* 1.

[5] See R A Posner, *Law and Legal Theory in the UK and USA* (Oxford, 1996) 14.

[6] See also T Tridimas, 'Knocking on Heaven's Door: Fragmentation, Efficiency and Defiance in the Preliminary Reference Procedure' (2003) 40 *Criminal Law Review* 9. This shift of power is enhanced by Case C-224/01 *Köbler v Austria*, judgment of 30 September 2003, discussed below n 66 and accompanying text.

of diverse areas. The ECJ may be called upon to pronounce on issues which pertain to the allocation of power between the EU and the Member States, or have a bearing on a national policy of considerable electoral resonance,[7] or have important financial repercussions,[8] or relate to the hard-core of national sovereignty.[9] The tendency towards formalisation of Community law, discussed below,[10] and the proliferation of texts of a constitutional nature have also led to a broadening of the jurisdiction of the ECJ.

Notably, although the ECJ was not one of the central themes of the Convention on the Future of Europe, the Constitutional Treaty enhances the court's jurisdiction in matters of governance. The ECJ will have a defining role to play in interpreting the new provisions of Part I of the Constitution and ascertaining, inter alia, the division of competence between the EU and the Member States, inter-institutional relations and the application of the principle of subsidiarity. Furthermore, the incorporation of the Charter on Fundamental Rights into the Constitution will add a new parameter to the judicial enforcement of human rights at Union level. The Charter may be seen as a noble endeavour to provide an epigrammatic definition of European ideology but, as a product of political compromise, it contains principles and aspirations which are insufficiently concrete and suffers from drafting deficiencies. It will be left to the ECJ to untangle these problems and, ultimately, determine the relevance of the Charter. The proposed Constitution also enhances review of constitutionality of legislation by granting to the ECJ jurisdiction to annul legislative acts.[11] Although the Court always had the power to annul measures of general application, such as regulations and directives, there is a qualitative difference in that the Constitution provides, for the first time, for a more cogent hierarchy of norms and draws an express distinction between legislative and non-legislative acts. Legislative acts remain subject to review by the ECJ despite the fact that the democratic input in their adoption is significantly increased through the co-decision procedure.[12]

[7] See eg, Case C-157/99 *Garaets-Smits* [2002] 2 CMLR 21 (free movement of healthcare services).

[8] See eg C-262/88 *Barber v Guardian Royal Exchange* [1990] ECR I-1889 (pension funds); Case C-415/93 *Bosman* [1995] ECR I-4921 (transfers of football players).

[9] See eg Case C-285/98 *Kreil* [2000] ECR I-69; Case C-186/01 *Dory v Germany*, judgment of 11 March 2003 (application of sex equality law to the armed forces); Case C-159/90 *SPUC v Grogan* [1991] ECR I-4685 (prohibition of abortion); Case C-120/94 *Commission v Greece ('FYROM' case)* [1996] ECR I-1513 (powers of Greece to impose an embargo on trade with the former Yugoslav Republic of Macedonia).

[10] See below n 15 and accompanying text.

[11] See also P Craig, 'The Hierarchy of Norms' in T Tridimas and P Nebbia (eds), *EU Law for the 21st Century: Rethinking the New Legal Order* (Oxford, Hart Publishing, forthcoming 2004).

[12] The co-decision procedure is extended to some new areas and elevated to the ordinary legislative procedure; see Art I-34(1) of the Constitution.

In addition to the external factors mentioned above, the ECJ itself, through its case law, has contributed much to the constitutionalisation of its jurisdiction. Thus, in recent years, the ECJ has expanded substantially its human rights jurisdiction. Also, through the elaboration of the principles of primacy and direct effect, the case law has developed the doctrine of state liability in damages and has, at least partially, colonised the national law of remedies. Indeed, one of the most remarkable developments in the case law is the way the ECJ has derived from the general principle of primacy specific duties on national courts to provide for full end effective protection of Community rights. More generally, the ECJ has understood its jurisdiction very broadly, viewing the national and the Community legal orders not as separate systems but as different tiers of the same legal order.[13] The ECJ extends its franchise by encouraging the application of Community norms even to situations which fall outside the scope of Community law, thus encouraging the indirect influence of Community law and the emergence of a *jus communae europeum*.[14]

## TRENDS IN JUDICIAL PROTECTION

One could identify three trends in the broader field of EU judicial protection which, although diverse in their origin, form part of the wider constitutional framework within which the draft Constitution has emerged. These trends can be referred to as respectively as formalisation, equivalence and selective deference.[15]

Formalisation refers to the tendency to provide for the express declaration and entrenchment of rights in constitutional texts. This trend began with the Treaty on European Union, which, for the first time, enshrined respect for fundamental rights at Treaty level and provided expressly for fundamental constitutional doctrines, such as the principles of attribution of powers, subsidiarity and proportionality.[16] Another prime example is

[13] A prime example of this is the duty of consistent interpretation laid down in Case C-106/89 *Marleasing* [1990] ECR I-4135. For more recent applications of the principle see eg, C-456/98 *Centrosteel Srl v Adipol GmbH*, judgment of 13 July 2000; Joined Cases C-240 to C-244/98 *Océano Grupo Editorial SA v Rocío Murciano Quintero* and *Salvat Editores SA v Sánchez Alcón Prades and Copano Badillo* [2000] ECR I-4941.

[14] This is evident especially in the *Dzodzi* line of case law where the ECJ accepts jurisdiction under the preliminary reference procedure to interpret Community law where it applies not by virtue of the EC Treaty but by virtue of national law; see eg, Joined Cases C-297/88 and C-197/89 *Dzodzi v Belgian State* [1990] ECR I-3763, and more recently Case C-267/99 *Adam v Administration de l'nregistrement et des domaines*, judgment of 11 October 2001, Case C-1/99 *Kofisa Italia* [2001] ECR I-207.

[15] See also T Tridimas, 'Judicial Review and the Community Judicature: Towards a New European Constitutionalism?' in J Wouters and J Stuyck (eds), *Principles of Proper Conduct for Supranational, State and Private Actors in the European Union: Towards a Ius Commune, Volume in Honour of Professor W. Van Gerven* (Leuven, Intersentia, 2001) 71–83.

[16] See Art 6 Treaty on European Union, and Art 5 EC Treaty.

provided by the adoption of the Charter for the Protection of Fundamental Rights, which now forms Part II of the draft Constitution. The Constitution itself represents the culmination of this tendency towards formalisation.

Although the above developments have been based to some extent on diverse political motives and serve a variety of objectives, taken together they illustrate that we live in the era of legislative general principles. To a great extent, statutory recognition of individual and Member State rights illustrates the quest for Union legitimacy in the post-Maastricht era. It represents a new political awareness, a cry for participation in an era of globalisation, where sovereignty eludes the nation state. In an era of subtle but far-reaching political change, enshrinement of values in constitutional texts makes for legal certainty and historical continuity. At the heart of this new European constitutionalism lies an aspiration that we can attain a new social and political order, and that transfer of powers to supranational organisations is acceptable provided that it is accompanied by shared commitment to abstract principles imbued by liberal ideals.

It is interesting to examine in this context Articles 1 and 2 of the draft Constitution. Article 1(1), headed 'Establishment of the Union,' is instrumental in helping us to understand the function and the nature of the European Union as a supranational entity.[17] Article 1 suggests that Union legitimacy derives from a dual source, namely the citizens and the states of Europe. Whilst the second source is indisputable, one may question the extent to which the EU is based directly on the wishes of the citizens of the Member States. The project of European integration is primarily an elite-driven process. The European Community has evolved, expanded and mutated to a supranational system of government which rivals the nation state because, in the post-war years, successive governments of European states have remained firm in their belief that, at the very least, it is better to be members of the Community rather than to remain outside it. This is not to say that the citizenry has not influenced the process of integration but to illustrate that the European project has been driven primarily by the political elite. The Constitution provides no exception.

The assertion of Article 1 that the Constitution establishes the EU 'reflecting the will of the citizens' receives support from the fact that the national governments are themselves accountable to their electorates. Approval of the Constitution by the national Parliaments ensures that the wishes of the citizens are taken into account since the parliamentarians are themselves elected by the people. This logic is impeccable under the model

[17] Article 1(1) states as follows: 'Reflecting the will of the citizens and States of Europe to build a common future, this Constitution establishes the European Union, on which the Member States confer competences to attain objectives that they have in common. The Union shall coordinate the policies by which the Member States aim to achieve these objectives, and shall exercise on a Community basis the competences they confer on it.'

of representative democracy, but one may question whether it is appropriate for a document which aspires to the title of a Constitution for Europe. The claim that the Constitution derives authority from the people would be much stronger if the Constitution provided that it should be approved by referendum in each of the Member States. Instead, the Constitution, which has the form of an international Treaty, leaves the method of its ratification to the 'respective constitutional requirements' of the Member States.[18] This, it may be argued, denies it the character of a true Constitution.

Article 2 reflects the values of the EU. It declares that 'the Union is founded on the values of respect for human dignity, freedom, democracy, equality, the rule of law and respect for human rights ...' This provision encapsulates the spirit of liberal democracy. It provides ideological continuity with the constitutional traditions of the Member States and defines what the EU stands for. It doing so, it seeks to forge a common political identity but also serves as a postulation: respect for the values enshrined therein becomes a political and legal imperative both for the Union institutions and the Member States. This dual character of Article 2 provides a declaration of nascent nationhood and lays down the underpinnings for the recognition of European citizenship in subsequent provisions of the Constitution. Article 2 also defines the EU as 'a society of pluralism, tolerance, justice, solidarity and non-discrimination.' This statement, which is reminiscent of the case law of the European Court of Human Rights,[19] envisages a notion of democracy which extends beyond majoritarianism and incorporates a broad conception of human rights.

The second trend, which is prevalent in the case law of the European Court of Justice, is a trend towards equivalence. This is to say that the court increasingly subjects the Community institutions and the Member States to the same standards of scrutiny and accountability. This applies, in particular, to the liability in damages for breach of Community law.[20] It also applies, to some extent, to the fields of human rights[21] and judicial review.[22] The ECJ, in other words, increasingly views supranational and state agencies as being part of the same administration.

The third trend could be referred to as selective deference. By this, it is meant that in some areas the ECJ is content to defer to choices made at national level, uphold the powers of the Member States or leave matters to the national courts to decide. But in other areas, the ECJ is willing to pro-

[18] See Art 447(1) of the Constitution.

[19] The European Court of Human Rights has stressed that the hallmarks of a democratic society include 'pluralism, tolerance and broadmindedness'; see eg, *Smith and Grady v United Kingdom* (2000) 29 EHRR 493, judgment of 27 September 1999, para 87.

[20] Case C-352/98P *Laboratoires Pharmaceutiques Bergaderm and Goupil v Commission* [2000] ECR I-5291.

[21] See Case C-112/00 *Schmidberger*, judgment of 12 June 2003, discussed below n 36 and accompanying text.

[22] See eg, Case C-120/97 *Upjohn v Licensing Authority* [1999] ECR I-223.

vide leadership and dictate the results. Risking oversimplification, one could say that, in recent years, the court has been active and interventionist in the fields of European citizenship, human rights and remedies, but less so in the field of Community competence. The following sections discuss selected judgments in those areas.

## FROM FREE MOVEMENT TO HUMAN RIGHTS PROTECTION

One of the most remarkable judicial developments in recent years has been the gradual expansion of human rights jurisdiction of the ECJ. One way by which the court has achieved this is by interpreting broadly the scope of fundamental freedoms. According to established case law, a restriction on a fundamental freedom cannot be compatible with Community law unless it is compatible with human rights, including the ECHR, which forms an integral part of Community law.[23] It follows that, the broader the scope of application of fundamental freedoms, the further the reach of the human rights jurisdiction of the ECJ. This is aptly illustrated by the judgment in *Carpenter*.[24]

Mrs Carpenter was a national of the Philippines who had been given leave to enter the United Kingdom as a visitor for six months. She overstayed her leave and, whilst present in the United Kingdom in breach of immigration laws, married Mr Carpenter, a UK national. He was established in the United Kingdom, but a significant proportion of his business as an advertising agent was conducted with advertisers established in other Member States, where he travelled for professional purposes. Mrs Carpenter applied to the Home Office for leave to remain in England as the spouse of a UK national, but her application was refused and a deportation order was made against her on the ground that she had remained in the country in breach of the immigration laws.

Mrs Carpenter argued that she was entitled to remain in the United Kingdom under Community law on the ground that her deportation would restrict her husband's right to provide and receive cross-border services. Her argument was that, since her husband's business required him to travel around in other Member States, he could do so more easily as she was looking after his children from his first marriage. She therefore had a derivative right to remain in the United Kingdom arising from Article 49 EC.

The recognition of such a right would require a leap forward from previous case law. Mrs Carpenter's situation was different from that in

[23] See eg, Case C-260/89 *ERT* [1991] ECR I-2925, para 43; Case C-368/95 *Familiapress* [1997] ECR I-3689, para 24.

[24] Case C-60/00 *Carpenter v Secretary of State for the Home Department,* judgment of 11 July 2002.

*Singh*.[25] There, the ECJ had held that where a Community national returns to his state of origin after being established in another Member State, his spouse must enjoy at least the same rights of entry and residence as would be granted to her under Community law if he had entered and remained in another Member State.[26] In *Carpenter*, the husband had not left the national territory. He was based in the United Kingdom and simply provided services in other Member States as part of his business.

The ECJ, however, found for Mrs Carpenter. It held that, since a significant proportion of Mr Carpenter's business consisted in providing services to advertisers established in other Member States, he was covered by Article 49 EC. The separation of Mr and Mrs Carpenter would be detrimental to their family life and, therefore, to the conditions under which Mr Carpenter exercised a fundamental freedom. That freedom could not be fully effective if Mr Carpenter were to be deterred from exercising it by obstacles raised in his country of origin to the entry and residence of his spouse.[27] The ECJ then held that the decision to deport Mrs Carpenter constituted an interference with the exercise by Mr Carpenter of his right to respect for his family life within the meaning of Article 8 of the ECHR.

The remarkable aspect of *Carpenter* is that it favoured a very broad interpretation of the freedom to provide services. Its effect is to shrink the concept of a 'wholly internal situation,' which falls beyond the scope of the free movement provisions of the Treaty, to its irreducible minimum. It is also notable that there was no element of discrimination on grounds of nationality or against the provision of cross-border services. Mr Carpenter was in no way discriminated against because he was exercising a fundamental freedom. By contrast, the judgment enhances the reverse discrimination effect of Community law, ie the situation where a person who exercises the right to free movement acquires more rights vis-à-vis his Member State of origin than a person who has not exercised a fundamental freedom. Seen in this light, the provisions on free movement become a source of positive rights and not merely a form of negative integration.

The expansive interpretation of human rights continued in *Baumbast*[28] and, more recently, in *Akrich*.[29] In *Baumbast*, the ECJ held that the American wife of a French citizen working in the United Kingdom had the right to remain in the United Kingdom as the primary carer of their children

[25] Case C-370/90 *R v Immigration Appeal Tribunal and Surinder Singh, ex parte Secretary of State for the Home Department* [1992] ECR I-4265.

[26] These rights flow from Art 10 of Regulation 1612/68 and include the right of the spouses of Community migrant workers to install themselves with the Community workers, irrespective of their nationality.

[27] *Carpenter*, above n 24 at para 39.

[28] Case C-413/99 *Baumbast and R v Secretary of State for the Home Department*, judgment of 17 September 2002.

[29] Case C-109/01 *Secretary of State for the Home Department v Akrich*, judgment of 23 September 2003.

after their divorce. In reaching that conclusion, the court stressed that Regulation 1612/68 must be interpreted in the light of the requirement to respect family life laid down in Article 8 of the ECHR.[30] Further, the Court held that a citizen of the EU who no longer enjoys a right of residence as a migrant worker in the host Member State can, as a citizen of the Union, enjoy there a right of residence by direct application of Article 18(1) EC.[31] *Baumbast* is important not only for the rights of third country nationals and the application of the right to family life but also from the point of view of European citizenship. It goes further than previous judgments in that it derives enforceable rights from the provisions of the Treaty establishing the European citizenship and thus cultivates, through the recognition of social rights, the emergence of a European *demos*. The ECJ releases the potential of Article 18(1) EC by adopting a very broad interpretation of direct effect and applying a strict test of proportionality, the effect of which is to emasculate the discretion of national authorities.[32]

The right to family life also played a central role in *Akrich*. Mr Akrich, a Moroccan national, had been convicted of various offences and deported twice from the United Kingdom. He returned clandestinely and, whilst residing unlawfully, he married a UK citizen. He was deported to Ireland where his spouse had in the meantime obtained work, and applied for entry to the United Kingdom as the spouse of a Community citizen. It was not disputed that Mr and Mrs Akrich had moved to Ireland for the express purpose of subsequently exercising Community rights to enable them to return to the United Kingdom relying on the *Singh* judgment.[33] The UK authorities argued that the couple's move to Ireland was no more than a temporary absence deliberately designed to manufacture a right of residence for Mr Akrich on his return to the United Kingdom and thus evade immigration control.

The ECJ held that Regulation 1612/68 covers only freedom of movement within the Community and does not determine the right of entry into the Community of third state nationals. Thus, in order to benefit from the rights provided in Article 10 of Regulation 1612/68,[34] the national of a non-Member State, who is a spouse of a citizen of the EU, must be lawfully resident in a Member State when he or she moves to another Member State to which the citizen of the EU has migrated. The ECJ, however, took a restrictive view of abuse. It held that the motives which may have prompted an EU national to seek employment in another Member State are

[30] See *Baumbast*, above n 28 at para 72.

[31] Article 18(1) EC Treaty states as follows: 'Every citizen of the Union shall have the right to move and reside freely within the territory of the Member States, subject to the limitations and conditions laid down in this Treaty and by the measures adopted to give it effect.'

[32] See, in particular, paras 91–92 of the judgment.

[33] See above n 25.

[34] See above n 26.

not relevant in assessing the legal situation of the couple at the time of their return to the Member State of origin. The ECJ held that the decision to return cannot constitute abuse even if the spouse did not, at the time when the couple installed itself in another Member State, have a right to remain in the Member State of which the worker is a national. Abuse would exist only if the parties entered into a marriage of convenience in order to circumvent the provisions on entry and residence of third state nationals.

The ECJ also held that the powers of the Member State of origin are qualified by the right to a protected family life. Although the judgment is somewhat cryptic and leaves a number of issues unanswered, it appears to suggest that even where the third country spouse of an EU citizen is not lawfully resident in a Member State, where the couple returns to the state of origin of the EU citizen, the discretion of the authorities to refuse entry to the spouse is constrained by the need to respect family life. The net effect of the judgment is that third country spouses of Community nationals may derive from Article 8 of the ECHR an independent right to install themselves with the Community national over and above the rights granted by Article 10 of Regulation 1612/68.

## Human Rights Versus Fundamental Freedoms

In the cases discussed above, respect for human rights and the fundamental freedoms guaranteed by the EC Treaty operated as complementary and converging forces. But in other cases, human rights and fundamental freedoms may find each other on a collision course. Although there are some examples in previous case law,[35] this conflict has never been so eminently illustrated as in the recent case of *Scmidberger v Austria*.[36] The Austrian authorities allowed an environmental group to organise a demonstration on the Brenner motorway, the main transit route linking Germany to Italy, the effect of which was to close the motorway for almost 30 hours. The applicant was an international transport undertaking based in Germany, whose main activity was the transport of goods to Italy. It brought an action seeking damages against the Austrian authorities claiming that their failure to prevent the motorway from being closed amounted to a restriction on the free movement of goods.

The ECJ reiterated that Article 28 EC Treaty does not prohibit measures emanating from the state which, in themselves, create restrictions on interstate trade but applies also where a Member State abstains from adopting the measures required in order to deal with obstacles to the free movement

[35] See eg, Case C-62/90 *Commission v Germany* [1992] ECR I-2575. See also *R v Chief Constable of Sussex, ex parte International Trader's Ferry Ltd* [1999] 2 AC 418.

[36] Case C-112/00 *Schmidberger, Internationale Transporte und Planzüge*, judgment of 12 June 2003.

of goods which are caused by private parties.[37] Thus, the fact that the Austrian authorities had failed to ban the demonstration (thereby resulting in the complete closure of a major transit route) was a measure having equivalent effect to a quantitative restriction.[38] The ECJ then turned to examine whether the restriction was justified. After pointing out that fundamental rights form an integral part of the general principles of Community law, it stated that the protection of fundamental rights:

> is a legitimate interest which, in principle, justifies a restriction of the obligations imposed by Community law, even under a fundamental freedom guaranteed by the Treaty such as the free movement of goods.[39]

It then proceeded to examine how the conflicting principles should be reconciled.

The ECJ viewed the free movement of goods and the freedom of assembly and association as being of equal constitutional ranking. It pointed out that neither of the competing values is absolute and came to the conclusion that, having regard to their wide discretion, the Austrian authorities were justified in considering that the legitimate aim of the demonstration could not be achieved by less restrictive measures.[40]

*Schmidberger* gives the clearest sign yet that the ECJ takes human rights seriously and conducts itself not as the court of an economic union but as the Supreme court of a constitutional order. The reasoning of the court contrasts with that in previous cases where it readily gave the benefit of the doubt to free movement.[41] Also, in previous cases[42] it had dismissed the view that public disturbances and the risk of violence by protestors could justify protective measures. Although these cases can be distinguished on the facts, the methodology followed by the ECJ in *Schmidberger* is different. The ECJ attributed particular importance to the European Convention. It also paid homage to national laws. The judgment contains subtle but repeated references to the constitutional values of the Member States.[43] By acknowledging that fundamental freedoms are conditioned by human rights and giving priority to the latter, the ECJ honoured the constitutional expectations of the Members States. Seen against the background of rebellious judgments by national courts of last instance,

[37] See, on this issue, the earlier judgment in Case C-265/95 *Commission v France* [1997] ECR I-6959.

[38] *Schmidberger*, above n 36 at para 64.

[39] *Ibid* at para 74.

[40] *Ibid* at paras 84–93.

[41] See eg, Case C-62/90 *Commission v Germany* [1992] ECR I-2575 where the court had rejected the argument that respect for private life and the protection of medical confidentiality justified restrictions on the importation of medicinal products.

[42] See C-52/95 *Commission v France* [1995] ECR I-4443, para 38; Case C-265/95 *Commission v France* [1997] ECR I-6959, para 55; see also Case 231/83 *Cullet v Leclerc* [1985] ECR 305, para 35.

[43] See above n 36 at eg paras 70, 71, 72, 74, 76 of the judgment.

*Schmidberger* is a gesture of reconciliation and an attempt to embrace the national Constitutional Courts.

A distinct feature of *Schmidberger* is that the ECJ applied a comparatively lax standard of proportionality. Traditionally, interference with the fundamental freedoms resulting from national measures is viewed by the court as suspect and is subjected to rigorous scrutiny. In *Schmidberger*, the ECJ stressed that the competent authorities had wide discretion and made reference to the criterion of reasonableness, thus applying to national authorities a standard of scrutiny which is usually reserved to the Community institutions themselves. This is not to say that Member States now have a free hand to restrict free movement on grounds of human rights protection. The Court did examine closely the alternative options available to the Austrian authorities. It is notable, however, that the pendulum swung in favour of human rights, and that the ECJ went all the way in offering a ready-made solution to the national court rather than giving only general guidelines and leaving it to the latter to resolve the conflict.[44]

All the cases discussed above show that the ECJ attributes particular importance to the European Convention on Human Rights and is in a mood of convergence with the case law of the Strasbourg court. This tendency is countenanced by other cases.[45] A consequence of this case law is that, by applying the Convention, the ECJ in effect pre-empts any possible intervention by the Strasbourg court and reasserts its position as the Supreme Court of the EU.

## Competence and the Internal Market

In contrast to the case law on human rights, the ECJ's intervention on matters of competence is more selective. One of the main ways in which the court has traditionally influenced the development of the Community legal order and contributed towards the constitutionalisation of the Treaties has been through an expansive interpretation of Community competence. There are signs that, in recent years, this broad construction has been halted and that the court is prepared to adopt a more critical stance. In Opinion 2/94,[46] the ECJ interpreted narrowly Article 235 (now Article 308) EC Treaty, holding that the Community did not have competence to accede to the European

[44] Previous rulings of the ECJ concerning free movement and human rights have been of varied specificity. Compare Case C-260/89 *ERT* [1991] ECR I-2925; Case C-368/95 *Familiapress* [1997] ECR I-3689; *Carpenter*, above n 24.

[45] See eg, Case C-276/01 *Steffensen*, judgment of 10 April 2003. There the ECJ held that, in addition to complying with the principles of equivalence and effectiveness, national rules of procedure and remedies must comply with fundamental rights as guaranteed by the European Convention. See also more recently Case C-117/01 *KB v National Health Service Pensions Agency*, judgment of 7 January 2004, dealing with discrimination against transsexuals.

[46] Opinion 2/94 *Accession to the ECHR* [1996] ECR I-1759.

Convention on Human Rights. In the *Tobacco Advertisement Directive* case,[47] it went a step further, challenging the powers of the Community legislature in the core area of the internal market. The court annulled Directive 98/43 prohibiting the advertisement and sponsorship of tobacco products[48] on the ground that it provided for excessive regulation and fell beyond the scope of Article 100a (now Article 95) EC Treaty. The ECJ gave for the first time a narrow interpretation to that provision. It held that the Community legislature has power to adopt measures which are intended to improve conditions for the establishment and functioning of the internal market, but is not vested with a general power to regulate it.[49]

The judgment reversed a long trend towards the expansive interpretation of Community competence and made clear that the powers of the Community institutions are finite: Community legislation may supplement but not replace state regulatory intervention. By drawing the distinction between the Community as a facilitator of free trade and as a regulator, the judgment circumscribed the limits of supranational intervention and asserted the regulatory power of the nation state.

The comparatist may hear in the *Tobacco Advertisement* case echoes of the US Supreme Court judgments in *Lopez*[50] and *Morrison*.[51] But why did the ECJ appear to favour a deceleration of integration and greater deference to nation states? The judgment may be seen as a response to a discernible sentiment of euroscepticism and criticisms that the Community polity lacks legitimacy, a feeling that had already been evident in *Keck*.[52] Having seen their sovereignty diluted by the rulings of the ECJ from the mid-1960s to the mid-1990s, the national governments clipped its powers by keeping it out of the Common Foreign and Security Policy and restricting its engagement in justice and home affairs. The more cautious approach of the court was perhaps a recognition of this uneasiness on the part of national governments.

The *Tobacco Advertisement* judgment endorsed a more 'nation state friendly' theory of integration but did not set an uncompromising trend towards the dilution of Community powers. In two subsequent cases, the ECJ refused to annul directives at the instigation of state and private actors on the ground that they were ultra vires the Community. In *Netherlands v Parliament and Council*,[53] the ECJ rejected the argument of the Dutch

47 C-376/98 *Germany v Parliament and Council* [2000] ECR I-8419.
48 [1998] OJ L213/9.
49 See above n 47 at para 83 of the judgment. For a detailed analysis, see G Tridimas and T Tridimas, 'The European Court of Justice and the Annulment of the Tobacco Advertisement Directive: Friend of National Sovereignty or Foe of Public Health?' (2002) 14 *European Journal of Law and Economics* 171.
50 514 US 549 (1995).
51 529 US 598 (2000).
52 Joined Cases C-267 and C-268/91 [1993] ECR I-6097.
53 Case C-377/98 *Netherlands v Parliament and Council* [2001] ECR I-7079.

Government that Directive 98/44 on the legal protection of biotechnological inventions[54] could not be adopted under Article 95 EC. The Court placed emphasis on the risk of distortions in competition arising in the future. It held that, even though the national laws pre-existing the directive were based primarily on the Convention on the Grant of European Patents, the differing interpretations to which these laws were open were liable to give rise to divergencies of practice and case law prejudicial to the proper operation of the internal market.

In the *BAT Industries* case,[55] the ECJ refused to annul Directive 2001/37 on the approximation of national laws concerning the manufacture, presentation and sale of tobacco products.[56] The directive reduced the maximum levels of tar, nicotine and carbon monoxide permitted in cigarettes and provided for the health warnings which must appear on cigarette packets. The ECJ reiterated that recourse to Article 95 is possible even if the aim is to prevent the emergence of future obstacles to trade resulting from the multifarious development of national laws, provided that the emergence of such obstacles is likely and the measure in question is designed to prevent them.[57] It also recalled that, if the conditions for recourse to Article 95 as a legal basis are fulfilled, the Community legislature cannot be prevented from relying on that legal basis on the ground that public health protection is a decisive factor in the choices to be made.

The ECJ pointed out that the market for cigarettes in the Community is one in which trade between Member States represents a relatively large part. It also stated that, despite previous harmonisation measures in this area, differences in the national laws had already emerged or were likely to emerge by the time the directive came into force. This is because the previous measures only provided for minimal requirements and covered only certain aspects of the manufacture and presentation of tobacco products.

*BAT Industries* can be distinguished from the *Tobacco Advertisement* case. The Tobacco Advertising Directive overregulated whilst Directive 2001/37 did not. Also, the first directive concerned selling arrangements whilst the second concerned product-related requirements which are more pernicious to free movement. In that respect, the ECJ's differential approach finds support in *Keck*.[58] Finally, unlikely the Tobacco Advertisement Directive, Directive 2001/37 contained a provision which guaranteed the free movement of products which complied with its requirements. As the court pointed out, by forbidding Member States to prevent the import, sale or consumption of tobacco products which complied with

[54] [1988] OJ L213/13.
[55] Case C-491/01 *R v Secretary of State for Health, ex parte British American Tobacco Ltd* [2002] ECR I-11453.
[56] [2001] OJ L194/26.
[57] *BAT Industries* case, above n 55 at para 61.
[58] Above n 52.

the requirements of the directive, Article 13 of the directive 'gave the directive its full effect.'[59] By contrast, the Tobacco Advertisement Directive permitted Member States to lay down stricter requirements concerning the advertising and sponsorship of tobacco products and did not take any measures to ensure the free movement of products which conformed to its provisions.

In *BAT Industries,* the ECJ was keen to safeguard the prerogative of the Community legislature to amend existing harmonisation measures. It declared that, even where a provision of Community law guarantees the removal of all obstacles to trade in the area that it harmonises, that cannot make it impossible for the Community legislature to adapt that provision in step with other considerations. It also held that progress in scientific facts is not the only ground on which the Community legislature can decide to adapt Community legislation since it must, in exercising its discretion, also take into account other considerations such as the increased importance given to the social and political aspects of the anti-smoking campaign.

Notably, the ECJ rejected an argument based on breach of the principle of proportionality. The directive prohibits not only the marketing but also the manufacturing in the Community of cigarettes which do not comply with the tar and nicotine levels laid down in its provisions, even if these cigarettes are intended for exportation outside the Community. The court held, however, that such prohibition was compatible with the principle of proportionality. Its purpose was to avoid the provisions being undermined by illicit re-imports in the Community or by deflections of trade, and it was likely to make an effective contribution to limiting the risk of growth in the illegal trafficking of cigarettes.

The cases discussed above illustrate the pivotal role of the ECJ in monitoring the allocation of powers between the Community and the Member States, and its selective approach. It is notable that, in reviewing the legislative discretion of the Community institutions, the ECJ has placed little reliance on the principle of subsidiarity. The principle has made a positive contribution to Community governance. Its inclusion in Article 5 EC Treaty has not resolved, nor could it be expected to resolve, the issue of the limits of the respective competences of the Community and the Member States. It has, however, made that issue an integral part of decision-making every time legislation is initiated at Community level and, through the Amsterdam guidelines,[60] has articulated a structured framework within which the tests of comparative efficiency and scale can be assessed. At the judicial level, however, subsidiarity has not evolved to a major force of judicial review and has only had a subtle and indirect influence.

[59] *BAT Industries case*, above n 55 at para 74.

[60] See Protocol No 30 annexed by the Treaty of Amsterdam to the EC Treaty.

A novel feature of the Constitution is that it strengthens the role of national Parliaments in monitoring compliance with the principle of subsidiarity.[61] The Protocol on the application of the principles of subsidiarity and proportionality annexed to the Constitution gives to national Parliaments both political and judicial means to challenge Commission legislative proposals.[62] In effect, by stressing the importance of the principle and increasing the number of potential plaintiffs, the Protocol increases the justiciability of subsidiarity and brings the ECJ closer to the political game. By transferring to the courtroom what are essentially political issues, it risks the politicisation of the judiciary, not in the sense of making the court a partisan institution but of involving it more directly in issues of European governance. Judicial control of subsidiarity is bound to become more complicated and possibly also more intense as the court will have available at its disposal a lot more material from the Commission and national central and regional authorities on the basis of which to assess whether a measure meets the requisite test.[63]

## Breach of Union Law by the National Judiciary: Remedies Unlimited?

The most important recent development in the field of remedies pertains to state liability in damages. In *Brasserie du Pêcheur*, the ECJ established the universality of state liability for breach of Community law.[64] It held that the principle of state liability holds good whatever the organ of the state whose act or omission was responsible for the breach, thus opening the way for recognising a right to reparation against the state for breach of Community law by the national judiciary.[65] In *Köbler v Austria*,[66] the ECJ was faced for the first time with the question whether liability can indeed arise as a result of a violation by a national court.

Mr Köbler brought an action against the Austrian state seeking damages for the alleged loss he had suffered from a breach of Community law by the Austrian Supreme Administrative Court (Verwaltungsgerichtshof). Austrian law provided for the award of a special length-of-service increment to

[61] See Art I-9(3) of the draft Constitution.

[62] Para 7 of the Protocol grants the ECJ jurisdiction to hear actions for judicial review on grounds of infringement of the principle of subsidiarity brought 'by Member States, or notified by them in accordance with their legal order on behalf of their national Parliament or a chamber if it.'

[63] The Protocol views subsidiarity as a cost effectiveness exercise carried out on the basis of a detailed substantive and financial assessment of the Union-wide, national and regional implications of each proposal; see Protocol, para 4.

[64] Joined Cases C-46 and 48/93 *Brasserie du Pêcheur v Germany and R v Secretary of State for Transport, ex parte Factortame* [1996] ECR I-1029.

[65] *Brasserie*, *ibid* at para 32.

[66] Case C-224/01, judgment of 30 September 2003.

university professors who had completed 15 years of service in an Austrian university. He claimed that, although he had not completed 15 years in Austrian universities, he had completed the requisite length of service if the duration of his employment in universities in other Member States was taken into account, and that the refusal to do so amounted to indirect discrimination. His claim gave rise to a dispute in the course of which the Supreme Administrative Court made a preliminary reference. In response to the reference, the Registrar of the ECJ asked the Supreme Court whether in the light of the judgment in *Schöning-Kougebetopoulou*[67] it considered it necessary to maintain its request for a reference. The Supreme Court withdrew the reference and dismissed Mr Köbler's application on the ground that the special length of service increment was a loyalty bonus which legitimately required a certain length of service as a professor in an Austrian university and thus justified a derogation from the free movement of workers. Mr Köbler brought an action for damages before the Regional Court of Vienna alleging that the judgment of the Administrative Court infringed directly applicable provisions of Community law.

On a reference from the Vienna court, the ECJ laid down the principles governing liability for breach of EU law by the national judiciary. In a reasoning reminiscent of *Brasserie du Pêcheur*, the Court derived arguments from international national and Community law to support the conclusion that a right to reparation for breach by a last instance court must be recognised. It held that in international law, a Member State which incurs liability for breach of an international commitment is viewed as a single entity, irrespective of whether the breach is attributable to the legislature, the judiciary or the executive. This principle must apply a fortiori in the Community legal order. In terms of Community law, the ECJ relied on the principle of effectiveness and, by way of supporting argument, on Article 234 EC Treaty. It pointed out the essential role played by the judiciary in the protection of Community rights and stated that the full effectiveness of Community rules would be weakened if individuals were precluded from being able to obtain reparation when their rights were affected by a breach attributable to a national court of last instance.[68]

The ECJ further pointed out that state liability for judicial decisions is recognised in one way or another by most of the Member States and also by the ECHR. In relation to the latter, the ECJ referred to Article 41, which enables the European Court of Human Rights to order a state which has infringed a fundamental right to provide reparation of the damage suffered. It pointed out that, under the case law of the Strasbourg court, reparation may be granted when the infringement stems from a decision of a national

[67] Case C-15/96 [1998] ECR I-47.
[68] *Köbler*, above n 66 at paras 33–35.

court of last instance.[69] It thus concluded that an individual must have the possibility of obtaining redress in the national courts for the damage caused by the infringement of Community rights owing to a decision of a court adjudicating at last instance.

The ECJ dealt with, and dismissed, a number of arguments against liability submitted by national governments. Thus, it held that the recognition of liability does not call into question the principle of *res judicata*. Liability proceedings do not have the same purpose, and do not necessarily involve the same parties, as the proceedings resulting in the decision which has acquired the status of *res judicata*. The need to ensure effective protection translates to a right to reparation but not a right to revision of the judicial decision which was responsible for the damage.

Also, the ECJ turned the argument that the recognition of liability would prejudice the independence and the authority of the judiciary on its head. It viewed the possibility of questioning final judgments of last instance courts not as risking the diminution of judicial authority but rather 'as enhancing the quality of a legal system and thus in the long run the authority of the judiciary.'[70] This argument is premised on a federal reasoning. If one accepts the primacy of Union law and the principle of state liability for its breach, why should courts be the only branch of government that enjoys a priori immunity? More generally, in a polity governed by the rule of law, why should the judicial branch be the only one which is exempt from the possibility of challenge?

The judgment in *Köbler* reiterates that, in elaborating remedies, the ECJ firmly views the Union as a federal structure. This federal perception of the EU underlies other developments in the law of remedies. The ECJ, however, appears to follow dual standards. Where it comes to judicial control of the acts of Member State and Community political actors, it views the judiciary (that is to say, itself and, by extension, the national judiciaries) as being external to the system of government over which it exercises monitoring and control. This perception of the judiciary as an independent power outside the government structure coexists with an understanding of the national judiciary as being part of the state imperium in a federal structure and therefore in a vertical relationship vis-à-vis the ECJ itself.[71]

With regard to the conditions of liability, the ECJ resisted suggestions by some governments to make liability subject to additional normative conditions, for example, the requirement that the breach of Community law must be not only objectively indefensible but also subjectively intentional. It stated that the conditions which govern liability for judicial acts are the

[69] See *Dulaurans v France*, judgment of 21 March 2000, European Court of Human Rights.
[70] *Köbler*, above n 66 at para 43.
[71] For a discussion of courts as external or internal institutions to the government structure see R Cotterrell, 'Judicial Review and Legal Theory' in G Richardson and H Genn (eds), *Administrative Law and Government Action* (Oxford, 1994) 13–34.

same as the general conditions of liability, namely the provision infringed must confer rights on individuals, the breach must be sufficiently serious and there must be a direct causal link.[72] In relation to the seriousness of the breach, however, the court held that regard must be had to the specific nature of the judicial function and the requirements of legal certainty. Thus, liability will ensue 'only in the exceptional case where the court has manifestly infringed the applicable law.'[73]

Clearly, in determining whether there is a serious breach all factors must be taken into account, including the degree of clarity and precision of the rule infringed, whether the infringement was intentional, whether the error of law was excusable or inexcusable, any position which might have been taken by a Community institution and non-compliance by the court in question with its obligation to make a reference for a preliminary ruling under Article 234(3).[74] In any event, as the ECJ had already stated in *Brasserie du Pêcheur,* violation will be sufficiently serious where the decision concerned was made in manifest breach of the case law of the ECJ on the area in issue.[75]

On the specific case, the ECJ held that the fact that Austrian law precluded periods of employment in a university in another Member State from being taken into account for the purpose of granting the special length-of-service allowance was an obstacle to free movement and was, in principle, contrary to Article 48 EC Treaty and Article 7(1) of Regulation 1612/68.[76] It came to the conclusion, however, that the breach committed by the Supreme Administrative Court could not be characterised as manifest. This is because Community law does not expressly cover the point whether a loyalty bonus which impedes freedom of movement can be justified. No reply was to be found to that question in the ECJ's case law nor was the reply to the question obvious. Also, the ECJ noted that the fact that the Supreme Administrative Court ought to have maintained its request for

[72] *Köbler*, above n 66 at paras 51–52.
[73] *Ibid* at para 53.
[74] *Ibid* at para 55.
[75] *Ibid* at para 56.
[76] The ECJ held that the fact that Austrian law precluded periods of employment in a university in another Member State from being taken into account for the purpose of granting the special length-of-service allowance impeded freedom of movement in two ways: it operated to the detriment of migrant workers who were nationals of other Member States, and also restricted the free movement of workers established in Austria. It deterred them from leaving the country since, on their return, their years of experience in another Member State would not be taken into account. The court then proceeded to examine whether the Austrian regime could be justified and gave a negative reply. It accepted that rewarding worker's loyalty to a research institution might be considered as a pressing public interest reason but found that, in the circumstances, the allowance was not justified. It did not promote loyalty to the university where the professor performed his or her duties since professors who moved to a different university within Austria were eligible for it. It thus had the effect of rewarding academics who continued to exercise their profession in Austrian territory and led to the partitioning of the internal market.

a preliminary ruling did not change that conclusion. The reason why the national court had decided to withdraw the request for a reference was its incorrect reading of the judgment in *Schöning-Kougebetopoulou*. Notably, the Advocate-General was less generous, opining that the Austrian Supreme Court had made an 'inexcusable error' in considering that the length of service allowance was justified despite being indirectly discriminatory.[77]

The judgment in *Köbler* has important constitutional implications. It provides a remedy for the failure of a national court of last instance to make a preliminary reference; it views the relationship between the ECJ and national courts of last instance as one of hierarchy rather than one of cooperation since, ultimately, it is for the ECJ to determine whether the breach is 'manifest.' A possible effect of the judgment may be to increase the number of preliminary references to the ECJ, as national courts may prefer to 'play it safe' thus operating as a countervailing force to persistent efforts to reduce the number of references and the workload of the ECJ. There is no doubt that the judgment encourages litigation, as the pronouncement of a last instance court may no longer be viewed as the final step in the litigation. It also increases the power of lower national courts vis-à-vis higher ones since it opens the possibility of actions in damages before national courts at the lower tiers of a national judicial hierarchy against judgments of superior national courts.

From the point of view of some legal systems, the recognition of a right to reparation against the judiciary appears revolutionary. The practical effect of *Köbler*, however, will depend mainly on how the ECJ understands the meaning of a 'manifest' breach and how it interprets the requirement of direct causal link. It is interesting that in the circumstances of the case, the ECJ was content to give the Austrian court the benefit of the doubt despite the fact that the latter's approach to Article 48 EC Treaty seemed somewhat casual. The judgment, however, does not provide a structured analysis of the conditions of liability and leaves a number of issues unclear. Suffice it here to raise one of them.

In the case of a national court of last instance, two types of breach may take place, a procedural one and a substantive one. The first occurs where the court fails to make a preliminary reference to the ECJ in circumstances where it is under an obligation to do so under Article 234(3) EC Treaty. The second takes place where the national court misapplies the provisions of Community law relevant to the case in issue. *Köbler* does not make it clear whether both violations must be manifest in order for liability to arise. There is no doubt that there are circumstances where failure to refer by a national court of last instance is a serious and manifest breach of Community law. To hold otherwise, would run counter to the objectives of

[77] *Köbler*, above n 66, Opinion of Advocate-General Léger at para 170.

Article 234 and the pronouncements of principle made by the ECJ in *Köbler* itself. What, however, if, by failing to make a reference, the national court commits a manifest breach of Article 234, but the breach that it commits by misinterpreting or misapplying Community law is not at all manifest? In such a case there is no liability because, unless there is a manifest breach of the applicable Community law, the damage suffered by the applicant cannot be causally attributed to the failure to refer. If this approach is adopted, liability for material damage arises only if the national court manifestly breaches the provisions of Community law applicable to the case. Where the substantive violation is not manifest but the refusal to make reference is arbitrary, there could only be liability for non material damage arising from the loss of opportunity.

## Conclusion

There is no doubt that the ECJ is assuming the role of the Supreme Court of the EU, whose jurisdiction is fundamentally constitutional in character. This is the result both of external factors, ie the evolution of the EU to a more mature political system, and internal factors, ie the ECJ's own case law. The Court has expanded significantly its human rights jurisdiction and has shown an eagerness to comply with the case law of the European Court of Human Rights. *Schmidberger* evinces a welcome reassessment of constitutional priorities. This activism in the field of human rights not only shows that the ECJ takes human rights seriously but also that it is prepared to provide a one-stop human rights control, thus largely pre-empting the intervention of Strasbourg.

This chapter identified three trends in the wider field of judicial protection, namely, formalisation, equivalence and selective deference. The first is a response to the quest for legitimacy, the second an attribute of the rule of law and the third a sign of constitutional maturity. The selectively interventionist approach of the ECJ is aptly illustrated in the case law of competence where the ECJ appears willing to adopt a more critical stance towards policy centralisation. Finally, the judgment in *Köbler* betrays the adoption of a pattern of judicial federalism which is not unproblematic. In more general terms, the judgment enhances the accountability of the judiciary and, in that respect, follows a recent trend in which the judicial branch of government is itself subjected to scrutiny before alternative judicial fora, especially the European Court of Human Rights in Strasbourg. The practical repercussions of the judgment, however, and the way it will be received by the national Constitutional Courts, remain to be seen.

# III

# Politico-legal Dynamics of Federalism

# 9

# *Federalism and Redistribution: Lessons from the American Experience*

LYNN A. BAKER*

During his successful 2003 campaign to replace Gray Davis as Governor of California, Arnold Schwarzenegger frequently complained that 'California taxpayers get back just 77 cents in federal services for every $1 sent to Washington.'[1] California is not alone among the 50 American states in its negative balance of payments with the American federal government,[2] nor is Schwarzenegger the first prominent American politician to voice concern about a particular state's negative balance of payments with the Federal government.[3]

* Fredrick M Baron Chair in Law, University of Texas School of Law. E-mail: lbaker@law.utexas.edu. This chapter is based on a talk given at the Conference on 'Patterns of Federalism and Regionalism: Lessons for the UK,' on 7 November 2003 at University College London's Institute of Global Law. I am grateful to Professor Sir Basil Markesinis for organising so intellectually stimulating an event and for inviting me to participate, to the conference participants for their useful and provative comments, to Dr Jörge Foetke for his diligent editorial work on the volume in which this chapter appears, and to Claire Morris for excellent research assistance.

Many of the issues discussed in this Essay have received extended treatment in my previous scholarship. See, eg, L A Baker, 'Federalism: The Argument from Article V,' (1997) 13 *Georgia State University Law Review* 923; L A Baker & S H Dinkin, 'Getting from Here to There: The Rebirth of Constitutional Constraints on the Special Interest State,' (1999) 40 *William & Mary Law Review* 515; and sources cited below n 2.

1 M Kasinndorf, 'Schwarzenegger calls Bush an "ally" of California who'll listen to aid request,' *USA Today*, 17 October 2003, A05 (available at 2003 WL 5321271). See also D Smith, 'California; "A Very Clear Vision" for State; During his campaign for governor, Schwarzenegger promised an ambitious agenda for California', *Times*, 12 October 2003, B1 (available at 2003 WL 2440675); R Sanchez, 'Role of Governor May Be Toughest Yet; How Schwarzenegger Faces Budget, Other Issues Will Help Define Him Politically,' *Washington Post*, 12 October 2003, A05 (available at 2003 WL 62222299).

2 See L A Baker and S H Dinkin, 'The Senate: A Institution Whose Time Has Gone,' (1997) 13 *Journal of Law and Politics* 21, 39, 41. L A Baker, 'The Spending Power and the Federalist Revival' (2001) 4 *Chapman Law Review* 195, 210-11.

3 The late Senator from New York, Daniel Patrick Moynihan, is perhaps the most notable. See Senator Daniel Patrick Moynihan, 'Introduction: Work in Progress' in J H Walder and H B Leonard (eds), *The Federal Budget and the States: Fiscal Year 1997* (22nd edn, Joint Publication of Taubman Center for State and Local Government, John F. Kennedy School of Government, Harvard University and Office of Senator Daniel Patrick Moynihan; 1998) 17 (emphasis in original): '[T]he 40 Senators representing the 20 least populous states (*which comprise just 10 per cent of the country's voting age population*)—plus one other Member—

In this chapter, I discuss the current American situation with regard to the federal government's problematic redistributive role. I briefly describe what the problem is, why the United States hasn't fixed the problem, and how I believe the problem arose. I then suggest some lessons that nascent and future federations might profitably take from the American experience. The chapter concludes with a 4 July 2004 Postscript on the state of the European Union.

## THE NATURE OF THE AMERICAN REDISTRIBUTION PROBLEM

In previous work, I have demonstrated that as a theoretical matter, we should expect to see a clear pattern to the American states, such as Governor Schwarzenegger's California, that have a negative balance of payments with the federal government and those that have a positive balance of payments.[4] Somewhat counter-intuitively, the expected pattern turns out *not* to be that the federal government is redistributing wealth from the richer states to the poorer ones. Rather, the expected pattern is that the states with *larger* populations (such as California and New York) will subsidise the states with *smaller* populations (such as North Dakota and Rhode Island).

At the core of the theoretical analysis are two premises: (1) each legislator's first priority is likely to be enacting 'special legislation' (or 'pork') whose expected benefits accrue disproportionately to her own constituents but whose costs are spread among the constituents of all legislators; and (2) the structure of representation in Congress will importantly affect the state-by-state allocation of special legislation that Congress enacts under the spending clause.

Insofar as members of Congress are concerned with re-election, and therefore also with the welfare of their constituents, they will each seek to enact legislation whose expected benefits to her own constituents exceed its

can bring the Senate to a standstill until they are accommodated (with more money under the highway bill, perhaps?). That leads to all sorts of policy distortions. For instance, we routinely build "small state minimum" allocations into our grant programs, which skew state-by-state per capita spending. Perhaps there is *some* policy justification for the minimum allocations; most of the time, though, it's simply how you get the votes.'

See also D P Moynihan, *Miles to Go: A Personal History of Social Policy* (Cambridge, Massachusetts, Harvard University Press, 1996) 4–5 (contending that '[i]n the course of the next century, the United States will have to address the constitutional problem of "equal suffrage in the Senate" (Article V), but for this century the next best thing for a large state is to have a chairman of the Committee on Finance, a position last held by a New Yorker in 1851'); D P Moynihan, 'Yes, New Yorkers Pick up the Tab for Other States,' *New York Times*, 21 September 1995 at A22 ('[s]omewhere in the next century we are going to have to face the question of apportionment in the United States Senate').

[4] See generally the sources cited above n 2.

expected costs to them. Moreover, because legislators themselves are scarce resources and their choice of agenda necessarily entails opportunity costs,[5] their first priority is likely to be legislation whose expected benefits to their constituents *most greatly* exceeds its expected costs to them. Thus, we would expect each legislator to be relatively more interested in enacting 'special legislation' (whose benefits accrue disproportionately to her own constituents but whose costs are spread among the constituents of all legislators) than in seeking legislation whose costs and benefits are both generally distributed or are both concentrated on her own constituents.[6]

Unfortunately, special legislation may be enacted even if its *aggregate* costs exceed its *aggregate* benefits and it is therefore a net social loss. Since vote trading is possible, Legislator A will often agree to support legislation that yields US$10 million in benefits for Legislator B's constituents even if it imposes aggregate costs of US$11 million on the rest of the nation (including, but not concentrated on, Legislator A's constituents). Legislator A will support this legislation in exchange for Legislator B's vote on legislation that similarly benefits Legislator A's constituents at the expense of the rest of the nation (including Legislator B's constituents).

Notwithstanding the aggregate welfare loss, this type of vote trading is likely to be attractive to representatives for at least two reasons. First, the terms of each representative's trades, taken alone, might well provide *her own constituents* aggregate benefits that exceed the aggregate costs to them. That is, in order to obtain support sufficient to enact legislation that provides her constituents US$10 million in special benefits, a representative is likely to need to support legislation that provides other representatives' constituents special benefits at an aggregate cost to her own constituents of only US$8 million. This is possible because the approval of only a simple majority of legislators is necessary for enactment. Thus, the constituents of representatives who were not a party to these particular bargains, and who may have even opposed the legislation, will nonetheless bear a portion of

5 Professors Paul Samuelson and William Nordhaus explain 'opportunity costs' as follows: 'The immediate dollar cost of going to a movie instead of studying is the price of a ticket, but the opportunity cost also includes the possibility of getting a lower grade on the exam. The opportunity costs of a decision include all its consequences, whether they reflect monetary transactions or not. Decisions have opportunity costs because choosing one thing in a world of scarcity means giving up something else. The opportunity cost is the value of the good or service foregone.' P A Samuelson and William D Nordhaus, *Economics* (5th edn, New York, McGraw-Hill, 1995) 119 (emphasis omitted).

6 Although any legislator's first preference logically might be to enact special legislation that uniquely benefits her own constituents and whose costs are borne *exclusively* by other legislator's constituents, such legislation will likely face greater opposition than similar legislation whose costs are distributed more generally. This is particularly likely to be the case if the costs of the legislation are concentrated on another group. See M L Stearns, 'The Public Choice Case Against the Line Item Veto' (1992) 49 *Washington & Lee Law Review* 385 at 400–22; cf. P H Aranson *et al*, 'A Theory of Legislative Delegation' (1983) 68 *Cornell Law Review* 1 at 44 ('A representative or senator seldom can argue convincingly that he alone is responsible for the legislative production of *a public good*') (emphasis added).

its total cost, a portion that the beneficiaries of the special legislation need not internalise.[7]

Secondly, even if the terms of a particular set of trades do not provide a particular representative's constituents aggregate benefits that exceed the aggregate costs to them, the representative will be able to claim complete credit for the special legislation that benefits her constituents, but will share only diffuse blame for helping enact special legislation that benefits others at the partial expense of her own constituents. And because this blame is diffuse, it will be less salient to the representative's own constituents and may also be less well publicised than the passage of the beneficial special legislation. Thus, the benefits *to each representative* of this sort of vote trading are likely to exceed the costs.

This is the tragedy of the legislative commons.[8] Although each representative's individually rational decisions will necessarily contribute to a decline in social welfare, a representative can only hurt his own constituents (and therefore his own chances for re-election) if he does not seek to enact special legislation.[9] For in a majoritarian system in which vote

[7] In making such bargains, therefore, a representative might logically be expected to seek the support of the minimum number of representatives necessary to secure passage of her legislation. See W H Riker, *The Theory of Political Coalitions* (New Haven, Yale University Press, 1962) 32–101 (arguing that in American politics, parties seek to increase votes only until they achieve the minimum necessary to form a winning coalition). By doing so, a representative simultaneously minimises the amount of strategic bargaining in which she must engage (ie the representative's opportunity costs) and maximises the competition among legislators to join her coalition, thereby driving down the price of obtaining any legislator's support. This in turn minimises the total amount the representative must 'pay' to ensure passage of her legislation.

In practice, however, proponents of legislation will strive to secure a supermajority of votes, largely because of the uncertainty under which pre-vote lobbying and logrolling takes place: the outcome of the final vote cannot be known in advance. In this context, political scientist R Douglas Arnold has observed: '*All else equal*, [legislative] leaders prefer large coalitions because they provide the best insurance for the future. Each proposal must survive a long series of majoritarian tests—in committees and subcommittees, in House and Senate, and in authorization, appropriations, and budget bills. Large majorities help to insure that a bill clears these hurdles with ease.' R D Arnold, *The Logic of Congressional Action* (New Haven, Yale University Press, 1990) 117–18 (emphasis added); see also R D Arnold, *Congress and the Bureaucracy: A Theory of Influence* (New Haven, Yale University Press, 1979) 43, 52 (legislators seek supermajorities 'because a whole series of majorities are required, one at each stage of the congressional process ... [and] they want to minimise risks of miscalculation or last-minute changes.'); D R Mayhew, *Congress: The Electoral Connection* (New Haven, Yale University Press, 1974) 111–15 and n 67 (frequency distribution data indicate that House and Senate roll call votes 'are bimodal, with a mode in the marginal range (50–59.9 per cent) and a mode in the unanimity or near-unanimity range (90–100 per cent)'; similar patterns have been observed in state legislatures). But see Riker, above at 32–101 (arguing that in American politics, parties seek to increase votes only until they achieve the *minimum* necessary to form a winning coalition).

[8] G Hardin, 'The Tragedy of the Commons' (1968) 162 *Science* 1243; see also J M Buchanan and G Tullock, *The Calculus of Consent: Logical Foundations of Constitutional Democracy* (Ann Arbor, University of Michigan Press, 1962) 139–40; C P Gillette, 'Expropriation and Institutional Design in State and Local Government Law' (1994) 80 *Virginia Law Review* 625 at 645–46.

[9] Buchanan and Tullock, above n 8 at 139–40; Gillette, above n 8 at 636–38, 645–46.

trading is possible, a representative's constituents nonetheless will bear part of the costs of other successful bargains resulting in special legislation for other representatives' constituents, including bargains to which the representative was not a party and which he even may have opposed. Thus, only by joining the race to forge successful bargains that simultaneously benefit his constituents and exploit those who are not members of the winning coalition–a true 'race to the bottom'–can an individual legislator maximise his constituents,' and therefore his own, welfare.[10]

Given this analysis, one would expect much of the legislation that Congress enacts pursuant to its spending power to be special legislation that reduces aggregate social welfare. There would be no potentially problematic redistribution across the states, however, if representation of the states in Congress were allocated solely on the basis of population, and each state's coalition-building power (ie its power to enact legislation) in Congress were therefore substantially proportional to its share of the nation's population. Under a scheme of proportional representation, one would expect the total dollar amount of each state's benefits from all the special legislation enacted over time to be approximately proportional to its population, and the per capita benefits to each state's residents therefore to be approximately the same.

In fact, of course, the representation of the states in the US Senate is not proportional to their respective populations. Because each state receives two representatives, the Senate affords small-population states ('small' states) disproportionately great representation and large-population states ('large' states) disproportionately little representation, relative to their shares of the nation's population. This in turn means that the small states have disproportionately greater coalition-building power in the Senate relative to their shares of the population.

One measure of a state's theoretical 'coalition-building power' is the likelihood that it will be the swing vote on any proposed legislation.[11] In the Senate, each state has the same 2-in-100 theoretical chance to be the swing

[10] The 'race to the bottom' and the 'tragedy of the commons,' whether legislative or otherwise, are both variants on the Prisoner's Dilemma. See eg, Gillette, above n 8 at 632 n 36 (explaining tragedy of the commons in terms of the Prisoner's Dilemma); R L Revesz, 'Rehabilitating Interstate Competition: Rethinking the "Race-to-the-Bottom" Rationale for Federal Environmental Regulation' (1992) 67 *New York University Law Review* 1210 at 1217–19 (explaining race to the bottom in terms of the Prisoner's Dilemma).

Of course, all legislation must also receive the approval of the President before it becomes law, and expropriative 'special legislation' might seem a likely target for an executive veto. For discussion of why the President nonetheless is unlikely to veto such legislation, see Baker, above n 2 at 202–3.

[11] The notion of the swing voter or 'pivot' for the winning coalition is central to both the Shapley-Shubik power index and the Banzhaf power index. See M Shubik, *Game Theory in the Social Sciences: Concepts and Solutions* (Cambridge, Massachusetts, MIT Press, 1982) 200–4. I assume throughout that each state's representatives vote as a block. Relaxing this assumption simplifies the calculations I discuss in this part, but does not change the results.

vote on a given piece of proposed legislation.[12] In the language of modern game theory, the Shapley-Shubik power index of every state is equal in the Senate.[13] But this means that smaller states have a disproportionately great

[12] Each Senator has the same *1*-in-100 theoretical chance to be the swing vote on any proposed legislation, and each of the 50 states is represented by two Senators, each with one vote. See US Constitution Art I § 3 cl 1.

[13] The Shapley-Shubik index considers all possible orders in which a vote can take place. For any ordering of *n* players (voters) there will be a unique player who is in a position to provide the winning coalition with just enough strength to win. That player is the pivot for the coalition. If all *n!* orderings are assumed equiprobable, then the Shapley-Shubik index is a measure of the probability that any player is pivotal. If one assumes instead that every winning coalition is equiprobable, the Banzhaf index can be used to measure the probability that any one player (voter) is pivotal. See Shubik, above n 11 at 200–4. The analysis is not affected, however, by one's choice of assumptions of the index used.

There are 100 players (Senators) in the Senate. Thus, there are 100! possible orderings in which a vote can take place. Because each player has the same number of votes (one) on a given piece of proposed legislation, each player has the same likelihood of being the swing vote. And, since each state is represented by the same number of players (two Senators), each *state* has the same likelihood of being the swing vote. Calculated precisely, each state has a 2-in-100 chance to be the swing vote on any given piece of proposed legislation, and each state's Shapley-Shubik index is therefore .02.

Although in this instance each state's (and each player's) Shapley-Shubik index is the same as its voting strength, that will not always be the case. Indeed, a major contribution of the Shapley-Shubik index is to demonstrate the erroneousness of the common intuition that the a priori power distribution inherent in a given apportionment of voting strength is always a trivial function of the nominal voting strengths. In particular, the Shapley-Shubik index shows that large weighted majority games (such as the Electoral College) give a disproportionate power advantage to the big players, and that some voters may be incapable of affecting the outcome of *any* proposed legislation even though they have a vote. The former finding is presented in I Mann and L S Shapley, 'The A Priori Voting Strength of the Electoral College' in M Shubik (ed), *Game Theory and Related Approaches to Social Behavior* (New York, Wiley, 1964) 151–64 (demonstrating that states with 16 or more votes in the Electoral College have a Shapley-Shubik index slightly greater than their number of votes, while states with 14 or fewer votes have a Shapley-Shubik index slightly smaller than their number of votes). The latter finding is demonstrated by the following example.

Consider a game with four players (or coalitions)—A, B, C, d—with votes of 2, 2, 2 and 1, respectively. A simple majority of four votes is needed to carry a motion. In each of the 24 (4!) possible orderings of the four players, the pivot is underlined:

| | | | |
|---|---|---|---|
| ABCd | BACd | BCAd | BCdA |
| ABdC | BAdC | BdAC | BdCA |
| AdBC | CABd | CBAd | CBdA |
| AdCB | CAdB | CdAB | CdBA |
| ACBd | dABC | dCAB | dBCA |
| ACdB | dACB | dBAC | dCBA |

The Shapley-Shubik indices for A, B, C and d are, respectively, 8/24 (.33), 8/24 (.33), 8/24 (.33) and 0/24 (0). See L A Baker, 'Direct Democracy and Discrimination: A Public Choice Perspective' (1991) 67 *Chicago-Kent Law Review* 707 at 730 n 83. Thus, although the player denoted d has 1/7 of the total *voting strength* in this hypothetical body, it can be shown to have no *power*. That is, it can be shown mathematically to be incapable of affecting the outcome of any motion, no matter how it votes. See also Shubik, above n 11 at 203–4. Similarly, in a game with three players with votes of 2, 2 and 1, respectively, each of the players has a Shapley-Shubik index of 0.33 if a simple majority of three votes is required for passage. Thus, even though one player has a *voting strength* only one-half as large as the others,' his *power* to affect the outcome of any vote is identical to theirs.

likelihood, relative to their shares of the nation's population, of being the swing vote on any proposed legislation. In the US House of Representatives, in contrast, where each state's representation is substantially proportional to its population,[14] the theoretical likelihood that a small state is the swing vote on any proposed legislation is roughly equal to its share of the population and therefore small.[15] This means that smaller states are less likely than larger states to cast the deciding vote in the House. In sum, the Shapley-Shubik power index of a small state is larger in the Senate than in the House.[16]

Of course, neither the House nor the Senate alone may enact legislation; the approval of at least a simple majority present in each body is required.[17] As I have demonstrated in previous work, however, the disproportionately great power, relative to its share of the nation's population, that the Senate affords a small state is only very slightly mitigated by the proportional representation that the House provides.[18] Thus, for example, California has a population nearly 30 times larger than that of Rhode Island,[19] and its power in the House of Representatives is 32.5 times that of Rhode Island, but California's power in Congress as a whole is only 7.4 times that of Rhode Island. That is, the ratio of California's and Rhode Island's power in Congress, quite counter-intuitively, turns out not to be the midpoint between the ratio of their power in the House and the Senate (16.25 to 1), but much more nearly approximates the ratio of their power

[14] Because the Constitution provides that 'each State shall have at Least one Representative' no matter how small its population, the smallest states may be slightly overrepresented in the House even though representation in that body is 'apportioned among the several States ... according to their respective Numbers.' US Constitution Art I § 2 cl 3. Thus, although California, for example, currently has nearly 71 times the population of Wyoming (35,484,453 versus 501,242), it has only 53 times as many Representatives in the House (53 versus 1). See Council of State Governments, *The Book of the States: 2004* (Lexington, Kentucky, The Council of State Governments, 2004), vol 36, 635–36, Table 10.3 (hereinafter *Book of the States 2004*).

[15] For two reasons, a small state's Shapley-Shubik index will only approximate, rather than be identical to, its share of the nation's population. First, as explained above n 13, the smallest states' voting strength in the House slightly exceeds their actual share of the nation's population. Secondly, as explained above n 13, large weighted majority voting games such as the House give a disproportionate power advantage to the big players. For a complete listing of the various states' Shapley-Shubik power indices (based on the 1990 Census) for the House, Senate and Congress, and their number of House Representatives, see Baker, above n 2 at 206, Table 1.

[16] See Baker, above n 2 at 206 Table 1. Similarly, the *voting strength* of a small state is greater in the Senate than in the House. See above n 13.

[17] See US Constitution Art I § 7 cl 2. Sometimes, of course, more than a simple majority of one or both chambers is required, as in the case of Senate filibusters, see Baker and Dinkin, above n 2 at 29 n 28, in order to override a President's veto, see US Constitution Art I, § 7 cl 2, or where supermajorities are required by the Constitution, see Baker and Dinkin, above n 2 at 60–62.

[18] Baker and Dinkin, above n 2 at 26–28; Baker, above n 2 at 206–7.

[19] Rhode Island was chosen because it receives two Representatives in the House. See *Book of the States 2004*, above n 14 at 598–99, Table 10.3. States such as Wyoming that receive only one Representative may be overrepresented in the House. See above n 14.

in the Senate (1 to 1) than the ratio of their power in the House (32.5 to 1).

Of course, theoretical measures of coalition-building power such as the Shapley-Shubik power index capture only part of the complex reality. The committee system, seniority, savvy and charisma–to name just a few variables–all affect a particular legislator's, and therefore a particular state's, *actual* coalition-building power in the Senate. Happily, however, we need not attempt to quantify these myriad, often intangible, variables. For the apportionment of representation in the Senate also determines the likelihood that an especially powerful Senator–*by any measure of influence*–represents a particular state.

Thus, West Virginia, for example, has a 2-in-100 chance of having one of its representatives chair all of the important Senate committees and otherwise wield the influence that Senator Robert Byrd historically has.[20] To be sure, this is the same 2-in-100 chance that California or Texas has, but it is much larger than the 3-in-435 chance that West Virginia would have if representation in the Senate were apportioned as it is in the House.[21] That is, relative to its share of the nation's population, West Virginia has a disproportionately greater chance of having an especially powerful representative in the Senate, while it has only a substantially proportional chance of having an especially powerful representative in the House.

In the absence of any constitutional constraints on the modern Congress's exercise of its spending power, the allocation of coalition-building power in Congress will importantly affect the distribution of special legislation that Congress enacts under the spending clause. In the Senate, each state has the same likelihood over time of providing the swing vote on a given piece of proposed legislation,[22] and each state's Senators therefore have the same power to secure special spending legislation for their constituents. Thus, if

[20] In the 108th Congress, for example, Senator Robert Byrd's committee memberships included Appropriations, Armed Services, Budget and Rules and Administration. See Official Congressional Directory 2003–2004 (S. Pub. 108–18, Washington, DC, US GPO, 2003) 283. Many observers have attributed Byrd's extraordinary success in steering federal dollars to his home state to his long-time chairmanship of the Senate Appropriations Committee. See eg, R Munson, 'Deforming Congress: Why Those Capitol Hill Budget Reforms Could Cost You Plenty,' *Washington Post*, 5 September 1993, C3; B Kelly, 'Pigging Out at the White House; Never Mind Last Week's Spending Bonanza; George Bush Has Long Been a Closet Pork Barreler,' *Washington Post*, 6 September 1992, C1; see also B Kelly, *Adventures in Porkland* (New York, Villard Books, 1992) (highlighting Senator Byrd's ability to obtain a relatively large share of federal benefits for his small home state and crowning him 'the Pontiff of Pork'); D Ayres, Jr, 'Senator Who Brings Home the Bacon,' *New York Times*, 6 September 1991, A16 (detailing Senator Byrd's steering of over US$750 million worth of federal projects and over 3,000 jobs into West Virginia over a three-year period); K Merida, 'Watchdog Group Cites Congress for Barrelful of Porcine Projects,' *Washington Post*, 17 February 1994, A21 (observing that 'watchdog group' awarded Senator Byrd a 'Lifetime Achievement' award for obtaining more tax dollars than any other member of Congress for his home state).

[21] See *Book of the States 2004*, above n 14 at 599, Table 10.3.

[22] See above nn 11–13 and accompanying text.

the Senate alone could enact legislation, and if all Senators were rationally self-interested,[23] one would expect the total dollar amount of special legislation that each state receives over time to be equal. This means, however, that the per capita benefits of the special legislation received would be substantially greater in small population states than in large ones. When California and Wyoming each secure the equivalent of US$1 billion in special legislation from the federal government, for example, this amounts to US$28 for each of California's 35.48 million residents, but US$1,995–71 times as much–for each of Wyoming's 501,000 residents.[24] In the House, in contrast, representation is allocated on the basis of population, and each state's coalition-building power within that body is substantially proportional to its share of the nation's population.[25] Thus, if the House alone could enact legislation, we would expect the total dollar amount of each state's benefits from all the special legislation enacted over time to be approximately proportional to its population.[26] And the per capita benefits to each state's residents would therefore be nearly the same.

[23] This is a central assumption of the interest group theory component of public choice theory. See eg, Buchanan and Tullock, above n 8 at 11–39; D A Farber and P P Frickey, *Law and Public Choice: A Critical Introduction* (University of Chicago Press, 1991) 12–37.
[24] The 2000 Census determined the population of California to be 35,484,453 and the population of Wyoming to be 501,242. *Book of the States 2004*, above n 14 at 599, Table 10.3.
[25] See above nn 14–15 and accompanying text.
[26] See above nn 14–15 and accompanying text. It is a common misconception that if the House acting alone could enact legislation, a permanent majority coalition of large states would form, depriving the smaller states of the benefits of Union membership while imposing on them all of its costs. This outcome, however, would require the Congressional logrolling 'game' to have a permanent 'core,' which it lacks.

Robert Sugden explains that a Condorcet choice provides the only 'core solution' to the logrolling game: 'An outcome is said to be in the core of a game if it cannot be *blocked* by any coalition of players. Given the assumption that all preferences take the form of strict orderings, a coalition of players blocks one outcome, *x*, if there is some other alternative, *y*, such that (i) every member of the coalition prefers *y* to *x*, and (ii) by the rules of the game, concerted action by the members of the coalition can ensure that *y* is the outcome of the game, irrespective of what non-members do ... [A]n alternative, *x*, is in the core of the majority rule game if and only if, for every other feasible alternative, *y*, a majority of voters prefer *x* to *y*. This, of course, is Condorcet's criterion. The core of the game is identical with the Condorcet choice.' R Sugden, *The Political Economy of Public Choice: An Introduction to Welfare Economics* (Oxford, M Robertson, 1981) 148.

In the following example, alternative 1 is the Condorcet winner, even though only A prefers it to all other alternatives, because both A and B prefer 1 to 3, and both A and C prefer 1 to 2:

| A | B | C |
|---|---|---|
| 1 | 2 | 3 |
| 2 | 1 | 1 |
| 3 | 3 | 2 |

See Sugden, *ibid* at 140, 147; D C Mueller, *Public Choice II* (Cambridge University Press, 1989) 114–15; S Levmore, 'Parliamentary Law, Majority Decisionmaking, and the Voting Paradox' (1989) 75 *Virginia Law Review* 971 at 989 n 55, 994–96.

Whenever a Condorcet choice does not exist—that is, whenever there is no single alternative that cannot be blocked by any coalition of voters even though it is not the first choice of a majority—the legislative outcome will be a function of such 'procedural' variables as the

But, of course, neither the House nor the Senate acting alone can pass legislation. The approval of at least a simple majority present in each body is required.[27] And we would therefore expect the total dollar amount of each state's benefits from all the special legislation enacted over time to be neither directly proportional to its share of the nation's population (House), nor equal (Senate), but somewhere in between. More specifically, one might expect the percentage share of special legislation that each state will receive over time to approximate its Shapley-Shubik power index in Congress.[28] The theoretical prediction, in short, is that the current structure of representation in Congress ensures small states a disproportionately large slice, and large states a disproportionately small slice, of the federal 'pie.'[29]

The empirical evidence supports this theoretical prediction. A September 1996[30] and a December 1999[31] statistical study conducted by researchers at Harvard's Kennedy School of Government each calculate the 'balance of payments' that each of the 50 states had with the federal government in fiscal year 1995 and 1998, respectively. Each state's contribution to the fed-

order in which various alternatives are formally considered. This is the 'voting paradox,' frequently referred to as the Arrow 'impossibility theorem.' See K J Arrow, *Social Choice and Individual Values* (New York, Wiley, 1951). The theoretical significance of the paradox was discussed by Black in the 1940s. See D Black, *The Theory of Committees and Elections* (Cambridge University Press, 1958); see also Sugden, above at 140; Levmore, above at 984–90; R H Pildes and E S Anderson, 'Slinging Arrows at Democracy: Social Choice Theory, Value Pluralism, and Democratic Politics' (1990) 90 *Columbia Law Review* 2121.

[27] See above n 17.

[28] For the first computer calculations of each state's Shapley-Shubik power index for Congress, see Baker and Dinkin, above n 2 at 26–27.

[29] This prediction rests in part on the assumption that large and small states' contributions to the federal fisc are not systematically disproportional to their shares of the nation's population.

[30] See M E Friar *et al*, *The Federal Budget and the States: Fiscal Year 1995* (20th edn, Joint Publication of Taubman Center for State and Local Government, John F. Kennedy School of Government, Harvard University and Office of Senator Daniel Patrick Moynihan,1996) (hereinafter *FY 1995 Study*). It is revealing that the federal government, usually fond of statistics, does not appear to compile and publish such state-by-state, balance of payment data. The federal government does, however, publish one of the two sets of data on which Friar *et al* base their calculations: the annual report of the Bureau of the Census entitled *Federal Expenditures by State*. See M E Friar and H B Leonard, *The Federal Budget and the States: Fiscal Year 1994* (19th edn, Joint Publication of Taubman Center for State and Local Government, John F. Kennedy School of Government, Harvard University and Office of Senator Daniel Patrick Moynihan, 1995) 3–4 (hereinafter *FY 1994 Study*); *FY 1995 Study*, above at 93. The tax collection data published by the IRS, however, 'show which states collect the taxes rather than those states that bear the burden of Federal taxes.' *FY 1994 Study*, above at 4; *FY 1995 Study*, above at 93. Thus, Friar *et al* rely on the 'state by state tax estimates published by the nonprofit and nonpartisan Tax Foundation.' *FY 1994 Study*, above at 4; *FY 1995 Study*, above at 93.

[31] See H B Leonard *et al*, *The Federal Budget and the States: Fiscal Year 1998* (23rd edn, Joint Publication of Taubman Center for State and Local Government, John F. Kennedy School of Government, Harvard University and Office of Senator Daniel Patrick Moynihan, 1999) (hereinafter *FY 1998 Study*).

eral fisc (eg, individual and corporate income taxes, social security taxes and Medicare taxes)[32] is measured against the federal outlays it received (eg, payments to individuals, grants to state and local governments, procurement, salaries and wages).[33] The results are striking and consistent with the theoretical prediction of a systematic redistribution of wealth from the larger states to the smaller states. A regression analysis of the data for all 50 states reveals that the per capita Shapley-Shubik index, which is based on state population, is a statistically significant ($p < 0.05$) explanator of the per capita balance of payments between the states and the federal government for fiscal year 1995[34] and fiscal year 1998.[35]

In the fiscal year 1998, the balance of payments with the federal government was negative in seven of the 10 largest states (including Schwarzenegger's California) and was positive in eight of the 10 smallest states.[36] The result is an average per capita income transfer in fiscal year 1998 of –US$542 for residents of the 10 largest states, compared to an average per capita income transfer of +US$657 for residents of the 10 smallest states.[37] Similarly, in fiscal year 1995, the balance of payments with the federal government was negative in six of the 10 largest states but positive in eight of the ten smallest states.[38] The result is an average per capita income transfer of –US$446 for residents of the ten largest states, compared to an average per capita income transfer of +US$356 for residents of the 10 smallest states.[39]

Of course, redistribution among the states is not inherently problematic. Unfortunately, the most attractive potential justification—poverty—does not explain the existing pattern. Indeed, in fiscal years 1995 and 1998, the rate of poverty in the 10 largest states was higher on average than in the 10 smallest states, yet the direction of the federal redistribution is from the larger to the smaller states.[40] A statistical analysis confirms that even after controlling for each state's poverty rate as determined by the US Census Bureau, the Shapley-Shubik index, based on state population, is still a sta-

[32] *FY 1995 Study*, above n 30 at 30–31; see also *ibid* at 93–96; *FY 1998 Study*, above n 31 at 93–96.

[33] *FY 1995 Study*, above n 30 at 32–35; see also *ibid* at 93–96 (stating methodology); *FY 1998 Study*, above n 31 at 93–96.

[34] For the details of this regression analysis, see Baker and Dinkin, above n 2 at 103 (Appendix 3).

[35] See Baker, above n 2 at 210.

[36] *Ibid* at 210–12.

[37] *Ibid.*

[38] See Baker and Dinkin, above n 2 at 39–41.

[39] *Ibid.* Because of the difficulties in aggregating data reflecting different states' cost of living indices, the comparisons in Baker and Dinkin, above n 2, and Baker, above n 2, rely solely on data that do not include any cost of living adjustment. This typically required that Friar *et al*'s data be divided by the cost of living indices they used. See Baker and Dinkin, above n 2 at 96–100; see also *ibid* at 93–94.

[40] Baker and Dinkin, above n 2 at 41–42; Baker, above n 2 at 21.

tistically significant explanator of the individual states' balance of payments with the federal government.[41]

That a state has a small population does not make it, or its residents, obviously more virtuous, needy, beneficial to the larger society, or otherwise deserving of a disproportionately large share of the federal fisc relative to large-population states and their residents. Indeed, neither moral nor economic theory appears to offer any justification for the pattern of redistribution seen among the 50 American states.

It should also be noted that redistribution of any sort is an infringement on state autonomy. It is therefore especially important that any such redistribution be sufficiently justifiable that the benefits outweigh the significant costs to member state autonomy. In the current American context, alas, no principled justification for the pattern of redistribution is likely to be forthcoming.

This analysis gives rise to two further questions: (1) why haven't the large-population states such as California and New York, that are systematically disadvantaged under the current scheme, yet succeeded in altering that scheme? and (2) how did this state of affairs arise in the United States?

## Why Doesn't the United States Fix the Problem?

This problem of unjustifiable redistribution from the larger states to the smaller ones could, *in theory*, be mitigated, if not solved, through a variety of constitutional amendments. For example: the allocation of representation in the Senate could be made proportional to each state's population; and/or a supermajority of each chamber of Congress could be required to enact legislation; and/or states could have a constitutional right to secede from the Union. Although perhaps of varying degrees of attractiveness, each of these reforms would give the currently disadvantaged large states greater leverage in the law-making process, thereby presumably resulting in less legislation that systematically disadvantages them.

The analysis provided in the preceding section, however, suggests that all these amendment possibilities are highly likely to remain no more than that. That section demonstrated that the existing rules governing the enactment of conditional and all other federal spending legislation have a clearly identifiable group of systematic beneficiaries—the small population states that are afforded disproportionately great (because equal) representation in the Senate, and therefore also in Congress, relative to their shares of the nation's population. Based on the 2000 Census, 32 states are currently overrepre-

[41] Baker, above n 2 at 21 (analysis for fiscal year 1998). This statistical analysis has not yet been performed on the data for fiscal year 1995.

sented in the Senate.[42] Each might be expected to oppose the adoption of a constitutional amendment that would adversely affect its continued ability to obtain a disproportionately large share of the federal 'pie.'

Under Article V, the consent of two-thirds of the Senate (or a convention called by two-thirds of the state legislatures) is necessary even to propose an amendment, and ratification by three-fourths of the states is required for adoption.[43] Thus, if the senators (or legislatures) from as few as 17 of these 32 overrepresented states opposed the proposal of an amendment, or as few as 13 states opposed ratification, the continuation of the existing regime would be ensured. (It is worth noting that from the very framing of the US Constitution, the number of such overrepresented 'beneficiary' states has exceeded the one-third-plus-one states that, under the Constitution's amendment provision, is necessary to block the adoption of a constitutional amendment.)[44]

In order for an amendment limiting Congress's spending power to have any chance at adoption, therefore, its authors would need to persuade a substantial number of the states that clearly benefit from the existing regime that they would do *even better* under the proposed regime. This would require the amendment's proponents to demonstrate not only that aggregate social welfare would increase if their amendment were adopted, but also that at least 20 of the 32 states that disproportionately benefit from the existing regime would *each* experience an increase in aggregate welfare notwithstanding the anticipated loss of federal redistribution in their favour. Moreover, to the extent that particular interest groups might have disproportionately great power within particular states (eg, farmers in Iowa and Nebraska, the dairy industry in Wisconsin), the amendment's proponents similarly would need to persuade these interest groups that they would each experience an increase in aggregate welfare notwithstanding the anticipated loss of federal redistribution in their favour if the amendment were adopted. I am far from sanguine that proponents of such an amendment could provide the relevant states and interest groups persuasive evidence on this score.

## How did the Problem Arise?

Today, the Framers' design holds America captive. They gave us a structure of Congressional representation that is significantly imperfect for resolving important issues of modern governance. And they made it impossible to

[42] That is, there are currently 32 states with fewer than nine Representatives at a time when two Senators have a value equal to that of 8.70 Representatives. See *Book of the States 2004*, above n 14 at 635–36, Table 10.3. See also Baker and Dinkin, above n 2 at 70–71.
[43] US Constitution Art V.
[44] See Baker and Dinkin, above n 2 at 70–71.

change the central imperfection of this structure through the Constitution's formal amendment procedures. How and why did the Framers go wrong?

The Framers' crucial mistake was not Article V's additional requirement that 'no State, without its Consent, shall be deprived of its equal Suffrage in the Senate.'[45] Since the framing, the ratio of large to small states has always been such that one would not expect the original structure of representation to be changed even under the general amendment procedures of Article V.[46] Presumably, one would not want the Constitution to be amended by the simple majority vote necessary to enact ordinary legislation. And, in any case, as early as 1790, more than a simple majority of states was overrepresented in the US Senate and could have blocked any amendment that was seen to diminish that power advantage.[47]

In hindsight it appears that the critical error was the structure of Congressional representation itself. But here, too, we must be careful. Union formation logically demanded a structure of representation that would ensure both large and small states protection against systematic oppression by the other.[48] It is entirely possible that in 1787 the large states (erroneously) considered the current structure of representation to be a reasonable midpoint between equal representation of the states and representation solely in proportion to population.[49] After all, the large states had earlier in the Articles of Confederation agreed to a unicameral legislature with equal representation of the states, a scheme that is substantially more disadvantageous than that set out in Article I of the Constitution.[50] Nonetheless, the Constitution's apportionment of representation disadvantages the large states. And these states' consent to the arrangement cannot therefore be explained without reference to some additional factor.

The most plausible story, I believe, focuses on the two significant respects in which the Framers' Constitution is different from the current one. In a world in which the Spending Clause is intended and expected to authorise

[45] US Constitution Art V. At least one commentator, however, has argued that this was in fact the Framers' crucial mistake. See D Lazare, *The Frozen Republic: How the Constitution Is Paralyzing Democracy* (New York, Harcourt Brace, 1996) 48–49, 285–310.

[46] See above n 44.

[47] See above n 44.

[48] See Baker and Dinkin, above n 2 at 85 n 262.

[49] Much of the historical record suggests, however, that the large states agreed to this apportionment of representation quite grudgingly and out of a fear that the Union could not otherwise be preserved. See Baker and Dinkin, above n 2 at 87 n 270.

[50] See US Articles of Confederation Art V ('In determining questions in the United States in Congress assembled, each State shall have one vote'); see also C Pinckney, 'Speech before the New Jersey Assembly,' 13 March 1786, reprinted in E C Burnett (ed), *Letters of Members of the Constitutional Congress* (Washington, DC, Carnegie Institution of Washington, 1936), vol 8, 321, 327 (stating that the large states agreed to equal representation of the states in the Articles of Confederation because an immediate agreement was necessary in order to fight the Revolution).

the expenditure of federal money only for the 'general Welfare of the United States,' and this phrase is interpreted as a justiciable constraint, the enactment of redistributive rent-seeking spending legislation will be of little concern.[51] And in a world in which the Commerce Clause is expected and intended to authorise Congress to regulate a small and quite clear category of interstate activities,[52] the enactment of redistributive rent-seeking regulations will similarly be of scant concern. This arguably was the original understanding—the Framers' world. And, in this context, the large-population states would have little reason to mind the advantage that Article I's apportionment of representation formally gave the small-population states.

Ultimately, then, the critical flaw in the Framers' scheme appears to derive from their failure to appreciate fully the extent to which judicial review could and would enable malleable constitutional provisions such as the Commerce and Spending Clauses to evolve as societal conditions and norms changed.[53] Meanwhile, the vastly more determinate provisions specifying the structure of Congressional representation would be frozen in time. The American Framers could not anticipate that the structure of Congressional representation which, together with the Spending and Commerce Clauses so neatly resolved the central difficulty of Union formation, would many years later create rather than solve some important problems of governance. It also seems fair to suggest that the Framers could not have imagined that the small-budget operation that they envisioned the federal government to be would eventually become the enormously costly and powerful enterprise that it is today.

## Lessons from the American Experience

Context and culture surely matter in issues of constitutional design. Nonetheless, it is worth considering what lessons future and nascent federations, such as the European Union, might take away from this particular aspect of the American experience.

First, a Constitution's allocation of representation and procedures for amending the Constitution are likely to prove nearly impossible to change. These are typically determinate provisions, often including specific numbers, with little room for judicial or other interpretation over time. Moreover, the problems that arise and cause some later to regret the original allocation of

[51] See Baker and Dinkin, above n 2 at 88 n 273.
[52] For discussion of this point see *ibid* at 88–89.
[53] See L H Tribe, *American Constitutional Law* (3rd edn, New York, West Publishing Co., 2000) § 5–4 at 807–24 (detailing evolution of the Supreme Court's Commerce Clause jurisprudence); D E Engdahl, 'The Spending Power' (1994) 44 *Duke Law Journal* 1 (detailing evolution of the Supreme Court's Spending Clause jurisprudence).

representation and/or procedures for amending the Constitution will often not be subject to resolution or mitigation precisely *because of* the original allocation of representation and/or procedures for amending the Constitution. In sum, it is important to get these provisions right in the original Constitution.

Secondly, it should be acknowledged at the outset that a Constitution cannot ensure that the federal legislature will not enact redistributive rent-seeking legislation, whether that legislation takes the form of actual spending or of particular regulatory policies. The most that one can expect to accomplish is to minimise the amount of legislation of all sorts that is enacted, and to maximise the likelihood that the benefits of the rent-seeking legislation that ultimately is enacted will, over time, be distributed to the member states in proportion to their shares of the nation's population.

Thirdly, this suggests that, whether one chooses to have a unicameral or bicameral federal legislature, each member state should be afforded representation solely in proportion to its share of the nation's population and a supermajority rule should be used for enacting all legislation.

Fourthly, one should be careful to ensure that any seeming compromise in terms of the structure of representation is a true compromise. In the American example, the intended compromise effected by the proportional representation of the states in the House of Representatives and their equal representation in the Senate turns out not to have been very much of a compromise at all. Rather, the arrangement ultimately gave the small-population states vastly more power in Congress than the large-population states.

Finally, one should not rely on the courts or any mechanism of judicial review under a Constitution to protect member states against redistribution. The only sure protections that a member state has within a federal structure are those ensured through the allocation of representation within the federal law-making body.

## Postscript: The State of the European Union on 4 July 2004

Shortly after the November 2003 conference at which I presented the above remarks, I was quite delighted to read that various European Union governments viewed the allocation of representation in the EU Council of Ministers, as well as other issues related to voting 'weights,' to be the most problematic issues facing the EU at the December 2003 summit.[54] It is not that I am eager to see the EU fail. I am simply hopeful that the EU will avoid repeating the various mistakes, discussed above, that I believe were

[54] See eg, 'An inter-governmental tug-of-war' *Economist*, 20 November 2003 ('The single most controversial issue concerns the balance of power between EU countries in the Council of Ministers'); 'Might it all tumble down?,' *Economist*, 11 December 2003 ('If the summit fails, which is quite likely, it will be over voting weights').

made by the Framers of the US Constitution (albeit under significantly different historical circumstances).

As many experts had predicted, the 'collapse' of the December 2003 European summit had as its:

> proximate cause ... a row about voting rules, with France and Germany demanding a change to reflect more closely their population sizes, and Spain and Poland insisting on keeping the system agreed in Nice three years ago that gives them disproportionate weight.[55]

Further discussions and negotiations followed, and in June 2004 a Constitution for the EU was finally approved,[56] notwithstanding the fact that the central political issues on the table were again the voting weights for EU countries and the retention of national vetoes in certain policy areas.[57]

I was heartened, yet again, to learn that the central provisions ultimately adopted at the June 2004 summit reflect an ongoing appreciation of the lessons that might be learned from the American experience. Thus, although the 'qualified majority vote' provision was ultimately diluted somewhat,[58] the EU Constitution contains a panoply of provisions that should simultaneously minimise unjustifiable redistribution across the member nations, and impose significant barriers to the further growth of the EU's powers over its members. As reported in the *Economist*,[59] the approved EU Constitution:

- retains national vetoes over direct taxation, foreign and defence policy and financing of the EU budget;
- includes subsidiarity provisions under which, if one-third of national Parliaments object to an EU law, the Commission must reconsider it;
- creates an explicit right for countries to leave the EU.

Of course, the Constitution must still be adopted by all 25 EU Member States in order to take effect.[60] And some commentators have expressed concern that a significant number of countries might reject the Constitution, with the result that 'the EU might split into two groups: an integrationist core that accepted the Constitution, and a more loosely aligned group that opts out of many political aspects of the EU.'[61]

[55] 'Brussels breakdown,' *Economist*, 18 December 2003.
[56] 'Finally, a Constitution: Now the hard part,' *Economist*, 22 June 2004.
[57] 'Those Crucial Clauses,' *Economist*, 20 May 2004.
[58] See 'A difficult birth,' *Economist*, 24 June 2004: 'The original plan was that a law would pass if it had the support of half the 25 EU countries, representing 60% of the population. The new deal raises the voting thresholds to 55% of countries, representing 65% of the population, with an added provision that a blocking minority must come from four or more countries. This makes it easier for Poland and Spain to block laws they do not like, but stops the big three doing it alone.'
[59] 'What it all means,' *Economist*, 24 June 2004.
[60] 'Try, try, try again,' *Economist*, 10 June 2004.
[61] *Ibid*.

Time will tell whether the EU Constitution ends up formally uniting or dividing the 25 EU countries and, if the former, whether the above protections for national autonomy are sufficient. In the meantime, however, it is easy to conclude—and to celebrate the fact—that these protections represent a significant improvement on the American model.

# 10

# *State Liability as European* ius commune: *The Case of the European Economic Area*

PROFESSOR DR CARL BAUDENBACHER*

## Introduction

The Agreement on the European Economic Area (EEA) is based on a rather simple idea. The European Free Trade Association (EFTA) states party to the Agreement, ie now Iceland, Liechtenstein and Norway—or better: their individuals and economic operators—are granted free access to the EC internal market. As a quid pro quo, they have accepted the obligation to adopt large parts of EC law in an ongoing process.[1] At the core of EEA law are the fundamental freedoms, competition and state aid law, and important areas of harmonised law. Since this law itself aims at removing national as well as private barriers to the free movement of goods, persons, services and capital, the EFTA countries party to the EEA Agreement are thereby opening their own markets for EC operators. The EEA consists of two pillars, an EC pillar and an EFTA pillar. The application of the law in the EFTA pillar is the task of the EFTA Court. The EEA Agreement is an important example of judicialisation of international law.[2] Not only has it led to the establishment of the EFTA Court, but it has also entrusted the national courts of the EFTA states with the application of EEA law. The procedural provisions of EEA law have to a large extent been taken from EC law. Since the articles of the EEA Agreement are essentially identical in substance to provisions of EC law, they are to be interpreted in a way that

* Chief Justice, Court of Justice of the European Free Trade Association; Professor of Private, Commercial and Economic Law at the University of St Gallen.

[1] It should be noted that the EEA/EFTA states enjoy consultation rights in the EC legislative process and a right to veto the incorporation of new EC law into the EFTA pillar of the EEA; for details see Art 99 EEA.

[2] See C Baudenbacher, 'The EFTA Court: An Example of Judicialisation of the International Economic Law' (2003) *European Law Review* 880.

will secure homogeneity in the EEA as a whole.[3] In case of a judicial conflict, the EEA Agreement provides for a dispute settlement procedure.[4]

## EEA Quasi-supranationalism

EU law is supranational in nature. The relation between the 'federal' and the state entities is to a large extent defined by the so-called constitutional principles of direct effect, supremacy and state liability. The development towards a federal or quasi-federal structure in the Community has been fostered by the recognition of those principles. To be sure, the European Court of Justice (ECJ) has arrived at these three principles by way of judicial law-making.[5]

Whether the same applies in EEA law has for a long time been an open question. No sovereignty has been transferred by the EFTA states under the EEA Agreement as far as the law in the books is concerned. In fact, Protocol No 35 to the EEA Agreement on the implementation of EEA rules states that no contracting party (ie no EFTA state) is required to transfer legislative powers to any institution of the EEA. But some think that such a transfer has occurred in substance.

Be that as it may, the differences as compared to the EU are minimal. Dualism, considered to be a *pièce de resistance* by the Nordic countries, has lost much of its significance in the EEA context. EEA law is binding upon the EFTA states and is made part of their legal orders (Article 7 EEA). For cases of possible conflicts between implemented EEA rules and other statutory provisions, the EFTA states undertake to introduce, if necessary, a statutory provision to the effect that EEA rules prevail in these cases (Protocol No 35). The EEA Main Agreement as well as directives and regulations have been incorporated in the national legal orders of the EFTA states. New EC secondary law is being implemented on a continuing basis.

The EEA law provisions dealing with the effect of EEA law in the domestic legal orders of the EFTA states must be seen against the background of the 1972 bilateral Free Trade Agreements between the EC and the individual EFTA states whose provisions were not directly applicable in any of the EFTA states' courts. In the case of the dualist Nordic countries, this was simply a consequence of the lack of implementation of the Free Trade Agreements in the domestic legal orders.[6] In Switzerland and in Austria the

[3] See especially Art 6 EEA and Art 3(2) of the Agreement between the EFTA States on the Establishment of a Surveillance Authority and a Court of Justice.
[4] See Art 105 EEA.
[5] See Case 26/62 *van Gend en Loos* [1963] ECR 1; Case 6/64 *Costa v ENEL* [1964] ECR 585; Case C-6/90 and C-9/90 *Francovich* [1991] ECR I-5357; and Case C-46/93 and C-48/93 *Brasserie du Pêcheur* [1996] ECR I-1029.
[6] See Ulf Bernitz, 'The EEC-EFTA Free Trade Agreements' (1986) *Common Market Law Review* 567.

Supreme Courts refused to accept direct effect.[7] Since at the same time the ECJ acknowledged the possibility of direct effect, there was a situation which has been described as a judicial restraint of trade.[8]

The EFTA Court has characterised the EEA Agreement as an international treaty *sui generis* which contains a distinct legal order of its own. The EEA Agreement does not establish a customs union but an enhanced free trade area. Its depth of integration is less far-reaching than under the EC Treaty, but its scope and objective go beyond what is usual for an agreement under public international law.[9] The EFTA Court uses the same methods of interpretation as the ECJ under EC law. That means that dynamic interpretation is possible and in fact it is used in practice.[10]

## EC Constitutional Principles and the EEA

### Effect and Primacy

Influential authors have proposed that the EFTA Court go beyond Article 7 EEA and Protocol No 35, and recognise EC-style direct effect of EEA law[11] in order to secure homogeneity in both pillars of the EEA. The governments and courts of the Nordic countries are, however, opposed to that. They refer to the first EEA Opinion 1/91 of the ECJ in which that court found that in view of the different goals and context, the principles of direct effect and primacy were not safeguarded by the identical wording of the EEA Agreement and the EC Treaty. On the contrary, it assumed that these principles were 'irreconcilable with the characteristics of the agreement.'[12]

From a strict dualistic standpoint, Protocol No 35 was to be interpreted as meaning that it was for the national court, based on domestic law, to decide on whether an individual or economic operator was able to invoke implemented EEA rules. The EFTA Court did, however, not share that

[7] ATF 104 II 175 Stanley Adams; 105 II 49 (1979) *Omo*; OGH Auztro-Mechana, GRUR Int 1980, 185.
[8] O Jacot-Guillarmod in (1982) *Common Market Law Review* 427.
[9] Case E-4/97 *Sveinbjörnsdóttir*, 1998 EFTA Court Report 95, at para 59 = (1999) *Common Market Law Review* 884; Case E-4/01 *Karlsson*, 2002 EFTA Court Report 240, at para 25 = (2002) *Common Market Law Review* 1477; see with regard to the legal order established by the EEA Agreement also Case E-2/03 *Ásgeirsson*, 2003 EFTA Court Report 185, at para 28.
[10] See Baudenbacher, above n 2 at 887.
[11] See the former EFTA Court President L Sevón, 'Primacy and Direct Effect in the EEA: Some Reflections' in *Liber Amicorum Ole Due* (1994) 34; L Sevón and M Johansson, 'The Protection of the Rights of Individuals under the EEA Agreement' (1999) *European Law Review* 373 at 385; former EFTA Court Judge S Norberg, 'Perspectives on the Future Development of the EEA Agreement' (2002) *Afmælisrit Thór Vilhjálmsson* 367.
[12] Opinion 1/91 [1992] ECR I-6097 at para 28.

view. According to its case law, implemented provisions of EEA law may be invoked in the national courts of the EFTA states and take precedence over conflicting provisions of domestic law if they are unconditional and sufficiently precise.[13] With these judgments, the EFTA Court has not accepted EC-style direct effect and primacy, but it has, with regard to implemented EEA rules, recognised an effect that amounts to the same result: Academic commentators have spoken of quasi-direct effect:

> Direct effect and primacy may not follow from the agreement itself, but the agreement dictates that it shall follow from implementing provisions of national law.[14]

This means that it is not accurate to state that traditional dualism is underlying the EEA Agreement. In contrast to a dualist view, it is not for the national legal order to decide on the effect of implemented EEA law provisions. It is rather the EEA legal order that sets the standards. With respect to the approach taken by the ECJ in its Opinion 1/91, one commentator, referring to the EFTA Court's *Restamark* judgment of 14 December 1994, said in a rather disrespectful way that '[the ECJ] subsequently suffered the indignity of being brushed aside by a much more open-minded EFTA Court.'[15]

With regard to non-implemented EEA rules, the EFTA Court found it (in dicta) to be inherent in the general objective of the EEA Agreement of establishing a dynamic and homogeneous market, in the ensuing emphasis on the judicial defence and enforcement of the rights of individuals, as well as in the public international law principle of effectiveness, that national courts will consider any relevant element of EEA law, whether implemented or not, when interpreting national law.[16] That means that the objective of homogeneity must be achieved by national means. It would, however, again be problematic to conclude that Nordic dualism in its traditional form has been recognised by the Court. What may be said is that it is for the domestic legal order, ie the national courts of the EEA/EFTA states, to decide what effect to give to non-implemented EEA rules. At the same time, the EEA/EFTA states are not free in that decision, but rather are bound by a so-called *obligation de résultat*.[17] That obligation follows from EEA law.

[13] Case E-1/94 *Restamark*, 1994/95 EFTA Court Report 15 = (1995) *Common Market Law Review* 161; E-1/01 *Einarsson*, 2002 EFTA Court Report 1 = (2002) *Common Market Law Review* 34.

[14] See H P Graver, *Supranationality and National Legal Autonomy in the EEA-Agreement* (ARENA Working Papers WP 00/23), www.arena.uio.no/publications/wp00_23.htm

[15] O Spiermann, 'The Other Side of the Story: An Unpopular Essay on the Making of the European Community Legal Order' (1999) 10 *European Journal of International Law* 763.

[16] Case E-4/01 *Karlsson,* 2002 EFTA Court Report 240.

[17] See T Bruha, 'Is the EEA an Internal Market?' in P-C Müller-Graff and E Selvig (eds), *EEA-EU Relations* (1999) 123; H P Graver, 'The EFTA Court and the Court of Justice of the EC: Legal Homogeneity at Stake?' in *ibid* at 31; F Sejersted, 'Between Sovereignty and Supranationalism in the EEA Context: On the Legal Dynamics of the EEA-Agreement' in P-

**EEA State Liability in Particular**

In its *Sveinbjörnsdóttir* ruling of 10 December 1998,[18] the EFTA Court held that Iceland had violated the EEA Agreement by misimplementing the Insolvency Directive 80/987/EEC. That directive obliges the states to enact legislation which forces enterprises to set aside funds during prosperous times from which the final salaries of the workers can be paid in the case of bankruptcy. Furthermore, the EFTA Court held that the principle of state liability was part of EEA law. The Court based its finding essentially on three grounds: the goal of homogeneity underlying the EEA Agreement, the duty of the EFTA states to cooperate loyally (laid down in Article 3 EEA) and the objective to protect the rights of individuals and economic operators. Whether the conditions of liability (the infringed provision of EEA law must confer rights upon individuals; the breach must be sufficiently serious; there must be a causal link between the violation and the damage sustained) were fulfilled in the case at hand was for the national court to decide. The Court rejected the submissions of the governments of Iceland, Norway and Sweden, as well as of the European Commission, which had argued that the EEA Agreement does not entail state liability because state liability can only be imagined together with direct effect and primacy, as the last step in the development of constitutional principles so to speak (as in Community law). The Commission's position was somewhat surprising, in particular in the light of the fact that in the EFTA Court's very first case, *Restamark*, it had proposed that the Court should recognise direct effect.[19] The government of Iceland had unsuccessfully argued that the matter was for the contracting parties, ie the governments, to decide. It explicitly submitted that if, in the absence of state liability, homogeneity should not be attained, the matter would have to 'be dealt with politically and through diplomatic channels, as set out particularly in Articles 105 to 111 EEA [the provisions on homogeneity and dispute settlement] and not by the EFTA Court.'[20]

In the *Karlsson* case, Iceland had violated its obligations under the EEA Agreement because it had not abolished its state alcohol import monopoly by 1 January 1994, the date the EEA Agreement entered into force. The EFTA Court found in its judgment of 30 May 2002 that the provision in question, Article 16 EEA (which corresponds to Article 31 EC Treaty), confers rights upon individuals and that the breach of that provision was sufficiently serious to trigger state liability. Whether there existed a causal link

C Müller-Graff and E Selvig (eds), *The European Economic Area: Norway's Basic Status in the Legal Construction of Europe* (Berlin, 1997) 57.

[18] See above n 9.
[19] Report for the Hearing, 1994–1995 EFTA Court Report 35, point 96.
[20] Report for the Hearing, 1998 EFTA Court Report 127, point 62.

was left to the national court to decide.[21] It is to be noted that, unlike in *Sveinbjörnsdóttir*, the EFTA Court itself answered the question of whether there was a sufficiently serious breach of EEA law and the answer was in the affirmative. The court did so because it had been clear long before the entry into force of the EEA Agreement that a state import monopoly was incompatible with European law.[22] The Icelandic government, having negotiated, drafted, signed and ratified the EEA Agreement, was in the best position to assess the legislative amendments required to comply therewith, and there was sufficient time between the signature of the EEA Agreement and its entry into force.

The third landmark case on EEA state liability is *Finanger II*. Veronika Finanger brought an action for compensation against the government of Norway alleging misimplementation of the Motor Vehicle Insurance directives 72/166/EEC, 84/5/EEC, and 90/232/EEC, and obtained a favourable judgment in the Oslo City Court in the spring of 2003.[23] The case has an important background history to it. In *Finanger I*, the EFTA Court had held in 1999 that a provision of Norwegian law which denied insurance protection to a passenger who rode in a car driven by an intoxicated driver and knew or must have known that the driver was intoxicated was incompatible with the EEA Motor Vehicle Insurance Directives.[24] The Supreme Court of Norway, which had referred the relevant question to the EFTA Court, unanimously ruled that Norway was in breach of the EEA Agreement. A majority of 10 Justices found, however, that a clear provision of Norwegian law could not be set aside due to the dualist concept underlying the Norwegian Constitution. In other words, the Norwegian Supreme Court did not recognise direct effect of the said Directives. A minority of five Justices, including the Chief Justice, wanted to leave the provision of Norwegian law in question unapplied. One should not overlook that the case involved the horizontal relationship between a private insurance company and a victim, an issue that was broadly discussed by the Supreme Court. It must be assumed that, in view of that fact, the ECJ would most probably have reached the same result.[25] Moreover, it has been said in academic writing that in a case involving vertical relations between an individual and the state, the Norwegian Supreme Court would have accepted the primacy of EEA law.[26]

[21] Case E-4/01 *Karlsson*, 2002 EFTA Court Report 240 = (2002) *Common Market Law Review* 1477.
[22] See Case C-59/75 Manghera [1976] ECR 91. That judgment is relevant for the interpretation of Art 16 EEA under Art 6 EEA.
[23] Case 02–10919 A/83, judgment of 13 March 2003.
[24] Case E-1/99 *Finanger*, 1999 EFTA Court Report 119 = (1999) *Common Market Law Review* 863.
[25] See *Faccini Dori* [1994] ECR I-3325.
[26] H P Graver, *Die Ausdehnung des Europäischen Gemeinschaftsrechts auf Nichtmitglieder der Union—das Beispiel Norwegens* (ARENA Working Papers WP 01/21), www.arena.uio.no/wp01_21.htm at 16.

## ACCEPTANCE OF THE EFTA COURT'S STATE LIABILITY CASE LAW

As the EFTA Court noted in *Sveinbjörnsdóttir*, there is no provision on state liability in the EEA Agreement.[27] In coming to the conclusion that EFTA states are obliged to pay compensation to individuals and economic operators on account of violations of EEA law, the EFTA Court interpreted EEA law in a dynamic way. Such an approach, however, can only succeed if the relevant jurisprudence is accepted by the national courts, by the governments, by academia and by the general public. In the case of the EFTA Court, the relevant institutions on the Community side must also be taken into account. With regard to the courts and the governments of the EFTA states, the following may be said: in *Sveinbjörnsdóttir*, the referring Reykjavík District Court accepted the principle of state liability. It found that the conditions for liability were fulfilled and granted the plaintiff compensation. The Supreme Court of Iceland confirmed that judgment on appeal.[28] The Icelandic government declared in the EFTA Court's second state liability case, *Karlsson*, that it was prepared to live with *Sveinbjörnsdóttir*. The Norwegian government was, however, unhappy; when *Karlsson* was referred to the EFTA Court, it submitted observations and invited the EFTA Court to overrule *Sveinbjörnsdóttir*. The Norwegian government essentially reiterated its arguments from *Sveinbjörnsdóttir* that under Community law, the principle of state liability is inseparable from the principle of direct effect, and that both principles constitute complementary elements of the supranationality of Community law which, in the Norwegian government's view, is absent in EEA law. The Court rejected the Norwegian government's position. In the context of acceptance, it must be added that the case before the national court had been stayed because the parties had asked an expert to calculate the damage of the *Karlsson* firm.

In *Finanger II*, the Norwegian government gave up its opposition to the principle of state liability as such and limited itself to arguing that the breach in question—the misimplementation of the Motor Vehicle Insurance Directives—did not constitute a sufficiently serious breach. The Oslo City Court, ruling in favour of Ms Finanger, based its judgment on the EFTA Court's *Sveinbjörnsdóttir* and *Karlsson* judgments, but also on the Icelandic Supreme Court's ruling in *Sveinbjörnsdóttir*. It found that the breach of EEA law committed by Norway was in fact sufficiently serious.[29] The judgment is on appeal. Overall, it is fair to say that the EFTA Court's jurisprudence on state liability has been accepted in the EFTA countries concerned. That development may have been facilitated by the fact that the

[27] Above n 9 at para 46.
[28] Case C-236/99, judgment of the Supreme Court of 16 December 1999.
[29] Case 02–10919 A/83, judgment of 13 March 2003

ECJ referred to the EFTA Court's *Sveinbjörnsdóttir* judgment in its *Rechberger* judgment of 15 June 1999.[30]

One will notice that paragraph 30 of the EFTA Court's *Karlsson* judgment has lead to controversy. The Court held that:

> The finding that the principle of state liability is an integral part of the EEA Agreement differs, as it must, from the development in the case law of the Court of Justice of the European Communities on the principle of state liability under EC law. Therefore, the application of the principles may not necessarily be in all respects coextensive.[31]

In *Finanger II*, the Norwegian government has unsuccessfully argued that this means that the second condition for state liability—the existence of a sufficiently serious breach—is to be seen as less strict under EEA law than under Community law. On the other hand, it has been said that paragraph 30 of the *Karlsson* judgment must be interpreted to the effect that in view of the objective of homogeneity underlying the EEA Agreement on the one hand and the lack of EC-style direct effect on the other, the requirements for a sufficiently serious breach must be lower under EEA law than under Community law.[32]

## Implications for Former EFTA Countries that Joined the EC in 1994

In its *Rechberger* judgment, the ECJ had to answer the question of whether Austria was liable to pay compensation under the state liability doctrine for a breach of EEA law committed in 1994, when the country was an EFTA state party to the EEA Agreement. The ECJ denied jurisdiction, but referred to the EFTA Court's *Sveinbjörnsdóttir* judgment. The ECJ thereby avoided a gap in the protection of individual rights which could have resulted from the fact that the EFTA states that left EFTA in 1995 to join the EC had, by way of a special agreement, excluded such cases from the jurisdiction of the EFTA Court.[33] It appears that compensation was paid by way of a settlement before the Austrian court. In a second judgment in the *Andersson* case (delivered on the same day), the ECJ had to deal with a similar case concerning Sweden. In this case the ECJ denied its jurisdiction without, however, referring to the EFTA Court's *Sveinbjörnsdóttir* judgment. The ECJ did not sit in the same composition as in *Rechberger*. The first instance court in Sweden subsequently acknowledged state liability, but the Court

[30] Case C-140/97 *Rechberger and others* [1999] ECR I-3499 at para 39.
[31] Above n 21 at para 30.
[32] G Gorton, 'Staatshaftung im EWR nach EuGH *Köbler*—eine Zwischenbemerkung' (2004) *European Law Reporter* 65.
[33] Agreement over transitional arrangements for a period after the accession of certain EFTA states to the EU of 28 September 1994, reproduced in 1994/95 EFTA Court Report 161.

of Appeal reversed this desision. The case was recently decided in the last instance by the Swedish Supreme Court.[34] The latter referred to the EFTA Court's case-law, but also to the Icelandic Supreme Court's *Sveinbjörnsdóttir* follow-up judgment as well as the *Finanger II* case pending before the Norwegian courts. Against this background, the *Högsta Domstolen* followed the EFTA Court entirely in accepting state liability as a general principle of EEA law.

## CONCLUSIONS

State liability has recently been called 'the surest legally enforceable mechanism for promoting Member State compliance.'[35] As far as the EEA is concerned, it has been acknowledged by the EFTA Court in *Sveinbjörnsdóttir* and confirmed in *Karlsson*. The ECJ has referred to the EFTA Court's *Sveinbjörnsdóttir* judgment in its *Rechberger* judgment. It has been said that with this, the ECJ has in a way recognised that it has overshot the mark in its Opinion 1/91.[36] It is therefore fair to conclude that state liability constitutes European *ius commune*. The judicial dialogue between the ECJ and the EFTA Court has been crucial in achieving this result. In rejecting the Norwegian government's invitation to overrule its state liability jurisprudence, the EFTA Court in *Karlsson* explicitly cited the ECJ's reference to that jurisprudence in *Rechberger*. One commentator has observed that with this, the EFTA Court has skilfully taken the ECJ on board as an ally.[37] It appears that when it comes to the application of the state liability doctrine, national courts in EFTA states are resisting the temptation to avoid payment by narrowly defining the respective conditions. This obviously cannot be said of all the courts in EC Member States. On balance, the example of state liability in EEA law constitutes a paradigm of federalism in European integration. A number of actors have contributed to this development, including the EFTA Court, the ECJ and the national courts of EFTA States.

[34] Judgment of 26 November 2004, Case T 2593/01.
[35] G A Bermann, 'Member State Liability in the Member State's Own Court: An American Law Comparison' in *Festschrift für Gil Carlos Rodríguez Iglesias* (2003) 305.
[36] Editorial comments in (1999) *Common Market Law Review* 697 at 700.
[37] G Gorton, 'Bestätigung der Staatshaftungsrechtsprechung des EFTA-Gerichtshofs' (2002) *European Law Reporter* 260.

# 11

# *Federalism in Germany*

WOLFGANG HOFFMAN-RIEM*

Like other countries in Europe, Germany became a nation state relatively recently, ie in the second half of the nineteenth century. The relatively centralised structure of the German Empire as established in 1871, however, allowed its member states to retain considerable independence with regard to the administration and legislation of their own affairs. The autonomy of the Länder remained important after the First World War and during the period of the Weimar Republic, and was re-established in the Federal Republic of Germany after the Second World War. In contrast to this, both the Nazi regime and the German Democratic Republic were characterised by a rather centralised structure.[1]

To understand the federal pattern of the German Constitution as reconstructed after the Second World War, one has to consider that it resulted not only from the historical continuity of German federalism but also from the intervention of the occupying powers. The three Western allies, especially France, were concerned about a further centralising regime of the nature of the Third Reich and therefore made strong efforts for the establishment of a federal structure,[2] which was provided for in the *Frankfurter Dokumente* [Frankfurt Documents].

This structure has been laid down as an entrenched and inviolable fundamental constitutional principle in Article 79(3) of the Basic Law. However, this does not guarantee the existence of all member states of the Federation. Consequently, German territory can be restructured as long as it respects the idea of federalism as guaranteed by the Basic Law.

* Professor of Public Law, University of Hamburg; Justice, Federal Constitutional Court of Germany.

[1] H Wilms, 'Überlegungen zur Reform des Föderalismus in Deutschland' (2003) 19 *Zeitschrift für Rechtspolitik* 86 at 86–87; H J Vogel, 'Die bundesstaatliche Ordnung des Grundgesetzes' in E Benda *et al* (eds), *Handbuch des Verfassungsrechts* (2nd edn, Berlin/New York, Walter de Gruyter, 1994) 1041 at 1044–45. cf also Scharpf, 'Föderale Politikverflechtung: Was muß man ertragen? Was kann man ändern?' in K Morath (ed), *Reform des Föderalismus* (Bad Homburg, Frankfurter Institut-Stiftung Marktwirtschaft und Politik, 1999) 23 at 25.

[2] Vogel, above n 1 at 85. cf also R Morsey, 'Verfassungsschöpfung unter Besatzungsherrschaft—das Werk des Parlamentarischen Rates' in Bundesrat (ed), *Stationen auf dem Weg zum Grundgesetz* (Bonn, Bundesrat, 1988) 83 at 85 *et seq*; Scharpf, above n 1 at 25–26.

## The System in its Present Form[3]

According to Article 70 Basic Law, the Länder have the right to legislate insofar as the Constitution does not confer legislative power on the federal government. In practice, however, most of the power to legislate has been transferred to the federal government whereas the Länder are responsible for the implementation of federal laws. This is regulated by Article 83 Basic Law according to which the Länder may execute federal statutes as matters of their own concern provided that the Basic Law does not state otherwise. In practice, the Länder predominantly execute and administer these laws and policies determined centrally. In addition, the Länder participate in the federal legislative process through the Bundesrat, which constitutes a 'second legislative chamber' composed of members of their respective governments. Germany decided in favour of a model of a federal state of government—in contrast to the American model of a federal system consisting of the people of the states.[4] It contains elements of an executive federalism (in the tradition of the Bismarck Reich[5]), but has developed in the direction of cooperative federalism.

The authority of the Bundesrat to take part in the legislative process varies according to the type of law to be adopted. In the case of laws called *Einspruchsgesetze*, the Bundesrat can convene a committee of conciliation and, once proceedings have been concluded without an agreement, file an objection. However, *Einspruchsgesetze* can ultimately be passed without the consent of the Bundesrat, if the Bundesrat is overruled by the Bundestag, ie the elected Parliament. This requires a simple or a qualified majority of the members of the Bundestag, depending on the respective majority vote of the members of the Bundesrat. In contrast to this, so-called *Zustimmungsgesetze* can only be passed with the consent of the Bundesrat which, in this case, cannot be overruled. The consent of the Bundesrat is needed, for example, for federal legislation which concerns the establishment of administrative authorities and the regulation of administrative procedures by the Länder (Article 84 Basic Law). It should ensure that the federal government does not intervene in the internal structure of the Länder.

The federal structure in Germany served as an important basis for building the Federal Republic of Germany. It allowed German citizens to identify with their locality and region which, in Länder such as Bavaria, played a very important role and, consequently, strengthened their support for the new Constitution.[6] In addition, the federal structure created competition

[3] H Laufer and U Münch, *Das föderative System der Bundesrepublik Deutschland* (Opladen, Leske & Budrich, 1998).
[4] A Benz, 'From Unitary to Asymmetric Federalism in Germany: Taking Stock after 50 Years' (1999) 29 *Publius: The Journal of Federalism* 55 at 57.
[5] cf Benz, above n 4 at 58.

between the Länder and allowed for cultural diversity; as a consequence, cultural life has developed in many ways, the opera houses and theatres in every provincial capital and in many other cities being examples of that development. On the whole, the provincial Prime Ministers enjoy a high status and recognition within their Länder, which further promotes regional differentiation instead of political centralisation.

The Länder also seek to participate in EU decision-making in order to give effect to the principle of subsidiarity, which applies within the European Union. As regulated by Article 23 Basic Law, the federal government has to respect the interests of the Länder when it acts on a European level in its role as an EU Member State. According to the principle of subsidiarity, the Länder ensure that issues which are not regulated by the EU are dealt with on a provincial rather than on a federal level, wherever appropriate. The Länder consider themselves as regions in terms of EU law despite the fact that the territory of some Länder is smaller than the notion of a region under EU law presupposes. On the other hand, due to their population size, the Länder could even be regarded as Member States themselves, as even the small Länder have a higher population than some of the smaller Member States.

## Problems

Despite a generally positive attitude towards the idea of federalism, there has recently been major criticism of the federal structure of Germany and its efficiency.[7] This criticism is not focused on the idea of federalism in general, which has never been questioned, but on the present form of the system. The legislative process, the division of legislative and administrative responsibilities, and the allocation of power to collect and apportion tax revenue, are regarded as dysfunctional.[8] On 7 November 2003, a Commission on the Reform of Federalism was therefore established. In 2004 it failed to find a solution. In the spring of 2005 new attempts were begun.

[6] S Stratthaus, 'Grundsatzreferat' in Gesellschaft für Rechtspolitik Trier (ed), *Bitburger Gespräche, Jahrbuch 1999/II* (München, Beck, 2000) 5 at 6.

[7] For an overview of the historical development and the current state of problems see Benz, above n 4.

[8] Scharpf, above n 1 at 32 with regard to legislative responsibilities; B Huber, 'Steuerwettbewerb im Föderalismus—Ideal und Wirklichkeit' in Morath, above n 1 at 55; C Waldhoff, 'Reformperspektiven der bundesstaatlichen Finanzverfassung im gestuften Verfahren' (2000) 15 *Zeitschrift für Gesetzgebung* 193 at 202 with regard to the power to collect taxes. See also W Arndt *et al*, 'Zehn Vorschläge zur Reform des deutschen Föderalismus' (2000) 33 *Zeitschrift für Rechtspolitik* 201. cf also 'Stärkung des Föderalismus: Text und Kommentierung des am 23. Mai 2000 von den Präsidenten der deutschen Landesparlamente beschlossenen Diskussionspapiers' in *Zeitschrift für Gesetzgebung Sonderheft* (2000). H-J Blanke and W Schwanengel, *Zustand und Perspektiven des deutschen Bundesstaates* (Tübingen, Mohr, 2004).

One of the main problems lies in the allocation of legislative and administrative powers between the federal government and the Länder. The former is mainly responsible for passing legislation whereas the latter serve mainly to implement this legislation. The result is that the federal government can define public tasks without being responsible for their financing. This runs the risk of burdening the Länder with tasks they cannot finance.[9] The problem has increased over the course of time, since distributive conflicts have become tougher. Germany's long period of economic growth has come to an end and asymmetric living conditions have developed in the eastern and western parts of Germany.[10] Article 104a *et seq* Basic Law set up special rules regarding the financial system, but these do not ensure that the Länder have the tax revenue resources which are necessary for the administration of laws and policies. Furthermore, Articles 91a and 91b Basic Law specify so-called joint tasks which the federal government and the Länder are required to discharge together. Joint financing puts pressure on the Länder in that they need to provide their part of the expenditure required for such tasks if they do not wish the federal government to withdraw financial resources for such projects, for example the construction of university buildings. As a result, the Länder might end up postponing or even giving up other important projects in an effort to secure such funding from the federal government.[11]

A further problem is caused by the fact that in many areas, responsibilities are not clearly defined.[12] The competence for deciding on certain tasks does not always include the responsibility for its discharge or the responsibility for revenue and expenditure.[13] The separation of those responsibilities leads to difficulties with regard to the discharge of duties and results in neither side considering itself to be fully responsible when problems occur.[14] This lack of a clear allocation of responsibilities jeopardises the concept of democratic accountability as well as the efficient discharge of the respective tasks in question.[15] This criticism of the German federal system is often

[9] See F Schoch, 'Rechtliche Rahmenbedingungen einer Verantwortungsteilung im Mehr-Ebenen-System' in H G Henneke (ed), *Verantwortungsteilung zwischen Kommunen, Ländern, Bund und Europäischer Union* (Stuttgart, Richard Boorberg, 2001) 21 at 40; G Hermes, 'Entscheidungsanmerkung' (2001) 56 *Juristenzeitung* 92 at 93; Wilms, above n 1 at 88–89; H P Bull, 'Schwachstellen der geltenden Finanzverfassung' (1996) 15 *Neue Zeitschrift für Verwaltungsrecht* 838 at 838–39; Bull, 'Finanzausgleich im "Wettbewerbsstaat" ' (1999) 52 *Die öffentliche Verwaltung* 268 at 275.

[10] cf Benz, above n 4 at 71, 77.

[11] Stratthaus, above n 6 at 11.

[12] Schoch, above n 9 at 21 and 27; H Schulze-Fielitz 'Stärkung des Bundesstaats durch Herabzonung von Gesetzgebungskompetenzen' in H G Henneke, above n 9 at 123–24.

[13] cf Schoch, above n 9 at 28.

[14] E Schmidt-Jortzig, 'Herausforderungen für den Föderalismus in Deutschland' (1998) 51 *Die öffentliche Verwaltung* 746 at 748.

[15] cf Scharpf, 'Föderalismus und Demokratie in der transnationalen Ökonomie' in von Beyme/Offe (eds), *Politische Theorien in der Ära der Transformation. Politische Vierteljahresschrift, Sonderheft* (Opladen, Westdeutscher Verlag, 1996) 211 at 223–24; M G Schmidt, 'Thesen zur Reform des Föderalismus in der Bundesrepublik Deutschland' (2001)

referred to by the term *Überverflechtung*,[16] which might be translated as 'over-entanglement.' It leads to a system of interlocking politics—a typical risk of cooperative federalism. Yet, as mentioned earlier, this criticism does not question the notion of federalism in general but rather its present form.

## THE SYSTEM OF FINANCIAL EQUALISATION

One of the principles of the German federal system is the prevention of great differences between financially strong and weak Länder in terms of their economic strength and the living standards of the people. With German reunification, the original constitutional commitment to 'uniformity of living standards' has been lessened to 'equivalence of living standards.' Notwithstanding this change, the principle remains equally controversial. To ensure an equivalence of living standards, a system of financial equalisation between the Federation and the Länder (the vertical equalisation system) as well as among the Länder themselves (the horizontal equalisation system) has been set up. As a result, the financially stronger Länder are obliged to provide part of their tax revenues to the financially weaker Länder. This causes various conflicts. Furthermore, it results in the richer Länder lacking incentives for increasing their economic growth since they do not get the whole benefit from it.[17] Thus the idea of competition between the Länder as a means of increasing their economic efficiency is not fully realised. This has resulted in an ongoing discussion as to whether the system of financial equalisation should be restricted and, consequently, whether different standards of living should be accepted.[18]

## THE FUTURE OF FEDERALISM

The German federal system corresponds with the worldwide trend towards decentralisation, although there have also been some trends towards centralisation, especially in the course of reunification and Europeanisation. Within modern societies, complex problems are often dealt with by decentralised units at local and provincial levels, which take decisions independently.

42 *Politische Vierteljahresschrift* 474 at 480 with regard to the lack of democratic accountability.

[16] P W Scharpf, B Reissert and F Schnabel, *Politikverflechtung: Theorie und Empirie des kooperativen Föderalismus in der Bundesrepublik* (Kronberg/Ts, Scriptor, 1976) 232–33; T König, 'Politikverflechtungsfalle oder Parteienblockade? Das Potential für politischen Wandel im deutschen Zweikammernsystem' (1997) 8 *Staatswissenschaften und Staatspraxis* 135.

[17] Schmidt, above n 15 at 478. cf also Schoch, above n 9 at 27.

[18] See Wilms, above n 1 at 89 with regard to the restriction of the horizontal equalisation system. cf also Schmidt-Jortzig, above n 14 at 749–50; Stratthaus, above n 6 at 17–18; Arndt *et al*, above n 8 at 206.

Central units on a federal or European level remain responsible for issues which require uniform regulation. However, responsibility for certain tasks, including political and financial responsibility and the concomitant need to take the necessary measures for their fulfilment, should be set up at the same level.[19] In so far as problems can be resolved locally, such responsibility should be decentralised.

Such a system of gradual responsibility necessitates coordination between the different levels. It also requires mutual confidence. However, coordination causes problems—the requirement of consent or the right of veto blurs the allocation of responsibilities and results in a slower political decision-making process. Therefore, measures of conciliation are also necessary. In addition, judicial restraint (by the Constitutional Court) is important for the protection of the different interests involved in the federal system. Conflicts within the federal system, however, can be resolved by courts only if answers to the respective problems are provided by law.

In my opinion, the success of future policies depends on the establishment of a political system which respects the principle of subsidiarity and delegates responsibilities to regional or local levels of government where the solution of problems on these levels seems appropriate. In this way, the specific experiences, expectations and political traditions of the regional units can be used to achieve a more effective system. The increasing plurality of ways of living and outlooks on life within our society, as much as the plurality of experiences, serve as a basis for various ways of solving problems.[20] These factors should be used to the benefit of this system for the complexity of life, and ongoing changes necessitate a high degree of flexibility and adaptability in order to meet future requirements. On the other hand, conflicts cannot always be avoided within such a system. Nonetheless, what is most important is the distribution of competencies between the federal, ie the central, and the provincial, ie the decentralised, level according to their respective capacity to perform the task in question. At the same time, mutual information arrangements and, especially, the willingness to compromise will be necessary, but should not lead to a situation which would ultimately block the discharge of duties.

After all, the success of federalism requires a political culture which is based on the assumption that a federal structure leads to more appropriate solutions than a centralised system.

[19] See Scharpf, above n 1 at 30; Schoch, above n 9 at 28 and 32–33.
[20] cf Vogel, above n 1 at 1049–50.

# 12

# *Is Secession the Achilles Heel of 'Strong' Federalism?*

SANFORD LEVINSON*

## INTRODUCTION

No student of American constitutional development (and I use that term advisedly, in contrast, say, to 'American constitutional law,' which tends too often to be understood only as the study of decisions of the US Supreme Court) can fail to be interested in—indeed, riveted by—post-Second World War European legal developments. Some of this involves a fairly traditional notion of 'comparative law' devoted to the analysis of national constitutions and developments within traditionally-conceived states. I should explicitly note that I do *not* say 'nation states' because one of the great lessons of post-war developments is that almost no country can be described as a 'nation state' if that term suggests one nation/one state. Most states are distinctly multinational; and few ethnic nations any longer are found only in one state. I am confident that none of the European states can any longer be described simply as the political instantiation of a single *ethnos*. Perhaps microstates like Andorra, Lichtenstein and San Marino can be so described, but I strongly suspect that Monaco, which is home to an impressive array of international society and tax dodgers, certainly cannot. All of this has obvious implications for my topic, which is the relationship between federalism and secession.

With regard to internal developments within the United Kingdom specifically, Americans are surely interested in recent devolutions of power, especially those involving Scotland. Whatever else may explain this, surely one factor is the persistence of a distinctive Scottish identity that has maintained itself now for almost three centuries after the Treaty of Union. (I need not discuss the tangled history of Northern Ireland in this context.)

I originally arrived in Texas almost a quarter of a century ago, in January 1980, quite literally on a plane from London, where my family had spent a very happy four months after leaving our previous home in New Jersey.

* W St John Garwood and W St John Garwood, Jr Centennial Chair in Law and Professor of Government, The University of Texas at Austin.

I was struck, in trying to understand the politics of my new home, by possible comparisons with Scotland. Texas, like Scotland, had been an independent country before its entrance into union with those around it. When I arrived in Texas, one could still see on many automobiles 'Secede Now' bumper stickers, and I was quite certain that if the United States had the same kind of unitary government as does (or at least did) the United Kingdom, with political power strongly centralised in London, then these bumper stickers would be less of a joke. I had spent a pleasant afternoon in Edinburgh in September 1979 conversing with Professor Neil MacCormick and learning about the demands of the Scottish Nationalist Party for secession from the United Kingdom.[1] One of his most powerful arguments was that the rise of the European Union made the United Kingdom increasingly irrelevant; I note that he now represents a Scottish constituency in the European Parliament.

Last year I co-taught, for the first time, a course on comparative constitutional law, and it certainly reinforced my pre-existing beliefs that comparative analysis is absolutely essential to anyone who seeks to understand the law. I am fond of quoting Kipling's famous question from his poem 'The English Flag': '[W]hat should they know of England who only England know?' This is, it should be obvious, not simply a call for 'cosmopolitanism' ('rootless' or otherwise), but, rather, an assertion that one is enabled to understand better the society in which one is embedded by looking elsewhere. Indeed, with regard to knowing England (or Great Britain) itself, many people have pointed out that the notion of the vaunted 'unwrittenness' of the British Constitution, a staple of many classroom discussions, has been severely compromised by the increasing subordination of the United Kingdom to the very written European Convention on Human Rights (ECHR), whether as enforced by the European Court of Human Rights or, more recently, by British judges themselves.

Nor, of course, can one understand the constitutional system of any other European state without paying a full measure of attention to the ECHR and its enforcement, not to mention, of course, the law of the European Union itself. Many academics no doubt are particularly

[1] Thanks to a chapter written by James MacDairmond for a seminar on secession that I offered at the University of Texas Law School during the fall of 2003, I now realise that the sentence in the text has to be read with more nuance than I had realised. That is, the Scottish Nationalist Party is agreeable to continuing to recognise the British Monarch as head of state; the point is to liberate Scotland from any control at all by the British Parliament, not to declare complete 'independence' from Great Britain. Any American will quickly recognise this as similar to the arguments made by Thomas Jefferson and others that the American colonies were not subject to the jurisdiction of Parliament even though they were, indeed, willing to imagine themselves as continuing to be loyal subjects of the King. Although King George III and Parliament were not willing to envision such a political structure, this is, of course, exactly what has developed with regard to several of the Commonwealth countries, including Australia and Canada.

entranced by the law emanating from Strasbourg because of their/our obsession with rights. That being said, it must also be emphasised that anyone familiar with the history of American constitutional development knows of the practical importance of such non-'human rights' issues, for example, as controlling the extent to which individual states can protect their local industries from the competition of outsiders.

Indeed, let me confess my amazement roughly a decade ago, when I was teaching a course on American constitutionalism at the Institute for United States Studies in London, at learning that inhabitants of any member of the European Union have a constitutional right, as it were, to attend universities anywhere else in the Union. I assure you that is not the case in the United States even today. Such non-Texans as attend the University of Texas Law School (about 20 per cent of our student body) are there simply as a matter of institutional grace, not legal right. To this extent, at least, Great Britain (and all other members of the European Union) are far more integrated into a single political order than is Texas with regard to the United States.

And, of course, 'Europe' is taking on an ever broader denotation. So long as I am in a confessional mode, let me mention my equal surprise in 2001 to learn, while teaching a group of Eastern European lawyers in Budapest, that over 40 countries had become signatories of the European Convention and accepted the compulsory jurisdiction of the Strasbourg court. One explanation, of course, is that the signatories in Eastern Europe, including Turkey, very much wish to become full-scale members of the European Union and realise that a predicate condition is acceptance of what may truly be called 'European' norms of human rights (including abolition of the death penalty).

From across the ocean, I see a remarkable process by which the ostensibly sovereign states of Europe are, slowly but, I think, surely, becoming their own version of the United States of Europe. No doubt there is much complexity attached to the term 'United States,' beginning with the problem of inflection: does one emphasise *United* or *States*? But, of course, the same problem is presented by the term 'United Nations.' (Just imagine what difference it might make if we were meeting in a pluralised 'United Kingdoms' instead of the singular 'United Kingdom'!) Of course, one important difference between the United States and the United Nations is that the former does not genuinely refer, as a practical matter, to a standard-form law-making and law-enforcing institution.[2] The European Union, on the other hand, has among its most interesting features precisely the creation of new transnational institutional structures that indeed do make and enforce law even against the desires of the ostensible sovereigns who comprise it.

[2] I put to one side the question whether United Nations resolutions ought to be conceptualised as having the status, albeit perhaps not the force, of 'law.'

It is, of course, no small question what we can possibly mean, as we enter further into this new millennium, by referring to any nation as 'sovereign.' As Thomas Friedman recently wrote in the *New York Times*, the defining date for contemporary Europe is 1989, whereas ours in the United States appears to be 2001. What this means, says Friedman, is that:

> Every European prime minister wakes up in the morning thinking about how to share sovereignty, as Europe takes advantage of the collapse of communism to consolidate economically, politically and militarily into one big family.

The United States, on the other hand, is fixated on terrorism, with concomitant implications. Friedman quotes Carl Bildt, the former Prime Minister of Sweden:

> While we [in Europe] talk of sharing [and thus, I would add, fundamentally transforming] sovereignty, they [in the United States] talk about exercising sovereign power. European countries seem increasingly willing to countenance the giving up of many traditional appurtenances of sovereignty even as the United States insists more and more on its prerogatives as a sovereign in the international system.[3]

'Charlemagne,' the anonymous columnist who writes on Europe for the *Economist*, seems to concur in Friedman's description of contemporary European views:

> Mention the words 'national sovereignty' in Brussels and you are likely to get a pitying look. For those building the Europe of the 21st century, the idea of 'sovereignty' has a distinctly passé, 19th century ring to it. Europhiles admit that nation-states still exert a certain atavistic hold over the imaginations of ordinary Europeans. But the reality, according to Brussels orthodoxy, is that in the modern world European countries must 'pool sovereignty' to get things done.[4]

The most dramatic example, as any American traveller to the Continent can testify, is the demise in most Western European countries of individual currencies in favour of the Euro, though the unification of the currency followed what was certainly the equally dramatic, and perhaps psychologically even more telling, move toward irrelevance of national borders.

Friedman is surely correct that Americans are indeed fixated, perhaps obsessed, with the meaning of sovereign power, whether one is referring to the United States as a member of the international system or to a given state within the United States. To an almost literally incredible extent, a central question of American constitutional law, even in 2003, remains what John Marshall could have possibly meant when, in the 1819 case of *McCulloch v Maryland*, he referred to Maryland as 'a sovereign state.' After all, the very point of the decision is that Maryland had lost a significant degree of

[3] T L Friedman, 'The End of the War,' *New York Times*, 2 November 2003.
[4] Anon, 'Charlemagne: Stability or Instability,' the *Economist*, 8–14 November 2003, 48.

the sovereignty that it indeed possessed prior to its ratification of the Constitution. If, as Marshall so notably said, 'the power to tax is the power to destroy,' one might also say that the power to tax is perhaps the most basic definition of what one means by sovereign power. If we do adopt the classical theoretical definition of sovereignty from Hobbes through Austin –ie, one who rules but cannot be ruled in turn—then it simply follows as an analytical truth, especially after *McCulloch*'s repudiation of Maryland's authority to tax the Bank of the United States, that American states within the United States are not 'sovereign.' But analytical philosophy is scarcely the last word with regard to public debate, of course, and no American politician today would publicly dismiss adherents of 'state sovereignty' as spouting simple nonsense. Even more to the point, no American politician would dare suggest that emphasis on the 'national sovereignty' of the United States is anachronistic or dangerous (or both).

In any event, what makes Europe so exciting to Americans interested in the dynamics of constitutional development is precisely the transformation that seems to be occurring before our very eyes from a Westphalian system of independent states who claim, at least as a formal matter, the traditional rights of 'sovereign states' into a single entity that will, if successful, ultimately reduce its constituent members, whether the United Kingdom, Germany, Hungary or Slovenia, to the status, say, of Virginia or South Carolina in the present United States. I choose this analogy deliberately. It was, of course, South Carolinians who led the struggle for secession, and it was Virginia that had such purchase on the consciousness of Robert E Lee that he turned down the offer to lead the United States Army (and, some would say, traitorously betrayed his oath of loyalty to the United States of America) by returning 'home' to Virginia to command the armed forces of the Confederate States of America in a conflagration that killed 2 per cent of the entire American population of the time.

When I tell you, for example, that the best way I found to understand Margaret Thatcher's opposition to the idea of a united Europe was to analogise her to an early nineteenth-century Virginian, that is no small matter. Nor, as you shall see, is it necessarily a condemnation of Lady Thatcher. Whether one praises or condemns her or, for that matter, her nineteenth century American analogues, requires wrestling with some fundamental political issues. It is, of course, quite easy to condemn those particular Americans because of the substantive political interest for which they were fighting—the preservation of chattel slavery. It may be worth noting, though, that this did not prevent Lord Acton, with his commitment to liberty and concomitant fear of overweening power, from supporting the Confederacy in America's epic struggle. I believe that he was wrong to do so, but consider our reaction if the secessionists in question had instead been northern abolitionists. Many, after all, had called for 'No Union with Slaveholders' and described the Constitution as a 'Covenant with Death and an Agreement with Hell.' Imagine that they had successfully urged the withdrawal of, say, the New England states from the United States and if it had been a southern-oriented president who had attempted to prevent such secession by force of arms instead of Abraham Lincoln.

With these comments as background, I want now to turn to the drafting this very year by delegates from the various constituent states of the European Union of what is freely described as a 'Constitution' for the Union. The official term is 'Draft Treaty establishing a Constitution for Europe.' It may be worth noting an interesting exchange that took place in London when these remarks were initially delivered. Justice Dr Wolfgang Hoffman-Riem, of the German Constitutional Court, objected to my reference to the document as a 'draft Constitution' rather than a 'Treaty.' No doubt we were each reflecting our particular cultural perspective. For an American, I believe, the central word is indeed 'Constitution,' even if 'Treaty' suggests that the signatories are, at least up to the moment of ratification, independent sovereigns. That was, indeed, the status of the signatories to the United States Constitution in 1787–88, though, of course, the point of American constitutional theory since then is that ratification created what I often call a new 'ontology of Union.'

Indeed, the Preamble to the draft text concludes with an expression of gratitude to the 'members of the European Convention for having prepared this Constitution on behalf of the citizens and States of Europe.' It is, of course, now the subject of vigorous debate, I suspect nowhere more vigorous than in the United Kingdom, and I leave it to those far better informed than I to speculate about the prospects of ratification and ultimate success. What one can do at present is to ask certain questions that inevitably draw on the experience of our own legal traditions, mine, of course, being that of the United States.

I begin with a brief comparison of the Preambles to the United States and European Constitutions. The Framers in Philadelphia hoped that those who ratified their handiwork were agreeing to 'a more perfect Union,' a term whose importance I shall return to presently. (These words, incidentally, replaced the term 'Perpetual Union' in the ill-fated Articles of Confederation that the 1787 Constitution, in effect, discarded.) This American reader finds the following language of the Preamble to be especially interesting:

> Believing that reunited Europe intends to continue along this path of civilization, progress, and prosperity …
>
> Convinced that, while remaining proud of their own national identities and history, the peoples of Europe are determined to transcend their ancient divisions, and, united ever more closely, to forge a common destiny,
>
> … thus 'united in its diversity,' Europe offers them the best chance of pursuing … the great venture which makes of it a specific area of human hope.

It is this set of aspirations, presumably, that justifies the framers in offering their draft for the acceptance of the constituent countries of Europe.

'Preambles' cause problems to many lawyers. In the United States, for example, the Preamble is rarely cited or viewed as a generative source of constitutional norms, not least because if given full scope it would tend to swallow up the far less eloquent but more precise language that follows. There is, of course, something to this, but it is foolhardy to reject the importance of Preambles when engaging in constitutional interpretation. This is true especially if one adopts, as I believe one should, a 'purposive' approach to constitutional texts. This, of course, means simply that one should always ask what the point of the overall enterprise is when trying to give meaning to the more or less indeterminate language of the constitutional text itself. And there is no better guide to determining the point than the Preamble.

In any event, I want to discuss in the remainder of my time a very specific portion of European constitutional text, Article 59, which concerns 'Voluntary withdrawal from the Union'[5] against the background set out in the Preamble. It is certainly worth quoting Article 59 in full:

> 1. Any Member State may decide to withdraw from the European Union in accordance with its own constitutional requirements.
>
> 2. A Member State which decides to withdraw shall notify the Council of its intention; the European Council shall examine that notification. In the light of the guidelines provided by the European Council, the Union shall negotiate and conclude an agreement with that State, setting out the arrangements for its withdrawal, taking account of the framework for its future relationship with the Union. That agreement shall be concluded on behalf of the Union by the Council of Ministers, acting by a qualified majority, after obtaining the consent of the European Parliament.
>
> The representative of the withdrawing Members State shall not participate in Council of Ministers or European Council discussions or decisions concerning it.
>
> 3. This Constitution shall cease to apply to the State in question from the date of entry into force of the withdrawal agreement or, failing that, two years after the ratification referred to in paragraph 2, unless the European Council, in agreement with the Member State concerned, decides to extend this period.

The following questions suggest themselves. First, what would be the basic legal rule, with regard to the possibility of its signatories withdrawing from the constitutional order now under discussion, were there no Article 59 at all? That is, what would be the 'default rule' of the European Constitution, assuming ratification by the relevant parties, were there no explicit permission to withdraw? This is what might be termed a purely 'legal' question, dealing with issues of documentary interpretation.

[5] See the European Convention, Brussels, 18 July 2003, available at http://register.consilium.eu.int/pdf/en/03/cv00/cv00850en03.pdf (last visited on 12 January 2005).

A second question is, perhaps, of more interest to political scientists or to those particular lawyers who are interested in 'constitutional design' and not merely the 'interpretation' of already existing Constitutions. That question is simple: is it *wise* that the drafters of the European Constitution adopted the language of Article 59? This almost naturally leads to the third question: if one believes that it *does* evidence wisdom on the part of the drafters, then does one base this view entirely on the realities of European politics or would one offer Article 59 as a potential model for other countries drafting their own Constitutions? Imagine, for example, that the drafters of the new Iraqi Constitution—to name only the most prominent of contemporary national Constitution drafters—look to Europe (as distinguished from any particular European state) for guidance. There is a near certainty that Iraqi authorities will adopt some kind of federal structure to take account of the obvious territorial divisions among Kurds, Sunnis and Shiites, to name only the three most prominent and numerous groups. Would we hope that they would emulate their European counterparts and include a specific process whereby one of the federalised territories could withdraw? Or would we hope, on the contrary, that they, perhaps at the urging of their American advisers, would emulate the US Constitution or, for that matter, the drafters of the South African Constitution, and maintain a resolute silence about—or perhaps specify the impossibility of—withdrawal? Whatever answer we give to our Iraqi interlocutors, is it based on something that can be termed 'sound principles of constitutional design' or, instead, a response to what might be described as 'pragmatic local exigencies'? If the latter, this would suggest, among other things, that there is no 'general' answer to the question as to what a Constitution should say about the potential secession of a constituent member of a federalised polity.

It should be obvious that such questions arise, as a practical matter, *only* in federalised constitutional systems. The reason is twofold. First, federal systems are almost invariably—the 'almost' is simply an academic qualifier in case there exists a counter-example—a response to the particular histories of the unifying entities. It is precisely because Virginia and New York; Prussia and Saxony; Uri and Zug; and France and Greece have strong pre-existing identities that the United States, Germany, Switzerland and the European Union almost 'naturally' adopt federal structures. To the extent that there are now federalistic aspects even of the otherwise unitary British system, it is, as suggested before, because of the fact that Scotland and Wales have resisted full assimilation into an 'English' nation. (I long since have learned the unwisdom of referring to the United Kingdom or Great Britain as England. That would, indeed, be like referring to the United States as Texas or, to take a perhaps better example, like treating Manhattan as the equivalent of New York City.)

I strongly suspect that homogeneous entities are never persuaded by abstract theories of localism and subsidiarity to subdivide themselves into federal systems. I am even more confident that any such federalism that might conceivably occur would never possess the character of what I would informally call 'strong' federalism. By this I mean systems in which the relevant entities not only have significant governmental responsibilities but also, and just as importantly, have political party systems that are to some significant extent independent of national parties. And this independence is based, not least, on the uneasy tension that may exist with regard to 'parochial' as against 'national' loyalties. This allows, for example, candidates for state office to play on localist loyalties and sentiments and to take advantage of whatever degree of governmental autonomy exists to resist what Patrick Henry and others called the 'consolidationist' tendencies of the US Constitution (and those who were the most enthusiastic backers of the Constitution).

The second reason why questions about withdrawal (or secession) arise principally in federal systems is related to the first. Only territorially-based entities with some significant sense of their own identity are likely to think that secession is a possible option. What the US Supreme Court notably termed 'discrete and insular minorities,' just by virtue of their separateness and insularity, may well be able to establish political control over a particular territory and thus begin imagining a more robust form of self-determination, as against numerically larger groups that are disbursed throughout the nation, with no practical political control over any given area. And, just as significantly, the existence of strongly federalised states, with their own genuine degrees of local autonomy (whether or not we call this 'sovereignty'), such as operating school systems, state police forces and the like, financed by locally-collected taxes, means that there is always in place a state apparatus that need only be seized in order to carry out one's secessionist dreams. One need not start a new government from scratch, as is often the case in more classic revolutionary situations.

Thus I arrive, at long last, at the specific title I have chosen for these remarks: Is Secession the Achilles Heel of 'Strong' Federalism? That is, can the political pressures that contribute to the decision to adopt a strongly federal system be sufficiently cabined to guarantee that there will not, at some point in the future, be a desire for withdrawal? And what should constitutional lawyers (and drafters) think about such possibilities?

I turn, then, to answering the questions sketched above: Was Article 59 'necessary' or is it merely 'declaratory,' recognising a 'state's right' that exists whether explicitly articulated or not? Is it wise to offer an explicit answer to the question of the legitimacy of secession? And, if so, is that based on 'local' considerations or on some general theory of constitutional design?

## Is Article 59 'Necessary'?

We have arrived, of course, at the most fundamental constitutional issue presented in American constitutional history—the legitimacy of secession on the part of those states that attempted to withdraw from the United States of America in order to re-establish themselves as members of the Confederate States of America. In his magisterial book on Lincoln and the coming of the Civil War,[6] Professor Harry Jaffa writes that Lincoln's first inaugural address offered:

> [A] lucid demonstration that secession could lead only to anarchy and that the rule of a constitutional majority was the only alternative either to anarchy or to tyranny.[7]

Given the commitment in the Constitution's Preamble to a 'more perfect Union,' it follows, almost as a logical matter, that an act—like secession—that necessarily generated either anarchy or tyranny, could not conceivably be constitutional. QED. On this point, incidentally, Harvard Law Professor Laurence Tribe appears to be in complete agreement. Thus, he describes Lincoln's First Inaugural and its ringing statement that 'in contemplation of universal law, and of the Constitution, the Union of these States is perpetual' as the 'definitive articulation' of the principle that 'the Constitution forbids secession from the Union by any state.'[8]

It is with some trepidation that I disagree with both Professors Jaffa and Tribe—and, consequently, with Lincoln.[9] 'Articulation,' to use Tribe's language, most certainly yes. But, of course, articulation is only the beginning of genuine argument. I see a series of question-begging, more than a bit tendentious, arguments that ultimately persuade only those who wish to be persuaded in the first place. I should state that the same is true of the arguments in behalf of the Confederacy. My point, I should emphasise, is *not* that the Constitution speaks clearly with regard to the legitimacy of secession, so that we can easily decide who the winners and losers are in any debate about the issue. Instead, the opposite is true: the US Constitution speaks with notable *lack* of clarity, which helps to make the argument about its potential default rule so acrimonious. It is remarkable, almost bizarre, to believe that professional techniques of constitutional interpretation will generate a Dworkinian 'right answer' to this most primal controversy about the nature of the American Union. Part of the reason for my

[6] H V Jaffa, *A New Birth of Freedom: Abraham Lincoln and the Coming of the Civil War* (Rowman & Littlefield, 2000).
[7] *Ibid* at 431.
[8] L Tribe, *American Constitutional Law* (3rd edn, Foundation Press, 2000) 32 and 32 no 3.
[9] See also D Farber, who accepts Lincoln's arguments in his recently published book *Lincoln's Constitution* (University of Chicago Press, 2003). But see P Abbott, 'The Lincoln Propositions and the Spirit of Secession' in P B Lehning (ed), *Theories of Secession* (1998) 182 for a more sceptical view.

scepticism is because it is not clear what constitutes placing the Constitution in its 'most attractive' light. There is much to be said for 'perpetual union' as a normative idea—it is, after all, the promise made in every traditional marriage—but there is also at least as much to be said for recognising the right to self-determination of constituent units that no longer wish to be affiliated with that union, as reflected in the social fact that we allow the dissolution of marriages that do not live up to expectations. So how do we, as constitutional lawyers, respond to secessionist arguments in the American context?

As noted, there is no piece of constitutional text that explicitly gives, or denies, states the right to secede from the United States of America, unless, of course, one views the Preamble as itself establishing not only a constitutional aspiration but also a legal rule.[10] Though evoking the Constitution, Lincoln's (and Tribe's) argument ultimately depends on a decidedly non-textual Constitution, that is, the background set of assumptions and understanding that are necessary to fill in the many great silences of the text itself. Needless to say, I take no issue with the basic methodological point. I have already suggested, via my remarks about 'purposive interpretation,' that the idea of a completely self-sufficient text is chimerical.

The question, as is so often the case in law, resolves into who has the burden of proof with regard to establishing either a right to secede or a duty *not* to attempt secession. But in fact one cannot answer *that* question without making certain tacit assumptions that are themselves subject to argument. Consider, for example, the fact that we are not told within the text whether the 35–year age requirement for presidential eligibility should be computed by reference to a solar or a lunar calendar. Our confidence that the former is surely correct is derived from what we know about the culture of the time and not from the unadorned text itself. So there would be a very heavy burden of proof on anyone who claimed that the reference was to lunar years.

Unfortunately, the cultural background is not so clear with regard to the issues posed by secession, especially if one considers that the American Revolution, which from the perspective of 1787 had been fought as if yesterday, could itself be altogether plausibly regarded as a secessionist movement within the British Empire presided over by George III and Parliament in London.[11] And, of course, the basis of that movement, at least as articulated to the world, was the overriding importance

[10] I should note that Akhil Amar strongly disagrees with this assertion. In addition to the Preamble, he emphasises the importance of the Article VI Supremacy Clause, which clearly subordinates state sovereignty to any constitutional norm.

[11] See eg, A Buchanan, *Secession: The Morality of Political Divorce from Fort Sumter to Lithuania and Quebec* (1991) 45: consider, for example, the secession of the 13 American colonies 'from the British Empire in North America.... Strictly speaking this was secession, not revolution. The aim of the colonists was not to overthrow the government of Britain but only

of 'the consent of the governed' to the political arrangements under which they live.

As a matter of fact, Lincoln asserts that the Union preceded the Constitution and, even more to the point, if not more astonishingly, the Declaration of Independence itself. Thus, he traces the Union to the Articles of Association in 1774,[12] though this claim would be belied, at least to some extent, by the immortal first words of the Gettysburg Address, which relate back, presumably, to the 1776 Declaration; the constitutional text itself also seemingly dates the birth of the United States back to 1776.[13] In any event, Lincoln notes that the Articles of Confederation pledged its signatories to 'perpetual union'[14] and suggests, almost as a logical matter, that this *had* to carry over to the Constitution, given its own commitment to an even 'more perfect Union.' But is it necessarily true that the Preamble's statement of purpose—ie to form a 'more perfect Union'—entails the notion of indissolubility?

As someone who believes, for example, that the Constitution should always be interpreted with regard to the Preamble's insistence that the point of the constitutional enterprise is to 'establish Justice,' I cannot easily reject Lincoln's (and Jaffa's and Tribe's) reference to the 'more perfect Union' that may even be said to capture in one term the aims of the others. At the end of the day, though, and granting the full measure of importance to the Preamble's language, I confess that I find Lincoln's derivation of indissolubility from the term 'more perfect Union' a bit like St Anselm's ontological proof for the existence of God. *Why* does 'perfection' necessarily entail indissolubility?

Let me suggest the possibility that we should interpret the Preamble as *aspirational,* expressing a hope that it will serve as the underpinning of what will turn out, as history unfolds, to be an *undissolved* (and perfectly just and domestically tranquil) Union; this is, obviously, quite a different matter from proclaiming what might be described as the ontological (and legal) *indissolubility* of the Union. Those joined in Union are beseeched to preserve the kind of affectionate relationship that would, as a matter of empirical fact, lead everyone to wish to preserve it. But aspirations are not always achieved. Such affections might well come to an end, with attendant

to remove a part of the North American territory from the Empire.' See also M E Brandon: *Free in the World: American Slavery and Constitutional Failure* (1998) 196: 'The Revolution was less a revolution than a constitutionally justified secession that could not be accomplished without the assistance of arms.'

[12] First Inaugural Address,' reprinted in Don Fehrenbacher, ed., Lincoln: *Speeches and Writings 1859–1865* (Library of America, 1989) at 217–18.

[13] 'Done in Convention by the Unanimous Consent of the States present the Seventeenth Day of September in the Year of our Lord one thousand seven hundred and eighty seven and the Independence of the United States of America the Twelfth'.

[14] First Inaugural Address,' Fehrenbacher, above 12 at 218.

dissolution of the Union that had been established. Consider in this context Jefferson's own reference, in an initial draft of the Declaration of Independence, read now as a secessionist manifesto with regard to membership in the British Empire. There, Jefferson wrote of an 'agonizing affection' that 'bids us to renounce for ever these unfeeling brethren' and to 'endeavor to forget our former love for them.'[15]

Indeed, I draw the relevance of the language of affection and love from Lincoln himself, particularly an address in Indianapolis on 11 February 1861, during his trip from Springfield to Washington to assume the office to which he had been elected. He offered his auditors the following description of those who defended the legitimacy of secession:

> In their view, the Union, as a family relation, would not be anything like a regular marriage at all, but only as a sort of free-love arrangement [laughter] to be maintained on what that sect calls passionate attraction. [continued laughter][16]

Let me suggest, though, that this is not a laughing matter. I believe that our own acceptance of Lincoln's argument in 2003 might well turn on the view that we have of marriage and, indeed, the importance of 'passion,' or at least 'affection,' in maintaining the institution. To be sure, one can believe that dissolution of marriage ought not be subject to casual decision, but this, obviously, is a very different point from regarding it as indissoluble. Perhaps the key question is how one structures divorce. Does a legitimate divorce, for example, require the same mutual consent that the initial marriage did? Or, on the contrary, do we recognise the legitimacy of what might be termed 'unilateral divorce' whereby a Nora-like spouse simply slams the door on what has come to be recognised as an unsatisfactory marriage? However much one might wish that divorces be bilateral and consensual, one is still forced to confront what happens if a stubborn spouse resists his or her mate's call for a divorce. Most of us, I strongly suspect, would not make mutual consent a prerequisite to divorce.

In any event, as if recognising the limits of his laughter-provoking analogy in Indianapolis, Lincoln concedes, in his Inaugural Address, that '[a] husband and wife may be divorced, and go out of the presence, and beyond the reach of each other.' The key point, he now declares, is that 'the different parts of our country cannot do this. They must remain face to face; and intercourse, either amicable or hostile, must continue between them.'[17] Lincoln seems to have shifted the basis of his argument, which now seems far more prudential than textual or even historical: we should recognise that a true parting, as a practical matter, is impossible. It is like the couple

[15] See J P Boyd (ed), *The Papers of Thomas Jefferson 1760–1776* (Princeton University Press, 1950) 243–47; available at www.loc.gov/exhibits/declara/ruffdrft.html
[16] 'Speech at Indianapolis, Indiana,' in Fehrenbacher, above 12 at 202.
[17] *Ibid* at 222.

with several small children; whatever their feelings about each other, they *will* remain in close contact and it is a delusion to believe that they can soon, if ever, be truly rid of one another. Even if this is true, one might still ask if we would endorse a notion of compelled permanence on the part of married couples with children instead of attentiveness to how the undoubted interests of the children can be satisfied even while allowing the dissatisfied partner(s) to start new lives. And, of course, we are still faced with the question whether mutual consent is necessary to the parting.

Ultimately, though, Lincoln is not merely making a point about constitutional meaning. Instead, he has moved to what might be called the issue of constitutional design and the criteria by which we distinguish the best from inferior notions of a Constitution. He had, after all, insisted 'that *in contemplation of universal law*' (emphasis added) and not only 'of the Constitution, the Union of these States is perpetual.' And '[p]erpetuity,' Lincoln immediately went on to insist

> is implied, if not expressed, in the fundamental law of *all* national governments. It is safe to assert that no *government proper*, ever had a provision in its organic law for its own termination.[18] (emphasis added)

In some ways, this appears to be a conceptual point sounding in political theory and logic—ie an assertion that the very notion of 'proper' government entails indissolubility—rather than an ordinary lawyer's argument sounding in standard legal sources.

You might well regard most of the arguments so far as lawyerly nit-picking or running the marriage metaphor into the ground. Let me, then, turn to a far more concrete problem for Lincoln. In his Message to Congress, Lincoln notably claimed that:

> Our States have neither more nor less power than that reserved to them, in the Union by the Constitution—no one of them ever having been a State *out* of the Union.[19] (emphasis added)

But here we come to a truly significant problem, which is what we might call the ontological status of North Carolina and Rhode Island on 30 April 1789, the day that George Washington took his oath of office as the first President of the United States of America. Where were these two states, neither of which had yet ratified the Constitution under the procedures set out by Article VII? Were they *in* the Union or *out* of the Union? How would one determine the correct answer? Or, more to the point, was the Constitution of 1787 ratified by what might be termed 'the sovereign peoples of the particular ratifying states,' who, to be sure, gave up their sovereignty—but how much?—when agreeing to Union? Although there have

[18] *Ibid* at 217.
[19] *Ibid* at 255.

been valiant efforts throughout our history to deny this, it seems to me that the correct answer, juridically, is yes, ie that the states in 1787 were substantially analogous to separate members of an international system. A previous quasi-international order having broken down (perhaps like NATO in our own time), they reverted to their original status in deciding whether to adhere to the new structure proffered by the new Constitution.

In his farewell speech to the Senate, before returning to his home state of Louisiana and ultimate service as Secretary of the Treasury for the Confederacy, Judah Benjamin emphasised the extent to which the 1787 Constitution could itself be viewed as a secessionist act. Like Lincoln, he pointed to the claim of perpetuity for the Confederation established by the Articles of Confederation. Indeed, the Articles provided 'that they should never be amended or altered without the consent of all the States.' Nonetheless, Benjamin argued, 'nine States of the Confederation seceded from the Confederation, and formed a new Government.' This new formation gained its purported legitimacy from Article VII, which by allowing the ratification by nine state conventions to bring the new Constitution into juridical existence, simply ignored the Articles' unanimity rule proclaimed Article XIII. Two more states quickly ratified, New York's ratification as the eleventh state at least partly being explained by the degree to which Article VII had affected a *fait accompli*.[20] But North Carolinians and Rhode Islanders were made of hardier stuff. Thus, says Benjamin, 'After the Government had been organized ... North Carolina and Rhode Island were still foreign nations, and so treated.'[21] University of Chicago Law Professor David Currie notes in his magisterial examination of *The Constitution in Congress* that Rhode Island especially was regarded by legislators in the First Congress as *out* of the Union, as revealed in discussions about proper tariff policy.[22]

[20] We will never know if *The Federalist* would have succeeded in overcoming Anti-Federalist opposition had the Anti-Federalists been astute enough to schedule an earlier convention and vote prior to the decisive ratification by New Hampshire in June 1788.

[21] Benjamin's speech is in the *Congressional Globe*, 31 December 1866, 212–17. The quoted material can be found in Brest *et al*, below n 23 at 216. Interestingly enough, Amar agrees that North Carolina and Rhode Island were not part of the Union prior to their ratification of the Constitution. Professor Jaffa is, of course, aware of such arguments, yet he rejects them and insists that North Carolina and Rhode Island were 'in a kind of limbo, suspended between the Union of the Articles and the Union of the Constitution. Notwithstanding any appearances to the contrary, however, these are not two different Unions, but the same Union in the process of growth and transition. And it remains true, as Lincoln said, that no state ever had any legal status outside the Union.'

As is obvious, I am not persuaded. At the very least, one can assert the existence of a singular 'same Union' only by knowing how the story comes out. This is teleological history with a vengeance.

[22] See D Currie, *The Constitution in Congress: The Federalist Period 1789–1801* (University of Chicago Press, 1997) 97–98. Currie's discussion is one of the few to 'spot' the issue. Most academic lawyers, obsessed as they are with the Constitution as treated by the courts, completely ignore it inasmuch as there is no Supreme Court case on point. Perhaps this helps to

Does it help in deciding such questions if we turn to the Constitution's Preamble and emphasise its ordination of the Constitution in the name of 'We the People of the United States of America'? Alas, far from resolving the ambiguity, this does nothing more than to illustrate it, for deciding the identity of 'We the People' depends importantly on the inflection that one adopts for the United States. We also know that the 7 August draft of the Preamble which was submitted to the Committee of Detail in the Philadelphia Convention listed each of the constituent states of the time,[23] and we have no authoritative account of what caused the Committee to eliminate the listing in favour of the majestic—and ambiguous—'We the People of the United States of America.' To put it mildly, we have no record of anyone's saying to the Convention in the last days before 17 September, 'Since we are now one consolidated people, we ought to recognise this fact by eliminating any reference at all to the states in which we happen to live.'

Indeed, one standard explanation for the decision of the Committee on Detail is that the omission of the names of the various states involves a recognition, at least as a theoretical possibility, that the people of one or more of these constituent states might in fact refuse to ratify the Constitution and, therefore, fail to accept membership in the polity established by the new Constitution. Article VII did not, after all, require unanimity; only nine states were needed to bring the new Constitution to life, and it would obviously be embarrassing in the extreme if the Preamble named a state—such as Rhode Island and Providence Plantations—that would in fact choose to remain outside the United States of America.

If I have not complicated the matter enough, consider the following statements made by three states when ratifying the Constitution:

> The People of Virginia declare and make known that the powers granted under the Constitution being derived from the People of the United States may be resumed by them whensoever the same shall be perverted to their injury or oppression and that every power not granted thereby remains with them and at their will.

Similarly, New York's ratification document of 26 July 1788 read:

> That the Powers of Government may be resumed by the People, whensoever it shall become necessary to their Happiness; that every Power, Jurisdiction and right which is not by the said Constitution clearly delegated to the Congress of the United States, or the departments of the government thereof, remains to the People of the several States, or to their respective State Governments to whom they may have granted the same.

explain why to this day there is no article that discusses in any depth the juridical status of North Carolina and Rhode Island in the period between Washington's inauguration—or, for that matter, the ratification by the ninth state, New Hampshire, and their own ratifications.

[23] See P Brest *et al, Processes of Constitutional Decision-making* (4th edn, Aspen Publishers, 2000).

Finally, when on 29 May 1790, Rhode Island got around to ratifying the Constitution (not least, one suspects, because of fears of untoward consequences if it attempted to maintain its independence) it took care to state 'That the powers of government may be resumed by the people, whensoever it shall become necessary to their happiness.'

I do not, therefore, find in the Constitution of the United States a knockdown answer to the question of secession. When presented with the great debate between Lincoln and Benjamin (and, of course, other theorists like Calhoun and Jefferson Davis), we should, if we are honest, recognise profound elements of constitutional merit on each side.

Let us now return to the European draft Constitution. Surely someone with a Lincolnian sensibility could very likely read the European Constitution to preclude secession, at least if one views the aspirations in the Preamble as establishing a 'government proper.' If we credit the possibility of such views, then Article 59 is definitely necessary in order to establish the legal propriety of withdrawal and to still any suggestion on the part, presumably of opponents of the draft Constitution, that a one-time adherence, as with Hobbes's social contract, precludes later changes of mind (at least short of viewing the new sovereign as threatening one's very life).

It is time, though, to reconsider Lincoln's insistence that no 'government proper' could allow for its own dissolution, in part because this would necessarily lead either to anarchy or tyranny. First, it should be clear that this assertion is ultimately *empirical* and thus subject to some measure of evidence. To be sure, the evidence is mixed, but the very fact that it *is* mixed is enough to doom the notion that anarchy or tyranny *necessarily* accompanies secession. That Lincoln was obviously unaware of evidence from the future is beside the point with regard to trying to figure out the relevance of Lincoln's arguments for our own world today.

Although I hesitate to offer it as a model of 'proper government' I believe, nonetheless, that it is important to look at the generally unlamented final Constitution of the Union of Soviet Socialist Republics, which provided, in Article 72, that 'Each Union Republic shall retain the right freely to secede from the USSR.' Article 70 had earlier defined the USSR as:

> An integral, federal, multinational state formed on the principle of socialist federalism as a result of the free self-determination of nations and the voluntary association of equal Soviet Socialist Republics.[24]

Mikhail Gorbachev could thus present himself as acceding to law—and not merely submitting to insurrectionists—when he recognised the legitimacy of withdrawal by the Baltic states and, ultimately, other constituent republics, even if these republics did not scrupulously follow all of the

[24] Quoted in Brest *et al*, above n 23 at 218.

procedures seemingly required for successful secession. And, needless to say, the record in at least some of these former Soviet Socialist Republics, following their secessions, shows that some semblance of democracy can indeed follow. One might also look at the peaceful dissolution of Czechoslovakia into the Czech Republic and Slovakia, even if, on political grounds, one regrets its occurrence. There are certainly less happy examples, including that presented by the former Yugoslav Republic, but we might regard the example as cutting in both directions: Slovenia's secession seems to have had few deleterious consequences and the disaster in the south Balkans is to some extent attributable to Slobodan Milosevich's invocation of Lincoln in justifying his unwillingness to accept the dissolution of 'his' country. Of course, as Sunstein and others might respond, the disaster might never have happened had the international community simply refused to recognise the secessionist regimes.

One may be tempted to view the Soviet Union and the south Balkans as relatively exotic locales that have little to teach potential constitutional drafters. But what if we turn to Canada, a country that is rarely considered exotic? A fascinating decision of the Supreme Court of Canada[25] held that the Constitution of that country did not necessarily foreclose secession by Quebec. It *did* reject unilateral secession, which is no small point, but it went on to argue that the national government would be under a duty to negotiate seriously with any province that indicated a desire to secede. The court remained silent as to what would be the legal status of an ultimate impasse, and it suggested as well that any successful legal succession would require explicit constitutional amendment, a condition that itself raises important meta-issues.[26] For now the major point is that the Supreme Court endorsed the 'thinkability' of secession and, therefore, 'dissolubility' as a possibility within the constitutional structure of Canada. Obviously, this question has not received its ultimate test, as a majority of Quebecois have never endorsed the principle of secession.

In the context of the United Kingdom, one might well ask what would happen if the Scottish Nationalist Party gained a majority in the Scottish Parliament and 'demanded' the right to renounce the Treaty of Union? Would 'Her Majesty's Government' be under a Canada-like duty to treat the demand seriously and to enter into negotiations? What if the negotiations broke down and the Scottish Parliament, following a referendum in

[25] *In the Matter of a Reference by the Governor in Council concerning Certain Questions relating to the Secession of Quebec from Canada* [1998] 2 RCS 217.

[26] Can *anything* successfully become the subject of amendment, or is there room in one's theory for 'unconstitutional constitutional amendments,' as is suggested, for example, by both the German and Indian Constitutions? If the former is the case vis-à-vis the Canadian Constitution, then the Canadian decision becomes almost banal. If, however, there are limits to what counts as 'amendment,' then the Canadian Supreme Court has indeed made a profound pronouncement in contemplating the legitimacy of a secessionist amendment.

Scotland itself, engaged in a unilateral declaration of independence? Would the (presumed) Scottish Nationalist leader be treated like Ian Smith? Would, indeed, he be treated worse, as by facing British troops charged with the task of arresting the traitor and displacing any of his followers who enjoyed political office?

Consider in this context the proposal in Philadelphia on 31 May 1787, to add to the proposed constitutional text a clause 'authorising an exertion of the force of the whole against a delinquent State.' James Madison opposed it, stating, among other things, that:

> [t]he use of force against a State would look more like a declaration of war than an infliction of punishment, and would probably be considered by the party attacked as a dissolution of all previous compacts by which it might be bound.

a vote on this clause was unanimously tabled, never to come up again, though Madison only a week later, on 8 June 1787, suggested to his colleagues that:

> [a]ny government for the United States formed on the supposed practicability of using force against the unconstitutional proceedings of the States would prove as visionary and fallacious as the government of Congress.

One reading of this statement, adopted indeed by Lincoln's predecessor James Buchanan, is that the national government simply lacked the power to prevent southern secession, however much he agreed, as a theoretical matter, that it was indeed illegal. But only some laws are really capable of enforcement, and this one, Buchanan seemed to argue, was not one of them.

So we return to Article 59. Does its existence establish the proposition simply that the European Union is not a 'government proper,' which might entail that constitutional lawyers, from whatever country they come, might not know what to say about almost *any* of its terms when they come into controversy? I see little value in going down this road. I believe that it is more sensible to say, as I have already suggested, that even 'governments proper' can in fact contemplate their dissolution, even as couples engaged in 'marriages proper' can, nonetheless, remain aware of the legal possibility of divorce. Even now it seems useful to refer to an entity that we might term 'European government,' even if it is obviously weaker than that which would be established were the draft Constitution ratified. But what of my first question: what would be the case were there no Article 59? Would the very silence of the Constitution in fact speak ringingly in behalf of the proposition that secession is unconstitutional? I would be inclined to argue that a right of withdrawal would remain, regardless of the silence.

## What Can be Inferred from the Existence of Article 59?

My remaining comments are much shorter. We know, obviously, that the draft Constitution is *not* silent about withdrawal; it speaks loudly and clearly. What accounts for this decision? My honest answer is that I do not know. What most interests me, though, is whether the decision was taken on what might be termed a 'pragmatic' basis, ie because it was thought to be necessary in order to encourage states to enter into this ever more extensive commitment, since they would know that there was indeed the possibility of withdrawal should it prove ultimately unattractive? Or, on the contrary, is it conceivable that the drafters learned, perhaps from the American experience, that a Constitution that is attempting to join together highly diverse entities in a federal structure should give an explicit answer to the question of the possibility of later withdrawal? I assume that the answer is the former, that it was decided that significantly fewer states would ratify the proposal if there were even the hint of 'perpetuity.' And, if one is 'pro-Europe,' then attached to that belief is the prediction that the actualities of union would prove sufficiently attractive as to make moot the possibility of secession as a practical matter.

To the extent that the answer to the origins of Article 59 lies in the particular exigencies of Europe, then, obviously, it would have little relevance for the drafters of other Constitutions. After all, many—probably in fact *most*—lawyers and political scientists believe that, at the very least, it is prudentially unwise, perhaps an open invitation to disaster, to offer explicit permission for a constituent entity to secede. Cass Sunstein[27] and Donald Horowitz[28] have recently made such arguments, and it would be foolish to deny their power. I strongly suspect that many, perhaps most, secessionist movements are in fact dominated by frighteningly provincial demagogues who wish to instantiate one or other type of organic nationalism.

As Horowitz writes:

> virtually all secessionist regions are themselves heterogeneous.... In practice, to endorse secession is not so much to fulfill aspirations to self-determination as to allow some groups to determine the future of others.[29]

Sunstein argues that:

> [a] constitutional system that recognizes the right to secede will find its very existence at issue in every case in which a sub-unit's interests are seriously at stake.[30]

[27] C R Sunstein, *Designing Democracy: What Constitutions Do* (Oxford, 2001) 95.

[28] D Horowitz, 'Self-Determination: Politics, Philosophy, and Law' in I Shapiro and W Kymlicka (eds), *Ethnicity and Group Rights* (1997) 421.

[29] D Horowitz, 'Constitutional Design: An Oxymoron?' in I Shapiro and S Macedo (eds), *Designing Democratic Institutions* (2000) 253, 255.

[30] Sunstein, above n 27 at 102.

This is, indeed, only one of the reasons he offers for his opposition to what might be called legalised secession. He notes, for example, that the possibility of a credible (and legal) threat to secede could 'lead to undue caution' on the part of the national government; moreover:

> any sub-unit whose resources are at the moment indispensable, and that might be able to exist on its own, is in an extraordinary position to obtain benefits or to diminish burdens on matters formally unrelated to its comparative advantage.[31]

It is debatable whether my birth state of North Carolina, even if it initially expressed some hesitation to ratify the Constitution, could have in fact been able to exist on its own, a question that could be asked even more bitingly with regard to Rhode Island. But, obviously, in the European context, there is no question about most of the constituent states, nor, for that matter, about Scotland. (I do not know how realistic the image of an independent Wales could possibly be.) It is, of course, just this reality of genuine autonomy (to whatever degree this word, like 'sovereignty,' makes sense in today's complex world) that at once makes the existence of Article 59 so easy to comprehend and, of course, serves to illustrate the concerns that one might have about the ability of a European Union to maintain itself through time. (Perhaps this is the equivalent of noting that the felt necessity of some couples to draw up elaborate pre-nuptial agreements is precisely what allows us to express some scepticism, on the wedding day itself, about the long-term prospects of the new relationship, whatever professions may be made that only death will part the couple.)

I suppose, then, that one might agree with Sunstein and other critics of a constitutionalised right to secede but yet agree that the exigencies of Europe require something like Article 59. But this, of course, raises the question of the extent to which these exigencies are quite typical of many contemporary, even if far smaller, states that confront the problem of drafting a new Constitution. Few states any longer can make a claim to being socially homogeneous, and many must live with the fact that particular groups tend to be geographically distributed. As suggested earlier, this is precisely what suggests a 'federal' solution to the conundrums of constitutional design as well as the possibility of an 'insurance policy' with regard to sceptical territorially-based groups that might otherwise be hesitant to sign up to the project of political union.

I assume that the United Kingdom is as interested as the United States in the shape of a future Iraqi Constitution. Should the drafters of that Constitution maintain a resolute silence about secession? Should it adopt language that not only suggests, but also legally mandates—and authorises the use of force to maintain—a single, unified (albeit federal) country? Or

[31] *Ibid* at 102–3.

should it follow the European model and adopt something similar to Article 59?

I strongly suspect that few people endorse the possibility that the drafters of the Iraqi Constitution should emulate the Europeans; indeed, I suspect that many would support their taking an expressly anti-secession position by stating in the document the current borders of Iraq are inviolable and that anyone who wishes to change them will be punished as a traitor. There is, I believe, only one good reason to take this position—though it is a good reason indeed: any suggestion that secession is even thinkable, let alone legitimate, could easily be as destabilising as the war itself.

After all, what Turkey fears, more than anything else, is the creation of an independent Kurdistan, not least because of the secessionist impulses it might generate in eastern Turkey. There is no reason to believe that Turkey would tolerate an independent Kurdistan or even its juridical possibility. Given its own Kurdish minority, Iran could be expected to have the same resistance. Similarly, a secessionist Shiite country might be tempted to join in a new federation with Iran, given that Iran is predominantly Shiite. It is hard to believe that the United States, let alone other Arab countries in the area, would tolerate that, at least in present circumstances.

What this speaks to, though, is the unlikelihood that we can speak abstractly of the 'best Constitution' or the 'best solution' to the problems posed by territorially-organised diversity. Whether each country gets the federalism it deserves, whatever that might mean, it is quite probable that it gets the kind of federalism that is practically possible, given exigencies ranging from the distribution of population and natural resources to the possession of arms and the ability to suppress or to maintain a secessionist movement.

# 13

# *Europe of the Regions: Work in Progress*

LORD ROBERT MACLENNAN*

The process of European integration has resulted in the gradual extension of Union competences into policy areas for which, under the Constitutions of the Member States, the regions have executive and legislative responsibilities. The more the Member States have decentralised their national powers, the more directly are the regions involved in the implementation of European Union policies. Such involvement results in a reciprocal regional interest in the formulation of the policies to be implemented. The less the regions are empowered nationally, the less effective is the representation of their interests at European level.

The growing Europe-wide popular concern that Union decision-making is remote and not susceptible to democratic influence would necessarily be exacerbated if self-governing regions lacked the means of effective influence upon the shape of European policy. On the other hand, as the Union expands to include currently 25 Member States—and perhaps 10 times as many regions—the difficulty of constructing institutional arrangements to give the regions a direct voice without rendering the decision-making process impractical is self-evident. The challenge to the Union's members, in seeking to make the Union both more effective and democratic, is to provide within the new European constitutional settlement adequate mechanisms to take into account the regions' specific interests in the formulation of legislative proposals.

The acceptability of Union action to its citizens will be enhanced if the informal and formalised participation of regions is made more transparent and effective at both the EU level and within the individual Member States. Regional interests and awareness of differences of need vary greatly, and the quality of the Union's actions will not infrequently depend upon successful identification and reconciliation of these differences. The absence of direct regional democratic participation in the Union's institutions, eg in an additional chamber of the European Parliament, avoids undesirable complexity but must not induce disregard of regional interests.

*The Rt Hon Lord Maclennan of Rogart, Member of Parliament for Caithness, Sutherland and Easter Ross, 1988–2001; former leader of the Social Democratic Party; former President of the Liberal Democrats. The author is very grateful for the valuable support of Todor Kamburow (King's College London).

The proposed Constitutional Treaty recognises the importance of the regional level in the framework of the Union's decision-making institutions in a number of its provisions. It specifically acknowledges, for example, under Article 5(1) the respect due to the sub-national level of governance.[1] Furthermore, the new definition of the principle of subsidiarity in Article 9(3) refers explicitly to the regional and local dimension.[2] The Committee of the Regions, being the sole representative body of all regions at the EU level, may best be regarded as a watchdog for the principle of subsidiarity. It also empowers the regions *collectively* to seek a remedy from the European Court of Justice (ECJ) for breach of the principle of subsidiarity through the Union's Committee of the Regions. It reaffirms the right of the Member States to permit direct participation of regional governments in Council delegations. Furthermore, a number of the general provisions to enhance transparency of the Union decision-making process and to extend the scrutiny role of the European Parliament and of national Parliaments will amplify the opportunities for effective formal and informal lobbying by regional interests.

The Constitutional Treaty does not spell out in detail the *institutional* arrangements through which each of the Union's bodies are to take account of the needs and interests of different regions. This is in part due to the diversity of constitutional arrangements in the Union's Member States, which determine the extent to which regions are involved in the process of formulation and execution of the Union's policies. It is also important to recognise that the Constitutional Treaty allows a flexibility in the handling of regional issues, which takes account of the fact that the Member States' regional structures are in many cases in transition.

Perhaps the vogue for looking forward to a 'Europe of the Regions' has passed; certainly the Constitutional Treaty is not designed for such a concept. The Treaty prefers an institutional structure reflecting the importance within the Union of the Member State and the individual citizen. It follows that citizens must look first to the Member States to provide adequate mechanisms for their regions to participate in matters of EU policy which touch on their particular interests. National constitutional provisions can give effective regional access to the European policy process in those matters which are of concern to them.

To gain some insight into how national constitutional arrangements can determine such participation in EU policy-making it is instructive to contrast the different situations of Germany and the United Kingdom, the one a federal state, the other a partially devolved state.

[1] The European Convention, *Draft Treaty Establishing a Constitution for Europe* (CONV 850/03) Art 5 'Relations between the Union and the Member States.'

[2] *Ibid* Art 9 'Fundamental Principles.'

REGIONAL INFLUENCE UPON UNION POLICY-MAKING

## Informal Channels

### *Regional Lobby Groups*

The regions attempt to influence EU legislation via their national government as well as by direct lobbying of EU institutions. Although both the European Parliament and the Commission are generally accessible to input from regional interest groups, their impact on the formulation of EU legislation is limited. However, the existing multiplicity of cross-border networks is a sign of the growing recognition of the importance of EU policy-making upon the regions.[3] Their lobbying efforts were particularly felt during the debates of the European Convention on the future role of the regional level in the European Constitutional Treaty, and were seen as a useful contribution.

Different regions may be similarly affected by the Union's legislation. The cross-border alliances often unite such regions. The Commission, in particular, has realised the positive potential of the input it receives from these lobby groups, which can provide useful feedback on policy proposals. In its White Paper on *European Governance*, the Commission reaffirmed its commitment to improve its mechanisms of ex-ante consultation with civil society and interest groups.[4] This can also be seen in the context of a general drive to improve the transparency of the Commission's decision-making. Although the regional networks have no formal powers, they can contribute to improving the effectiveness of EU policy through their input into the formulation of legislative proposals.

The limitations of the regional lobby groups are inherent in their lack of formal status and their reliance on the informal channels to EU bodies and the goodwill of EU officials to take into account their particular interests. The regional lobby groups demonstrate the continuing need for the EU to provide open channels for the regions' participation in the policy process.

### *Regional Offices in Brussels*

The presence of offices for the representation of regional interests in Brussels has proved increasingly popular.[5] These offices of the regions have

[3] Some of the most prominent regional networks are AER (Assembly of European Regions), CALRE (Conference of European Regional Legislative Assemblies), CEMR (Council of European Municipalities and Regions) and REGLEG (Conference of European Regions with Legislative Powers).
[4] European Commission, *European Governance: A White Paper* (COM(2001) 428 final, July 2001).
[5] According to McLeod, the first German Länder offices were opened in Brussels in 1985 by

been recognised as a useful channel of representation with the EU institutions and of practical assistance in influencing European policy. Some instructive comparison may be made of the contrasting use of regional offices in Brussels by the Scottish Executive and the German Länder (States).

In the case of Scotland, following the Scotland Act 1998 and the Memorandum of Understanding between the UK government and the devolved Scottish Executive, a Concordat was agreed making provision for the representation of Scotland's interests in the European Union.[6] It lays down that the Scottish Executive European Union Office (SEEUO) should 'assist Scotland's direct relationships with regional governments and institutions in Brussels.' It is intended to 'complement rather than cut across the work of the UKRep' which is the standing representative body of the United Kingdom for the European Union. The offices of the UK devolved administrations in Brussels work not only to further their own regional interest but to complement the role of UKRep. Although the SEEUO is subordinate under the Concordat, it is nonetheless an active player receiving assistance from the Foreign and Commonwealth Office in promoting its lobbying contacts. Its staff enjoy diplomatic status and may be deployed by the UK government as part of their team. Using its regional office, the Scottish Executive can establish close informal contacts with EU officials and be involved in discussion on EU legislative proposals which they consider of particular importance to Scotland.[7]

The partial integration of the UK representation is also secured by the secondment of civil servants from the Scottish Executive to UKRep. In April 2002, a total of eight staff members from the devolved administrations were seconded to UKRep, and in that capacity they were working for the UK government and not for the seconding administration.[8] The SEEUO is, in fact, part of a greater 'family' under the lead of UKRep, which is capable of speaking with one voice to the EU bodies and organisations. The SEEUO also benefits from having direct access to information circulated among the Member States.[9] In contrast, the German Länder offices, which

Hamburg and Saarland. See A J McLeod, *Regional Participation in EU Affairs: Lessons for Scotland from Austria, Germany and Spain* (Scotland Europa Centre Paper No 15, 1999).

[6] Memorandum of Understanding and Supplementary Agreements (2001), Part II B1, Concordat on Co-ordination of European Union Policy Issues.

[7] The Welsh First Minister, The Rt Hon Rhodri Morgan AM, has also testified to the value of the extensive liaison between the devolved administrations and the EU institutions, particularly with the European Commission (evidence of The Rt. Hon Rhodri Morgan AM to the House of Lords Select Committee on the Constitution, session 2002–03, 2nd Report, 27 May 2002, Q.852).

[8] House of Lords Paper 28, Select Committee on the Constitution, Session 2002–03, 2nd Report *Devolution: Inter-Institutional Relations in the UK*, para 174.

[9] *Ibid*.

are established separately, are not directly included in the information loop that passes through the German Permanent Representation.

In the case of the United Kingdom, the close cooperation between the Permanent Representation and the regional offices does not necessarily infringe on the latter's ability to represent its individual interests vis-à-vis the EU. Rather, the support of the UKRep has generally proved beneficial to the Scottish delegation by widening the basis of the support for its positions and by strengthening the contacts with the EU officials. Such an arrangement, however, might well not prove apt for the United Kingdom if power were to be devolved as well to the English regions. The harmonising of different positions would no doubt become more complex and might require arrangements such as those adopted by Germany.

The present German arrangement for regional offices reflects the disparate interests of the German Länder more than the need for unity of representation within Europe's institutions. The requirement for unity is met by following the domestic procedures set out under the German Constitution for reaching a common position in what has been described as 'cooperative federalism.' Although unity is not the goal of the Länder offices, they do cooperate with the German Permanent Representation informally, holding regular meetings and exchanging information.

The Brussels offices enable individual Länder to voice their interests through their contacts with EU officials outside their national arrangement and without having to coordinate their positions with other Länder (as the formal domestic procedure via the Bundesrat would require them to do). Furthermore, these offices enable the Länder to collect information on relevant EU policy proposals, serve as a channel of information to their regional Parliament and government, and reflect their positions directly back into the European policy debates.

The German national constitutional arrangement also provides for a Länder Observer Office within the German Permanent Representation, which focuses upon providing information to the Länder through the Bundesrat. Instead of having an equivalent to the Regional Observer of the Länder, the UK model maintains a good flow of expertise and information on EU affairs through the secondment of civil servants from the Scottish Executive to the UKRep (and to other institutions in the EC).[10]

Although the Länder offices have the ability to act more autonomously than the UK opposite numbers, they are likely to see their influence weakened in the EU decision-making fora if they cannot agree a single negotiating line with the German Permanent Representation.[11] It may be thought, for example, that the overall German negotiating position in the

[10] MoU, s B4.28.

[11] D Scott, *Constitutional' Regions in the European Union* (School of Law, University of Edinburgh, October 2002) http://les1.man.ac.uk/devolution/docs/Aberystwyth.pdf.

concluding stages of the Amsterdam Treaty was not strengthened by the conduct of the offices of Bavaria and Rhineland-Palatinate, arranging separate discussions at a formal dinner with the representative heads of the other Member States in the absence of a German government representative.[12]

In the case of both Germany and the United Kingdom, notwithstanding the differences in their modes of operation, the regional offices can function as an early warning system and to alert EU officials to their interests at an early stage.

## Formal Channels

### *Committee of the Regions*

The establishment of the Committee of the Regions (CoR) as a consultative body by the Treaty of Maastricht was in part a response to demands by the German Länder for a more direct channel of representation within the Union's institutional framework. Though it lacks formal executive or legislative powers, the Committee is the only constitutional body of the EU which is composed of representatives of the regional and local levels of government of all Member States.[13] The institutional powers of the Committee have been extended only gradually since 1994 and although it has established itself firmly in the EU landscape in its role as an advisory body, its central function has not changed. While suggestions have been made to strengthen the powers of the Committee, its original remit of giving a formal channel of representation to the sub-national level of government in the EU *as a whole* is still valid. Speaking with one voice, it can express a common view which will be taken into account.

What it cannot do is to lend its support to the case of a particular region. That is the inevitable consequence of the heterogeneity of its composition. It follows that the proposed Constitutional Treaty does not modify the constitutional role of the Committee of the Regions as this would unduly complicate the formulation of common policy for a Union of Member States. The Committee was not seen as the matrix of a democratic regional chamber. Nevertheless, the Constitutional Treaty does extend the policy areas

[12] G. Wartenberg, *Praktische Erfahrungen bei der Bund-Länder-Koordinierung in Angelegenheiten der Europäischen Union* (15 June 1998), www.rewi.hu-berlin.de/WHI/english/fce/fce398/wartvor.htm

[13] In this respect, it is important to note that the delegates to the CoR are formally designated by the central governments. In the case of the United Kingdom, the Foreign and Commonwealth Office approves a list of delegates which is presented to them by the devolved administrations. So far, there has been no friction over this procedure and the delegates have always been approved.

requiring compulsory consultation of the Committee by the Council and the European Parliament.[14]

The value of the Committee of the Region's role was witnessed by the Joint Declaration of the President of the European Commission and the President of the CoR of September 2001, which committed the Commission to preparing regular impact assessment reports of the Committee's work by providing it twice a year with substantive replies setting out the reasons why the comments contained in an opinion have or have not been taken into account.[15] Furthermore, the Protocol accompanying the Joint Declaration governing the arrangements for cooperation between the two institutions also provides for the CoR to attach specific amendments which they would wish to see made to the Commission's legislative proposals.[16]

Finally, the Constitutional Treaty also provides for the new right of the CoR to bring an action before the ECJ for infringement of the subsidiarity principle by the Union's institutions at the request of the regional authorities it represents. Thereby the Committee is vested with the legal power to supervise the application of that fundamental principle of the Union's *modus operandi*.[17] The true importance of the Committee lies in its future role as the watchdog of the operational system of a European Union which has placed the principle of subsidiarity at the heart of its Constitutional Treaty.

### *European Commission*

The Commission, with the sole right of initiation of legislative proposals, is the key body to which the regions must voice their needs and interests during the deliberative stage of legislation. The Commission has in recent years become increasingly responsive to the regions' lobbying. In July 2001, its White Paper on *European Governance* was adopted, expressing the view that the regions and municipalities act as intermediaries between the individual and the European institutions. The Commission affirmed its commitment to give regional and local authorities the opportunity to express their views before the formal decision-making processes are set in motion. Subsequently, the administrative arrangements for better consultation and

[14] The Amsterdam Treaty (1997) already consolidated and extended the Committee's position as a consultative body by including new areas of compulsory consultation, ie Structural Funds, employment, social issues, environment, training, transport and culture.

[15] Committee of the Regions, Protocol governing arrangements for cooperation between the European Commission and the CoR, appended to the Joint Declaration of the President of the European Commission and the President of the CoR (DI CdR 81/2001 rev. 2 FR/OU/ss).

[16] *Ibid* point 6: 'In order to give its opinions a higher profile, the Committee of the Regions shall endeavour to highlight more clearly the specific changes it wishes to be made in Commission legislative proposals by the adoption of specific amendments.'

[17] Notably, *individual* regions are not granted direct access to the ECJ by the Constitutional Treaty, but continue to rely on provisions of their own domestic constitutional system.

involvement of the regional and local level in the policy processes were laid out in a series of communications.[18]

In order to design effective and sensible policy, the Commission relies on the input of the level of government where the greatest part of its policy proposals take effect. The Commission is therefore usually sympathetic to concerns of the regions and seeks to improve its decisions with regard to the nature and flexibility of the measures to be adopted, and assess their impact through a systematic dialogue with regional actors.[19] Such a dialogue has become firmly established, for example, between Ministers of the German and Austrian Länder and those of the Spanish regions. It is known, for example, that politicians and officials from the German Land of Baden-Württemberg meet Commissioners and Commission officials regularly, with the Prime Minister of the Land lobbying Commissioners (including the Commission President) directly.[20] How intensively the regions are able to lobby the Commission seems to depend on their domestic political culture and on their ability to cultivate informal contacts. The Commission thus is the central *point d'appui* for regions seeking to secure their interests.

*European Parliament*

It is open to the regions which are dissatisfied with the Commission proposal to seek a remedy from the European Parliament, which can amend or decline to enact legislative proposals of the Commission under the co-decision rules. There are, however, no formal channels for the regions to influence the European Parliament and little possibility for regional authorities to cooperate with MEPs directly. Not all MEPs are regionally based (German MEPs are drawn from national lists). Those who are, as in the United Kingdom, do offer a further medium for contact between the regional authorities and the European institutions. In the United Kingdom, for example, with a delegation of 87 MEPs, Scotland's seven MEPs have been a useful point of contact for the Scottish authorities. In contrast, it has been pointed out that—with the exception of the German Land politicians in Baden-Württemberg who meet with their own MEPs regularly—most of the German regions have very little direct contact with

[18] Collection and Use of Expertise (COM(2002)713, December 2002); Target-based Tripartite Contracts (COM(2002)709, December 2002); Systematic Policy Dialogue with Local and Regional Government Associations (COM(2003)811, December 2003).

[19] 23rd Report of the European Commission on the action taken on CoR opinions: 'The dialogue with regional and local governments is at this stage taking the form of mutual cooperation and information between the Commission and the CoR, *both of which organize within their own preserve their direct relations* with local government associations,' www.cor.eu.int/pdf/documents/suites_avis_en.pdf.

[20] According to McLeod, above n 5, there is furthermore a tendency for regions to use those EU officials who come from their own region as their main contacts in the Commission.

their MEPs.[21] Additionally, common party-political allegiances may foster ties between the regions and MEPs.[22]

The European Parliament is not keen to support structural changes in the Union's institutions to provide for a separate regional voice in decision-making. This is regarded as a potential threat to the constitutional and institutional balance of the Union. The European Parliament is naturally protective of its role as the sole democratically elected representative body of all EU citizens.

The European Parliament has, nevertheless, supported the general consensus within the Union as to how regions may be better heard and set out its own conclusions in the Napolitano Report which was adopted in the Parliament's first plenary session in 2003 in the form of a declaratory resolution.[23] Whilst the report rejected giving the Committee of the Regions formal powers in the legislative co-decision procedures, it acknowledged the key role to be played by regional and local authorities in the preparation of EU legislation.[24] Furthermore, the report anticipated the Convention's decision that the principle of subsidiarity does not simply govern relations between the EU and Member States' governments, but extends to the sub-national spheres of governance. In support of the Commission's White Paper on *European Governance*, the European Parliament asserted that the hierarchical structure of the EU's institutional system should be abandoned and that local and regional authorities should be more involved in the European decision-making process.[25] At the same time, it stressed that the precise arrangements for participation by regional authorities should be determined by national structures.

[21] In the case of the Land of Baden-Württemberg, the Landtag (Land Parliament) and its committees make information trips to the European Parliament in Brussels. The Secretary of State for EU Affairs, along with an EU representative from each of the Land's government departments, meets with the MEPs from Baden-Württemberg twice a year too, and the head of the Brussels office also meets with the region's MEPs once a month in Strasbourg to establish how they intend to vote in the European Parliament (above n 5).

[22] In the case of Germany, MEPs do have political party links with their regional Parliaments. For example, Christian Democrat MEPs from Lower Saxony meet with their fellow party members in the Land Parliament (CDU MdLs). Similarly, Social Democrat MEPs from Hesse meet together with SPD members in the EU committee of the Landtag two to three times a year (above n 5).

[23] European Parliament, Committee on Constitutional Affairs, *Report on the Role of Regional and Local Authorities in European Integration* (2002/141(INI), 4 December 2002), Rapporteur: G. Napolitano.

[24] The European Parliament also underlined the vital role of the Committee of the Regions as a EU consultative body, expressing the hope that alongside direct consultation of regional and local interests, consultation would principally take place via the Committee of the Regions.

[25] The European Parliament called on the Commission, when drafting legislation and devising Community policies, to involve in the process, 'on a full and regular basis,' those who are required to implement these laws and policies, wwwdb.europarl.eu.int/oeil/oeil_viewdnl.ProcedureView?lang=2&procid=6395

*Council of the EU*

The Council of Ministers is the institution through which the regions must exercise their influence upon the strategic direction of EU policy. Article 203 of the Treaty of Maastricht made general provision to allow direct participation of regional representatives in Council meetings as part of the national delegation. This Article permits Member States to delegate their vote in the Council to a ministerial representative of a sub-national tier of government, who is authorised to commit the government of that Member State. The changes in Article 203 (ex Article 146 EC Treaty) were essentially promoted by the Member States with federal structures, who were faced by increasing pressure from their constituent states for more direct involvement in the EU decision-making process. Hence, Austrian, Belgian and German regional ministers nominated by their upper chambers (ie the Bundesrat) can chair some of the negotiations in the Council of Ministers and even lead their respective national delegations. However, the decision to allow regions to take part in the European meetings lies with each Member State, and therefore Article 203 is only useful to the extent that a system for participation is worked out at national level.

Since the introduction of this provision only a few Member States, notably those with a federal structure, have made use of it in practice. The representation of the regions in the Council of Ministers varies according to each Member State's domestic constitutional provisions. Usually the arrangements made reflect the disposition of powers between the federal authority and the sub-national states. Where a matter falls domestically within the state sphere of competence, a power may be provided to enable issues touching on that matter before the Union to be handled by a state representative on behalf of the Federation. However, different Member States have made different provisions for the representation of their regions' interests in Council negotiations. These negotiations are the prerogative of the governments of Member States. It is they who must decide how much importance they wish to give to their regions' concerns during negotiations and, in the absence of domestic constitutional provision, what procedures will be followed for the representation of the regions' interest.

As with the Commission, so with the Council, the stage where the regions can most effectively seek to have their views heard is during the preparation of the national negotiating line. Their voice may carry greater weight if it speaks for the regions from the regions as the representative of the Member State. Nevertheless, it remains for the Member State to decide who will speak. The right of the German Länder to take the lead in matters for which they would otherwise have exclusive legislative power domestically is entrenched in the Act on Cooperation between the federal government and Länder in matters relating to the European Union of 12

March 1993. By contrast, the UK regions rely entirely on the goodwill of their lead minister.

In practical political terms, the United Kingdom's regions with devolved power have so far been well integrated and not deliberately excluded from the meetings. In fact, the key to the success of regions in both countries relies on the ability of the central authorities and the regions to agree on a negotiating line. Since each Member State casts its vote *en bloc*, the German Länder and the United Kingdom's devolved administrations have to reach advance agreement on the line to be followed. Ultimately, even where it is the central government which is speaking for the regions and advantage is not being taken of the Article 203 possibility, regional civil servants from both Germany and the United Kingdom are able regularly to attend committees and working parties of the Council. There is no indication that central governments systematically attempt to exclude the regions from these access points.

## Influence through the Member States

Although EU law may affect the regions, be influenced by the regions, and needs to be implemented by the regions, it is the Member State which is obliged to ensure compliance with EU law. The centrality of national participation is also reflected in the recognition that regional participation must depend upon the provisions of national constitutional law. It is up to the Member States to provide the means whereby their regions' interests are taken into account in formulating the positions which they will present to the Union's institutions. The regions will have their place in the sun within the EU to the extent that their Member State secures it. Within the EU, there is a spectrum of national constitutional provision from the simple centralised unitary state to the fully federal state. Britain's partly devolved constitutional arrangements lie between the extremes.

In general, it appears that Member States with a federal structure are better equipped to reconcile their own regions' disparate requirements and effectively to promote their particular regional priorities than the states at the other end of the constitutional spectrum. If the regions feel themselves to be 'underlings,' the fault lies more with the Member State than with the European Union. It is through effective structural mechanisms in the domestic institutional framework that the regions can influence the formulation of the national negotiating line in advance of the actual Council meetings. The precondition for the successful participation of the regions through their central governments is the mechanisms to resolve potential tensions between the different viewpoints *in advance* of going to Brussels. The stage where regions have the greatest ability to influence the national line is in the *preparation* of Council meetings.

In order to ensure that regions can express their interests during the formulation of the negotiating line, the process of coordination is often formalised through administrative agreements with the central government. Nevertheless, the informal channels of communication between officials of central and regional governments remain an equally important mechanism for the regions to feed in their views in the national negotiating line.[26] A comparison between the domestic constitutional arrangements between Germany and the United Kingdom for the handling of the interests of their regions in the EU is therefore instructive.

## Germany

In Germany, the right of the Länder to participate in EU matters which would fall under their domestic sphere of competence was entrenched in the Basic Law following the Treaty of Maastricht.[27] Where competence has been conferred by the German federal state upon the EU, Article 23 of the Basic Law enables the Länder to participate in the EU process through the Bundesrat insofar as it would have to be 'involved in a corresponding internal measure, or insofar as the Länder would be internally responsible.'[28] Hence, the 'Europe Article' of the German Basic Law stipulates the principle that the Bundestag, the Bundesrat and the federal government are *jointly responsible* for European affairs.

The precise arrangements for the participation of the Länder in the EU decision-making process are set out in the Agreement on Cooperation between the federal government and the governments of the Länder of 29

[26] According to McLeod, above n 5, a vast array of informal and formal mechanisms of coordination have been devised at each of the regional, national and European levels which provide the regions with far greater opportunities to participate in and influence the national government's policy on Europe, than written Constitutions.

[27] The Single European Act (1986) led to a transfer of powers from the Member States to the Union, a process which was reinforced by successive Treaties. In practice, a great proportion of the Länder's legislative fields of competence (such as environmental protection, culture, education) are now touched by EU legislation. Consequently, the Länder felt that their legislative position at national level was being undermined by the shift of legislative authority to the EU. In order to resolve the constitutional conflict that ensued from further European integration, Art 23 was introduced to the Basic Law to govern the arrangements for Länder participation in EU matters. The areas of exclusive federal government authority are expressly stated in Arts 70 and 73 of the Basic Law, and include, inter alia, foreign affairs (including relations with the EU), defence, monetary policy, air transport, post and telecommunications, economic and labour law, competition law, shipping and road transport.

[28] Where the legislative or administrative competencies of the Länder are affected, the Bundesrat's view is 'decisive' and binding, while in those areas of exclusive competence of the Federation, the Bundesrat's views need only be taken into account by the federal government. Where an EU issue affects shared powers, the federal government can only deviate from the Bundesrat's opinion for reasons of relevant foreign or security policy considerations (above n 5).

October 1993.[29] Notably, the Länder are vested with the right to take the lead in Council negotiations—and thereby formally commit the German federal state—whenever exclusive Land competences are touched on substantially (ie in matters which would otherwise fall under the exclusive area of competences of the Land government in domestic legislation).[30] The involvement of the Länder in the EU policy process through Article 23 can be seen as a pragmatic extension of the notion of 'cooperative federalism' to include the European level of governance into the domestic policy structure.

Another decisive provision which strengthens the role of the Länder in the EU policy process is their right to be included in every Council and Commission working group as part of the national delegation if the EU issue affects their interests. This gives the Länder the opportunity to shape EU legislation at the *deliberative stages* of EU legislative proposals, when there is still room to manoeuvre. The success of the German system is reflected by the lack of unresolved, bruising disputes between the federal government and the Länder representatives over the formulation of a negotiating line in the Council. In practice, the federal government and Länder representatives seem able to find an acceptable solution.

This system is based on the recognition by the federal and the Länder governments that cooperation is essential in order to convey a strong position in the Council *as a Member State*. The Länder take an active part in the preparation and (in particular circumstances) the conduct of Council negotiations. At the same time, they recognise the need to agree on a coherent negotiating line if Germany is to have a strong position in the Council.[31] Through this mechanism, the Länder have considerable influence on EU legislative proposals. Since it is the Bundesrat, as the common organ of the Länder, that speaks for the Länder vis-à-vis the federal government, the Länder ministers coordinate their priorities and formulate their common position on EU matters through the Conference of the

[29] The general framework for the implementation of Art 23 is set out in the Act on Cooperation between the Federation and Länder in EU Matters (EUZBLG) of 12 March 1993. The Federation-Länder Agreement on Cooperation (BLV) of 29 October 1993 sets out the procedures for Länder participation in the Council and Commission's consultative bodies.

[30] Under the Basic Law, the Länder can legislate in any area that is not expressly reserved for the federal government. Under Arts 30 and 70 Basic Law, the primary responsibility for legislation rests with the Länder. Essentially, the autonomous powers of the Länder are in the areas of education, culture, local law and public safety and order.

[31] Agreement on Cooperation between the Federal Government and the Governments of the Länder in Matters relating to the European Union of 29 October 1993 (BLV), as amended up to and including 8 June 1998 (www.iuscomp.org/gla/statutes/PausFHRB.htm#tn). The federal government and the governments of the Länder are committed to achieving a united Europe and developing the European Union on the basis of the Founding Treaties of the European Communities (including subsequent law) and of the Treaty on European Union and to fulfilling the resulting obligations in terms of information and action arising from the relationship of mutual allegiance within a federal state. They cooperate closely and on a basis of mutual trust in accordance with Art 23 Basic Law and the Act issued in connection therewith.

Länder Ministers for Europe.[32] In addition, sectoral interministerial conferences help to coordinate Länder positions before they are considered in the Bundesrat. By delivering consensus views, the regional governments are able to increase their impact on the national government's position on EU matters.[33]

The German system does not allow any *individual* Land to take a predominant position. Instead, the majority of the Länder decides the position which is adopted by the Bundesrat in its consultations with the federal government. Since all 16 Länder are treated equally under the Basic Law, they inevitably have to agree where to set the emphasis in their position. The greater the majority in support of a particular proposal is, the more likely is it that these proposals will be appropriately voiced by the Bundesrat vis-à-vis the federal government. This process of finding a common position allows an individual Land to gather the support of other Länder for its proposals and contributes to an exchange of views on EU matters. On the one hand, the lack of a direct link between each individual Land and the federal government inevitably limits its capacity to articulate its views without the interference of the remaining Länder. On the other hand, by seeking to formulate a coherent viewpoint, the Länder can focus their impact on specific EU matters by which they may feel similarly affected. This coherence strengthens the negotiating position of the Bundesrat vis-à-vis the federal government over the German EU policy.[34]

The ability of the Länder to influence EU legislation through the national delegation is also affected by the ability of the Landtage (Land Parliaments) to give timely scrutiny to policy proposals. The close cooperation between the Land executive and the Landtag helps to ensure coherence and impact on the federal government's EU policy position. While the Landtage are involved in the EU policy process by holding the Land executive accountable for its actions on EU policy, the Land executive has the overall responsibility for the development and management of European policy. Germany's federal structure of domestic governance thus allows for a replication of the structures of governance on a vertical level as well as horizontally. The mechanisms for cooperation provide an additional element of scrutiny of EU policy and enable the German Länder to formulate their position on EU policy on time. (The specific mechanisms

[32] For this purpose the Bundesrat acts as the decisive organ of Länder involvement by adopting a coherent position, thus speaking for *all* Länder governments vis-à-vis the federal government on EU matters. According to Art 23 (4) Basic Law, it is through the Bundesrat that the Länder participate in EU affairs.

[33] However, due to the low recognition of the Conference of the Länder Ministers for Europe by the Länder governments themselves, it is often the Conference of the Prime Ministers of the Länder where the definite position of the Länder on EU issues is formulated; see Wartenberg, above n 12 at para 67.

[34] R Palmer, 'European Integration and Intra-State Relations in Germany and the UK' (2003) 4 *Perspectives on European Politics and Society* 3.

for the formulation of the Land position on particular EU draft proposals vary between the different Länder.[35])

Party alliances allow the Länder representatives to further strengthen their contacts with the Bundestag.[36] An important way of cultivating contacts between the two levels of government is the secondment of civil servants from the regional government administrations to national government. Regional representatives can also attend meetings of the federal ministries which aim to coordinate the national position on EU issues and thus keep up to speed with developments in the EU policy of the federal government. Furthermore, the liaison offices of the German Länder to the Bundesrat both serve as a channel of information for the Länder and lobby the federal state bodies on behalf of the Land. There is an extensive network of contacts between the executives and the legislatures at regional and federal state level, which ensures that Länder interests can be appropriately voiced. The network of cooperation shows that it is the combination of informal contacts and direct channels between the Land and the federal state institutions that enable the Länder to raise awareness of their interests in the central authorities and to influence the German EU policy position at an early stage.

## United Kingdom

The United Kingdom has an asymmetrical system of devolution. The different regions (or 'nations') of the United Kingdom are vested with varying legislative and executive powers for historical reasons. The English regions do not as yet have devolved elected executives, the Welsh National Assembly has limited legislative authority and Scotland has substantial legislative and executive devolution.[37] The case of Scotland does therefore demonstrate most clearly how regional representation in the EU might be developed in Britain as a whole.

Under the Scotland Act 1998, the Westminster Parliament retains absolute sovereignty and has the 'constitutional' power to withdraw

[35] In the case of Lower Saxony, for instance, there is a central European and International Affairs Unit within the Ministry of Justice which coordinates all the EU information the Land government receives from the federal government and its office of representation in Brussels to the smaller European units attached to other government departments.

[36] According to McLeod, above n 5, regional representatives can attend parliamentary working groups of their respective political parties and influence the thinking of Bundestag members.

[37] Some of the Scottish domestic matters are the Scottish branch of the Health Service, Scottish education, local government, social work, housing regeneration, building control, economic development, tourism, tribunals, legal aid, natural heritage and some domestic transport affairs. In addition, there is a competence for forestry, fisheries, agriculture, food standards, sport, arts and the Scottish criminal justice system (http://website.lineone.net/~scottishfreedom/polscotlandact.html).

devolved powers at any given time. The absence of a written constitution in the United Kingdom places the devolved administrations 'within an unusually informalised constitutional structure.'[38] This is manifested in the principle of ultra vires, which means that to carry out a responsibility the devolved Scottish authority is normally dependent on national enabling legislation. The UK Parliament and the Scottish Parliament have clearly separated spheres of legislation under the devolution settlement.[39] The legislative power of the Scottish Parliament covers all areas (eg health, education and training) which are not expressly reserved to the Westminster Parliament.[40]

Under the Scotland Act, foreign relations, including all matters regarding EU policy, remain the exclusive domain of Westminster.[41] Nonetheless, the Scottish authorities are responsible for implementing EU legislation touching upon devolved matters.[42] Given the extent of Scotland's primary and secondary legislative powers and the direct impact that EU legislation therefore has on the Scottish administration, it is crucial that Scotland is adequately represented in the formulation of the United Kingdom's EU positions.[43] There are, moreover, EU policy issues which are of distinctive interest to Scotland and of lesser importance to other parts of the United Kingdom, where a separate Scottish input is of importance.[44]

The administrative procedures for Scotland's participation in EU affairs are spelled out in the Concordat on Coordination of EU Policy Issues, which is placed under the overarching Memorandum of Understanding and Supplementary Agreements (MoU) governing the (varying) arrangements for the devolved administrations' involvement in various policy areas.[45]

[38] HC 460–II, session 1997–98, para 80.

[39] It may seem that Scotland enjoys a greater legislative authority through its scope of devolved power than the German *Länder*, where the exclusive powers are qualified by the constitutional provisions for concurrent and framework powers.

[40] This 'reserved list' is set out in the Scotland Act 1998 and covers issues such as monetary and economic system, foreign affairs and defence (for a full list of devolved and reserved powers see www.scotland.gov.uk/About/Intro/Issues).

[41] As all foreign policy issues are non-devolved, relations with the EU are the responsibility of the Parliament and government of the United Kingdom, as a Member State (Memorandum of Understanding and Supplementary Agreements, B1.3).

[42] The Concordat on Co-ordination of EU Policy Issues sets out that the Scottish executive is responsible for implementing EU legislation and therefore can be made liable by the central government in case of failure to comply (MoU, B4.25).

[43] In its Memorandum to the House of Lords Select Committee on the Constitution, the Scottish Executive estimates that some 80 per cent of the Executive's business has a strong EU dimension (Memorandum by the Scottish Executive, HL paper 28, session 2001–02, para 24).

[44] For example, Scotland is among the largest sea fishing nations in Europe with 66 per cent of the landings into the United Kingdom. Around 90 per cent of the UK fish farming industry is based in Scotland, particularly in the Highlands and Islands (www.scotland.gov.uk/Topics/Fisheries).

[45] The Memorandum of Understanding makes different provisions for the participation in EU policy for each of the three devolved authorities. The extent to which Wales, Northern Ireland and Scotland are consulted or granted the right to participate in discussions varies according to their state of devolution.

The Concordat is intended to be 'binding in honour' only,[46] and it is expressly stated that it 'is not intended to constitute a legally enforceable contract or to create any rights or obligations which are legally enforceable.'[47] In the Scottish Concordat, the UK government expresses its desire to involve the devolved administrations 'as directly and fully as possible in EU matters which touch on devolved areas,' while reaffirming its exclusive responsibility over EU affairs.[48] It also stresses that the resulting UK line 'will reflect the interests of the UK as a whole.' Therefore the negotiating line will only take account of the Scottish position to the extent that it does not conflict with the interests of the remaining devolved administrations and Whitehall.

In order to avoid tension over the formulation of the United Kingdom's EU policy and to have sufficient time to reach agreement, the Scottish authority is provided with comprehensive information on proceedings in the EU at the earliest possible stage.[49] Moreover, the scrutinising process of the Scottish Parliament is facilitated by Explanatory Memoranda, which the lead Whitehall Department dealing with a particular EU legislative proposal passes on to the devolved administrations at the same time that it submits them to the UK Parliament.[50] This enables the Scottish Parliament to formulate its views on EU legislative proposals which ought to be taken into account in the UK negotiating position. The Concordat also makes provision for the involvement of Scottish Ministers and officials in the discussions within the UK government about the formulation of the UK policy position on all issues which touch on matters which fall within the responsibility of the devolved administrations.[51] Whereas ministers of the Scottish Executive and the central government meet on a regular basis to discuss EU policy issues, there also is a vast network of informal contacts between officials at different levels of government which ensure that Scotland's interests are taken into account in the coordination of the United Kingdom's EU policy.

It is impossible to make a full assessment of Scotland's impact on the UK negotiating line as all official meetings fall under a strict obligation of confidentiality (imposed on Scotland by the Memorandum of Understanding).[52] It is impossible for Scottish officials to explain even to their

[46] MoU, B1.2.
[47] *Ibid.*
[48] MoU, B1.3.
[49] The central administration commits itself to providing relevant information as early as possible 'on all business within the framework of the EU which appears likely to be of interest to the devolved administrations' (MoU, B4.1).
[50] MoU, B4.32.
[51] MoU, B4.4.
[52] The devolved administrations are involved in the formulation of the UK line but on the basis that they may not disclose to anyone—including their own legislature or assembly—what disagreements they may have had with the UK government over the formulation of that line (HL paper 28, Select Committee on the Constitution, Session 2002–03, 2nd Report, *Devolution: Inter-Institutional Relations in the UK*, paras 172, 185).

Parliament (which is vested with the power to scrutinise EU legislation) to what extent they were able to influence the UK position and whether the outcome of the process has been satisfactory. The UK government commits itself to consider Scotland's views, though it is not legally bound to take these views aboard in the formulation of its negotiating line. The Concordat merely sets out that the UK government undertakes to 'balance the interests of all parts of the UK' in formulating the negotiating position.[53]

While the MoU highlights the regions' role in *formulating the UK's initial policy positions*, it also states that the Scottish ministers are expected to 'support and advance the single UK negotiating line which they have played a part in developing.'[54] The argument behind this 'team approach' is that the regions gain from cooperating within the national framework, since they could gather the full weight of a large EU Member State behind their position. Although there is no obligation on the part of the UK government to include Scottish officials in Council meetings—the attendance of regional officials at Council meetings is determined by the lead UK minister on a case-by-case basis—the Scottish Executive is usually invited by UKRep to send delegates. As far as meetings with other EU bodies are concerned, including Presidency and Commission-chaired meetings, the attendance of regional officials is agreed bilaterally with the lead Whitehall department.

It is also up to the lead minister of the delegation to agree in 'appropriate cases' to allow ministers from the devolved administrations to speak for the United Kingdom in Council.[55] Generally, there are two modes of regional participation in Council meetings. On some occasions, the devolved administration representatives may take the lead at Council meetings, speaking for the United Kingdom as a whole. On others, devolved administration ministers speak while the UK minister remains the lead minister.[56] Although these provisions seem to place Scotland in a favourable position, it ultimately relies on the UK government's goodwill.[57] Although it is not possible to make a precise assessment of the impact that the regions have on the UK line for Council negotiations (since most of the consultation about what the UK line should be takes place behind the scenes), the national delegation generally seems to take into account the interests of the devolved authorities and does not exclude them deliberately from European meetings.

[53] MoU, B4.33.
[54] MoU, B4.14.
[55] MoU, B4.14.
[56] Sir S Wall points out in his evidence to the House of Lords Select Committee on the Constitution that the Council negotiations rest on a high level of coordination at official level and a high level of goodwill at political level (Evidence of Sir S Wall, 24 April 2002, Q 242); see also HL, paper 28, para 175.
[57] MoU, B4.13.

Representatives of the SEEUO may be delegated (or requested) to attend particular working groups in the Council or Commission where the issue at hand is of importance to Scotland. Although the Scottish representatives participate on an informal basis only, this can enable them to make a contribution to the overall EU policy process. Moreover, the Scottish ministers are also able to visit Commissioners or their Cabinets to discuss concerns 'relating to a particular area and not to the UK as a whole.'[58] This provision further strengthens the ability of the Scottish Executive to influence EU policy matters of specific interest through a direct channel to the EU. Such informal contacts with officials of the EU institutions, which are coordinated by the SEEUO, may be as effective in representing Scotland's interests as the formal arrangements for Scotland's participation as part of the national delegation. By the time the Commission actually issues a legislative proposal, there has already been extensive consultation with interested parties.[59] It is therefore at the early deliberative stages in the Commission and through informal discussions that the Scottish delegation may best be able to incorporate its views in the formulation of EU legislation.

It seems that the structural mechanisms set out by the MoU depend in great part on the spirit of cordial cooperation between officials of the devolved administration and Whitehall. These procedures only function as long as there is general agreement between Whitehall and the devolved administrations over the United Kingdom's EU policy. Since there are no statutory provisions in case the central authority and the devolved administrations fail to reach consensus, the system remains open to tension. The Concordat sets out the establishment of a Joint Ministerial Committee (Europe) (JMC(E)) as a central coordination body for the overall relationship between the central government and the devolved administrations.[60] The primary role of the JMC(E) is to arbitrate between the central and devolved authorities in case of dispute over European policy issues.[61] In addition to the JMC(E), a Ministerial Group for European Coordination has been established to bring together the UK Europe ministers with ministerial counterparts from the devolved administrations. Although the deliberations of this group are not binding, they provide a forum for discussion of the strategic orientation of the United Kingdom's EU policy.[62] According to the report *Devolution: Inter-Institutional Relations in the UK* of the House of Lords Select Committee on the Constitution, the evidence

[58] HL paper 28, para 175.
[59] Scott, above n 11.
[60] The participants in the Joint Ministerial Committee (Europe) (JMCE) are the ministers of UK, Scottish, Welsh and Northern Ireland governments. Detailed arrangements for the JMC(E) are set out in the Supplementary Agreement on the JMC.
[61] 'In the case of EU matters, the JMC(E) will be the forum for seeking to resolve differences between the UK government and the devolved administrations' (MoU, B4.7).
[62] Scott, above n 11.

gathered suggests that the JMC(E) has so far worked as an appropriate framework to resolve potential conflicts arising from detailed questions of policy and thus prevented strains in the relationship between the UK government and the devolved administrations.[63]

The participation of the Scottish government in formulating the United Kingdom's EU policy relies on the UK government's goodwill to take account of Scottish interests in its negotiating line. From a purely constitutional point of view, the UK arrangements for the involvement of the devolved authorities in the EU policy process seem rather fragile. However, this has not yet significantly limited Scotland's ability to represent its interests in EU affairs. It appears that the lack of a legally binding constitutional framework has not worked to Scotland's disadvantage. The lack is made good by a network of informal channels of communication and contacts at different official levels, which enable the Scottish authority to feed in its views. Given the complexity of the issues on the agenda and the short time available for the Member States to formulate their position, these informal systems can work well.

## Conclusion

The variety of constitutional arrangements within the 25 Member States of the European Union reflects the heterogeneity of the continent-wide political union. The Constitutional Treaty avoids imposing a single framework upon the Member States to allow each to work out for itself the most suitable way of safeguarding their regional interests. Such flexibility is a distinctive strength, not a weakness, of the European Union. It requires from the Union side a preparedness to understand the constitutional systems of its Members, and from the Member States' side a recognition that the prime responsibility for safeguarding regional interests lies with the Member State and not with the Union. It will be understandable if with enlargement the EU were to seek to simplify its systems for considering the European regions' interests. But this should not be attempted by seeking to impose particular constitutional structures for decision-making upon the Member States. Clear schedules for consultation and openness in communicating proposals will allow the Member States to work out for themselves the most effective means of ensuring that regional interests are given proper weight in the decision-making of the EU.

[63] HL paper 28, para 187.

14

# *Local Autonomies, Regionalism and Federalism in the Italian Experience*

CESARE MIRABELLI*

The Italian Constitution of 1948 is, on the whole, based on a fundamental pluralist principle. This principle concerns first of all the relationship between the political institutions and civil society.

The Republic recognises and guarantees the autonomy and the rights of social groups or social bodies (Article 2), of churches and religious communities (Articles 7 and 8), of the family, qualified as a natural society (Article 29) and of Universities, scientific institutions and high culture (Article 33).

The pluralist principle of the Constitution concerns also the relationships between the Republic and other external institutions. Italy 'allows, on equal conditions with the other Countries, limitations of its sovereignty which are necessary to guarantee Peace and Justice among the Nations' (Article 11). The transfer of a part of Italian sovereignty and state competence to the European Community was legitimised by this constitutional principle. The pluralist principle of the Constitution concerns also the organisation of the political institutions and the internal expression of the levels of government of the Republic. In fact, one of the most important principles of our Constitution states that the Republic is 'one and indivisible.' At the same time it recognises and promotes local autonomies (Article 5).

National unity constitutes the limit that influences and defines every possible growth of the autonomy of the Regions. Therefore, the possibility of secession is excluded. However, other levels of government that do not jeopardise national unity are acceptable. This principle has reversed the centralising tendencies which had characterised the unification of the Italian Kingdom. This centralism had been further emphasised by the authoritarian fascist state, whose design was diametrically opposed to the principles of pluralism. The state constituted the supreme power and aimed at disciplining social interest groups. In a very strong hierarchical order, the minor public authorities and the territorial authorities (municipalities and provinces) were subordinated to or were controlled by the state.

* Professor of Public Law, University of Rome.

In the authoritarian and centralised state, the autonomy of the territorial authorities and of social interest groups was either strongly limited or completely eradicated. The Republican Constitution of 1948 reversed this trend. The pluralistic principle has been described as a fundamental principle of this Constitution. It is manifested in either the recognition of the autonomy of social interest groups or the recognition and promotion of local autonomy. However, the same principle can be realised in different ways. It can be interpreted restrictively, with only a few limited powers being granted to local authorities, or it can be interpreted widely, with local authorities being granted considerable independence in political and administrative decision-making.

The specification of the principle of autonomy of the territorial authorities is contained in the second part of the Constitution which relates to the 'Organisation of the Republic.' Title V (Articles 114–33) deals with the recognition of the local authorities and sets out the constitutional rules which apply to Regions, provinces and municipalities. These rules determine the powers and the territorial authority of the Regions, provinces and municipalities; they define the extent of their jurisdiction and the independence which is due to them as against that due to the state.

The practical realisation of the constitutional principle of the autonomy of territorial authorities happened gradually. Initially, a centralised approach prevailed and the innovations introduced by the Constitution of 1948 remained unrealised for a long period. At a later stage, which began with the official creation of the Regions in 1970, the local authorities established themselves and consolidated their positions. In the second half of the 1990s, a further stage began which was characterised by a more marked development of autonomy, with the Regions being granted increased competences. In 2001, an amendment to the Constitution directed towards making the regional authorities wider and stronger was approved by a limited parliamentary majority.

The new division of competences between the state and the Regions has led to considerable growth in the number of judgments of the Constitutional Court necessary to settle the controversies and the interpretative difficulties which have arisen. Parliament is now examining a new and wider constitutional reform oriented to a federal model.

The Republican Constitution recognises the local authorities which are the expression of the local communities: the Regions, the provinces and the municipalities or *comuni* (Article 114). These three levels of self-governing administration have a democratic basis and are governed by elective organs. The municipalities are the first and traditional level of the political organisation of a local community (in the city dimension). Their origin is very old, dating back to the Middle Ages. The municipalities were born in that historical period as a new and original element of self-government, no longer integrated into the feudal hierarchy scheme. In the free medieval municipality, the citizens regarded themselves as a community that formed a political and administrative body which exercised public functions of authority, of government and of jurisdiction, directly or through its representatives. This strong and rooted tradition of autonomy and of identity of each town justifies the strong bond that the citizens feel with the municipality to which they belong. This sense of belonging is very strong. The traditions of the municipalities have deep roots and show a strong identity. The autonomy of the municipalities has varied over different historical periods.

Provinces, by contrast, are administrative districts created by law. Despite the new measures introduced by the Constitution, the centralised layout was preserved during the first phase, and municipalities and provinces were still subject to incisive state controls and operated within the borders of their autonomy set by previous legislation. A reorganisation of local authorities approved in 1990 gave greater autonomy to these authorities, including the power of establishing freely the fundamental rules of their organisation and financial autonomy.

Municipalities and provinces are political authorities with general purposes: they represent their own communities, taking care of their interests and promoting their development. Municipalities and provinces have administrative functions. They can issue regulations, subject to state law, either for their own internal organisation or for carrying out their given administrative functions. They have no legislative powers.

The Regions were the main innovation introduced by the Republican Constitution. They represent the most important realisation of the pluralistic and autonomist principle. The Regions have not only administrative functions but also legislative powers in the areas reserved to them by the Constitution. There are two categories of Regions: the 15 Regions with an ordinary statute and the five Regions with a special statute. The latter have greater autonomy and competences granted by constitutional statutes, which are tailored for each Region. The special autonomy of some Regions is due to particular historical conditions (for example for Sicily and Sardinia) or to the necessity of guaranteeing the rights of linguistic minorities in border areas, as for instance in the case of Val d'Aosta, Trentino Alto Adige and Friuli Venezia Giulia. Our Constitution has broken the monopoly of state law. In some areas the Regions have exclusive competence; in other areas there is a concurrent competence between the state and the Regions: the Regions can issue laws subject to respecting fundamental principles laid down by the state. Under no circumstances can regional laws be in conflict with the national interest or with the interest of other regions (Article 117).

All areas not expressly listed in our Constitution were initially left to the competence of the state. However, our Constitution has been recently modified on this matter. The Constitution regulates the division of legislative and administrative competence between state and Regions. The Constitutional Court guarantees that all parties respect this division. In the event that either the state or a Region breaches the other's competence, the aggrieved party can appeal directly to the Constitutional Court to have the law in question declared void. State law pertaining to areas of regional competence violates the Constitution. Each Region can apply directly to the Constitutional Court and have the constitutional illegitimacy of the state law declared. The state, too, can apply to the Constitutional Court for a declaration of the unconstitutionality of a regional law which deals with areas where our Constitution allocates competence to the state. In addition, there can also be a constitutional conflict between the state and the Regions in the exercise of administrative functions when an administrative state regulation invades regional competences and vice versa. Conflicts between the state and the Regions (or among the Regions) are resolved by the Constitutional Court, which determines the extent of their respective powers and will revoke any Act which does not respect the competences as stated by the Constitution.

A closing provision of our Constitution envisaged the creation of all the Regions and the election of all the Regional Councils within a year of the Constitution coming into force. However, those Regions with ordinary statutes were only created 20 years later, in 1970, with the first election of the Regional Councils and the subsequent adoption of the statutes, self-decreed by the Council of each Region but then approved by an Act of Parliament. Furthermore, the complete transfer to the Regions of their competences had to wait even longer. The traditional centralised layout and the resistance of the state bureaucracy delayed the regional reforms for a long time, on the basis of a restrictive interpretation of the matters that the Constitution delegated to the competence of the Regions. These powers were eventually transferred only in 1977.

Later, the structures of Regions became stronger and the field of their autonomy became increasingly larger. Each of the parliamentary commissions charged with preparing organic reforms of the Constitution has looked at strengthening the Regions and increasing their role. Their proposals were not accepted by Parliament. In 1997–1998, some laws reforming public administration anticipated the subsequent constitutional reform. The state delegated to the regions new administrative functions. The Regions have been given many jurisdictions which previously belonged to the state, mostly in organic sectors which deal with economic develpment and industrial activities, territories, environment and infrastructure, and social services for the individual and the community. The previous centralised layout has now been deeply modified and new competences have been attributed to the Regions. Some have seen in this tendency the beginning of an evolution towards a federal state.

Successive constitutional reforms (Constitutional Act 3 of 2003) have greatly consolidated regional autonomy. For example, constitutional reform has allowed the Regions full autonomy in drafting their own statutes (in accordance with the Constitution) without the requirement of obtaining state approval. Regional statutes establish the type of government and the fundamental principles of organisation and functioning of the Region. The state can only appeal to the Constitutional Court if it believes that a regional statute violates the Constitution (Article 123).

The most incisive reform has affected the distribution of competences between the state and the Regions. The 1948 Constitution specifically listed all the areas of regional competence, reserving all other areas to the state. A constitutional reform of 2001 reversed this arrangement. Legislative competence is exerted by the state and by the Regions in accordance with the Constitution and the duties imposed by the European Community and international law. Only specifically mentioned areas are reserved to the state and legislative authority in those areas not reserved to the state is automatically given to the Regions. The list of the areas in which the state has competence is nevertheless very wide. It includes, naturally, international relations, defence, security, environmental protection, social and civil rights.

The constitutional reform has also maintained the distinction between the areas reserved exclusively to the state and areas of concurrent competence between state and Regions. In the latter case, the state determines the fundamental principles which Regions must respect when legislating. The constitutional reform also includes the principle of subsidiarity, applying it not only to the relationship between different institutional levels (vertical subsidiarity) but also to relationships between institutions and civil society. The state, the Regions and other territorial institutions (municipalities and provinces) facilitate the independent enterprises of citizens in developing a venture of general interest.

The constitutional reform of 2001 has led to an immense and continuous controversy between the state and the Regions. The number of applications to the Constitutional Court made by both the state and the Regions in order to establish the constitutional illegitimacy of state or regional Acts has more than doubled under the new regime: there were 25 in 2000, 43 in 2001, 96 in 2002 and 98 in 2003. In 2003, the major part of the activity of the Constitutional Court was devoted to conflicts between the state and Regions. About 50 per cent of its rulings dealt with problems of constitutional legitimacy or conflicts between the state and Regions. In effect, the Constitutional Court now serves more as a referee between the state and the Regions than a guardian of fundamental rights.

This increase in the number of appeals to the Constitutional Court is not the product of a political conflict between a centralising state and Regions seeking increased autonomy. The constitutional reform has raised objective doubts over the division of competences between the state and Regions. The list of areas of state and regional competence contained in Article 117 of the Constitution, modified by Constitutional Act 3 of 2001, is less organic and systematic than the previous one. The determination of the content of each 'area' offers different interpretations, resulting in controversies. Sometimes it can be uncertain under which heading an Act falls and at other times an Act may fall under several different headings.

Some examples will be useful to illustrate these difficulties. In some cases, conflict arises where an area is not specifically identified in Article 117 of the Constitution as falling under the exclusive competence or concurrent competence of the state, and should therefore be considered to come under the competence of the Regions. In other cases, controversies concern the definition of an area included in the list of Article 117 of the Constitution and attributed to the exclusive competence of the state to concurrent state-Region competence.

An example of the first type is an Act of the Region Emilia-Romagna regulating vivisection. The Act forbade the breeding, use and transfer of dogs and cats for testing purposes in the Region; it also forbade vivisection for teaching purposes on all the animals (except in authorised cases). The Region maintained that it had exclusive competence in this area, defined as the 'relationship between mankind and animal species.' It should not be seen as a subject included in Article 117 of the Constitution (in the list of the areas reserved to the exclusive or concurrent competence of the state), but should instead be regarded as a residual area attributed to the competence of the Regions.

In response, the state appealed to the Constitutional Court, saying that the Act violated the Constitution because it dealt with areas of state competence. The Constitutional Court (in judgment 166 of 2004) found for the state and nullified the regional Act on the grounds that 'testing on animals and vivisection for teaching purposes' fell under the area of 'scientific research,' which was of concurrent competence (state and regional). It was therefore for the state to define the fundamental principles and to provide for the protection of the animals subject to testing for didactic or scientific purpose.

It is easy to see that the definition of a subject often depends on the point of view from which we observe it. This is clear from looking at a case concerning the determination of the content of an area of competence. In 2001, the Ministry for Cultural Activities established rules governing the qualifications required by people who carry out restoration and maintenance work (of mobile goods and of decorated surfaces of architectonic goods) and allowing persons attending state schools to attain the title of 'restorer.' The Region of Tuscany maintained that there was a conflict of assignation and that the state rules invaded regional jurisdiction because they did not deal with matters of education, over which according to Article 117 of the Constitution the state and Regions have concurrent jurisdiction, but instead concerned professional training, which according to Article 117 is an area in which the Regions have exclusive competence. On appeal to the Constitutional Court, the state claimed that the regulations concerned the discipline of keeping cultural goods under exclusive state control. The Constitutional Court ruled in favour of the state because the rule in question concerned *restoring* (mobile goods and decorated surfaces of architectonic goods); maintenance and restoring work falls within the concurrent competence of the state and the Regions. The competence for the preservation of cultural goods belongs to the state because it concerns restoration (which constitutes one of the fundamental activities in which the preservation is carried out).

Another peculiar example is provided by regional Acts—of Marche, Piemonte (3 June 2002, No 14) and of Tuscany (28 October 2002, No 39)—which have suspended the application of electroshock therapy, pre-frontal lobotomy and other forms of psycho-surgery interventions in their territories. The Constitutional Court has held such interventions to fall under the category of 'protection of health,' which is in an area over which the state and the Regions exercise joint competence, with the state determining the fundamental principles. Accepting the appeal of the state, the Constitutional Court has declared the regional Acts illegitimate (judgments 282 of 2002 and 338 of 2003) because they impact directly on the choice of therapies in the absence of national rules promoting health. These regional Acts would, furthermore, introduce limitations only in a part of the national territory. The court has nevertheless specified that the unconstitutionality of regional acts aimed at limiting therapeutic choices, established because of the lack of competence of the Regions, does not mean that these therapeutic practices are lawful.

Other Acts scrutinised by the Constitutional Court fall into overlapping areas. Some regional Acts (of Marche, Campania, Puglia, Umbria) concerned protection from the electromagnetic pollution caused by fixed systems of radio and television broadcasting. Article 117 of the Constitution (in the text modified by Constitutional Act 3 of 2001) gives the state exclusive competence over the 'protection of the environment,' while giving the Regions concurrent competence over the regulation of communications. The production, transport and national distribution of energy, the control of territory and the protection of health could be affected by electromagnetic pollution.

When the state appealed, the Constitutional Court (in judgment 307 of 2003) ruled that the protection of the environment was less an area of competence in the strict sense and more a duty for which the state could dictate standards of uniform protection, valid in all the Regions. The state fixes thresholds at national level which cannot be derogated from by the Regions. The state acts to balance the need to provide protection from electromagnetic pollution against the need to provide communication systems. While siting the systems is a competence of the Regions, they must respect the need to plan such systems nationally.

In other cases the classification of an Act depends on its aims. The granting by the state of contributions in some productive areas can be included within the relevant sector, for example agriculture (which is of regional competence), or can be considered the protection of competition (which is of state competence). Deciding on the appeal of a number of Regions (Marche, Tuscany, Campania, Emilia-Romagna and Umbria) which regarded some aspects of the Financial Act 2002 as unconstitutional, the Constitutional Court (judgment 14 of 2004) ruled that competition must be considered not only in a static sense in terms of intervention and regulation to restore lost balance, but also in a dynamic sense, covering public measures designed to reduce differences, to favour the development of the market and of competition. The state's use of economic policy instruments impacts on the development of the entire country. State intervention is justified for its macroeconomic relevance and for adopting measures which affect the general economic balance, independent of the sectors which they are applied to.

The principle of subsidiarity concerns the relationship between different levels of government and administration and has, in an exceptional way, led the state to enact regulations in areas which should be reserved to the Regions. In a recent judgment (303 of 2003), the Constitutional Court stated that even after the recent regional reform in support of strong institutional pluralism there can be instances which justify interventions in areas reserved to the Regions. This can be seen as a kind of implicit Supremacy Clause.

State intervention in this case reflects the principle of subsidiarity. Any derogation from regional competence should be justified by an overriding public interest. It should be agreed with the affected Region and be proportional to the public interest in question. On the basis of the principle of subsidiarity it is also possible that the government substitutes itself for the organs of the Regions or for other local authorities usually competent for carrying out activities which the law considers necessary (Article 120 of the Constitution). In the same way, in exceptional cases, the Regions can substitute for the municipalities. These exceptional interventions in the power of other authorities touch on areas of autonomy guaranteed by the Constitution and are legitimate only if they meet particular conditions outlined in many judgments of the Constitutional Court (among the more recent examples is judgment 43 of 2004). The exercise of substitutive power must consist of a particular act; the act must be necessary; the Region or the municipality usually responsible for carrying out the act must desist from doing so: the substitution must be done to safeguard unitary interests that could be compromised by inaction or non-compliance of the authority normally responsible; the procedure must allow the authority that has not yet fulfilled to avoid the substitution by acting or intervening in the procedure.

The recent reforms underline the autonomy of the Regions and are often qualified as being 'federalist.' However, they do not represent a model of a federal state. Nevertheless the borders between regionalism and federalism are very uncertain. Regionalism and federalism reflect the same pluralistic principle of autonomy which inspires our Constitution. The constitutional reforms that have been approved (Constitutional Act 3 of 2001), and those which are being considered by Parliament, deal with the organisation (organs and procedures) of the Republic (the second part of the Constitution) and not with the fundamental principles, among which is regional pluralism. The model which has been followed until now is that of a unitary state which includes strong regional authorities. Constitutional revision underlines the area of autonomy and, some argue, tends to move towards a 'federalist approach.' The prospective constitutional reforms do not concern only the competences of the Regions but also tend to modify the institutional structure of the state and to grant the Regions participation in central powers. One of the two Houses of Parliament, the Senate of the Republic, would be transformed in its composition and functions so that it could grant a presence for the Regions. The Senate, as a Federal Senate of the Republic, would create a connection between the state and the Regions.

These changes are not the only ones that characterise the institutions in the present historical period. The European Union constitutes a new level of government and also changes the idea of a federal state. The transfer of state competences to the European Community modifies the relationship between the state and the Regions. It is significant that Article 117 of the Constitution considers specifically the restrictions deriving from Community law on the legislative powers of the state and the Regions. The principles of pluralism are expressed in new levels of government compared to the traditional nation state, and that in two directions—towards the bottom, with powers given to the Regions, and towards the top, with powers given to the European Union. The limit of both models is constituted by the 'unity and indivisibility' of the Republic, which is a supreme principle of the Italian Constitution.

# 15

# What British Devolutionaries Should Know about American Federalism

ERNEST A YOUNG*

Americans who know anything at all about the British Constitution generally *think* they know three things. Firstly, it is wrong to say that Britain has no Constitution; indeed, its 'unwritten constitution' has proven remarkably stable and changes only incrementally over periods of decades. Secondly, Britain is one of the world's most unitary states. There is no vertical division of power akin to American federalism; indeed, most Americans derived their most vivid impression of English willingness to tolerate regional autonomy from watching King Edward I have the Scottish revolutionary William Wallace (played by Mel Gibson) drawn and quartered at the end of the movie *Braveheart*. Finally, the British have no judicial review. In fact, the United Kingdom is the stock counter-example given by American constitutional law professors when, studying *Marbury v Madison*,[1] American law students find it difficult to imagine a civilised society in which courts lack power to strike down unconstitutional laws.

One can imagine, then, the surprise engendered by Britain's quiet constitutional revolution under the New Labour government of Tony Blair. The pace of change—both enacted and proposed—provides a bracing reminder of what parliamentary sovereignty may mean under the right circumstances.[2] Some of the most striking changes challenge Britain's vertical

* Judge Benjamin Harrison Powell Professor in Law, The University of Texas at Austin. This essay is based on remarks presented at a Symposium at University College, London on 7 November 2003. I am grateful to Basil Markesinis and UCL for the opportunity to participate; to Adam Tomkins for helpful comments on the draft; to Lisa Ewart for outstanding research assistance; and to Allegra Young, for, well, just about everything else.

[1] 5 US (1 Cranch) 137 (1803) (recognising that American courts have the power to invalidate federal statutes that they find to be inconsistent with the Constitution).

[2] See eg, R Hazell, 'Reinventing the Constitution: Can the State Survive?'(1999) *Public Law* 84 at 84–85 (noting that the first session of the Blair Parliament enacted 11 constitutional Bills, including not only devolution but also Acts on Britain's role in the European Union, electoral reform and human rights); N Walker, 'Beyond the Unitary Conception of the United Kingdom Constitution?' (2000) *Public Law* 384 at 386 (observing that New Labour's agenda of constitutional reform is 'unarguably more far-reaching than followed by any other government of the twentieth century').

unity from both above and below.[3] On the one hand, Britain has already ceded remarkable powers 'upward' to the European Union and may soon cede more if the proposed European 'Constitution' is adopted.[4] On the other, Britain's recent Devolution Acts have devolved meaningful legislative powers 'downward' to Scotland, Northern Ireland and (to a lesser extent) Wales; regional councils in England itself may soon follow.[5] Finally, these developments (as well as the new Human Rights Act 1998) have expanded the role of British courts reviewing legislation enacted both by Parliament and by the new regional institutions.[6]

Many of these developments—decentralisation of power, a code of individual rights—tend to make the United Kingdom look (at least a little) more like America. To that extent, American constitutional models may be increasingly relevant to developments in Britain.[7] To be sure, British devolution remains quite different from American federalism, and references to 'federalism' in the devolution context may make British lawyers just as uneasy as do references to a 'federal' European Union.[8] That said, Britain's new Devolution Acts 'are significantly closer to the federalist end of the continuum' than anything that came before them.[9]

[3] See generally D Jenkins, 'Both Ends Against the Middle: European Integration, Devolution, and the Sites of Sovereignty in the United Kingdom' (2002) 16 *Temple International and Comparative Law Journal* 1.

[4] See above at n 3. As my colleague Sandy Levinson notes in Chapter 12, calling the proposed new order a 'Constitution' is itself controversial, particularly in Britain.

[5] The Scotland Act 1998 is available at www.legislation.hmso.gov.uk/acts/acts1998/19980046.htm (last visited 1 February 2005); the Government of Wales Act 1998 may be found at www.hmso.gov.uk/acts/acts1998/19980038.htm (last visited 1 February 2005); and the Northern Ireland Act 1998 is at www.hmso.gov.uk/acts/acts1998/19980047.htm (last visited 29 December 2003). For a thorough analysis of Scottish devolution by an American academic, see C B Picker, '"A Light unto the Nations": The New British Federalism, the Scottish Parliament, and Constitutional Lessons for Multiethnic States' (2002) 77 *Tulane Law Review* 1. On proposals for the English regions, see Office of the Deputy Prime Minister, *Your Region, Your Choice* (2002) (White Paper) (available at www.odpm.gov.uk/stellent/groups/odpm_regions/documents/pdf/odpm_regions_pdf_607900.pdf.

To some extent, the British Constitution has been less unitary than is generally supposed for a very long time. The Union of Scotland Act 1706, for example, provided for retention of much of Scottish private law, preservation of the established Scottish Presbyterian Church and a separate system of Scottish courts. See P Jackson and P Leopold, *Constitutional and Administrative Law* (8th edn, 2001), para 2–003 at 17.

[6] See A Tomkins, *Public Law* (2003) 108 (discussing the impact of judicial enforcement of European law and the Human Rights Act 1998 on legislative supremacy in Britain).

[7] America's is not, of course, the only federal system available for comparison, and some scholars have looked to the experience of judicial review in devolved or federal systems in such places as South Africa, Australia and Canada. See eg, P Craig and M Walters, 'The Courts, Devolution and Judicial Review' (1999) *Public Law* 274 at 288–302. See also D McKay, *Designing Europe: Comparative Lessons from the Federal Experience* (2001) (considering the United States as just one of several relevant federal models for Europeans).

[8] See S Gardbaum, 'Rethinking Constitutional Federalism' (1996) 74 *Texas Law Review* 795 at 831 n 140 (recounting how British negotiators rejected the use of 'the F word' in the Maastricht Treaty).

[9] Walker, above n 2 at 396.

In any event, my purpose in this chapter is emphatically *not* to push American 'answers' to British dilemmas. Comparative lawyers have always laboured in the shadow of a serious debate about the extent to which 'lessons' may be extracted from one legal system and brought to bear in another. These concerns reach a maximum in the area of government structure; structural principles, as Vicki Jackson has observed, tend to be 'package deals' in which the effects of any given building block are heavily dependent on the institutional context in which it operates.[10] And the institutional context in Britain is particularly difficult to assess because, as Robert Hazell has observed, '[d]evolution has certainly not reached a steady state, and the dynamic continues to unfold.'[11]

I want to acknowledge right at the outset that American federalism may or may not be a useful model for British devolutionaries. My primary interest is in ensuring that, to the extent that British devolutionaries *do* look to America, they understand how American federalism actually works. I will also suggest some aspects of the American experience that may be relevant to the British devolutionary project. These aspects mainly take the form of 'cautionary tales'—that is, American *mistakes* that Britain may wish to avoid, rather than 'lessons' that Britain should emulate.[12] In any event, I will leave it up to experts in the British system to figure out the usefulness of those experiences and how they might be applied here in the United Kingdom.

This chapter focuses on two elements of constitutional structure. The first is *entrenchment*, that is, the extent to which the structure of government may not be altered through ordinary political processes. I have in mind Professor Oliver's distinction between 'political' and 'law-based' Constitutions; the former may be changed by ordinary legislative act, while the latter requires an extraordinary act, such as overcoming the multiple supermajority hurdles in the US Constitution's procedures for formal amendment.[13] My point here is that the American and British systems are not so different in this regard as is commonly supposed. In many ways, the

[10] V C Jackson, 'Narratives of Federalism: Of Continuities and Comparative Constitutional Experience' (2001) 51 *Duke Law Journal* 223 at 273–74. Daniel Halberstam, for example, has written an excellent piece demonstrating how the use of sub-national institutions to implement national law—known as 'commandeering' in America, see *Printz v United States*, 521 US 898 (1997)—may have quite different effects in the United States than it does in the EU or in Germany, due to important differences in the surrounding institutional context. See D Halberstam, 'Comparative Federalism and the Issue of Commandeering' in K Nicolaidis and R Howse (eds), *The Federal Vision: Legitimacy and Levels of Governance in the United States and the European Union* (2001) 213.

[11] R Hazell, 'Introduction: The Dynamism of Devolution in its Third Year' in Robert Hazell (ed), *The State of the Nations 2003: The Third Year of Devolution in the United Kingdom* (2003) 1.

[12] For a similar approach to American 'lessons' for the European Union, see E A Young, 'Protecting Member State Autonomy in the European Union: Some Cautionary Tales from American Federalism' (2002) 77 *New York University Law Review* 1612.

[13] See Dawn Oliver in Chapter 3 'Regionalism in a Political Constitution: The United Kingdom Experience'.

most important structures of American federalism are no more 'entrenched' than the provisions of the British devolution acts.

The second element concerns the role of courts in enforcing vertical allocations of authority between the national government and its sub-national units. The British literature on devolution displays a widespread assumption that courts will naturally play a primary role in enforcing the scope and limits of devolved powers. In America, however, judicial involvement in similar disputes remains deeply controversial. When American courts *have* gotten involved, they have often failed to develop viable principles for separating national and sub-national authority; these failures may be instructive in assessing the prospects for judicial review of devolution issues in the United Kingdom. Finally, I argue that the most important form of judicial review of federalism issues in the United States involves the interpretation of *statutes*, not the more overtly 'constitutional' issues generally studied in American courses on Constitutional Law. That suggests that British courts should focus on developing tools of statutory construction that reinforce the vertical division of power reflected in the Devolution Acts; it also militates against efforts in the United Kingdom to create special procedures for interpreting foundational 'devolution issues' apart from the interpretation of ordinary legislation. At the end of the day, the latter class of cases may hold the key to successful devolution in Britain just as it does in America.

## I. Entrenchment

We might think of a 'Constitution' in at least two distinct senses: the first is that a Constitution *constitutes* a government, that is, it establishes the government's component institutions, allocates powers and responsibilities to those institutions and sets out the basic rules by which they will operate. This is the sense most familiar to British lawyers; one prominent treatise states, for example, that:

> [t]he constitution of a state in the abstract sense is the system of laws, customs and conventions which define the composition and powers of organs of the state, and regulate the relations of the various state organs to one another and to the private citizen.[14]

As the authors' reference to a 'system of laws, customs and conventions' suggests, Britain plainly *has* a Constitution in this sense, albeit not centralised in a single document. And we can usefully think of the Devolution Acts as forming the critical 'constitutional' components of Britain's vertical allocation of authority between the nation and the regions.

[14] Jackson and Leopold, above n 5 at 5. See also Ivor Jennings, *The Law and the Constitution* (5th edn, 1959) 36 (stating that the purpose of a Constitution is to set out 'rules determining the creation and operation of governmental institutions').

The second sense has to do with the difficulty of changing a state's constitutive arrangements. The American view is that constitutions are necessarily entrenched and hard to alter; as two leading scholars put it:

> [c]onstitutionalism hinges upon a distinction between the procedures governing ordinary legislation and the more onerous procedural hurdles that must be overcome in order to recast the ground rules of political life.[15]

In this sense:

> the United Kingdom certainly does not have a constitution, for there are no constitutional rules that are differentiated from other areas of law, [and] there are no laws that cannot be changed or abandoned by a simple majority vote in Parliament.[16]

The Devolution Acts are no exception. At least in theory, they could be repealed tomorrow.[17]

This second aspect of Constitutions—entrenchment—is often considered critical in discussions of federalism.[18] The influential diatribe against federalism by Edward Rubin and Malcolm Feeley, for example, begins by distinguishing that concept from mere 'decentralisation,' which they define as the policy decision to devolve particular governmental functions to subunits while leaving the centre with authority to redefine that relationship at its pleasure.[19] Comparisons between American federalism and British devolution are thus likely to begin by noting, as a fundamental difference, that the former is constitutionally entrenched.[20] The Devolution Acts are 'constitutional' in the first, constitutive sense discussed earlier—much as

[15] S Holmes and C R Sunstein, 'The Politics of Constitutional Revision in Eastern Europe' in Sanford Levinson (ed), *Responding to Imperfection: The Theory and Practice of Constitutional Amendment* (1995) 275.

[16] D W Vick, 'The Human Rights Act and the British Constitution' (2002) 37 *Texas International Law Journal* 329 at 332.

[17] See Hazell, above n 2 at 92 ('In the United Kingdom Westminster can unilaterally rewrite the constitution of the devolved nations as it did when it abolished the Stormont Parliament in 1972.'). Parliament has, in fact, suspended the devolved institutions of Northern Ireland four times in three years, although for reasons that are probably unique to the political situation there. See Hazell, above n 11 at 1.

[18] See eg, M Burgess, 'Federalism and Federation in Western Europe' in Michael Burgess (ed), *Federalism and Federation in Western Europe* (1986) 15, 19 (defining 'federation' as involving 'constitutional entrenchment' of the role of a union's constituent units); Walker, above n 2 at 394.

[19] See E L Rubin and M Feeley, 'Federalism: Some Notes on a National Neurosis' (1994) 41 *UCLA Law Review* 903 at 911–12. Professors Rubin and Feeley take the extreme position that federalism lacks any unique normative value in comparison with decentralisation, an argument that has been ably refuted elsewhere. See eg, V C Jackson, 'Federalism and the Uses and Limits of Law: Printz and Principle?' (1998) 111 *Harvard Law Review* 218 at 221–23. Some commentators have defined 'decentralisation' even more narrowly to connote exercise of governmental power by officers *of the central authority* who are simply located in particular regions of the nation. See Jackson and Leopold, above n 5 at 83.

[20] See eg, Jackson and Leopold, above n 5 at 83 (distinguishing devolution in Britain from federalism on precisely this ground).

other foundational statutes, such as the reform bills of the nineteenth century or the Human Rights Act 1998 are constitutive of British government—but they are not fundamental law in terms of their institutional resistance to change. Professor Oliver's insightful contribution (Chapter 3) highlights this distinction, characterising Britain's constitutive arrangements as a 'political Constitution,' that is, subject to alteration by ordinary political processes, and America's as 'law-based,' binding on all current political actors absent amendment through an extraordinary and onerous process.[21] Adam Tomkins defines 'political' Constitutions in a somewhat different but related sense as Constitutions:

> in which those who exercise political power… are held to constitutional account through political means, and through political institutions.[22]

On this view, a federal order is 'political' rather than 'legal' to the extent that it is enforced through political processes rather than judicial action.

One might also note a similar contrast in terms of the *origins* of governmental power. Just as a constitutionally-entrenched federal system forecloses the US Congress from abolishing the 50 state governments, so too those governments derive their authority in the first instance from their own state Constitutions rather than from any Congressional grant.[23] It is thus possible to speak of the American states as 'sovereign' to the extent that they exercise authority delegated directly from the sovereign people; as Justice Anthony Kennedy has famously observed, our 'Framers split the atom of sovereignty.'[24] Most commentators seem to agree, by contrast, that devolution has not compromised the basic sovereignty of Parliament; the British regions exercise powers arising in and delegated by Westminster. Much as God began by stating, 'Let there be light,' the Scotland Act 1998 begins by announcing, 'There shall be a Scottish Parliament.'[25] Consequently, as Neil MacCormick has explained:

> any legislative powers exercisable by the Scottish Parliament … are to be delegated powers. All their authority in law will derive from the ultimate root in the grant of powers from the purportedly sovereign authority of the United Kingdom, the Crown in Parliament.[26]

[21] See Dawn Oliver in Chapter 3.

[22] Tomkins, above n 6 at 18.

[23] See Rubin and Feeley, above n 19 at 911 (noting that 'in a federal system'—as opposed to a merely 'decentralised' one—'leaders of the subordinate units draw their power from sources independent of … central authority').

[24] *US Term Limits, Inc v Thornton*, 514 US 779, 838 (1995) (Kennedy J, concurring). For a good discussion of the American Founders' views on sovereignty, see generally G Wood, *The Creation of the American Republic, 1776–1787* (1969).

[25] Scotland Act 1998 s 1; see also Jenkins, above n 3 at 19 (noting that because 'all power that the Scottish Parliament wields flows downward from the Westminster Parliament,' the Scottish Parliament 'possesses no independent sovereign authority').

[26] N MacCormick, 'Sovereignty or Subsidiarity? Some Comments on Scottish Devolution' in A Tomkins (ed), *Devolution and the British Constitution* (1998) 1, 8.

I want to argue in this chapter that the importance of these differences between Britain and America is more apparent than real. This is *not* because the Devolution Acts in the United Kingdom are in fact politically irreversible, as some have argued.[27] Perhaps they are, perhaps they are not; as an outsider looking in on British debates, I am not really in a position to speak to that. I also do not want to deny the importance of entrenchment as an issue in institutional design. Many scholars have discussed the benefits that a political community may garner by entrenching at least some of its ground rules.[28] Samuel Issacharoff, for example, has noted that entrenchment of structural rules in advance of particular controversies helps 'assur[e] that these will not be "gamed" by momentary majorities attempting to lock themselves in power.'[29]

My point, rather, is that American federalism is a lot less constitutionally entrenched than is often thought. At the end of the day, on the issues that matter, America's constitutional structure is just about as 'political' as Britain's. This is true in both Professor Oliver's and Professor Tomkins's senses: the most practically-important aspects of modern American federalism are *not* entrenched, and the federal balance is enforced primarily through political processes rather than by courts. The critical issues in American federalism thus have to do with the institutional dynamics through which political debates concerning the vertical allocation of power are played out. To the extent that Britain's political Constitution is likely to face similar issues, America may be a more relevant example than many people might think.

## A. The Statutory Constitution of American Federalism

American jurisprudence is in the midst of what some have called a 'federalist revival.'[30] For a decade now, the Supreme Court under the leadership of Chief Justice William Rehnquist has been seeking to reinvigorate constitutional protections for state autonomy under the US Constitution. This effort comes after approximately half a century during which the Court was willing to leave the vertical allocation of power between the nation and the states

[27] See eg, M Burgess, 'Constitutional Change in the United Kingdom: New Model or Mere Respray?' (1999) 40 *South Texas Law Review* 715 at 735 (suggesting that 'the use of referendums [to approve devolution] has probably cemented the changes so that a future government hostile to the new constitutional framework would in practice be unable to repeal it'); Hazell, above n 2 at 86 (arguing that 'these are irreversible changes' for political reasons); Jenkins, above n 3 at 5.

[28] See eg, J Ferejohn and L Sager, 'Commitment and Constitutionalism' (2003) 81 *Texas Law Review* 1929.

[29] S Issacharoff, 'The Enabling Role of Democratic Constitutionalism: Fixed Rules and Some Implications for Contested Presidential Elections' (2003) 81 *Texas Law Review* 1985 at 1997.

[30] See Jackson, above n 19 at 2213.

largely in the hands of politics. One might thus see the Court's project as an effort to move back from a political Constitution to an entrenched one.

To my mind, however, this 'federalist revival' primarily demonstrates the extent to which federalism remains an unentrenched product of political and institutional forces. Consider the three most salient aspects of the Court's new jurisprudence. The most dramatic step in that effort came in *United States v Lopez*,[31] which struck down an act of Congress on the ground that it exceeded Congress's power to regulate interstate commerce—the great 'catch-all' legislative power in Article I—for the first time since 1937. Much attention has likewise focused on a pair of cases holding that Congress may not 'commandeer' state legislatures and executive officials by requiring them to implement federal policy.[32] Finally, the Court's most thorough-going efforts have focused on expanding the states' sovereign immunity from damages liability under federal statutes.[33]

These decisions are important for a number of reasons. They stand as symbolic reaffirmations of limits on federal power that may encourage Congress to exercise restraint on its own behalf. They have revived interest in federalism in the legal academy. And they recommit the Court, after a half-century hiatus, to the important project of making federalism doctrine.[34] What I want to insist on, however, is that if we look to these decisions to see how American federalism is actually ordered, we are looking in the wrong place. Both the Commerce Clause and commandeering cases operate at the margins, leaving an extremely wide scope to Congressional action.[35] The sovereign immunity decisions operate more broadly, but they simply restrict one particular remedy—damages liability—while leaving the states both *bound* by federal law and subject to its enforcement through prospective relief and/or damages suits against individual officers.[36] All of these limits on federal power, moreover, are readily circumvented by imposing conditions on the use of financial grants from the federal government to the states.[37] At the end of the day, then, these constitutional doctrines represent important principles, but their practical importance is relatively small.

The real action in American federalism is in statutes. The United States Code is full of big framework federal statutes that regulate entire fields of

[31] 514 US 549 (1995).

[32] See *New York v United States*, 505 US 144 (1992); *Printz v United States*, 521 US 898 (1997).

[33] See eg, *Seminole Tribe of Florida v Florida*, 517 US 44 (1996); *Alden v Maine*, 527 US 706 (1999); *Board of Trustees of the University of Alabama v Garrett*, 531 US 356 (2001).

[34] See generally E A Young, '*The Rehnquist Court's Two Federalisms*' (2004) 83 *Texas Law Review* 1.

[35] I develop this assessment in somewhat more detail in E A Young, 'Is the Sky Falling on the Federal Government? State Sovereign Immunity, the Section Five Power and the Federal Balance' (2003) 81 *Texas Law Review* 1551 at 1590 (book review).

[36] *Ibid* at 1560–66.

[37] See generally L A Baker, 'Conditional Federal Spending After Lopez' (1995) 95 *Columbia Law Review* 1911.

American life and, in the process, allocate authority between national and state institutions. Consider, for example, the Clean Air Act, enacted in 1963 to address various forms of air pollution.[38] The Act comprehensively addresses many forms of what would have been considered 'local' activity in the nineteenth century. Even in a post-*Lopez* world, the question is not what forms of pollution-generating activity Congress *can* address under the Commerce Clause—the answer is virtually *all* of them—but rather what forms of such activity Congress *has* addressed in the statute.

Likewise, the Clean Air Act demonstrates the practical irrelevance of *Printz*'s prohibition on mandatory commandeering. Most national environmental laws have long been implemented primarily by state governments, with Washington setting basic policy goals and overseeing implementation by local authorities.[39] Through a combination of carrots (federal funding) and sticks (the threat of federal implementation if the states should refuse), Congress has been able to induce the states to cooperate voluntarily even though they could not be forced to do so. The constitutional limit on mandatory commandeering may, of course, affect the intergovernmental bargains that are struck;[40] my point is simply that in order to understand the way federalism works in practice, one must look at the statutes and implementing regulations at both the state and federal levels. Environmental statutes like the Clean Air Act also illustrate another point of similarity to the British devolutionary arrangements: in this important area (and many others),[41] state governments exercise what are essentially *delegated* powers, bestowed upon them by Congress in much the same way that Parliament has delegated legislative authority to Scotland.

The saga of local telephone regulation provides another vivid illustration of statutory accommodations superseding constitutional rules. In 1914, the Supreme Court decided the *Shreveport Rate* cases,[42] which held that Congress may regulate *intra*state transactions (railroad rates between

38 42 USC § 7401 *et seq.*

39 See generally J P Dwyer, 'The Role of State Law in an Era of Federal Preemption: Lessons from Environmental Regulation' (1997) 60 *Law and Contemporary Problems* 203.

40 See generally R M Hills, Jr, 'The Political Economy of Cooperative Federalism: Why State Autonomy Makes Sense and "Dual Sovereignty" Doesn't' (1998) 96 *Michigan Law Review* 813 (arguing that the bargains struck will be more efficient if Congress cannot compel state participation).

41 See eg, J A Gardner, 'State Constitutional Rights as Resistance to National Power: Toward a Functional Theory of State Constitutions' (2003) 91 *Geography Law Journal* 1003 at 1025–26 ('All of the largest and most costly nonmilitary domestic national programs—social security, welfare, food stamps, and so on—delegate much of the responsibility for the day-to-day operation of the programs to the states. State responsibility for these programs may include setting eligibility requirements, determining benefit levels, or enforcing compliance with programmatic requirements, functions that require the exercise of a significant amount of official discretion.'). It would be a mistake to distinguish too sharply between these 'implementation' powers and ordinary legislation; much of the debate over welfare reform in the 1990s, for example, centered on eligibility requirements and benefit levels.

42 234 US 342 (1914).

two points within Texas) where such regulation is necessary to facilitate regulation of *inter*state transactions (railroad rates for travel between Texas and Louisiana). In drafting the Federal Communications Act just a few years later, Congress was concerned that the Court might interpret the *Shreveport Rate* cases to allow the new Federal Communications Commission (FCC) to extend its authority from interstate telephone calls to the local telephone market. Congress thus decided to codify within the Act a division of labour between the FCC and the state utility commissions that limited federal authority more strictly than the Constitution itself did.[43] That statutory provision then determined the federal-state allocation of authority until Congress changed the scheme in 1996, leading to a new (and somewhat more national) allocation.[44] The important point is that the 'law-based' Constitution had relatively little to do with the actual division of authority throughout this period.

A final example concerns the Employee Retirement Income Security Act (ERISA), which pervasively regulates private employee benefit plans within the United States.[45] Because employee benefit plans cover things like health insurance, ERISA lies at the heart of important public policy debates over issues such as the regulation of managed healthcare and health maintenance organisations.[46] The extent to which such issues will be decided at the state or national level depends not on the Commerce Clause or some other provision in the Constitution itself, but rather on the scope of ERISA's pre-emption clauses, which broadly oust state authority in some areas but purport to preserve it in others.[47] Indeed, the number of cases over the past eight years in which the Supreme Court has construed the pre-emption provisions in ERISA alone outstrips the total number of cases assessing the limits of the Commerce Clause.[48]

These are just a few examples of the kinds of laws that actually order American federalism in its day-to-day workings. None of them is constitutionally entrenched. The structure can be changed by ordinary majority

[43] See 47 USC § 152(b) (providing that, with certain exceptions: 'nothing in this chapter shall be construed to apply or to give the Commission jurisdiction with respect to ... charges, classifications, practices, services, facilities, or regulations for or in connection with intrastate communication service').

[44] See *AT&T Corp v Iowa Utilities Bd*, 525 US 366 (1999) (construing various provisions of the Telecommunications Act 1996, Pub L 104–104, 110 Stat 56).

[45] 29 USC § 1001 *et seq.*

[46] See eg, *Rush Prudential HMO, Inc v Moran*, 536 US 355 (2002) (considering whether ERISA pre-empts state laws providing for independent medical review of denials of benefits by health maintenance organisations).

[47] 29 USC §§ 1144(a) and (b).

[48] In the eight years since 1995—when the Supreme Court decided *Lopez* under the Commerce Clause—the Court has only rendered one additional decision construing the limits of Congress's commerce power. Two others have construed federal statutes narrowly to avoid Commerce Clause problems. In the same period, the Court has decided eight pre-emption cases under ERISA alone, not to mention pre-emption cases under other federal statutes.

vote—as I have noted, the 1996 Telecom Act did just that, changing an earlier allocation of authority that had stood for half a century. America's most important federal arrangements are thus 'political' in Professor Oliver's sense: Congress *does* have the power radically to shift the balance of power between the national government and the states, just as the British Parliament retains the power, under the doctrine of parliamentary sovereignty, to alter the new rules of devolution. It follows that much of the responsibility for preserving American federalism falls to Congress and the Executive, in the design and implementation of these statutory and administrative arrangements. That is not to say that the courts have little role to play; rather, as I discuss below, the judicial role figures most importantly in the interpretation of these non-entrenched arrangements rather than through enforcement of entrenched constitutional norms.

### B. Some Dynamics of Political Constitutions

Acknowledging both the American and British constitutional structures as 'political' naturally raises the question whether those structures may not be too easy to alter. Adam Tomkins has observed that 'all successful constitutions' must 'achieve a certain balance between continuity and change,'[49] and the American tradition in particular has emphasised the need to insulate constitutional issues from short-term political pressures.[50] If, for instance, we are committed to some sort of vertical balance between the components of a federal system, then it is worth asking how political Constitutions preserve that balance despite eschewing constitutional entrenchment.

In America, debate about this issue has generally focused on Herbert Wechsler's 'the political safeguards of federalism.'[51] The notion, which actually dates back to James Madison and John Marshall,[52] is that our Constitution primarily protects federalism indirectly: rather than entrenching a rigid allocation of authority directly, the Constitution entrenches rules for representation and procedures for law-making. Those rules and procedures then create a political dynamic that, in turn, protects federalism and

[49] Tomkins, above n 6 at 15.
[50] See eg, L H Tribe in *American Constitutional Law* (3rd edn, 2000) vol 1, para 1–8 at 23 (comparing constitutionalism to the story of Ulysses and the Sirens).
[51] See H Wechsler, 'The Political Safeguards of Federalism: The Role of the States in the Composition and Selection of the National Government' (1954) 54 *Columbia Law Review* 543. For a taste of the current American debate, compare L Kramer, 'Putting the Politics Back into the Political Safeguards of Federalism' (2000) 100 *Columbia Law Review* 215 (critiquing and attempting to rehabilitate Wechsler's argument) with S B Prakash and J C Yoo, 'The Puzzling Persistence of Process-based Federalism Theories' (2001) 79 *Texas Law Review* 1459 (rejecting Wechsler's view altogether) and L A Baker, 'Putting the Safeguards Back into the Political Safeguards of Federalism' (2001) 46 *Villanova Law Review* 951 (refuting Kramer).
[52] See *The Federalist* Nos 45 and 46, at 308, 315 in J E Cooke (ed) (1961) (James Madison); *Gibbons v Ogden*, 22 US (9 Wheat) 1, 197 (1824) (Marshall, CJ).

other fundamental structural values. As I discuss further below, there is a place for judicial review in this system, but it is not the *primary* instrument for holding the structure in balance.

Some of the most critical aspects of American federalism, then, are the political and institutional checks that act as brakes on tendencies to aggrandise either the centre or the periphery. As Justice Blackmun famously observed, 'the composition of the Federal Government was designed in large part to protect the states from overreaching by Congress.'[53] Most commentators and judges have focused on the representation of the states in the national legislature. This representation is strengthened (at least somewhat) by the role of political parties, which tend to tie the fortunes of politicians together across jurisdictional lines, thereby giving national representatives a stake in protecting the interests of their colleagues at the state level.[54] Finally, the most important aspect of the system may be not so much the representation of state interests but simply the burdens of inertia that pervade the national law-making process. To the extent that bicameralism and presidential vetoes (as well as less formal institutional structures like the committee system and the filibuster) render federal law difficult to make, there will be more room for innovation at the state level.[55]

None of these political and institutional safeguards are perfect. Members of Congress often have incentives that render them rivals rather than allies of state and local politicians. Political parties can suppress state interests as well as protect them. And burdens of inertia can be circumvented (eg, by delegating law-making authority to more efficient administrative agencies) or simply overcome. But these institutional mechanisms likely account for the continued health of the American federal system far more than do the hard-wired, but relatively expansive, substantive limits on national authority. For that reason, it may well be possible to draw helpful comparisons between the political and institutional components of American federalism and their nascent counterparts in the United Kingdom.

## C. THE 'POLITICAL SAFEGUARDS' OF BRITISH FEDERALISM

I can only attempt a preliminary sketch here of what such a comparison might address. Even on first glance, however, there is reason to believe that none of these 'political safeguards' are likely to function as strongly in the United Kingdom. The first point is that only some Members of Parliament represent autonomous regions; at least for now, the Members from

[53] *Garcia v San Antonio Metropolitan Transit Authority*, 469 US 528, 550–51 (1985).
[54] See Kramer, above n 51 at 278–87.
[55] See B R Clark, 'Separation of Powers as a Safeguard of Federalism' (2001) 79 *Texas Law Review* 1321.

England do not. That means that only a minority of the Parliament has any direct stake in maintaining regional autonomy. Moreover, as long as Parliament has no regional governments to defer to for most of the country, it will have no occasion to develop norms that certain policy areas—such as public education or family law in America—are generally not national issues. Although such norms have always been permeable and are probably weaker now in American politics than 50 years ago, *some* expectation that sub-national units will handle certain sets of issues is probably an important component of a lasting decentralised structure.[56]

Second, political parties seem likely to be less protective of regional institutions in the United Kingdom than they are of the states in the United States. The argument that such parties protect federalism depends to some extent on a lack of party discipline—that is, that national representatives will sometimes listen to their colleagues back home, in the regional and local wings of the party, more than they heed the directive of party leaders at the centre. Where discipline is strong, parties can undermine local autonomy: in 2003, for example, the national Republican Party leadership prevailed on the state Republican Party in Texas to make an all-out push for redrawing federal congressional districts, an initiative that helped the party nationally but may have undermined the state party's ability to push other agenda items in the legislature.[57] To the extent that British parties tend to have much greater discipline than their American counterparts, then, we might hypothesise that parties are likely to be more a tool of the centre than a means by which the periphery secures representation.

A related point concerns the conjunction of political forces that has given rise to British devolution. To a large extent, regionalism in Britain seems to have flourished as a consequence of Labour Party domination of both Westminster and Edinburgh, and the regional governments in both Scotland and Wales are likely to be relatively pro-Labour governments long after Tony Blair's national majority is gone.[58] In those circumstances, the Conservative Party may see little reason to maintain Labour's commitment

[56] Compare Wechsler, above n 51 at 544–45 (arguing, in the 1950s, that such norms provided a critical protection for the states) with Kramer, above note 51 at 220–21 (arguing that these norms have deteriorated significantly in the intervening half century).

[57] See eg, L Copelin and M Kay, 'D.C. Keeps Eye on Special Session,' *Austin American-Statesman*, 19 June 2003 (available at www.statesman.com/legislature/content/coxnet/texas/legislature/0603/0619perry.html) (describing pressure on Texas state officials from House Majority Leader Tom Delay and presidential advisor Karl Rove to convene a contentious special legislative session to redraw federal House districts, in order to help Republican party fortunes in Congress); D Harmon, 'Representatives Seek Senate's Help for Threatened Bills,' *Austin American-Statesman*, 14 May 2003 (available at www.statesman.com/hp/content/coxnet/texas/legislature/0503/0515deadbills.html) (describing how the attempt to push redistricting legislation through the state legislature, at the behest of federal officials, endangered important state legislation).

[58] Party politics in the regional capitols is more complex than in Westminster, however, due to the use of proportional representation. As a result, all three devolved assemblies produced

to regionalism. It may be that devolution will endure only if *both* parties are given a stake in it, perhaps by extending it to portions of England offering some hope of producing Tory governments at the regional level.

The most important considerations, however, have to do with governmental inertia. I have already suggested that the most important aspect of American federalism may simply be the institutional mechanisms that tend to make law-making difficult at the national level. The British parliamentary system, by contrast, generally seems to make it easier for Westminster to act than it is for Washington. Adam Tomkins concludes, for example, that:

> [a]s the government of the day is composed from the political party with an overall majority of seats in the House of Commons, and as most politicians are generally loyal to their party, government does not find it difficult to persuade Parliament to confer on it even the most draconian and illiberal powers.[59]

In areas of concurrent authority, then, we might expect national legislation to crowd out regional initiatives to a somewhat greater extent than in the United States.

Finally, legislative inertia is not so impressive a protection for the regions if the starting point is unitary government. In the United States, the original position was that the states did almost everything. Slowly, the national government moved into a wide variety of areas, but each time it did so it had to overcome substantial burdens of inertia. The result is that, to this day, large reservoirs of state autonomy remain for the simple reason that the national government has never gotten around to invading them. British regionalism, on the other hand, begins from a centuries-old tradition of unitary government. For this reason, legislative inertia may work primarily to maintain central power. The Scottish Parliament has power to modify national legislation when acting within its devolved powers, but much will depend on the ease with which Scottish institutions can act and the inertial barriers confronting Parliament when it wishes to override regional initiatives.[60]

There are, however, countervailing factors that may give regionalism some political advantages in the United Kingdom that it lacks in the United States. Federalism's American critics, for example, have made much of the decline of distinctive state identities: why worry about state autonomy, they ask, when there is a Starbuck's on every corner whether you are in Seattle

governing coalitions uniting Labour with various regional parties. See R Hazell, 'Conclusion: The Devolution Scorecard as the Devolved Assemblies Head for the Polls' in *The State of the Nations 2003*, above n 11 at 285, 286. But it seems safe to say that the devolved regions are considerably less likely than England to vote Tory.

[59] See Tomkins, above n 6 at 80.

[60] See generally C T Reid, 'The Limits of Devolved Legislative Power: Subordinate Legislation in Scotland' (2003) 24 *Statute Law Review* 187 (discussing the ability of the Scottish Executive to act through subordinate legislation and the mechanisms in Westminster for supervision of regional action).

or Austin?[61] My own view—as a Texan, after all—is that state identities remain meaningful in the United States, but surely Scotland, Wales and Northern Ireland offer even more profound regional identities as a basis for popular loyalty.[62] To the extent that cultural realities shape political structures, these centuries-old allegiances may help buttress even minimal institutional protections for regional autonomy. Perhaps most important, distinctive regional identities have given rise to distinctive political parties dedicated to regional autonomy, including the Scottish National Party, Plaid Cymru in Wales and Sinn Fein in Northern Ireland. Although these parties lack a presence in the Westminster Parliament itself, they may nonetheless play a more indirect role in facilitating political checks on central authority.

The ability of the British regions to make credible threats of secession may also buttress devolution.[63] The secession issue in the United States was settled with some finality at Appomattox,[64] and it is hard for an outsider to assess whether Scottish threats to leave the United Kingdom are, in fact, credible. But a seceding Scotland might well find its security guaranteed by NATO and its trade links maintained by membership in the European Union; under those circumstances, secession surely seems more thinkable than it might have been a century ago.[65] To the extent that secession *is* credible, the regions may well have greater bargaining power with Westminster than an American state would have in dealing with Washington.

Maybe these sorts of factors are why so many British commentators seem to think devolution is politically irreversible. But I would think that the real question is not whether devolution will be repealed wholesale but whether the ordinary course of politics at Westminster will tend to encroach on the sphere of regional autonomy at the margins.[66] On that sort of marginal question, it is hard to know how much influence these

[61] See eg, E L Rubin, 'Puppy Federalism and the Blessings of America' (2001) 574 *Annals American Academy of Political and Social Science* 37 at 45–46.
[62] See eg, N MacCormick, above n 26 at 10 (citing: 'the continued existence [in Scotland] of a popular consciousness of a national identity based in the historical constitutional tradition and in the attachment to the civic institutions and traditions that continued despite union with England').
[63] See Jackson and Leopold, above n 5 at 108 (commenting that '[d]evolution for Scotland and to a lesser extent for Wales, was in part to prevent demands for separatism and to preserve the Union'). On the issue of secession generally, see my colleague Sandy Levinson in Chapter 12 'Is Secession the Achilles Heel of "Strong" Federalism'.
[64] See eg, 'Introduction: A Statement of Principles' in *Twelve Southerners, I'll Take My Stand: The South and the Agrarian Tradition* (1930, 3rd edn, 1977) (1930) xxxviii ('Nobody now proposes for the South, or for any other community in this country, an independent political destiny. That idea is thought to have been finished in 1865').
[65] See eg 'When Small is Beautiful,' *Economist*, 18 December 2003 ('Small countries that may not be viable in a world of trade restrictions can prosper when trade is liberal and markets are open.'); MacCormick, above n 26 at 5 (observing that the Scottish National Party now frames secession proposals 'within membership of the European Community').
[66] See L H Tribe, *American Constitutional Law* (2nd edn, 1988) para 5–20 at 381 (warning against 'the tyranny of small decisions .... the prospect that Congress will nibble away at state sovereignty bit by bit, until some day essentially nothing is left but a gutted shell').

sorts of macropolitical factors—identity, secession—will have. My suggestion, for what it is worth, is that the United Kingdom needs to keep thinking about how to buttress political and institutional checks on central authority, the kind that operate on a day-to-day basis, to preserve what the Devolution Acts are trying to accomplish.

## II. Judicial Enforcement

One way to maintain an allocation of power between Westminster and Edinburgh or Belfast or Cardiff is to enforce the boundaries through courts. Although the Devolution Acts provide certain non-judicial mechanisms for dispute resolution,[67] much of the literature on British devolution almost seems to take for granted that the judiciary will have to be the primary institution resolving boundary disputes between the regions and the centre. Timothy Jones, for example, asserted early on that:

> [i]f powers are to be distributed between two legislatures (Edinburgh and Westminster), a legal line of demarcation must be drawn, which inevitably means litigation and a role for the courts.[68]

We do *not* take a judicial role for granted in America: a serious and widely-subscribed school of thought maintains that federalism disputes should be settled exclusively through the political process, and that courts should generally refuse to intervene in such matters.[69]

The contrast is striking: in the country in which judicial review has been established for two centuries, the use of that institutional device to settle what has been called 'the oldest question of constitutional law'[70]—the boundary between national and state authority—is subject to serious dis-

[67] See eg, Scotland Act 1998 s 31 (requiring that the Scottish Executive and the Presiding Officer of the Parliament must certify when a Bill is introduced that it is within the Parliament's powers); *ibid*, s 35 (providing that the Secretary of State may prevent submission of legislation for Royal Assent if he doubts that it falls within the Scottish Parliament's competence); see also Craig and Walters, above n 7 at 284–85 (describing mechanisms for political challenges to the competence of the Scottish Parliament); Reid, above n 60 at 190–91 (describing mechanisms for cooperation between UK and regional authorities).

[68] T H Jones, 'Scottish Devolution and Demarcation Disputes' (1997) *Public Law* 283; see also Hazell, above n 2 at 93 (noting that '[t]he courts will play a central part in shaping the new constitutional settlement'); Craig and Walters, above n 7 at 289 ('[A]ny division of legislative power will raise certain fundamental issues which must be resolved by the courts and which will shape the entire nature of that division of authority.'); A Tomkins, 'Devolution: A Constitutional Imperative?' in A Tomkins (ed), *Devolution and the British Constitution* (1998) 89, 110 (predicting, prior to enactment of the Devolution Acts, that 'no matter how the legislation is drafted, [the question whether the devolved governments have acted within their proper authority] will ultimately be an issue primarily for the courts').

[69] See eg, *United States v Morrison*, 529 US 598, 649 (2000) (Souter J, dissenting) (arguing that judicial review of federalism issues is inappropriate because 'the Constitution remits them to politics').

[70] *New York v United States*, 505 US 144, 149 (1992).

pute.[71] On the other hand, the country just recently acquiring a practice of constitutional judicial review seems enthusiastic about asking courts to resolve such disputes. One might be tempted to say that judicial review of federalism issues *seems* sensible but long and painful experience in the United States proves the contrary; British courts are looking to jump into the breach out of naïve enthusiasm for their new-found authority.

I think this conclusion would be far too facile, however. Judicial intervention on behalf of state autonomy has become controversial in the United States on account of both our country's unique history of slavery and segregation, which called the slogan of 'states' rights' into disrepute, and the use of federalism doctrine as one tool to block economic regulation prior to 1937.[72] If anything, I think those experiences have obscured the basic necessity for some sort of judicial review in this area. The facts that most federal systems around the world envision a boundary-policing role for courts, and that emerging and nascent federal systems like the European Union and Britain under devolution virtually take such a role for granted, ought to give pause to American commentators who think such a suggestion ridiculous.[73]

At the same time, however, American debates over the propriety and scope of judicial review in federalism situations may be useful as Europeans try to establish exactly what role courts should play. To be sure, the Devolution Acts themselves explicitly authorise judicial review of devolution issues in a way that the US Constitution does not.[74] But to say that devolution issues are justiciable hardly settles such central questions as the amount of deference that courts should afford to determinations of competence by political actors. On these sorts of questions, as Paul Craig and Mark Walters have observed:

> consideration of judicial experience elsewhere is useful in understanding the endemic problems which a system of divided legislative competence poses for the courts.'[75]

Americans have been forced to take a hard look at the comparative institutional competences of courts, legislatures and executive institutions in

[71] See eg, J H Choper, *Judicial Review and the National Political Process: A Functional Reconsideration of the Role of the Supreme Court* (1980) 161–259 (arguing that courts should stay out of federalism disputes entirely); Kramer, above n 51 at 291 (arguing that courts should apply such a deferential standard of review to national legislation challenged on federalism grounds as to amount to virtually no judicial review at all).

[72] For an argument that federalism has improperly been declared 'guilty by association' with discredited anti-regulatory theories of 'freedom of contract,' see L A Baker and E A Young, 'Federalism and the Double Standard of Judicial Review' (2001) 51 *Duke Law Journal* 75.

[73] See eg, M Shapiro, 'The European Court of Justice' in P Craig and G de Búrca (eds), *The Evolution of EU Law* (1999) 321 (observing that most divided power systems envision a boundary-policing role for courts); Jackson and Leopold, above n 5 at 7 (observing that judicial power to invalidate legislation 'is comparatively rare ... except in federal states ... where some check is necessary to preserve the rights of the federation and its component members').

[74] See eg, Scotland Act 1998, above n 5 Schedule 6.

[75] Craig and Walters, above n 7 at 303.

resolving federalism disputes. It turns out that courts are good at some aspects of these disputes, but less proficient at others.

In this Part, I want to focus on two aspects of the American experience with judicial resolution of federalism controversies. The first has to do with one particular strategy for enforcing limits on national power, involving attempts to define the competences of each level of government through subject matter categories, such as 'education' or 'foreign affairs.' That strategy, which seems relatively popular both in the Devolution Acts and in broader discussions of European constitutionalism, has not worked out at all well in the American experience. In this respect, American jurisprudence may function as a cautionary tale.

The second point returns to the theme of Part I, which is the intertwining of 'constitutional' concerns with more mundane 'political' ones. I have argued that the US Constitution provides relatively broad scope to national power, leaving the critical issues of federalism to be worked out through statutes and other forms of 'ordinary' law. That suggests, in turn, that the most critical way in which courts 'enforce' federalism is in cases interpreting this statutory framework—not in the high profile 'constitutional' cases like *Lopez* or *Printz*. I want to argue, however, that it is a mistake to draw a sharp line between constitutional and statutory construction; instances of the latter may implicate, and ought to be guided by, constitutional values. In this sense, just as the American structural constitution is mostly statutory or 'political,' the interpretation of that statutory and common law structure remains 'constitutional' law.

### A. Subject Matter Competences

For 150 years, the US Supreme Court sought to police the boundary between national and state power by defining separate and exclusive spheres of governmental competences. This approach had support in the textual structure of the Constitution, which allocates particular powers to Congress in Article I and reserves the remainder to the states in the Tenth Amendment. It also drew upon the Framers' original understanding of how the structure would work; Madison's discussion in *Federalist* No 45, for example, envisions a national government concerned with 'external objects, as war, peace, negociation, and foreign commerce,' operating alongside state governments enjoying primacy over domestic affairs.[76]

The problem with this regime, which came to be known as 'dual federalism' was that courts proved unable to define the boundary between state and national spheres in ways that were at once principled and meaningful.

[76] See *Federalist* No 46, above n 52 at 313.

They tried out a host of distinctions—between *inter*state and *intra*state commerce, for example, or between activities with *direct* and *indirect* effects on interstate commerce—but increasing integration of the national economy along with declining faith in these sorts of mostly formal legal categories brought the entire doctrinal edifice crashing down after 1937.[77] Particularly as the Court tried to enforce limits on national power in the face of the New Deal response to the Depression, it needed to persuade its critics that it was applying law rather than simply imposing the personal anti-regulatory preferences of the justices. But the lines being drawn were not sufficiently determinate and law-like to meet that need. At the end of the day, the Court proved unable to resist both internal and external pressure to abandon these subject matter limits on national authority.[78] Although the Supreme Court has worked in recent years to revive constitutional limits on national authority, it has largely eschewed the old 'dual federalism' strategy of relying on subject matter categories to mark the boundaries.[79]

Europeans, on the other hand, have been considerably more enthusiastic about these sorts of doctrinal strategies. The Laeken Declaration calling for the drafting of a new EU 'Constitution,' for example, listed as a primary goal the 'better division and definition of competence in the European Union'; consistent with that aim, Title III of the new draft Constitutional Treaty concerns 'Union Competences,' which are defined in Articles 12 and 13 in subject matter terms, such as 'commercial policy' (exclusive to the Union) and 'environment' or 'consumer protection' (shared with the Member States).[80] This enthusiasm persists despite apparently widespread agreement that earlier definitions of Community competences in the EU's constitutive treaties were expanded and evaded through judicial interpre-

[77] See E S Corwin, 'The Passing of Dual Federalism' (1950) 36 *Va L Rev* 1.

[78] See generally B Cushman, *Rethinking the New Deal Court: The Structure of a Constitutional Revolution* (1998).

[79] Many American academics do seem to assume that delimitation of exclusive subject matter spheres of central and decentralised authority is intrinsic to federalism. See, eg, Rubin and Feeley, above n 19, at 911. And many commentators in the Unites States have seen the Court's current 'federalist revival' in precisely these terms. But that characterisation, in my view, misunderstands the current Court's approach. I have argued elsewhere that even the Court's Commerce Clause cases, which most resemble the old 'dual federalism' approach, are best understood as *not* trying to define substantive regulatory fields, such as family law or education, that are off-limits to national authority. See E A Young, 'Dual Federalism, Concurrent Jurisdiction, and the Foreign Affairs Exception' (2001) 69 *George Washington Law Review* 139 at 153–63.

[80] European Council, Laeken Declaration on the Future of the European Union, 15 December 2001, in *Presidency Conclusions: European Council Meeting in Laeken 14 and 15 December 2001*, Annex I at 19 (available at http://ue.eu.int/pressData/en/ec/68827.pdf); Draft Treaty establishing a Constitution for Europe, Title III, Arts 12, 13 (18 July 2003) (available at http://european-convention.eu.int/DraftTreaty.asp?lang=EN).

tation and administrative fiat.[81] To be sure, definition of competences is not the *only* doctrinal strategy employed to limit central power in Europe; the Maastricht Treaty, for example, defined a principle of 'subsidiarity' which seeks to allocate power by choosing the optimal level of government to implement a given measure without specifying jurisdictional categories in advance.[82] But while most seem to agree that subsidiarity is a political (or perhaps procedural) principle to guide legislatures rather than to be enforced by courts,[83] definition of subject matter competences seems to be regarded as a more viable *judicial* strategy.[84]

The British Devolution Acts indicate a similar confidence in subject matter categories. The Government of Wales Act, for example, assigns the Welsh Assembly competences in particular substantive fields[85]; the Scotland Act 1998, on the other hand, confers a general legislative competence on the new Scottish Parliament and then reserves a large set of substantive categories to Westminster. These include:

- financial and economic matters, including fiscal policy and financial regulation;
- home affairs, including drugs policy, firearms, data protection, elections, immigration and nationality, gambling and scientific procedures;
- trade and industry, including business associations, insolvency, competition/antitrust, import and export controls, fishing outside Scottish waters, consumer protection, product standards and safety and telecom;
- energy, including electricity, oil, gas, coal, and nuclear conservation, distribution and development policies;
- transportation, including road, rail, air and marine transportation policies;
- social security, including pensions and welfare;
- regulation of the professions, including regulation of architects, health professions and auditors;
- employment, including industrial relations, workplace safety and job search and assistance;

[81] See J H H Weiler, 'The Transformation of Europe' (1991) 100 *Yale Law Journal* 2403 at 2434–35 (concluding that '[i]n the 1970s and early 1980s, the principle of enumerated powers as a constraint on Community *material* jurisdiction ... substantially eroded and in practice virtually disappeared').

[82] See Treaty on European Union, 7 February 1992, Art G (amending Art 3b of the European Community Treaty).

[83] See eg, G A Bermann, 'Taking Subsidiarity Seriously: Federalism in the European Community and the United States' (1994) 94 *Columbia Law Review* 331 at 391.

[84] I discuss the prospects for competence definition and subsidiarity in the EU in more depth in E A Young, above n 12 at 1670–82.

[85] Government of Wales Act 1998, schedule 2. The Act confers only the power to enact secondary legislation on the Welsh Assembly, that is, the power to promulgate a rough equivalent to American administrative agency regulations to implement primary legislation enacted at Westminster. The Scottish Parliament, by contrast, has authority to enact primary laws.

- health and medicines, including abortion, genetics and medicines;
- media and culture, including broadcasting; and
- miscellaneous matters, including judicial pay, equal opportunity/non-discrimination policy and outer space policy.[86]

As Paul Craig and Mark Walters have recognised:

> [a] glance at this part of the Act makes one realise that it will be difficult for the Scottish Parliament to determine with certainty whether it has legislative competence or not.[87]

Nevertheless, section 29 of the Scotland Act 1998 provides that an Act of the Scottish Parliament falling inside one of these reserved categories, and therefore outside the legislative competence of the Parliament, 'is not law.'[88]

This British attempt to draw lines by subject matter has some potential advantages over the similar listing of legislative competences in Article I of the US Constitution. In particular, the British listing is considerably more specific, with more specific itemisation under each category, listing of particular exceptions and even some interpretive commentary. At least part of the problem in the American case law derives from the generality of the key Congressional power: 'commerce' in Article I may simply be too capacious to pin down in a way that 'employment' or 'regulation of the professions' in the Scotland Act is not. Likewise, the interpretive commentary in the Scotland Act contrasts favourably with the almost total dearth of discussion about the commerce power during the American ratification process. And the Devolution Acts provide certain mechanisms for internal governmental review designed to head off at least some line-drawing controversies.[89]

More generally, the British (and European) legal tradition seems simply to have more confidence in the determinacy of these sorts of legal rules than American lawyers, still scarred by Legal Realism and Critical Legal Studies, are usually able to muster. Since the viability of such rules tends to turn at least in part on the relevant legal community's confidence that the rules are in fact determinate and not simply a mask for judicial policy preferences, this aspect of British legal culture may help support the Devolution Acts' subject matter strategy.

Nonetheless, it is hardly difficult to foresee some tough line-drawing situations ahead. For example, the Scottish Parliament has considered

[86] I have quoted Colin Picker's helpful summary of the considerably more intricate provisions in the Scotland Act 1998, Sch 5, Pt II. See Picker, above n 5 at 47.
[87] Craig and Walters, above n 7 at 282.
[88] Scotland Act 1998, s 29(1).
[89] See provisions cited above n 55.

measures on genetically modified crops,[90] and 'agriculture' is not a subject specifically reserved to Westminster. However, the Scotland Act does reserve authority over 'consumer protection,' 'trade' and 'health' policies. It would be easy to argue that genetically modified crops implicate each of these categories: many proposals on genetically modified crops include the sorts of labelling and other consumer awareness measures that are the bread and butter of consumer protection legislation; the United States and Europe are already engaged in bitter trade disputes over genetically modified foods; and many proposed or enacted restrictions on such products are based on health concerns. So in which category does the issue belong? The only honest answer is 'all four.' As Paul Craig and Mark Walters point out, 'statutes rarely touch upon only one subject matter. Human activity cannot be neatly pigeon-holed in this way.'[91] But that makes it extremely difficult for a court to say, as a matter of law, whether the issue falls within Scotland's legislative competence or not.

Similarly, Scotland has chosen a different stance from Westminster on the issue of tuition fees for higher education.[92] Again, the Scotland Act does not purport to reserve 'education' to Westminster. But the issue of access to higher education will surely *affect* any number of reserved policy areas in profound ways. The education level of the workforce helps determine the competitiveness of British labour, implicating the reserved area of trade and industry. Charges for foreign students will likely affect the reserved category of immigration. The Act reserves regulation of the professions to Westminster, but tuition charges for higher education help determine how easy it is to enter those professions. And, of course, the availability of higher education affects the general area of employment—also reserved—in fundamental ways.

These readings of the Scotland Act may well strike British readers as implausible. One learned and sensible British friend reacted to an earlier draft by insisting that 'UK courts just do not play these sorts of games on issues such as these.'[93] That sort of reaction, to my mind, illustrates the point about legal culture that I mentioned earlier: British lawyers may be disposed to view legal rules as generally more determinate than American lawyers do, and to some extent those rules may actually *be* more determinate in a culture with that sort of shared understandings. I suspect that the interpretations in the preceding paragraphs will seem considerably more plausible to American lawyers; Justice Breyer, for example, argued in *Lopez* that even primary education fell under Congress's 'commerce' authority because it impacted not only the national economy but also the

[90] See Picker, above n 5 at 52.
[91] Craig and Walters, above n 7 at 297.
[92] See Picker, above n 5 at 63.
[93] Email from Adam Tomkins to Ernest Young, 14 January 2004 (on file with author).

*international* competitiveness of the American workforce.[94] Although many criticised Justice Breyer's reading of the Commerce Clause for lacking a limiting principle, few American observers thought he was operating outside the bounds of legitimate legal argument.

The question then becomes how much weight we can put on these differences in legal culture—that is, to what extent can we be confident that distinctions that would not work in America can remain viable in Britain? Confidence that British courts will be able to draw the requisite lines in the cases I have postulated stems most likely from an implicit distinction between direct and indirect effects. Tuition plainly is an aspect of education; its effect on immigration patterns, entry into the professions or competitiveness of the workforce is obviously indirect. My point, however, is that while we might all agree that some regulatory examples fall into the 'direct' or 'indirect' category, the gray area in between is likely to be large enough to cause real problems down the line. American courts ruled in the late nineteenth century, for example, that the acquisition of a monopoly over 98 per cent of the nation's sugar refining capacity directly affected only 'manufacturing'; its impact on 'commerce' was too indirect to fall within Congress's power.[95] Four decades later, the Supreme Court invalidated a New Deal effort to regulate the wages and hours of coal workers on the ground that these incidents of 'production' had a similarly indirect effect on commerce.[96] That sort of distinction simply has lost its persuasive power in American law; indeed, the courts' efforts to block social policy on these kinds of formal grounds provided an important impetus for American Legal Realism more generally. To the extent that British lawyers try to rely on the same kinds of formal distinctions, who is to say that they will not end up sharing some of the same scepticism?

In many—perhaps even most—jurisdictional disputes over devolved competences, the formal legal materials of the Devolution Acts are likely to bear an interpretation either way. One can write a plausible opinion, for instance, stating either that legislation banning genetically modified crops is 'agricultural regulation' (devolved) or 'health policy' (not devolved). In these situations, the courts will have two obvious options: they can do their best to decide the cases, but the relative indeterminacy of the underlying law means that their decisions may be perceived as political. Or they can do what the American courts did between 1937 and 1995, which is to defer almost completely to national political authorities on what is devolved and what is not. That approach, of course, would leave the regions with very little protection.

[94] *United States v Lopez*, 514 US 549, 621–22 (1995) (Breyer J, dissenting). Justice Breyer went on to comment that '[t]he economic links I have just sketched seem fairly obvious.' *Ibid* at 622.

[95] *United States v E.C. Knight Co*, 156 US 1 (1895).

[96] *Carter v Carter Coal Co*, 298 US 238 (1936).

## B. Concurrent Power and Statutory Interpretation

The collapse of 'dual federalism' in the United States after 1937 left a world in which state and national legislative authority was largely concurrent. On most topics—healthcare or environmental protection, or even public education—both state and local governments are now free to legislate, at least in the absence of action by the other. As the last phrase suggests, however, the key issue under a regime of concurrent jurisdiction involves recognising and resolving conflicts among actions taken by the different levels of government concerning subjects upon which each has the acknowledged 'competence' to act. This same issue will take on primary importance in Britain if, as I argued in the preceding section, the specification of reserved competences in the Devolution Acts fails clearly to cabin regional legislative activity, or if the UK Parliament exercises its prerogative—expressly reserved in the Scotland Act[97]—to legislate within the areas of regional competence.[98] British devolutionaries thus ought to pay significant attention to means for recognising and resolving conflicts between national and regional law.

In the American system, the conflict *resolution* rule is simple: under the Supremacy Clause,[99] national law prevails in the event of a conflict with state law.[100] The tricky part most often lies in *recognising* the existence of such a conflict in the first place. Sometimes federal statutes explicitly articulate Congress's intent to 'pre-empt' or override state law. More often, the plain text of the statute fails to specify its effect on state law, leaving courts to decide the pre-emption question based on more ephemeral sources of Congressional intent, such as legislative history, and on a more functional analysis of the extent to which state law impedes the purposes of the federal measure. These sorts of questions are pervasive in American law. For example, while the Supreme Court has decided two and three cases, respectively, on Commerce Clause and commandeering grounds since 1992, it tends to decide four or five of these pre-emption cases each year. And my impression, without actually counting, is that pre-emption litigation

[97] Scotland Act 1998, s 28(7).

[98] Westminster seems likely to face considerable pressure to act in devolved areas in order to ensure compliance with European Community law. Although the regions share the responsibility to comply with Community law, the European Treaties place the ultimate burden of compliance on national governments. See Reid, above n 60 at 207–8. Given the wide scope of Community law in devolved and non-devolved areas alike, this factor may push toward concurrent legislative activity in a variety of areas.

[99] US Constitution Art VI ('This Constitution, and the Laws of the United States which shall be made in Pursuance thereof; and all Treaties made, or which shall be made, under the Authority of the United States, shall be the supreme Law of the Land; and the Judges in every State shall be bound thereby, any Thing in the Constitution or Laws of any State to the Contrary notwithstanding.').

[100] The British situation may well be more complex, since the Scotland Act 1998 gives the regional Parliament the authority to amend or repeal Acts of the UK Parliament that fall within the devolved powers.

predominates over other sorts of federalism controversies in similar proportions in the lower courts.

In a system of concurrent powers, then, the most important federalism questions concern statutory construction, not constitutional interpretation in its usual sense. Justice Stephen Breyer recently observed that:

> [I]n today's world, filled with legal complexity, the true test of federalist principle may lie, not in the occasional effort to trim Congress' commerce power at its edges, ... or to protect a State's treasury from a private damages action, ... but rather in those many statutory cases where courts interpret the mass of technical detail that is the ordinary diet of the law.[101]

This central role for statutory construction is, of course, one manifestation of the general non-entrenchment of American federalism that I discussed above. As such, it highlights the extent to which the political and institutional forces that shape statutes will generally play a more central role than constitutional doctrine announced by courts. But the centrality of statutory construction also has important implications for the role of courts in federal systems.

The first point is that the judicial role remains quite important even where it generally consists of interpreting and applying ordinary legislation. The plain text of legislative enactments is rarely so clear as to leave no room for interpretation.[102] This means that courts must formulate rules of statutory construction to resolve the frequently open question whether—or to what extent—national legislation supplants sub-national authority. In the United States, the courts have developed a host of interpretive presumptions and 'clear statement rules' designed to protect state authority from national encroachments. Where Congress's language is ambiguous on the question whether it means to regulate the core functions of state governments, for example, or to pre-empt state legislation on a particular subject, the courts tend to construe the federal statutory language narrowly.[103] Requiring clarity of purpose from Congress tends to buttress political and institutional checks on central authority by providing notice of threats to state autonomy and raising legislative hurdles to national action.[104] Although American courts have not always applied these interpretive rules in a consistent manner, these sorts of 'soft' limits on federal power can often compensate for the relative paucity of 'hard' constraints.

[101] *Egelhoff v Egelhoff*, 532 US 141, 161 (2001) (Breyer J, dissenting).
[102] See eg, C R Sunstein, 'Interpreting Statutes in the Regulatory State' (1989) 103 *Harvard Law Review* 405 at 416–24.
[103] See *Gregory v Ashcroft*, 501 US 452, 460–64 (1991) (regulation of state governments); *Rice v Santa Fe Elevator Corp*, 331 US 218, 230 (1947) (presumption against pre-emption); see generally W N Eskridge, Jr and P P Frickey, 'Quasi-Constitutional Law: Clear Statement Rules as Constitutional Lawmaking' (1992) 45 *Vanderbilt Law Review* 593.
[104] See E A Young, 'Constitutional Avoidance, Resistance Norms, and the Preservation of Judicial Review' (2000) 78 *Texas Law Review* 1549 at 1608–9.

One might draw an analogy here to the notion of interpretive 'teleology' in European law. When interpreting ambiguous provisions in the EU treaty documents, the European Court of Justice has employed a 'preference for Europe' geared toward maximising integration.[105] That interpretive presumption has also spilled over into decisions interpreting Community law rather than the underlying Treaties; as António Soares has observed:

> the chances that national rules will be considered to have blocked the effect of the provisions on the Community order seem to have clearly increased due to the Court's: 'great propensity to interpret the provisions of Community law in an extensive and teleological manner.'[106]

British courts have likewise applied something akin to the American 'clear statement' rules as tools to minimise conflicts between Parliamentary enactments and Community law.[107]

The Scotland Act 1998 does, in fact, contain interpretive rules of this sort to govern construction of Acts of the Scottish Parliament. Under section 101 of the Act, Scottish legislation is 'to be read as narrowly as is required for it to be within [the Scottish Parliament's] competence, if such a reading is possible.'[108] Like the interpretive presumptions relating to European law discussed above, section 101 illustrates the use of interpretive conventions to push the vertical balance of power in one direction or the other; also like those rules, however, the Scotland Act's rule will tend to push interpretation toward centralisation rather than decentralisation. The American jurisprudence demonstrates that similar interpretive presumptions can work in the opposite direction, protecting regional enactments from pre-emption by ambiguous national legislation. These centre-checking presumptions become particularly important means of preserving balance where we lack firmer constitutional limits on national authority.

The primary role of legislation and statutory construction has a second implication that focuses on *which* courts can consider devolution issues. The current arrangement is that devolution issues will be heard by the Judicial Committee of the Privy Council, although some have suggested establishing a new 'constitutional court' to consider both devolution questions and human rights issues.[109] Each arrangement involves a specialised court with specialised jurisdiction; each thus depends upon being able to

[105] See P L Lindseth, 'Democratic Legitimacy and the Administrative Character of Supranationalism: The Example of the European Community' (1999) 99 *Columbia Law Review* 628 at 701.

[106] A G Soares, 'Pre-emption, Conflicts of Powers and Subsidiarity' (1998) 23 *European Law Review* 132 at 138. For an example, see Case 83/78, *Pigs Marketing Board v Redmond* [1978] ECR 2347, [1979] 1 CMLR 177.

[107] See generally P Craig, 'Constitutional and Non-Constitutional Review' (2001) 54 *Current Legal Problems* 147.

[108] Scotland Act 1998, s 101.

[109] See Jones, above n 68 at 295.

draw sharp lines between a category of 'devolution issues' and other sorts of cases. That line, however, may be difficult to draw. The paradigm 'devolution case' as envisioned in Schedule 6 to the Scotland Act would involve an explicit claim that the Scottish Parliament had acted in a way that intruded upon Westminster's reserved powers.[110] But if we take seriously Justice Breyer's suggestion—that the key to federalism lies in 'the mass of technical detail that is the ordinary diet of the law'—then the class of cases raising potential 'devolution issues' becomes much broader. It would include, most importantly, a broad category of statutory construction disputes about the reach of national law.

This seems particularly true in a system where Parliament remains sovereign, so that the judiciary cannot invalidate national legislation for intruding upon some reserved sphere of regional sovereignty. But it is largely true in the American system as well. In the latter, *all* courts are charged with the responsibility of harmonising and reconciling legislation enacted at multiple governmental levels. I fear that centralising responsibility for 'devolution issues' in a particular tribunal, whether the Privy Council or a new constitutional court, might encourage the everyday courts to think that they need not think about federalism concerns when construing legislation in ordinary cases. That would neglect an important opportunity continually to recalibrate the devolutionary balance at retail, while intensifying the pressure on the specialised tribunal to draw more rigid wholesome lines of authority in ways that have not worked out well in the past.

## Conclusion

Federalism is generally an institutional solution to one of two political problems: one involves a nation riven by dramatic ethnic, religious or other conflict among geographically-distinct factions; some have proposed, for example, that Iraq's new government be federal in order to manage conflict among Sunni, Shiite and Kurdish groups. The other concerns the formation of a larger entity out of pre-existing smaller governments that are not quite willing to surrender power entirely—the present-day European Union, for example, or America in 1776. Either way, federalism is generally a mechanism for managing political and social conflict. It is interesting, then, that the nascent British federalism seems to stem from none of these causes. The pre-existing regional governments were mostly stamped out long ago (remember Edward Longshanks and William Wallace). And, Northern

[110] See Scotland Act 1998, Sch 6, Pt I (defining a 'devolution issue' as, inter alia, 'a question whether an Act of the Scottish Parliament or any provision of an Act of the Scottish Parliament is within the legislative competence of the Parliament').

Ireland aside, current ethnic and religious cleavages in Britain hardly seem comparable to Iraq or even modern Canada. Rather, the political window that gave rise to the Devolution Acts was opened by simultaneous Labour Party dominance in Westminster and all three regions.[111]

The real test for British federalism, then, will come when political circumstances change and the institutional structure currently under construction must bear the weight of real political conflict. How will a Labour-dominated Edinburgh get on with a resurgent Tory government in Westminster? One thing we can be sure of is that once such a disparity exists, every abstract question of the vertical allocation of authority will be fraught with real political consequences for hostile political parties. The current situation thus provides a further window of opportunity for resolving the basic institutional questions with minimal interference from considerations of partisan advantage.

Drawing on the experience of long-standing federal systems, such as America's, may help Britain grasp this opportunity. The structural arrangements of any nation are sufficiently complex and interdependent, however, that comparative 'lessons' should be derived only with caution. It is important to begin by getting the other system right, which often means looking beneath the formal surface to the historical and practical realities of that system in operation. America's federalism seems constitutionally entrenched, but the key components are now statutory, political, and therefore subject to change. America's judiciary often seems to exercise a strong and independent check on federal power, but judicial review actually works better when it plays a supporting role to political and institutional checks. And the most important federalism cases of all are often not 'constitutional' at all, but rather statutory cases interpreting the reach of federal legislative enactments. Only if these realities are recognised can America's 'oldest question of constitutional law' shed light on Britain's newest.

[111] See Hazell, above n 58 at 300 (noting that 'the coincidence of Labour being in power in London and heading the coalition governments in Edinburgh and Cardiff' has 'contributed to devolution's extended honeymoon period').

# Index


Aboriginal 32, 34, 37, 38, 51, 52, 57, 59
Administrative autonomy 15
Agriculture 4, 25, 44, 52, 243, 256, 280
Air pollution 267
Alien and Sedition Acts (US) 128, 144
American Civil War 119, 130, 131
American Revolution 21, 125, 126, 129, 131, 217
Amsterdam Treaty 77, 234, 235
Apartheid 111
Asymmetric federalism 202
Autonomy 4–6, 10, 15, 17, 20, 31, 46, 49, 63, 71, 104, 107, 190, 194, 201, 215, 227, 249–253, 256, 257, 267, 271

Barnett Formula 65, 66
Basic Law 78, 79, 91, 92, 94, 96–101, 103, 104, 201–204, 240–242
Belfast Agreement 61
Belgium 13, 71, 72, 74, 80, 114
Bill of Rights 40, 64, 91, 96, 127, 128, 143, 144
Bill of Rights (US) 40–42
Blair, Tony 259
Bosnia 112
British North America Act 22, 25, 28
Broadcasting 255, 279
Bulgaria 86
Bundesrat 105, 201, 202
Bundestag 202, 240, 243
Bundesverfassungsgericht 72, 91–97, 99, 101–104, 107

Canada 17–26, 28, 30–59
Canada-Quebec Accord 46–50
Charter of Rights and Freedoms (Canada) 33, 40, 41
China 112, 113
Civil law 14, 20, 21, 22, 35
Civil service 6
Commerce 4, 23, 25–28, 127, 133, 142, 187, 266–268, 276–283
Committee of the Regions 1, 230, 234, 235, 237
Common Agriculture Policy 74
Common Foreign and Security Policy 74, 77, 83, 161
Commonwealth 19, 63, 208, 232
Community law 16, 73, 94, 150–156, 159, 163–169, 195, 197, 198, 257, 282, 284
Comparative law 71, 207, 260
Comune 5, 191, 192, 194, 196, 198, 199
Congress (US) 25, 79, 110, 124–145, 174, 177, 179–188, 220–225, 264–273, 276, 283
Conservative Party (UK) 271
Constitution 1787 (US) 212, 221
Constitution, unwritten 259
Constitutional amendment 15, 18, 20, 35, 37, 42, 47, 49, 50, 185, 224, 263
Constitutional Court (Italy) 5, 8, 9, 12, 14, 15, 250, 252–256
Constitutional Court (US) 284, 285
Constitutional law 17, 19, 20, 25, 29, 37, 38, 43, 61, 92, 100–102, 105, 143, 187, 207, 208, 210, 216, 239, 259, 262, 269, 273, 274, 276, 283, 286
Constitutional principles 7, 36, 39, 64, 192, 193, 195
Constitutional reform (Italy) 6–9, 11, 12, 14, 250, 252, 253
Constitutional reform (UK) 62
Constitutional veto 33
Consumer protection 80, 277, 278, 280
Cooperative federalism 17, 202, 205, 233, 241, 267
Criminal law 23, 25, 26, 30, 80, 84, 99, 143, 150
Cullen-Couture Agreement 46, 47
Culture 22, 31, 35, 45, 61, 68, 70, 80, 84, 120, 123, 136, 187, 206, 217, 235, 236, 240, 241, 249, 279, 280, 281

Data protection 98, 278
Decentralisation 4, 6, 9, 11, 14, 205, 260, 263, 284
Defence 52, 74, 76, 77, 79, 81, 84, 102, 114, 126, 135, 138, 189, 194, 240, 244, 253
Delors, Jacques 82
Democrats (US) 121, 128, 129, 131, 135, 139, 140
Demos 71, 75–78, 85, 150, 157
Denmark 81, 114
Devolution 9, 15, 40, 61–68, 81, 232, 233, 243–247, 259–286
Devolutionary federalism 71, 81
Distribution of power 40
Durham Report 1839 21

East Timor 112
Economic regulation 142, 275
Education 7, 25, 45, 53, 55, 6, 74, 77, 80,

84, 98, 101, 134, 136, 143, 240, 241, 243, 244, 254, 271, 277, 280–282
Elections 6, 10, 11, 31, 40, 61, 62, 83, 115, 121, 128, 129, 130, 135, 139, 252
Electoral College 121, 178
Electoral systems 68
Energy 7, 72, 114, 255, 278
Entrenchment 42, 152, 261–263, 265, 269, 283
Environmental protection 74, 240, 253, 282
EU Constitution 189, 190
EU Council of Ministers 188
Euro 69, 81, 210
Europe of the Regions 95, 229–248
European Commission 16, 95, 231, 235, 236
European Council 16, 70, 82, 84, 149, 213, 277
European Court of First Instance (CFI) 106
European Court of Human Rights (ECHR) 83, 92, 95, 114, 154, 165, 169, 208
European Court of Justice (ECJ) 69, 72, 91, 149–169, 192, 230, 275, 284
European Economic Area Agreement (EEA) 191–200
European Free Trade Association (EFTA) 191
European governance 8, 16, 164, 231, 235, 237
European integration 69, 71, 93, 96, 149, 150, 153, 199, 229, 237, 240, 242, 260
European law 8, 14, 63, 64, 69, 73, 91, 150, 191, 193, 196, 198, 199, 260, 284
European Parliament 69, 76, 79, 80, 83, 114, 208, 213, 229–231, 235–237
European Union Law 12

Family 26, 32, 46, 92, 96, 122, 156–58, 207, 210, 219, 232, 249, 271, 277
Federal Law 26, 30, 44, 79, 80, 93, 99, 100–104, 107, 130, 132, 143, 188, 266, 270
Finance 9, 52, 67, 99, 143, 174, 204
Financial autonomy 9, 251
Flexibility 14, 39, 49, 84, 206, 230, 236, 248
Foreign affairs 76, 77, 83, 124, 240, 244, 276, 277
Fundamental freedoms 40, 42, 84, 91, 155, 158–160, 191
Fundamental principles 7, 8, 9, 110, 230, 251, 253–255, 257

Genocide Convention 110
Geography 17, 267
German Basic Law 240
German Democratic Republic (GDR) 98, 201
German Permanent Representation (EU) 233
Germany 6, 13, 15, 71, 75, 80, 91–96, 104–107, 114, 151, 158, 159, 161, 164, 189, 201–206, 211, 214, 230, 232–234, 237, 239–242, 261
Globalisation 13, 71, 86, 153
Greater London Assembly 62
Grundgesetz (German Basic Law) 91–96, 98, 100–103, 201

Healthcare 50–59, 151, 268, 282
History 5, 15, 17, 20, 36, 44, 50, 85, 116, 119–121, 123–126, 129, 131, 134, 136, 139, 140, 144, 145, 174, 196, 207, 209, 212, 216, 218, 221, 275, 282
House of Lords (UK) 62–64, 232, 244, 246, 247
House of Representatives (US) 125, 179, 188
Human rights 20, 40, 64, 73, 83, 89, 91–107, 109–118, 149–161, 165, 166, 169, 208, 209, 259, 260, 263, 264, 284
Human Rights Act 1998 (UK) 64, 260.264

Iceland 191, 195, 197
Immigration 7, 12, 20, 25, 33, 43–50, 81, 123, 155–157, 278, 280, 281
Individual liberty 4, 130, 142, 143
Integrative federalism 70, 81
International Criminal Court 110, 112, 117
Iraq 113, 116, 117, 118, 228, 286
Ireland 61, 64, 81, 114, 121, 157
Italy 3, 5, 6, 8, 9, 11, 12, 14, 15, 114, 158, 249, 250, 252, 254, 256

Jefferson, Thomas 129, 208, 219
JF Kennedy 138, 140, 173, 182
Judicial review 42, 62, 67, 93, 96, 100, 103, 104, 121, 133, 152, 154, 163, 164, 166, 187, 188, 259, 260, 262, 270, 274, 275, 283, 286
Judiciary 9, 19, 104, 142, 145, 150, 164, 165, 166, 168, 169, 274, 285, 286

Kompetenz-Kompetenz 76, 78
Kosovo 112, 116, 117
Kurdistan 228

Labour Party (UK) 61, 271, 286
Laeken Declaration 277
Länder 16, 78, 79, 91, 93–96, 98, 99, 100, 101, 103–107, 201, 202, 203, 204, 205, 231–234, 236, 238–244
Landtage 242
Language 3, 17, 22, 26, 31, 40, 44, 45, 48, 57, 70, 77, 123, 124, 178, 212–214, 216, 218, 219, 227, 283
Latin America 113

League (*La Lega*) 6
Legislative powers 4, 15, 22, 27, 43, 62, 105, 192, 231, 234, 244, 251, 257, 260, 264
Liberal Party (Canada) 33, 40
Lincoln, Abraham 129–131, 135, 212, 216, 218–224

Maastricht Treaty 69, 72, 82, 260, 278
Majority rule 27, 181
Meech Lake Accord 33, 34, 46, 47
Member State 73, 81, 84, 105, 112, 150, 153, 156–158, 161, 166, 167, 184, 188, 199, 203, 213, 230, 238, 239, 241, 244, 246, 248, 261
Mexico 123
Minorities 4, 20, 22, 25, 37, 39, 45, 98, 121, 123, 137, 140, 215, 251

Napoleon 67, 243
National Assembly (Wales) 67, 243
National identity 39, 40, 87, 123, 125, 273
National law 79, 150, 152, 194, 261, 270, 282, 285
New Brunswick 22, 31
Nice Treaty 69
North-Atlantic Treaty Organisation (NATO) 69, 116, 117, 221, 273
Northern Ireland 15, 61–67, 207, 244, 247, 260, 263, 273, 286
Northern Ireland Assembly 62
Norway 191, 195–197

Organisation of African Unity (OAU) 113–115

Parliamentary supremacy 40
Parti Quebecois 31
Plaid Cymru 273
Pollution 255, 267
Population 3, 9, 20–22, 3, 38, 45, 47, 65, 116, 117, 122, 123, 134, 138, 142, 173, 177, 179–189, 203, 211, 228
Postal and telecommunication services 80
Prince Edward Island 20, 22, 49, 58, 59
Privy Council (UK) 18, 27, 28, 63, 284, 285
Proportionality 14, 97, 141, 152, 157, 160, 163, 164
Public law 68, 201, 249, 259, 260, 274

Quebec 20–22, 31–40, 45–50, 52, 57, 58, 217, 224

Race 17, 119, 120, 121, 132, 136–139, 145, 177
Rail 278
Ratification 84, 85, 126–128, 134, 135, 154, 185, 211–213, 221, 222, 279
Referenda 40, 61, 85
Regional autonomy 4, 5, 7, 10, 15, 259, 271, 273
Regional Development Agencies (UK) 67
Religion 17, 20, 21, 40, 120, 124, 128, 137
Republican Party (US) 128, 130, 136, 142, 271
Romania 86
Romanow Report 51, 57–59
Rule of law 36, 37, 72–74, 100, 154, 166, 169
Russia 112, 113
Rwanda 112, 115

Science 30, 176, 273
Scotland 15, 61–66, 208, 214, 225, 227, 232, 243–247, 260, 264, 267, 271–275, 278–280, 282, 284, 285
Scottish National Party 62, 273
Scottish Parliament 62, 64, 65, 224, 244, 245, 260, 264, 272, 274, 278, 279, 284, 285
Secession Reference (Canada) 36–40
Second World War 4, 13, 45, 109, 122, 136, 201, 207
Senate (US) 110, 129, 173, 174, 176–186, 188, 221, 257
Separatism 18, 273
Serbia 112, 116, 117
Sewel Convention 64
Shapley-Shubik power index 177–179, 180, 182
Social security 7, 80, 183, 267, 278
South Africa 109–113, 260
Spain 13, 70, 71, 81, 114, 149, 189, 232
State autonomy 145, 184, 261, 267, 272, 275, 283
State law 100–102, 121, 124, 131, 143, 251, 252, 267, 282
State regulation 143, 252
State sovereignty 13, 16, 77, 80, 211, 217, 273
States' rights 28, 129, 130, 137, 142, 145, 275
Statutes 6, 12, 25, 110, 125, 126, 132, 141, 202, 241, 251–253, 259, 262, 264, 266, 267, 268, 276, 280, 282, 283
Statutory construction 262, 276, 283–285
Subsidiarity 8, 14, 79, 81, 95, 106, 151, 152, 163, 164, 189, 203, 206, 214, 230, 235, 237, 253, 256, 264, 278, 284
Supremacy clause 217, 256, 282
Supreme Court (Canada) 18, 19, 26, 28, 29, 30, 32, 33, 35–39, 41, 51, 52, 63
Supreme Court (US) 104, 129, 135–137, 140–146, 149
Sweden 116, 149, 195, 198, 210
Swiss Confederation 6

Switzerland 71, 75, 77, 79, 80, 192, 214
Syria 113

Taxation 23, 24, 84, 189
Terrorism 210
Thick and thin American federalism 120
Third Reich 104, 201
Trade 7, 23–28, 74, 80, 127, 151, 158, 161–163, 191–193, 273, 278, 280
Transport 7, 80, 158, 164, 235, 240, 243, 255
Turkey 86, 209, 228

UKRep 232, 233, 246
Unification 3, 83, 210, 249
Union Act 1840 (UK) 21, 22
Union of Soviet Socialist Republics 223
United Kingdom 9, 18, 27, 44, 61–68, 70, 71, 81, 106, 110, 112–114, 117, 154–157, 207–209, 211, 212, 214, 224, 227, 230, 232–234, 236, 239, 240, 243, 244246, 259–265, 270–274
United Nations Charter 109, 110, 112
United Nations Security Council 110, 112, 113, 115–118
Universal Declaration of Human Rights 110, 114

Wales 15, 61, 62, 65–67, 92, 121, 214, 227244, 260, 271, 273, 278
Weimar Republic 201
Westminster Parliament 21, 62–64, 243, 244, 24, 273

Yugoslavia 112, 11